学术前沿
THE FRONTIERS OF ACADEMIA

逃避统治的艺术
东南亚高地的无政府主义历史

修订译本

[美]詹姆士·斯科特 著

王晓毅 译

＊

生活·讀書·新知三联书店

Simplified Chinese Copyright © 2019 by SDX Joint Publishing Company.
All Rights Reserved.
本作品中文简体版权由生活·读书·新知三联书店所有。
未经许可，不得翻印。

James C. Scott
The Art of Not Being Governed
An Anarchist History of Upland Southeast Asia
Copyright © 2009 by Yale University

图书在版编目（CIP）数据

逃避统治的艺术：东南亚高地的无政府主义历史／（美）詹姆士·斯科特著；王晓毅译．—2版．—北京：生活·读书·新知三联书店，2019.8　（2024.10重印）
（学术前沿）
ISBN 978-7-108-06627-5

Ⅰ.①逃…　Ⅱ.①詹…②王…　Ⅲ.①无政府主义-政治思想史-研究-东南亚　Ⅳ.①D093.3

中国版本图书馆CIP数据核字（2019）第100175号

责任编辑　冯金红
装帧设计　薛　宇
责任校对　曹秋月　曹忠苓
责任印制　卢　岳
出版发行　生活·讀書·新知三联书店
　　　　　（北京市东城区美术馆东街22号 100010）
网　　址　www.sdxjpc.com
图　　字　01-2018-7550
经　　销　新华书店
印　　刷　北京隆昌伟业印刷有限公司
版　　次　2016年2月北京第1版
　　　　　2019年8月北京第2版
　　　　　2024年10月北京第7次印刷
开　　本　880毫米×1230毫米　1/32　印张17.5
字　　数　393千字
印　　数　27,001-30,000册
定　　价　58.00元
（印装查询：01064002715；邮购查询：01084010542）

学术前沿
总　序

生活·读书·新知三联书店素来重视国外学术思想的引介工作，以为颇有助于中国自身思想文化的发展。自80年代中期以来，幸赖着译界和读书界朋友鼎力襄助，我店陆续刊行综合性文库及专题性译丛若干套，在广大读者中产生了良好影响。

第二次世界大战结束后，随着世界格局的急速变化，学术思想的处境日趋复杂，各种既有的学术范式正遭受严重挑战，而学术研究与社会—文化变迁的相关性则日益凸显。中国社会自70年代末期起，进入了全面转型的急速变迁过程，中国学术既是对这一变迁的体现，也参与了这一变迁。迄今为止，这一体现和参与都还有待拓宽和深化。由此，为丰富汉语学术思想资源，我们在整理近现代学术成就、大力推动国内学人新创性著述的同时，积极筹划绍介反映最新学术进展的国外著作。"学术前沿"丛书，旨在译介"二战"结束以来，尤其是本世纪60年代之后国外学术界的前沿性著作（亦含少量"二战"前即问世，但在战后才引起普遍重视的作品），以期促进中国的学科建设和学术反思，并回应当代学术前沿中的重大难题。

"学术前沿"丛书启动之时，正值世纪交替之际。而现代中国的思想文化历经百余年艰难曲折，正迎来一个有望获得创造性大发展的历史时期。我们愿一如既往，为推动中国学术文化的建设竭尽绵薄。谨序。

生活·读书·新知三联书店
1997年11月

如果说有历史的人群的历史就是阶级斗争的历史，那么也就可以说，没有历史的人群的历史就是他们反抗国家的历史。

——皮埃尔·卡拉斯特（Pierre Clastres）：
《反抗国家的社会》（*La société contre l'état*）

目 录

前言 ··· 1

1 山地、谷地和国家
  关于赞米亚的介绍 ·· 1
2 国家空间
  统治和征用的区域 ·· 49
3 人口和粮食的集中
  奴隶制和灌溉水稻 ·· 71
4 文明与化外之民 ·· 114
5 远离国家,进驻山地 ·· 152
6 逃避国家和防御国家
  逃离的文化和农业 ·· 216
6½ 口述、书写和文本 ··· 270
7 族群形成和进化
  一个激进的建构主义案例 ······································ 294
8 复兴的先知们 ··· 351
9 结语 ·· 404

注释 ·· 422
译者后记 ·· 533

前　言

赞米亚（Zomia）是一个新的名字，包括了从越南中部高地到印度东北部地区的所有海拔300米以上的地方，它横括了东南亚的5个国家（越南、柬埔寨、老挝、泰国和缅甸），以及中国的4个省（云南、贵州、广西和部分四川）。其面积有250万平方公里，居住着1亿少数族群人口，他们的族群错综复杂，语言多种多样。地理上，赞米亚也被称为东南亚大陆山地。因为这个巨大的区域位于9个国家或地区的边缘，却不在任何一个的中心上，而且跨越了通常意义上的地理区域（东南亚、东亚和南亚），此外令人感兴趣的还有它的生态多样性以及与国家的关系，正像阿巴拉契亚山区的跨国家研究一样，赞米亚提供了一个新的研究对象和一种新的地域研究思考方式。

我这本书的论点简单、有启发性而且容易引起争论。赞米亚是现存最大的地区，那里的人群尚未被完全纳入到民族国家中，它的历史屈指可数。虽然在不久前，大多数人类还都是这样自我管理的人群；今天，从谷地王国的角度，他们被看作"我们的活祖先"，"在有水稻种植、佛教和文明之前的我们"。与此相反，我主张最好把这些山地居民看作逃避者（runaway）、逃亡者（fugitive）或被放逐者（maroon），在过去2000多年中，他们成功逃避了谷地国家项目的压迫——奴役、征募、赋税、劳役、瘟疫和战争。他们所居住的区域也许更适合被称为碎片区(shatter zones)或避难区。

实际上，和他们有关的一切：谋生手段、社会组织、意识形态，甚至颇有争议的口头传承文化，都可以被认为是精心设计来远离国家的控制。他们分布在崎岖不平的山地，他们的流动性、耕作习惯和亲属结构，他们适应性极强的民族认同，以及他们对预言中千年领袖的热衷，这些都有效地帮助他们避免被统合入国家体制，也防止他们内部形成国家体制。他们大多数人要逃避的国家就是早已成形的中国王朝。逃避的历史可见于许多山地传说。尽管公元1500年以前的资料还有些推测成分，但这之后的文献足够清楚，包括明清时期政府经常发动针对山民的战争，以及19世纪中期中国西南地区规模空前的起义高潮，导致数百万人寻求避难所。此外关于逃避缅甸和泰国国家发动的劫掠奴隶的行为记载也同样丰富。

尽管赞米亚所横贯的亚洲范围已很广阔，但我希望我的观点能在这之外引起共鸣。

无论是当代或历史上，大量有关国家形成的文献都不曾注意到它的另一面：蓄意和反应性的无国家历史。这是一个逃避者的历史，离开了逃避者的历史也就无法理解国家的形成。正是他们造就了无政府主义者的历史。

在国家形成和非自由劳动力体制中，许多人群的历史被排斥在外，包括吉卜赛人、哥萨克人、新世界中由逃避西班牙殖民归化区(reducciones)统治的人所形成的多语言混杂部族、菲律宾人、逃奴群体、沼泽阿拉伯人(Marsh Arabs)、西南非洲的游牧民族(San-Bushmen)等。在这本书中，这些历史也被涵盖。

我的论点推翻了那些被广为接受的有关"原始主义"的论调。草原畜牧业、觅食、轮耕和裂变宗族制（segmentary lineage system）经常是"次级适应"，一种人们采取的"自我野蛮化"（self-barbarianization）。采取"自我野蛮化"人群的地点、生存方式和社会结构都适合于逃避国家管理。对于那些生存于国家管制下的人们来说，这样的逃避与山地中派生、模仿和寄生的国家形态是一致的。

我的观点要解构文明历史中关于"野蛮"、"生"和"原始"的论述。近一步的观察发现，这些词汇实际意味着"未被统治"和"尚未被纳入国家体制"。在有关文明的论述中从来不考虑人们可能会自愿走入野蛮，因此这些状态被谴责和认作非正统。赋税和主权国家覆盖之外恰恰就是少数族群或"部落"开始的地方——在罗马帝国和中国都同样如此。

生存形式和血缘关系往往被认为是先天赋予的，由生态和文化所决定的。但是通过分析不同耕作形式、作物种类、特定的社会结构，以及人员流动特点所蕴含的逃避价值，我宁愿相信这些所谓的"先天赋予"主要是政治选择的结果。

山区成为包括游击队在内的逃避国家人群的庇护所，这是一个重要的地理话题。我发展了"地形阻力"（friction of terrain）的概念，这为理解前现代社会中国家形成的政治空间和困难提供了一个新的思路。

对这本书我是唯一该负责的人，我是作者。在我开始道歉和对一些批评进行预先回应（我知道是徒劳）之前，让我们先把这个说清楚。我可以预见到这些批评正向我压来，甚至在我写这句话的时候。

我经常被指责为是错误的,但很少被指责为含糊不清或晦涩难懂。这本书也不例外。不可否认,我对于东南亚大陆的山民所持的主张是非常大胆的,但是我相信,也许会有细节上的错误,总体来说我的主张是正确的。当然,对错的判断并不由我掌握,而是读者和评论人。但是对于书中的主张,这里我要强调三点:第一,这里没有原创的内容。就是说,这本书中的任何一个想法都不是来自于我。我所做的只是从我仔细阅读过的大量文献中看出了一种内在的规律和观点,把这个观点提炼出来,看它能把我带到哪里。如果有任何有创造性的地方,那就是理解这种格式塔式整体形态的存在并将其融会贯通。我知道我引用的许多观点和推测,它们的原创者可能会认为我走得太远了,有些人已经告诉了我,其他人好在不大会抱怨了。我在他们的意见基础上所得出的结论,他们无须负责,正像别人如何使用这本书内的观点与我无关。

我有些吃惊地发现我已经差不多成为历史学家——尽管不是特别好的,但的确是历史学家。而且是个老历史学家,老的两个含义都适用。我熟知历史学家的职业病,比如他们可能准备写作18世纪历史,但结果大多却写的是17世纪的事情,因为这对要讨论的问题极为重要。我也毫不例外。我在阅读有关山民的民族志和缅甸军队在少数民族地区侵犯人权的报告时,发现自己无可救药地为古代曼陀罗(mandala)*王国运用强制手段的建国过程所吸引。我在有关东南亚的前殖民和殖民时代的研究成果要归功于两门不同的研究生阅读课。一

---

* 曼陀罗一词来自梵文,意思是圆圈,佛教的艺术中经常采取圆形的方式。曼陀罗国家往往指中心权力向周边扩散的国家形式。——译者注

门是阅读有关东南亚研究的基本教科书,就像是知识分子的新兵训练营,我们读的都是这方面的基础著作,也就是那些多数学者书架上有但却不好意思承认没读过的书。最开始的著作是两卷本的《剑桥东南亚史》,让我们耳目一新。第二门课是关于缅甸的,也是从基础读物开始。

由此引出我要强调的第二点。我在这本书中所说的一切对"二战"以后的时期不适用。从1945年开始,或者甚至更早,国家动用消除距离的技术的能力,这些技术——包括铁路、全天候公路、电话、电报、空中战斗力、直升机,以及现在的信息技术——已经打破了那些自我管理的人民与民族国家之间权力的战略平衡,地形的阻力在减少,因此我的分析也基本没有用了。与此相反,居于统治地位的民族国家现在忙于把其权力伸展到最远的边界,将那些弱者或尚未被统治的区域清扫收编。由于需要"部落区域"的自然资源,和希望保障边疆地区的安全与生产能力,促使各地形成了"吞并"的战略,在这个过程中,那些被认为忠诚并渴求土地的谷地居民被移居到山地。如果我的分析不适用于20世纪后期的东南亚,别说我没早警告你们。

最后,我担心这里描述的有关种族形成的激进建构主义个案会被误解,被当成是在贬低甚至诋毁那些勇敢的人们为之奋斗和牺牲的民族认同。然而事实正好相反,无一例外,**所有**的认同都经由社会建构:不论是汉人,还是缅甸人、美洲人或丹麦人。这些认同,特别是少数民族的认同,经常首先是由强有力的国家构造的,比如英国殖民者造出了克伦族(the Karen)和掸族(the Shan),法国人制造了加莱族(the Jarai)。不管是被生造还是被强加的,这些民族都选择了某种特性作

XIII

为自己的理想,尽管有些特性比较模糊,这包括宗教、语言、肤色、饮食,以及生存的意义。这些分类,一旦通过疆域、土地所有权、法庭、习惯法、指定的领袖、学校和文字被制度化,都可能成为强烈且充满活力的认同。如果这种认同为更大的国家和社会所诋毁,反而更容易促使形成抵抗和挑战的认同。这样构造出来的认同与自我奋斗的英雄主义相结合,从而使得认同成为一种荣誉。在当今世界,民族国家是具霸权的政治单元,因此毫不奇怪,这些自我确认的过程往往采取排斥少数族群的民族主义(ethnonationalism)形式。因此对于那些甘冒一切风险谋求某种形式的独立和认可的掸族人、克伦人、钦族人(the Chin)、孟族人(the Mon)、克耶人(the Kayah),我满怀敬慕。

我在知识上至少从五位"死去的白人"中学到很多——将来我也会加入他们。他们是先行者,我沿着他们的道路蹒跚到这里;如果没有他们,我根本无法发现这条路。最早的一位是皮埃尔·卡拉斯特(Pierre Clastres),他在《反抗国家的社会》(*La société contre l'état*)中对南美洲被征服以后逃避国家(state-evading)和抵制国家(state-preventing)的本土居民所做的大胆解释被后来的资料证明是很有洞察力的。欧文·拉铁摩尔(Owen Lattimore)对汉族中国和边缘地区游牧民族之间关系的透彻的远见卓识帮助我看到,在中国西南边陲也存在类似的情况。欧内斯特·盖尔纳(Ernest Gellner)关于柏柏尔人和阿拉伯人(Berber-Arab)之间关系的分析使我了解到,君权和税收无法到达的地方就是"族群"和"部落"的空间。所谓的"野蛮人"(*barbarian*)是国家描述那些自主治理、尚未臣服的人民所用的词汇。任何走我所走的这条路的人都要靠不断地参阅爱德蒙·利奇(Edmund Leach)的《缅甸高地的政治体系》(Political Systems of Highland Burma)才能有所成就。很少有著作这么"值得深入思考的"。最后我要感谢詹姆士·G.斯科特(James G. Scott),即施韦·尤义(Shwe Yoe),他身兼军队的将领、殖民地的官员,《上缅甸志》(Gazetteer of Upper Burma)的编纂者和《缅甸人》(The Burman)的作者诸种身份。我们不是亲戚,但是因为我从他敏锐的观察中受益匪浅,而且按照缅甸星象学的测算,我们应该有同样的缅甸名字,所以我也采用了他的缅甸名字以取悦他的神灵。

那些强烈质疑自命的统治者如何来教化边缘人群的论述,以及重新审视边缘人之所以会被边缘化的著作激励并指导了我的研究。贡萨洛·阿吉雷·贝尔特兰(Gonzalo Aguirre Beltrán)30年前出版的经典小书《避难的地区》(Regions of Refuge)对拉丁美洲大陆的研究相比卡拉斯特得出了更普遍的结论,而斯图尔特·施瓦茨(Stuart Schwartz)和弗兰克·所罗门(Salomon)又更加深入细致地考察和阐明了这一结论。与我所关注的地理区域接近,罗伯特·郝夫纳(Robert Hefner)关于爪哇腾格里高地(Tengger Highlands)和乔弗瑞·本杰明(Geoffrey Benjamin)对马来西亚的原住民(orang asli)的研究都是极具说服力的杰出案例,他们鼓励我用类似的观点去看赞米亚。

赞米亚的概念要完全归功于威利姆·范·申德尔(Willem van Schendel),他预见到这样一块向西延伸到印度的巨大高地边界区(在他的看法中甚至更大)具有鲜明的特色,应该成为一个有特定称谓的研究对象。在陈述"赞米亚研究"作为一个研究领域的必要性时,他质疑了传统的**地区**(area)或**区域**

(region)的概念。我读了他关于这个词令人信服的议论后，立即报名成为拥护赞米亚军队(心理战争分支)的一员。威利姆、我，还有其他几位同事期待有一天我们可以召集第一届国际赞米亚研究大会。范·申德尔关于孟加拉边境地区的研究已经提供了一个很好的范例，表明如果我们真正听取他的指导可以取得什么样的成果。

如果有耐心，或者想做一个更为综合全面的研究，那么至少应该再包括一章讨论江河湖泊中的避难所。我只是顺带提及他们，却遗憾地没能好好地讨论他们。如同山上流动的居民一样，东南亚海岛中人数众多的水上游民(orang laut, 海上游牧民，海上吉卜赛)也是在海岛中不断航行，居无定所。如同许多山民一样，他们也有尚武的传统，可以很容易地从抢掠海上的运输船和掠夺奴隶，变为马来王国的海上警卫或水军。他们位于主要水上通道附近，可以迅速地进攻然后消失，形成了一个水上的赞米亚，这应该在我的分析中占有一席之地。正像本·安德森(Ben Anderson)在鼓励我沿着这个方向进行研究时所说的，"海洋的面积更大，比山地和森林更空阔。可以看到现在的海盗仍然可以沉着轻松地躲避开七国集团和新加坡等的围剿。"但是有目共睹，这本书已经太厚了，而且我必须将这个主题留给更有能力的人去继续：埃瑞克·塔格里亚克左(Eric Tagliacozzo)已经出色地开始了这一工作。

有四位学者的研究兴趣与我完全吻合，如果没有他们，这本书的完成简直是无法想象的。因为雷曼(F. K. Lehman)·漆莱(Chit Hlaing)和理查德·奥康纳(Richard O'Connor)文章中的真知灼见和深刻含义，让我不知道读了多少遍他们的作品。维克特·利伯曼(Victor Lieberman),一位从事东南亚国家建设比较研究的一流的历史学家,和早于我们就高举赞米亚(或如他自己所称的东南亚丘陵地区)旗帜的让·米肖(Jean Michaud)则是主要的对话者。所有这四位学者都展现了高度恢宏的知识境界(intellectual largespiritedness),特别是他们与我意见不同的时候。他们可能不尽同意我在这本书中所说的,但他们应该知道,正是他们使我更聪明,尽管可能还没达到他们的期望。此外,我还要感谢让·米肖慷慨地允许我使用《东南亚丘陵地区居民历史词典》(*Historical Dictionary of the Peoples of the Southeast Asian Massif*)中的许多段落来作我的术语表。

有许多人阅读了部分或全部的书稿并坦率地给我提出了建议,尽管这占用了他们做其他更好事情的时间。我希望他们能够看到,在他们的影响下,我的讨论变得更细致和严密。下面的名单不分先后:迈克尔·艾达思(Michael Adas),阿吉·斯卡瑞亚(Ajay Skaria),拉玛昌德·古哈(Ramachandra Guha),塔尼亚·李(Tania Li),本·安德森(Ben Anderson),迈克尔·昂-特文(Michael Aung-Thwin),今村正雄(Masao Imamura),还有历史学家U.它·屯·毛昂(U Tha Htun Maung)和U.索易·科尧·图(U Soe Kyaw Thu),考古学家U.屯·登(U Tun Thein),地理学家亚瑟·皮(Arthur Pe),乔弗瑞·本杰明(Geoffrey Benjamin),姗姗·杜(Shan-shan Du),曼迪·萨丹(Mandy Sadan),迈克尔·哈撒韦(Michael Hathaway),瓦尔特·科瓦德(Walt Cowand),本·科克里克特(Ben Kerkvlict),朗·赫林(Ron Herring),英德拉尼·查特杰(Indrani Chatterjee),钦·毛昂·温(Khin Maung Win),迈克尔·多芙(Michael Dove),詹姆士·哈根(James Hagen),简-巴特·基瓦尔德(Jan-Bart Gewald),托马斯·巴菲尔德(Thomas Barfield),颂差·文尼查克(Thongchai Winichakul),凯瑟琳·鲍威(Katherine Bowie),本·基尔南(Ben Kiernan),帕米拉·麦克艾尔威(Pamela McElwee),南斯·卡宁汉姆(Nance Cunningham),昂·昂(Aung Aung),大卫·鲁登(David Ludden),雷奥·卢卡森(Leo Lucassen),珍妮思·斯图加特(Janice Stargardt),托尼·德(Tony Day),比尔·克劳斯纳(Bill Klausner),米亚·丹(Mya Than),苏珊·奥多诺万(Susan O'Donovan),安东尼·雷德(Anthony Reid),马丁·克莱(Martin Klein),裘·古尔第(Jo Guldi),亚顿·毛昂·萨格梦(Ardeth Maung Thawnghmung),波·波·聂(Bo Bo Nge),马思中(Magnus Fiskesjö),玛丽·卡拉汉(Mary Callahan),恩里克·梅尔(Enrique Mayer),安其里克·豪格吕(Angelique Haugerud),迈克尔·麦戈文(Michael McGovern),吴丹敏(Thant Myint U),马克·爱德曼(Marc Edelman),凯文·海普纳(Kevin Heppner),克里斯汀·仑茨(Christian Lentz),金安平(Annping Chin),杜赞奇(Prasenjit Duara),杰夫·韦德(Geoff Wade),查尔斯·凯斯(Charles Keyes),安德鲁·特顿(Anrew Turton),石川伸(Noboru Ishikawa),克农·卜利兹勒(Kennon Breazeale),以及凯伦·巴克(Karen Barkey)等等!我在这个名单中还隐去了四个同事的名字,他们没有给我意见。你们自己知道都是谁。该不好意思吧!当然如果你们体力不支无法把手稿从打印机搬到桌子上,请接受我的歉意。

我还想感谢几位同行的帮助。郝力菲尔·强森(Hjorleifur Jonsson)的《绵的关系》(*Mien Relation*)是一部见解独特的著作,极大地影响了我的想法,特别是有关山地居民认同和社会结构韧性的论述。迈克·格力弗斯(Mikael Gravers)教会了我很多有关克伦族人以及他们笃信的千禧年世界观的基础。埃瑞克·塔格里亚克左(Eric Tagliacozzo)无比仔细地阅读了我的手稿,并且为我制定了一个阅读计划,我现在仍在努力完成。最后,我还从五位同事那里受益良多,多年前我和他们一起开始研究"本土和官方的认同",他们是:彼得·萨林斯(Peter Sahlins),平克尧·朗格马斯瑞(Pingkaew Luanggaramsri),万科丸·步戴(Kwanchewan Buadaeng),楚萨卡·威特雅帕(Chusak Wittayapak),此外还有珍妮·司徒珍(Janet Sturgeon),早在有赞米亚这个词汇出现之前,她就已经是一个实践中的赞米亚研究者(Zomianist)。

在1996年,我的同事萧凤霞(Helen Siu)说服我作为讨论人参加一个中国边界和边民的研讨会。由她、柯娇燕(Pamela Crossley)和科大卫(David Faure)组织的这个研讨会非常引人深思和充满生气,由此产生的许多想法都可以在这本书中看到。这个研讨会所形成的由柯娇燕、萧凤霞和苏堂棣(Donald Sutton)编辑的《边缘的帝国:现代中国早期的文化、种族和边疆》(*Empire at the Margins: Culture, Ethnicity, and Frontier in Early Modern China* [Berkeley: University of California Press, 2006])集合了原创的历史、理论和民族志。

在过去的十年中,我找到我的方向是如此迟缓,但是有许多机构收留并支持了我。我在帕罗奥多(Palo Alto)的行为科学高等研究中心(Center for Advanced Study in the Behavioral Sciences)开始阅读东南亚高地的背景资料和有关国家与游动人口关系的资料,在那里,阿历克斯·凯萨(Alex Keyssar)、南希·科特(Nancy Cott)、托尼·贝宾顿(Tony Bebbington)和丹·西格尔(Dan Segal)都是我的良师益友。这种阅读持续到2001年春我在奥斯陆发展与环境中心,在那里,德斯曼德·麦克尼尔(Desmond McNeill)、西格纳·哈维尔(Signe Howell)、尼娜·维特泽克(Nina Witoczek)和贝昂特·哈格威特(Bernt Hagvet)的知识和魅力都使我受益匪浅。在钦·毛昂·温宽容的关注下,我认真地跟随缅甸民主之声电台学习缅甸语。在罗斯基勒大学(Roskilde University)国际发展研究生院社会与全球化系的时候,我完成了这部书的第一稿。我想记录我对克里斯汀·隆德(Christian Lund)、普雷本·卡索尔姆(Preben Kaarsholm)、鲍迪尔·佛尔克·弗里德里克森(Bodil Folke Frederiksen)、因格·詹森(Inge Jensen),以及奥雷·布伦(Ole Brun)的感谢,他们给予我精神上的鼓舞,并使我的访问非常愉快。

在过去的20年中,我的知识支柱主要来自于耶鲁大学的农业研究项目。土地改革的支持者(agraristas)、学者、演讲人、研究生和我在教学中的同事不断地给我以信心,使这个项目成为一个知识的聚会所,既欢乐又充满挑战,既友好又很艰苦。凯·曼斯菲尔德(Kay Mansfield)自始至终是这个项目的核心和灵魂,像指南针一样确定我们的方向。我的同事K.希瓦拉马克日什南(K. Sivaramakrishnan,又名Shivi)、埃里克·沃比(Eric Worby)、罗伯特·哈莫斯(Robert Harms)、亚伦·阿格拉瓦尔(Arun Agrawal)、保罗·弗里德曼(Paul Freedman)、琳达-安娜·雷布汉(Linda-Anne Rebhun)和迈克尔·多芙(Michael Dove)在我的持续学习中都伸出了慷慨的援助之手。在他们之中,迈克尔·多芙和哈罗德·康克林(Harold Conklin)教会了我所有关于火/耕(swidden cultivation)的知识,这在我的分析中是非常重要的。

我有几位主动且出色的研究助理,他们帮我节省了数月的无效劳动并避免了许多错误。我相信,他们很快就会以自己的成绩被世人所知。阿拉什·卡责尼(Arash Khazeni)、沙夫卡特·胡赛因(Shafqat Hussein)、奥斯汀·泽德曼(Austin Zeiderman)、亚历山大·李(Alexander Lee)、凯蒂·沙弗(Katie Scharf)和凯特·哈里森(Kate Harrison)帮助我将这个计划变为切实可行。

那些见证我与缅甸语斗争的缅甸朋友至少应该得到高危工作补助,也许应该被称为圣人,或者在小乘佛教背景下,应该是天神(deva-hood)。我要感谢萨亚·钦·毛昂·吉(Saya Khin Maung Gyi),他是我时间最长、最久经磨炼和最耐心的教师,还有他的全家,包括桑·桑·琳(San San Lin)。莱特·莱特·昂(Let Let Aung,又名薇奥拉·吴[Viola Wu])、波·波·聂(Bo Bo Nge)、卡鲁·鲍(Kalu Paw)和钦·毛昂·温(Khin Maung Win)勇敢地忍受着我慢得难受且奇怪的谈话。康·科尧(Kaung Kyaw)和考·索易·科尧·图(Ko Soe Kyaw Thu)尽管不是正式的教师,但是作为朋友帮助并督促我。最后,萨亚·拿英·屯·琳(Saya Naing Tun Lin),一位天生的老师,当我在曼德勒(Mandalay)和其他地方旅行的时候,他发明了一种适合我这种普通人的教学方法,并且严格地执行。我们经常在小旅店宽敞的四层阳台上课。当我四五次都发错同一音调或发音时,他就会突然站起来,走到阳台的边上。我几次都担心他会因失望从阳台上跳下去。当然他没有。相反,他会走回来,坐下,深吸一口气,然后重新开始。如果没有他,我根本无法坚持下来。

我在想给这本书取什么名字时,一位朋友告诉我威斯康星大学麦迪逊分校的政治学家吉米·卡萨斯·克劳森(Jimmy Casas Klausen)正在讲一门政治哲学课,题目就是"逃避统治的艺术"。克劳森慷慨地同意我使用它作为我的书名,对此我非常感谢。我等待某一天他在这方面出版一本自己的著作,为这个事业建立哲学地位。

斯特林图书馆耶鲁地图中心(Yale Map Collection of Sterling Library)的斯塔西·梅普尔(Stacey Maples)以其娴熟的技巧和丰富的想象力制作了书中的地图。他把我对东南亚国家统治空间问题的理解用图形绘制表现了出来。*

在适当的地方,我加进了一些缅甸语的词汇或短语。从缅甸语字母转换成罗马字母并没有一个被普遍接受的体系,我采取了伦敦大学东方与非洲研究院约翰·欧凯瑞(John Okell)所发明的系统。在他的《缅甸语:口语导论》(*Burmese: An Introduction to the Spoken Language*)第一卷(DeKalb: Northern Illinois University, Center for Southeast Asian Studies, 1994)中解释了这个系统。为了避免误解,我在重要的地方加上了缅甸语原文。

我不可能为这本书,以及这套丛书中的其他著作,找到比让·汤普森·布莱克(Jean Thomson Black)更合作和有才华的编辑,耶鲁大学出版社也不可能找到比他更优秀的编辑了。他也编辑了农业研究丛书中的其他著作。我的手稿编辑丹·西顿(Dan Heaton)在尊重原文的情况下对手稿中的错误

---

* 由于版权及其他原因,中译版略去了这些地图。——出版者注

和冗言作了严格的修改,从而使呈现给读者的这部作品有了很大改进。

最后但绝非不重要,没有我至高女神的远见卓识和陪伴,我不可能完成这部书稿的写作。

1 山地、谷地和国家
关于赞米亚的介绍

在本书的开始,我将引用三个充满挫败的具有诊断意义的叙述,前两个来自于即将开始进行征服的官员,他们将要征服那些桀骜不驯的景观与那里不断逃亡和反抗的居民。第三个则来自于另外一个大陆,这是一个即将开始的精神征服者,他失望于那个景观所鼓励的反宗教和异端邪说。

> 制作地图是困难的,制作贵州省的地图尤其如此……贵州南部的土地支离破碎且边界不清……一个地区或县可能被分裂成许多小块,还经常被其他地区或县分隔……另外还有苗族和汉族人混居的无主土地……
> 贵州南部有众多山峰汇集。它们纠结在一起,没有平原或沼泽将山地隔开,也没有大小河流限制它们,四处都是山,几乎看不出什么走向。……山地的居民很少,一般山峰也没有名字,要想清楚地描述山的形状是很困难的,山脊和山峰似乎没有区别。要想叙述山脉的格局就不得不做出详细的叙述。有时候要描述数公里长的分支山系就不得不需要一堆文献,或者为了讲清一天的主要行程,就要写几章书稿。

地方方言也很让人迷惑，50公里的空间内，一条河可能有50个不同的名字，一块方圆1.5公里的营地可能有3个不同的名字。这里的命名方法就这样靠不住。[1]

那些崎岖不平并长满丛林的地带是长期被土匪占据的地方。地处敏布县（Minbu）和德耶县（Thayetmyo）之间，在掸山（Shan Hills）、阿拉坎（Arakan）山和钦（Chin）山脚下的沼泽低地带（terai）就是这样。在这里追踪是不可能的。这个地带狭窄、曲折，特别适合打伏击。除了通常使用的道路外，很少有其他方法进入；对于我们的队伍来说，丛林疟疾是致命的；纵队只能通过丛林前进。村庄很小而且很分散，每个村庄都很紧凑，经常被无法穿过的茂密丛林所包围，那些小路或者只能容下一辆推车通过，或者更窄，通过丛林时有许多悬垂荆棘和多刺的爬藤植物。大量的干草会在三月被焚烧，但是一旦重新开始降雨，又会变得完全无法通行。[2]

地面被弯曲的小溪冲刷成许多小的沟壑。小溪众多，一个面积仅373平方英里的县地形图上有339条有名字的小河，也就是说每10平方英里就有9条小河，这是很有代表性的。多数的山谷都呈V字形，沿河岸能够建房或作小菜园的平地很少。……缓慢且困难的交通方式带来的地理隔绝又被其他一些因素所加剧。比如道路经常是迂回的，旅行经常是沿着一条河向下走，又沿着另外一条河向上走，或者沿着河流上到分水岭，然后沿着山脊的另一侧的河流向下。经常出现因为交通不便，出嫁的女儿

十多年没有回家看望父母,尽管相距不超过10英里。³

在每一声悲叹后面都隐藏了特定的统治行动:清朝的统治,帝国时代的英国人统治,以及阿巴拉契亚正统新教的统治。他们都不自觉地把自己设计成秩序、进步、启蒙和文明的承载者。他们都希望伴随着国家和有组织的宗教,将行政管理的益处推广到原来不曾被统治的区域。

我们如何才能最好地理解这些统治行动及其代理人与那些相对自主的区域及其居民之间充满辩证的关系?在东南亚大陆,这些关系特别引人注目,造成了这一区域最重要的社会对立,并塑造了这一区域的历史:山地居民与谷地居民之间,或者上游居民(马来语称为*hulu*)与下游居民(*hilir*)之间的关系。⁴我相信,仔细地追溯这种辩证关系也就是在追溯我们是如何从历史的角度理解全球的谷地国家形成,以及人们向山地迁移的过程。

扩张的国家与自我治理的人民之间的遭遇并不仅仅限于东南亚,在西方现代民族国家的形成过程中,"内部殖民化"是一个重要特征,不仅反映在文化上,而且反映在行政管理上;在罗马帝国、哈布斯堡、奥斯曼、中国王朝和英国的帝国事业中,在美国、加拿大、南非和阿尔及利亚的白人殖民地上本土人被征服过程中,在贯穿中东历史的城镇定居阿拉伯人与游牧民的辩证关系中,都可以看到这种遭遇。⁵就像生鲜食物与经过烹饪的食物,野生动物与驯养的动物,山地/林区的居民与谷地/开阔地的居民,上游与下游的居民,野蛮的与文明的,落后的与现代的,自由的与被束缚的,有历史的人民与没有历史的人民,在不同的地方,遭遇的形式是不同的,但是自我治理的人民与国家统治的人民之间的遭遇是普遍存在的，这种普遍性为我们提供了多种比较的可能性。我们将充分利用这些机会进行比较。

一个边陲的世界

在有文字记载中，也就是说从谷物种植为基础的农业文明开始，我们所考察的这种遭遇就是统治者一直在关注的问题。但是如果我们把历史的透镜拉回到过去，看问题视角更广一些，从人类的历史，而不是从国家—文明的历史去观察，就会令人惊奇地发现，这种遭遇只是不久前刚刚发生的事情。现代智人（*Homo sapiens sapiens*）生存在大约20万年前，而在东南亚最多只有6万年。在这个地方，最早出现少量定居人口聚集不会早于公元前第一个千年，这只是历史景观的一个点——局部、微弱和短暂的。在公元元年前不久，也就是人类历史的最后1%的时间内，社会景观是由初级的自我管理的血缘群体构成的，在打猎、宴请、冲突、贸易和媾和中，这些血缘群体可能会暂时地进行合作。那里不存在所谓的国家。[6]换句话说，没有国家结构的生存是普遍状况。

农业国家的产生使国家统治下的定居者与边陲地区的化外之民，或事实上处于自治状态的人群之间有了明显的区别，并进而产生了相互影响的关系。至少到19世纪前期，甚至对于那些最有野心的国家来说，其统治范围也受到了交通困难、军事技术水平，特别是地理条件的限制。1600年东南亚的人口密度只有每平方公里5.5人（印度和中国达到了差不多35人），被统治者很容易进入到面积广阔、土地充足的边陲地带。[7]边陲地带像一个没有开发的稳定平衡装置，国家越是压榨被统治者，被统治者就越少。边陲地带保障了大众的自由。理查德·奥康纳（Richard O'Connor）很好地把握了这种辩证关系："一旦国家出现，至少对于农民来说，适应的环境重新发生了变化。在这样的情况下，移动可以使他们逃避国家的强制负担以及战争。我称这为第三种逃散（tertiary dispersion）。另外的两种变革——农业和复杂社会——是稳定可靠的，但是国家对农民社会的统治却不然，并且我们因而发现了'会聚人口……和建立村庄的战略'。"[8]

最后的圈地

不管是在殖民地或在所谓的独立国，只有现代国家有资源真正实施他们的统治方案，也就是将非国家的空间和人口都置于自己的脚下，这在前殖民地时代只能是个幻想。在最广泛的意义上说，这个方案代表了东南亚最后的大规模圈地运动。至少在20世纪，这一运动被持续进行，尽管并不顺利且时有挫折。不管是殖民地或独立国家，集权主义或新自由主义，民粹主义或独裁主义，所有政府都曾热切地投身这一方案。各种统治者都不顾一切地追求这一目标从另外一个方面表明，这种行政、经济和文化标准化的方案深深植根于现代国家的结构中。

从国家中心的角度看，这一圈地运动可以被看作整合边陲地区人口、土地和资源，使他们为国家创造收入的尝试。如果用个法文词来说,是把他们变成"可收益的"(rentable)——对国民生产总值和外贸有可见贡献的人。事实上,边陲各民族与低地(lowland)和世界贸易有着稳定的经济联系。在许多情况下,国际商业中的大多数有价值产品似乎都是他们提供的。虽然把他们彻底统合进来被从文化上看作发展、经济进步、消除文盲和社会整合。而实际上并非如此。圈地运动的目标可能更多的是使他们的经济活动成为可见、可征税、可估价和可征用的,而不是提高他们的生产能力。如果不能达到这个目标,就会迫使他们采取可以达到这些目标的生产方式。在所有可能的地方,国家已经强迫移动的游耕民在固定的村庄中定居下来。他们试图用封闭的公共产权(closed common property),包括集体农场,特别是自由经济下的个人永久业权(freehold),代替开放的土地公共产权(open common-property)。他们已经将木材和矿业资源控制为国家资产(national patrimony)。只要可能,他们就鼓励用种植单一经济作物的种植园式农业取代原有普遍种植多种作物的耕作方式。"圈地运动"这个词用在这里恰如其分,这几乎是1761年以后英国持续了一个世纪的圈地运动的翻版,结果一半的英国公共耕地被侵吞以支持大型私有的商业化生产。

如果我们从最广泛的历史角度去看,大规模圈地运动的与众不同和革命的一面是很明显的。在最早的中国和埃及,以及后来的旃陀罗笈多(Chandra-Gupta)印度、古希腊和罗马共和国,人口数量都不多。它们所占据的地区只是世界的一小部分,其臣民在世界人口中所占比重几乎可以忽略不计。在东南亚大陆,第一个国家是在5、6世纪才出现的,在历史书籍中它们占有很大篇幅,但是它们对其地域和人民的影响都很小。这些小的统治权力中心由护城河和城墙围绕,周边是一些为其纳贡的小村庄。这些权力等级上的小节点是不稳定和地域狭小的。在那些尚未被考古遗址和国家中心的历史所迷惑的人眼中,景观完全属于边陲地区,没有中心。几乎所有的人口都在统治中心的范围之外。

尽管这些国家中心很小,但它们具有杰出策略和军事优势,有能力将人力和食物集中在一起。在固定农田中的灌溉稻作农业是其关键。[9]作为新的政治形式,稻作国家只是将原来无国家的人民集中在一起。一些臣民无疑被贸易、财富机会和宫廷中心所提供的社会地位吸引,但其他的人,而且肯定是大多数人,则是战场上俘获或从奴隶贩子手里买来的战俘或奴隶。这些小国的所谓"野蛮边陲"至少从两个角度上看是关键的资源。首先,它是稻作国家赖以繁荣的许多重要贸易物资和林产品的来源。其次,也是最重要的贸易物资,即由俘虏所形成的人力资本的来源,人力是任何成功的国家都需要的。我们所了解的古典国家,如埃及、希腊和罗马,以及早期的高棉、泰国和缅甸,其臣民多是不自由的奴隶、俘虏,以及他们的后代。

围绕着这些小国有很多尚未被统治的边陲地带,这构成了挑战和威胁。它们是逃亡者和不断迁移人的家园,这些人的生存方式,包括采集、狩猎、轮耕、打鱼和放牧,使国家很难向他们征收赋税。他们生计的多样性、易变性和移动性意味着,对于与定居农业相适应的农业国家来说,这些尚未被统治的景观及其人民是财政收入的贫瘠之地。再者,除非他们愿意从事贸易,否则他们的生产活动因为下面的原因而难以接近。各地早期国家几乎都是可耕作的平原或高原的产物,从国家的角度看,大量尚未被统治的人口则处于边远难以到达的区域：山区、泥地、沼泽、干旱草原和沙漠。即使有些时候他们的产品从理论上说也可能被政府征用，但由于位置分散和交通的困难，他们成功地居于统治之外。两个区域之间在生态上是互补的，是天然的贸易伙伴，但是贸易很少是被迫的，而往往采取自愿交换的方式。

对于早期国家的精英来说，那些经常被看作"野蛮部落"的边陲地区也是潜在的威胁。像蒙古人和匈族（Huns）人，奥斯曼和他的征服队伍那样，武装起来的游牧民族或者占领并摧毁国家，或取而代之，这类事情尽管很少发生，但是让人印象深刻。比较经常出现的是，那些不被国家统治的人民发现抢劫那些从属于国家的农业社区定居点更容易，他们有时也会像国家一样系统地征收贡金。国家为了"容易征收"而鼓励定居农业，抢劫者也发现定居点是很好的征收贡金的地方。

尚未被统治的边陲地区之所以成为主要而持续的威胁在于它对国家之内的人形成了持续的诱惑，构成一种可选择的替代生活。一个新国家的建立者往往从前任的占据者那里夺取耕地，原有的居民或被统合，或选择离开。也许可以说那些选择离开的人是第一批逃离国家权力的难民，他们加入到国家统治区域之外的人群中。当国家范围不断扩大时，其他人也会面临同样的两难境地。

当国家弥漫在所有地方，无可逃避的时候，人们很容易忘记，历史上有很长时期人们可以选择生活在国家之内或之外，或者在中间地带，在条件允许的时候，也可以改变其生活区域。一个富裕且和平的国家中心可能吸引越来越多认识其利益的人。这当然符合标准和文明的叙述，在这种叙述中，粗鲁的野蛮人为国王的和平和公正所带来的富饶所诱惑。世界上多数的拯救宗教中都有类似的叙述,当然也包括托马斯·霍布斯(Thomas Hobbes)。

这样的叙述忽视了两个重要的事实。首先,我们已经注意到,早期国家的许多人口,如果不是大部分的话,都是不自由的,他们是被强制的臣民。第二个事实就是国家的臣民经常逃离,这看来与标准的有关文明的叙述很难相容。从定义上就可以知道,居住于国家之中意味着赋税、征募、徭役,以及多数情况下的被奴役状态,这种状态构成国家战略和军事优势的核心。一旦这些负担变得过于沉重,臣民立即会迁移到边陲地区或其他国家。在前现代化条件下,拥挤的人口、驯养的牲畜、高度依赖单一粮食作物对人类和作物的健康都产生了影响,饥荒和传染病很容易发生。最终,早期国家成为战争机器,同时,它又导致臣民因为逃避征募、入侵和抢劫而外流。因此,早期国家挤出和吸引人口都很快,而且经常在国家因战争、干旱、瘟疫和伴随王位传承所导致的国内战争而崩溃的时候,其人口也会大量外流。国家并非建立以后就长久不衰,大量有关国家中心的考古发现表明这些国家都曾短暂地繁荣,接下来因战争、瘟疫、饥荒或生态崩溃而衰败,国家的历史有兴有衰,不可能一直持续。在长期历史上,人民不断进入或离开国家,"国家性"(stateness)本身就是循环和可逆的。[10]

在长期的国家建立和灭亡的过程中产生了边陲地区,那里是由从国家逃离出去的人和那些从未被国家统治的人所构成的。许多国家的边陲区域都成为避难所或者碎裂带(shatter zone),在那里,国家构成和国家间斗争中逃离的人群一点点聚集起来,形成了让人眼花缭乱、语言和族群都很复杂的地区。国家的扩张和覆灭还有一个齿轮效应,逃亡的臣民会迫使他们前面的人群向前寻找新的安全地方。东南亚的山区实际就是碎裂带。中国西南的云南省被称为"人类种族博物馆"就反映了其迁移的历史。只要是在国家、帝国、奴隶贸易、战争,以及自然灾害等的影响不断扩大,并迫使大量人口逃往边远地区寻求避难的地方就可以发现碎裂带,不论是亚马逊还是拉丁美洲高原(安第斯山地的高原农区和国家是个例外),以及非洲高原未被奴隶贩子进入的走廊、巴尔干和高加索。碎裂带的明显特点就是其地理上的相对难于进入和非常多样的方言和文化。

上面关于边陲地区的解释与大多数文明自我讲述的官方故事完全不同。在那些故事中,这个过程被描述为落后、幼稚,甚至可能是野蛮的人群逐步被统合到先进、高级和繁荣的社会和文化中。假使这些野蛮人是做了政治选择来保持与国家的距离,而不是被征服,那么一个新的政治形式出现了。这些尚未被统治的边陲地带的许多,甚至是大部分居民并非以往社会组成的残留,或者如东南亚一些低地民间传说所说的,是"我们的活祖先"。有意地将自己放到国家边陲的人们有时会被不恰当地称为次级原始主义。他们的生存法则、他们的社会组织、他们地理上的分散,以及他们文化中的许多因素都不是人类所遗留的原始特征,而是被精心设计以阻止他们被统合进附近的国家,或者避免在他们内部产生国家一样高度集中的权力。他们的实践,也包括他们的意识形态,完全是为了逃避已有的国家和预防可能出现的国家。换句话说,他们是"国家作用的结果"(state effect)。他们是"有意的野蛮"(barbarians by design)。他们在摆脱政治上被统治的同时,还与低地的中心地区保持了繁忙和互利的贸易。

一旦我们考虑到"野蛮人"可能并非是早期存在的遗留

物,而是为了保持自主而主动选择了他们的地点、生存方式和社会结构,那么社会进化的文明故事就会彻底地崩溃。历史的文明发展序列,也就是从采集到刀耕火种(或者放牧)到定居农业和灌溉稻作农业,或者与此类似的另一种序列,即从森林中的流动点到清理出来的林间空地,到小的定居点,一直到村庄和城镇,直到城市商业中心,这些假设支持了谷地国家的优越感。如果这些被想象出来的不同"阶段"事实上都只是一系列社会选择的结果,代表了与国家之间特定的相对位置关系,那么情况会怎样?同时,如果在多数时间段,许多人群都策略地选择转移到所谓的"原始"状态以保持与国家的距离,情况又该如何?从这个角度看,谷地国家的文明话语,以及不久前社会进化论的理论家,只是将国家统治状态与文明、将自我治理的人民与原始状态相混淆,并由此导致了自我膨胀。

贯穿我这本著作始终的逻辑将从根本上颠覆上述逻辑。大部分,如果不是全部,山民被污名化的特征——处于边缘地带的位置,地理流动性,游耕农业,灵活的社会结构,宗教上的异质性,平等主义,甚至没有文字,以及口头文化——完全不是文明所遗留的原始印记,我们最好用长远观点把它们看作是精心设计的,可以同时逃避被国家统治和自我生成国家。换句话说,这些特征表现了无国家的人民对有国家世界的适应,有国家的世界既是诱人的,也是有威胁的。

制造臣民

直到近几个世纪之前,逃避国家一直是一个切实的选择。在数千年前,人们都居于国家结构之外,生活在松散的帝国统治,或者各自为营的统治权力之下。[11]现在这种选择正在迅速消失。一个关于无国家的人民与国家之间权力平衡的非常概要和简略的历史会有助于理解在过去的千年中,可供操作的空间是如何被迅速压缩的。

这个空间压缩故事的中心是国家与定居农业的永久结合。[12]在固定耕地上种植农作物受到国家的鼓励,并且历史地成为国家权力的基础。反过来定居农业也导致了土地的产权、父权制家庭企业的产生,以及同样受到国家鼓励的对大家庭的重视。从这个角度看,如果没有瘟疫和饥荒的影响,谷物种植业内在的膨胀将带来大量剩余人口,这些人必然会移动到新的地区进行殖民。从长远的角度看,谷物种植农业是"游动"和侵略性的,不断地复制自己。正像休·布罗迪(Hugh Brody)所注意到的,与"稳定的定居者"相比较,采集人和猎民更依赖单一区域,人口也更稳定。[13]

通过殖民主义和白种人殖民地所形成的欧洲权力的大幅度扩张代表了定居农业的扩张。在"新欧洲"(neo-Europe),如北美、澳大利亚、阿根廷,以及新西兰,欧洲人尽可能地在新的地方复制了他们所熟悉的农业。在那些已经产生建立在定居农业基础上的国家的地方,欧洲人取代了当地的领主成为新的统治者,像其前任一样,他们也同样征税和鼓励农业,只是更高效。对于其他的生存模式,除了它们提供有价值的贸易物资(比如皮毛)以外,从财政角度都被认为是没有价值的。因此,采集者、猎民、轮耕的农民,以及牧民则被忽视或遗忘,或者被从可开垦的耕地赶到荒地上。然而,到18世纪末期,尽管无国家的人口在世界上已经不占优势,但他们还占据了世界上大部分的土地面积——林地、裸露的山地、草原、沙漠、极地、沼泽,以及难以到达的边陲地区。到现在为止,这些地区仍然是那些因各种原因逃避国家人的潜在庇护所。

总的来说,这些无国家的人很难被纳入到雇佣劳动或定居农业这样具有财政清晰性的经济中。从这个意义上说,他们可以享受贸易的好处,却没有国家臣民的苦差、被统治和被限制流动,"文明"对他们没有任何吸引力。无国家人民的广泛反抗直接在大西洋和印度洋沿岸以及东南亚创造了一个奴隶的黄金时代。[14]从我们这里所采用的观点来看,大量人口被强制从生产和劳动都不清晰且不可能被征用的环境下搬迁到可以种植经济作物(茶、棉花、糖、靛蓝和咖啡)的殖民地或种植园中,这将增加地主的收益和国家的财政能力。[15]圈地运动的第一步需要采取占领和俘获,从而可以将他们从更为自治(也更为健康!)的无国家地区迁移到可以征用其劳动力的地区。

这些巨量的圈地运动的最后两步发生在19世纪的欧洲和主要是20世纪的东南亚。在那里,国家与边陲的关系变化非常剧烈,大大超出了我这里所讲述的故事。在最后这个时期,"圈地运动"已经主要不是将人口从无国家的区域转移到国家控制区域,而是将边陲地区直接进行殖民化,将其变为可以完全控制、财政富裕的地方。其内在的逻辑,从未被彻底实现过,就是完全消除无国家的空间。依靠缩短空间距离的技术(全天候的道路、桥梁、铁路、飞机、现代武器、电报、电话,以及包括全球定位系统在内的现代信息技术),这一帝国主义计划是如此空前,其动力也不同以往,因此我这里的分析对比如说1950年以后的东南亚不再适用。现代国家政体的概念和成熟资本主义对资源的需求共同导致了最后圈地运动的出现。

在过去的一个世纪中,有证据表明,作为标准和完全排他的政体,民族国家对无国家的人群是充满敌意的。从这个意义上说,国家的权力在理论上就是将其垄断的强制力全部投入至其统治区域的边缘。在那里,它必然会遇到另外一个投注控制到共同的相邻边界的主权力量。理论上来说,大面积没有主权的地域或相互抵消的弱主权会消失,同时不受特定主权制约的人群也不再存在。实际上,大多数民族国家至少在它们力所能及的范围内试图实现这一图景:建立武装边防哨所、将忠于国家的人口迁移到边界地区,将"不忠于"的人搬迁或赶走,清理边疆地区的土地用于定居农业,修建到达边界的道路,将逃亡人群登记注册。

这一主权概念后接踵而来的是原来被忽略,似乎毫无用途的疆域,也就是那些无国家人被贬黜的地方,对于成熟资本主义所具有的巨大经济价值突然被意识到了。[16]它们蕴藏了许多有价值的资源——石油、铁矿石、铜、铅、木材、铀、铝矾土、航空和电子产业所需要的稀有金属,以及水电、生物勘察(bioprospecting)区域和保护区——在很多时候,上述这些资源都是国家财政收入的基础。这些地方的白银、黄金和宝石矿藏,还有奴隶,早就引起了人们的觊觎,现在则成为新淘金潮的目标。现在有更多的理由要将国家的权力投入到这些未被统治的边缘地区,将当地居民紧紧地置于国家的控制之下。

占领和控制国家的边缘地区还包含了文化政策。沿东南亚大陆国家边界分布的边缘地区所居住的人口与国家中心区域占统治地位的人口往往有不同的语言和文化。很明显,他们杂乱地分散在边疆地区,产生多种不同的认同,有些关注民族统一,有些关注民族分离。软弱的谷地国家在没有选择的时候,也会允许,或者说是容忍他们某些程度的自治。但只要可能,他们就会试图将这些人群置于他们日常的管理之下,鼓励甚至坚持使他们与国家核心区域的大多数人口保持语言、文化和宗教的结盟。在泰国,这意味鼓励拉祜(Lahu)等少数民族变成君主政体下的说泰语、识字的佛教徒。在缅甸,这意味着将克伦族(Karen)人变成效忠军政府的讲缅甸语的佛教徒。[17]

与经济、管理和文化上的同化政策相平行的是人口压力和自觉安排双重驱动所产生的吞噬(engulfment)政策。大量渴望土地的人口从平原迁移或被迁移到山区。他们在这里复制谷地的居住模式和定居农业,逐渐地,他们的人口超过那些分散居住并且人口稀少的山地人。1950到1960年代越南的一系列移民运动清楚地表明了强制定居和吞噬政策的结合:"游牧民定居运动"(Campaign to Sedentarize the Nomads),"固定耕作和固定居住运动"(Campaign for Fixed Cultivation and Fixed Residence),"冲击山地运动"(Storm the Hills Campaign),以及"用火炬照亮山地运动"(Clear the Hills by Torchlight Campaign)。[18]

这些相对自主和自治社区的减少(reduction)和标准化是一个有着长久历史渊源的文化过程,成为东南亚大陆任何一个大国历史自觉中不可或缺的主题。在越南官方的描述中,"向南方的迈进"(march to the south)——向湄公河和跨越巴塞三角洲(Bassac Deltas)——尽管看起来似乎是历史过程的描述,但却被错误地看成与国家的解放战争一样重要。[19]缅甸和泰国也有大量的人口迁移,即从曼德勒(Mandalay)、阿犹他亚(Ayutthaya),以及现在的河内等北部历史上的核心地区分别向伊洛瓦底江、湄南河、湄公河三角洲迁移。西贡(过去被称为胡志明市)、仰光、曼谷这些巨大的港口城市早期都是服务于这些曾经的边疆、三角洲和内陆地区,随着人口增加,成为统治早期内陆的首府城市。

广为人知的内部殖民主义恰当地描述了这一过程。这个过程包括了吸收(absorption)、替代(displacement)和/或者消除原有的当地人。这个过程还包括了植物学的殖民主义,通过森林采伐、沼泽排水、灌溉和修建防洪堤,景观被改变为适合种植作物与定居,还被纳入国家和殖民主义者所熟悉的管理系统。我们只有将这个过程看作对所有地方性内容的简约化,包括地方的语言,少数民族人口,当地耕作技术,当地的土地制度,当地的狩猎、采集和林业技术,当地的宗教等,才能评价其殖民化的效果。在实施这一过程的国家官员看来,这些努力是把文明和进步带到边陲地区,而进步则表现为包括汉族、京族、缅甸人和泰人在内的占主导地位族群的语言、农业和宗教实践的侵入和繁殖。[20]

东南亚大陆所保留的自我治理的人群和空间都在急剧减少。我们将主要集中讨论东南亚大陆的山地人群(他们经常被错误地称为部落),特别是缅甸的人。我要澄清**无国家空间**这样一个别扭的词汇在这里是什么意思,它并非简单地等同于山地或高海拔地区。与集中的谷物生产相联系的国家一般都是产生于耕地面积广阔的地区。在东南亚大陆,这样的农业生态一般都分布在低海拔地区,从而使我们可以谈论"谷地国家"和"山地人群"。其他地方,比如安第斯山区,传统耕作条件下容易耕作的土地都分布在高海拔地区,从而呈现出不同的状况:

国家在山上,而无国家的空间则分布在潮湿的山下低地。所以最关键的变量不是地理高度本身,而是集中的谷物生产的可能。无国家的空间则相反,它们往往位于那些存在巨大的地理困难,因而国家很难建立和维持其权威的地方。明朝的某位皇帝在描述其王国西南省份的时候就有类似的想法:"道路漫长且危险,高山河流成为巨大的障碍,风俗习惯迥异。"[21]沼泽、泥塘、红树海岸、沙漠、火山边缘,甚至茫茫大海,像东南亚几大河流不断扩大和变化的三角洲一样具有同样的作用。这些地方是困难并难以进入的疆域,不管海拔高度如何,都阻碍了国家的统治。我们将在后面更详细地看到,这些地区经常成为那些反抗或逃离国家的人群的避难天堂。

伟大的山地王国,也叫赞米亚;或者东南亚大陆的边疆地区

世界上仍然存在的最大无国家空间之一,如果不是唯一最大的,那就是被称为东南亚山地的巨大高地,近年来则被称为赞米亚。[22]这一分布在东南亚大陆和中国、印度、孟加拉等国边疆的巨大山地区域延展出差不多250万平方公里,几乎相当于整个欧洲的面积。作为第一批将这一山区及其人民作为单独研究对象的学者之一,让·米肖(Jean Michaud)追踪了其范围:"从北到南,它包括了四川的南部和西部,贵州和云南的全境,广西的西部和北部,广东西部,缅甸北部的大部分地区,以及与之接壤的印度最东部(北部)地区,泰国北部和西部,老挝位于湄公河谷之上的所有地区,沿安南山脉(Annamese

Cordillera)的越南北部和中部地区,柬埔寨的北部和东部边疆地区。"[23]

粗略地计算,赞米亚仅少数民族人口就有差不多800到1000万。[24]其人群被分成数以百计的族群,至少有5种语系,几乎无法将他们简单地进行归类。

如果不是延伸了8个民族国家,分布在海拔200或300米到4000米的赞米亚可以被看作是东南亚的阿巴拉契亚山区。也许更适当的类比是处于德国、法国和意大利边缘之间的山地王国瑞士,它自身也成为一个民族国家。如果借用欧内斯特·盖尔纳论述阿特拉斯山高地(High Atlas Mountains)柏柏尔人的精辟语言来说,这一巨大的山地可以被看作"一个分布广泛的没有布谷鸟钟表的瑞士"。[25]与山地民族国家不同,这一地带位于各国的边疆,远离它所穿过的国家主要人口中心。[26]几乎从所有方面看,赞米亚都是边缘的地区。远离经济活动中心,横跨在8个民族国家和诸多宗教传统和宇宙观的结合带上。[27]

历史上的学术研究主要围绕着古典的国家和它们的文化核心,最近则围绕着民族国家,他们都缺少必要的工具从整体上来考察这一高原地带。已经有了一批先行者,他们认为这些不断积累的民族国家"碎片"使人们可以将之作为一个特殊区域研究,威利姆·范·申德尔就是他们中的一员。他比其他人走得更远,专门给这个地区一个名字:赞米亚。这个词汇在印度—孟加拉—缅甸交界的区域使用藏缅语系的高地居民中是很通行的。[28]确切地说,赞(Zo)是一个表示关系的词,意思是"遥远"的,隐含着生活在山上的意思;米(Mi)的意思是人民。在东南亚的各地,米赞(Mi-zo)或者赞米(Zo-mi)都指的是边远的山地人,与此同时,每一个特定的地理生态区位

(*niche*)都被赋予了不同的民族标志。²⁹尽管威利姆·范·申德尔将赞米亚的边界大胆地扩展到了阿富汗甚至更远,但是我将这个概念限定在从印度北部的那伽(Naga)和米赞(Mizo)山区及孟加拉吉大港山区(Chittagong Hill Tracts)一直向东延伸的山地。

如果粗略地看上一眼,赞米亚并不像一个可以作为研究对象的特殊地区。将一个地理上的区域(geographical area)称为一个地区(region)需要有共同的文化特征,从而使它与其邻近地区相区别。按照这样的思路,费尔南·布罗代尔(Fernand Braudel)可以表明,环地中海的沿海社会可以构成一个地区,因为那里有长时间和密切的商业和文化联系。³⁰比如威尼斯和伊斯坦布尔之间虽有政治和宗教的隔阂,但是它们都属于那个有明显交流和相互影响的世界的有机组成部分。安东尼·雷德(Anthony Reid)更有力地表明,在航运繁忙的东南亚,巽他大陆架(Sunda Shelf)就是这样一个地区,在任何时候,这里的贸易和迁移都比地中海更容易。³¹在所有这些例子背后所蕴含的形成地区的规律就是,在现代化之前的世界,水,特别是平静的水可以把人们联系起来,而山,特别是峻峭的高山会把人分隔。直到1740年,从南安普顿(Southampton)航海到好望角比从伦敦乘驿站马车到爱丁堡所需要的时间更短。

按照这种标准,多山的赞米亚看起来似乎与地区的概念正相反,差异,而不是一致性成为这个地区的标志。在数百公里长的山区,人们可以发现远比低地河谷更多的文化差异性,表现在语言、服饰、居住方式、民族认同、经济活动,以及宗教活动等等方面。赞米亚的文化差异可能并没有像四分五裂的新几内亚那样巨大,但是其如马赛克一般复杂的民族和语言还是给民族学家和历史学家出了一个令人困惑的难题,更别说那些潜在的统治者了。正像这个区域的特征一样,在这里工作的学者也是分散和相互隔绝的。[32]

然而我要阐明,赞米亚不仅绝对有资格成为地区,而且要说明,如果不能理解赞米亚在谷地国家的形成和消亡中的作用,就不可能充分地解释谷地国家。山地与谷地的关系是辩证和共存的,表面上是对抗的,但是实际上深深地联系在一起,我相信,这是理解东南亚国家历史变迁最基础的出发点。

山地所共享的物理和社会空间使它们与人口稠密的低地中心形成了鲜明的区别。山地的人口比谷地更分散,文化更多样。地形地势的困难和相对的隔绝在许多世纪中促成了众多语言、方言、着装和文化习惯的"进化生成"(speciation)。谷地往往普遍种植单一的水稻,而大量森林资源和开放(open)的陡坡地都使得山地可以比谷地有更多样的生存方式。游耕(或者刀耕火种)需要更多的土地、清理开发新的耕地和有时转移住地,这在山地更为流行。

作为一般的规律,与等级和法律森严的谷地社会相比,山地的社会结构更灵活和更平等。混杂的认同、迁徙和社会流动性是许多边疆社会的共同特征。早期的殖民官员在清点他们在山地的新财产时经常对他们所看到的同一个小村庄中居住着不同人群感到不解。山地人可以讲三四种语言,有时甚至在一代人的时间内,个人和群体的族群认同就会发生变化。地方官员希望像林奈的植物分类一样将人也进行分类,但是那些人总在不断流动,不肯定居下来,这使地方官员无所适从。然而的确能使那些明显的混乱认同状态有规律可循,那就是他们的居住地与海拔高度相关。³³正像爱德蒙·利奇最早建议的，如果不是从高空气球上看赞米亚，而是水平地看，也就是从地形学的侧切面看，就可以看到其秩序。³⁴在任何特定的景观中，特定的人群都会定居在一个狭长水平带上，开发这一特定生活带的农业经济机会。比如果雄族倾向于居住在海拔很高的地方（在1000到1800米之间），种植玉米、鸦片、粟等适合这个高度的作物。如果从高空气球往下看，或者在地图上，他们像是随机分布的小斑点，那是因为他们只占据了山顶，把山腰坡地和中间的谷地留给了其他人群。

只占据山地的特定高度和位置造成了散落的居所。然而远距离的旅行、婚姻联盟、相似的生存模式和文化的连续性都促进了超越距离的强烈认同。尽管被分隔在数千公里之外，但是可以看到沿云南——泰国边境的"阿卡"（Akha）人与越南北部红河上游河段的"哈尼"（Hani）人有共同文化。他们之间的相似之处很多，远比与那些30—40公里之外的谷地居民的共同之处多。赞米亚被联系在一起，成为一个地区，不是因为政治上的联合，这根本不存在。其相似的模式在于其多样的山地农业、分散的居住和迁徙，以及贫困的平均主义，与此相关，这里的妇女地位比谷地妇女地位高。³⁵

与相邻的低地地区不同，具代表性的赞米亚特征是其相对的无国家。当然历史上这些山地曾有国家，这里的高原面积广大肥沃，有许多横跨大陆的贸易枢纽，这些都使国家的产生成为可能，南诏、景栋（Kengtung）、南（Nan）和兰纳（Lanna）是其中比较著名的。³⁶但它们是特殊的，并不普遍。公平地说，在山地有大量建设国家的计划，但很少获得成功。那些确实突破重重困难成功建立的王国，也只是在普遍危机的情况下存在了比较短的时间。

除此之外,与谷地不同,山地既不向君主交税,也不向永久的国教缴纳固定的"十一税"。他们是由采集者和山地农民构成的相对自由的无国家人群。由于赞米亚地处低地国家中心的边缘,从而保持了相对的隔绝,以及隔绝所带来的自主。延伸于各国边界之间,身处多个国家主权的相互竞争中,赞米亚的人民可以享有许多利益,包括私运物资、走私违禁品、种植鸦片,以及"边界地区小权势",从而保持微妙和紧张的半独立状态。[37]

我认为更可信也更准确的对赞米亚山民政治状况的描述是他们积极地抵制被统合到古典国家、殖民国家,乃至独立的民族国家的框架内。它们除了获得远离国家权力中心的利益以外,大部分赞米亚"都抵制了他们所从属的国家的民族认同(nation-building)和国家建设(state-making)"。[38] 特别是在第二次世界大战以后,各国独立,赞米亚变成了分离主义运动、保护本土权利斗争和千年暴乱、地方平等主义、与低地国家武装对抗的大本营,这种抵制变得尤其显著。但是抵抗有更深层的原因。在前殖民地时期,从山地人拒绝低地的文化模式和低地人流亡到山地寻求庇护中可以看到这种抵抗。

在殖民时代,山地的政治和文化自治被欧洲殖民主义者所强化,对于他们来说,单独管理下的山地提供了对殖民统治心怀不满的低地大多数人的制衡。这种经典的分而治之政策的效果之一就是山民在反对殖民主义运动中作用很小或没有作用,有时甚至成为反殖民运动的对抗者。好的情况下,他们保留在民族国家的边缘地带;坏的情况下,他们成为威胁独立的第五纵队。[1]也正是基于这个原因,独立后的低地国家通过多种方式将其权威扩展到山地,包括军事占领、反对刀耕火种的运动、强制移民、鼓励低地居民迁移到山地,改变其宗教信仰,以及修建作为空间征服工具的道路、桥梁,架设电话线等,还有扩展政府管理范围和推广低地文化方式的发展项目。

无论如何,山地并非仅仅是政治抵制的空间,同时也是文化拒绝的区域。如果只是政治权威的原因,人们也许会期望除了地理高度和由此导致的分散居住格局以外,山地社会在文化上与谷地相似。但是山民在文化上、宗教上或语言上与谷地中心区域的居民不同。直到不久以前,欧洲的历史上一直存在着山区与平原的文化差异。在赞许地引用德·托特男爵(Baron de Tott)所说的"最陡峭的地区是自由的庇护所"的时候,费尔南·布罗代尔已经阐明了山地的政治自主。但是他的结论有些过头,他坚信平原和山地之间有着不可逾越的界限。他写道:"大山统治了另外一个与文明相分离的世界,而文明是城市和低地的成就。它们几乎没有历史,它们总处在伟大的文明浪潮的边缘,即使持续时间最长的文明。文明在水平的方向上可以扩展到很远距离,但是在面对数百米垂直障碍的时候,它们是完全没有能力跨越的。"[39] 布罗代尔只是重复了14世纪阿拉伯伟大哲学家伊本·卡尔顿(Ibn Khaldun)早已有的观点,他注意到,"阿拉伯只能控制平坦的区域",但无法跟踪躲在山上的部落。[40] 布罗代尔的文明不能上山的结论可以与奥立弗·沃特斯(Oliver Wolters)有关东南

---

[1] 1936—1939年西班牙内战期间在共和国后方活动的叛徒、间谍和破坏分子等反革命分子的总称,此后,"第五纵队"成为内奸或内线的代名词。——译者注

亚前殖民时代的相似结论做一个比较。这是转引自保罗·惠特利(Paul Wheatley)的话:"大量人口生活在边远的高地,处于有历史记录的中心地区之外。曼陀罗(mandalas)[文明和权力的闹市中心]是低地特有的现象,在那些地方,地理条件支持了政府的控制(under-government)。鲍尔·惠特利所说的'500米之外,就听不到梵文了'就是这个意思。"[41]

研究东南亚的学者不断吃惊于只能在很狭窄的地带内产生文化和政治影响,特别是在海拔高度上。保罗·穆斯(Paul Mus)在其有关越南的作品中回应惠特利时提到,在越南人口和文化的扩张中,"这种族群的优势在高地国家城堡的脚下就停止了"。[42] 与上述所引用的布罗代尔相似,以对中国北方边疆研究著称的欧文·拉铁摩尔也指出,印度和中国的文明在平原地区可以流传甚广,但是遇到陡峭的山地就会感到筋疲力尽:"这种同一层面的扩展,带着在低地流传甚广的古代文明的影响,远远地到达中国之外,进入到了印度支那半岛、泰国和缅甸,那里集中了农业和大城市,但是并没有达到海拔较高的地方。"[43]

尽管赞米亚语言非常多样,但是通常来说,山地所讲的语言与平原所讲的语言区别很大。而且山地的亲属关系与低地截然不同,至少从正式制度看。爱德蒙·利奇了解这点,所以才会将山地社会的特点归纳为追随"中国模式",而低地社会是追随"印度"或梵语(Sanskritic)的模式。[44]

一般来说,山地社会与谷地社会有系统化的区别。山地人倾向于相信万物有灵论,或者在20世纪接受了基督教,他们不会追随低地人崇信救赎宗教的"大传统"(great tradition,特别是佛教和伊斯兰教)。有时他们也会包容谷地邻居的"世界宗教",但是他们这样做的时候却带着某种程度的异端和千年狂热,这使谷地精英感到威胁而不是放心。山地社会也有生产的剩余,但是他们没有用这些剩余去支持国王或和尚。由于缺少大规模、持久和吸收剩余的宗教和政治机构,所以在山地的社会学金字塔比谷地社会更扁平和地方化。如同谷地一样,山地社会也存在大量地位和财富的差异,但是区别在于,在谷地,这些差别是超越地方性和持久的,而在山地,这种差异是不稳定并被限定在特定区域。

山地社会的这种特征在很大程度上模糊了政治结构的差异。这种差异完全不是"族群性"所导致的,尽管有些人群,如拉祜、克木人(Khmu)、阿卡族(Akha),看起来内部更平等和权力分散。但是也经常看到与这种特点完全不同的族群。比如克伦族、克钦族、钦族、果雄族、瑶族/绵族,以及佤族等,既有相对等级分明的亚群体,也有相对权力分散和平等的亚群体。在不同时间,等级制和集权的程度是不一样的,这既令人惊异也很重要。根据我的理解,这种差异的产生主要是山地社会对国家构成的模仿。也就是为了掠夺奴隶和向低地社区征收贡品而形成的短期战争联盟或是"掠夺性资本主义"(booty-capitalism)。当山地群体与谷地王国形成进贡关系的时候——这并不一定意味着政治的统合或必然的从属——这可能只是控制利益丰厚的贸易通道或保障进入某些利益丰厚市场特权的权宜之计。如果从君主政体外形和言辞而言,他们的政治结构无一例外都是模仿的,但他们缺少其核心的内容:纳税的臣民、直接控制的地方机构,以及常设的军队。山地的政权形式几乎都是一样的再分配和竞争的盛宴体制(feasting system),是和它们所能提供的利益相联系的。如

22

果它们有时表现出一些集权特征的时候,那也是像巴菲尔德(Thomas J. Barfield)在研究游牧社会时所说的"影子帝国"(shadow-empires),是在帝国边缘为方便垄断贸易和抢劫而生的边缘掠夺者。它们是典型的寄生者,当其所依附的帝国解体的时候,它们也同样解体。[45]

逃难的地方

有充分的证据表明,赞米亚并非仅仅是抵抗谷地国家的地区,而且还是逃难的地方。[46]我所说的"逃难"是指大部分山民是在1500多年中来到这里以逃避谷地国家政权建设所带给他们的各种磨难。他们远不是被谷地文明进步所"遗弃",而是经过长时间努力,自我选择了将自己置于国家的控制范围之外。如果这样来看,让·米肖已经指出,山地游牧(nomadism)可以被看作"逃避和生存的策略",19世纪后半叶中国中部和西南地区规模空前的一系列反叛可以被看作数百万难民逃向南部边远山地的过程。他支持这种观点,从历史上看,赞米亚最好被看作逃避国家,特别是汉族国家的避免所。"公平地说,"他下结论说,"过去的500年中,从中国迁移到高地的人口,至少部分是被其强大的邻居入侵将他们从家园中推出来的,特别是汉族的扩张。"[47]

有关汉族扩张和由此引发的移民外逃之间冲突的详细和清晰的文献从明朝早期(1368年)以后就很丰富,到了清代就更多了。因为民族和政治标识灵活多变,得到早期文献比较困难而且经常是含糊不清的。比较普遍的模式似乎是这样的：当中国国家控制区域逐渐扩大,那些处于扩张点上的人或者被吸收(及时地变成汉族人),或者是迁移,经常是在反抗失败以后迁移。那些离开的人至少在一段时间内是通过迁移实现了"自我边缘化",从而成为一个独特的社会。[48]这个过程被不断重复,由逃难者组成的文化复杂的区域在国家的内地不断延伸。马思中(Fiskesjö)相信,"这个地区中各种无国家人群的历史"可以被书写为两个不同的部分,一个是长期居住的山民(比如佤族),另一个则是努力逃亡到那里的人群:"在那些逃离(中国国家权力控制区)的人中,我们发现许多人使用藏缅语系的族群语言(拉祜族、哈尼族、阿卡族等),以及讲苗语、果雄语和其他语言的人群……他们被描述成'带着失败的遗产'离开中国的'山地部落',在过去的几个世纪中,失败使他们进入到现在泰国、缅甸、老挝和越南的北方,在那里,他们至今仍被称为后来者(newcomer)。"[49]

在这些地区,由于处于国家直接统治之外,因此免除了税负、徭役、兵役,以及人口集中和单一作物品种所带来的瘟疫和作物歉收,这些族群有了相对的自由和安全。在那里,他们从事着我所称的逃避农业(escape agriculture):为了阻止国家征收而设计出来的耕作方式。甚至其社会结构也可以被称为逃避的社会结构,因为这种社会结构被设计成有助于分散和自主,避免成为国家的附属。

山地社会中的语言和族群的多变本身就是一个重要的社会资源,与不断变化的认同形式相配合,从而使其适应不断变化的权利组合。赞米亚人一般来说不仅仅在语言和族群方面是多变的,而且特别愿意追随在他们之中所产生的个人魅力型领袖。他们可以产生几乎突然的社会变迁,在他们所信奉先知的召唤下,可以放弃他们的农田和房屋,参与或形成新的社区。他们"迅速变化"的能力最能代表他们逃避的社会结构。山地居民都不识字也可以做同样的解释。事实上,在山地人的传说中,他们原来有文字,或者丢失了,或者被偷了。如果考虑到口头历史比文字历史和谱系有更强的可塑性,至少丢弃文字和书写的文本可以被看作多少是有意地适应无国家的状态。

概括地说,我认为山地人的历史最好不要被理解为古老过去的残留,而是从低地国家政权建设中"逃亡"(runaways)的历史:如果我们考察更长的历史时期,就会看到这是一个大规模的"逃奴"(Maroon)社会。山地人的许多农业和社会实践可以被看作既能获得与低地交流的经济利益,又能实现逃亡的技术。

过去人口还比较稀少的时候,比如在东南亚地区,人口和生产被集中在单一地点就需要某些形式的非自由劳动力。所有东南亚国家无一例外都是奴隶制国家,其中一些甚至一直延续到20世纪。东南亚在前殖民时代的战争很少是为了领土,而是为了尽可能多地得到战俘,并把他们迁移到胜利者所属领土的核心地区。这种现象很普遍,在伯里克利时期的雅典,奴隶人口甚至超出公民的5倍。

所有这类国家政权建设计划的结果都是创造一个碎裂带或逃亡区,那些想逃避束缚的人都会逃到那里。这些逃难区构成了直接的"国家效应"(state effect)。赞米亚成为最大和最古老的逃难区,这主要归功于中国国家超前的扩张。这类地区是强制的国家政权建设不可避免的副产品,在每个大陆都存在:它们中的一些将被作为比较案例在后面提及,这里我仅举几个例子,以说明其普遍存在。

西班牙在新世界殖民的特征是强制劳动,这带来了土著居民的广泛逃亡,主要是去山区或干旱地区,在那里他们的生活不会受到干扰。[50]语言和族群的多样性,以及有时候为了提高流动性而形成的简单社会结构和生存法则——采集和轮耕——构成了这些社会的特征。同样的过程在西班牙统治的菲律宾被重复,据说吕宋岛北部山区几乎都是那些逃避马来人捕猎奴隶和西班牙"归化区"的低地菲律宾人。[51]当人们逐渐适应了山地的生态,接下来就会出现种族进化(ethnogenesis),在这之后,高地的菲律宾人就被错误地认为是在史前时期另一次迁徙到岛上的人的后代。

在俄国许多边疆地区的哥萨克人代表了另外一种引人注目的过程。他们在最初完完全全是来自俄国欧洲部分、聚居在边疆地区的逃亡农奴。[52]在不同的地方,他们逐渐成为不同的哥萨克分支:顿河(顿河河谷)哥萨克,亚速海哥萨克等。在边疆地区,他们学习了邻居鞑靼马背上的习惯,共同使用公共开放草场,后来成为被沙皇、奥斯曼土耳其人和波兰人作为骑兵使用的"一个人群"(a people)。17世纪后期欧洲罗姆人(Roma)与辛提人(Sinti,吉卜赛人)的历史提供了一个让人印象更为深刻的例子。[53]与那些被污名化的流浪人群一起,他们被规定只能从事两种惩罚性的劳役,在地中海盆地是战船上的划桨奴隶,在东北部的普鲁士勃兰登堡则被强征为士兵或军队搬运工。他们聚集在一个狭长的区域内,这里逐渐以"逃亡走廊"(outlaw corridor)著称,即处于两大致命威胁的流域之间的地方。

由于早期国家政权建设都伴随着囚禁和奴役,随着奴隶的觉醒、逃跑和形成避难所,作为劳工制度的奴隶制便创造了许多或大或小的"赞米亚"。我们可以在这样的背景下叙述西部非洲的高地和边缘地区,在大规模进行奴隶抓捕和贸易的500年中,有数千万奴隶被抓获从事苦役,但这个地方一直比较安全。[54] 尽管这里的地形和维持日常生活都很困难,但逃亡区域的人口仍然在不断增加。那些在非洲没有逃脱被捕获为奴隶的人,一旦他们被转运到新世界,也很快逃亡,并在所有有奴隶制的地方创造出逃奴的定居点,包括牙买加著名的高地科克皮特(cockpit)地区;有2万人居住的逃奴社区巴西棕榈城(Palmares);以及那个半球上最大的逃奴地区苏里南(Surinam)。这还只是3个有代表性的,如果我们将那些小的"避难所",如沼泽、湿地和河流下游的三角洲都包括进去,那么这个名单会长出许多倍。举几个小的例子,幼发拉底河下游的沼泽地(根据萨达姆·侯赛因的法令被排干了)作为逃避国家控制的避难所已经有两千多年历史了。更小的包括北卡罗来纳州和弗吉尼亚州边界上大迪斯默尔湿地(Great Dismal Swamp),原属于波兰、现在位于白俄罗斯和乌克兰边界的普里佩特沼泽(Pripet Marshes),罗马附近的蓬提安沼泽(Pontian Marshes)(最后被墨索里尼排干),这些都被国家看作逃亡的地方。这类逃亡之地的名单可以很长,至少会像引起逃亡的强制劳役事件一样多。

东南亚的山地社会尽管有大量的异质性,但是仍然有很多共同的特征,这些特征将他们与其谷地的邻居明显地区别开。他们形成了历史上的一种逃亡模式,因此即使不是抵抗,也是与谷地处于相对对立的位置。如果我们希望展示的是这样历史的和结构的关系,那么民族国家的框架对我们的分析是没有意义的。对于我们希望考察的大部分时间段来说,民族国家是不存在的,即使后来民族国家参与到游戏中,大部分山地人仍然继续其跨境的生活,就像不存在国家一样。赞米亚概念是要探索一个新的"地区研究",在这里,划定区域的理由并非基于民族国家的边界(比如老挝),也不是一个战略性概念(如东南亚),而是基于特定生态规律和结构关系,这些都会超越民族国家的边界。如果我们走运的话,"赞米亚研究"的例子将可以激励其他人在其他地方追随这样的试验并不断完善。

山地和谷地的共生史

由于与世隔绝,古典低地王国的历史很可能难于理解或被严重歪曲。低地国家(曼陀罗或现代时期)总是与山地社会共生的。[55] 在这里,我是从生物学中借用了共生(*symbiosis*)的概念,指两个或多或少有密切关系的有机体生活在一起——在这里就是指社会有机体了。这个词汇并不特指,当然我也不希望特指,这种相互的依赖是不是敌对的,甚至是寄生的,或者相互之间是互利的,或协同的(*synergistic*)。

如果没有与低地中心的持续对话,我们不可能写出一部条理清楚的山地历史,同样如果忽视了其山地的边陲,也不可能写出条理清楚的低地中心历史。大体上,大多数山地社会的学者对这个辩证法都很敏感,关注两个社会之间象征性的、经济的和人群往来的深层历史。但是在低地中心区域则不同,甚至最出色的著作也没有涉及这些问题。[56] 这种模式并不令人吃惊。将低地的文化和社会看作独立自足的实体(比如"泰国文化""中国文化")只是复制了没有反思的学术结构,在这样做的时候只是采用了低地文化精英自己所希望建立的封闭文化观。但事实是,要理解山地和谷地社会就必须把它们联系起来,我这本书正是试图如此。

如果在写作谷地人口中心的历史而不考虑山地,就像写新英格兰殖民地或大西洋中部各州的历史而不考虑美国的边疆地区一样,也像在写作美国南北战争前的奴隶制度但是完全不考虑加拿大的自由及其所具有的吸引力一样。在上述每一个例子中,外部边疆都决定、限制甚至在很多方面直接造成了中心地区可能发生什么事情。如果在解释低地国家的时候忽略了这个维度就不仅仅意味着"遗漏"了山地,而且也忽视了使中心之成为中心的边疆的状况和交流。

持续不断地在山地和谷地之间的往返运动,包括运动的原因、模式和结果都将深深吸引我们思考。许多谷地的人都是"前山地(ex-hill)人",而许多山民也是"前谷地(ex-valley)人"。任何一个方向的移动都不会影响随后的运动。在某种情况下,那些已经脱离国家的群体会在以后试图隶属(或被捕获)这个或那个国家。但在一两个世纪以后,或者因为他们迁移出来,或者因为所隶属的国家自己崩溃,他们可能又在国家的掌控之外了。在很多地方都可以看到,这种变换经常伴随着族群认同的转移。我将对所谓的东南亚大陆山地部落给出一个激进的"建构主义"解释。最好是将他们看作在过去的两千年中迁移到山地的逃亡人口,即使不完全准确,也会最接近事实。逃亡不仅发生在缅甸、泰国和暹罗国,也发生在中国,特别是在帝国扩张的唐、元、明、清时代,其武装和移民向中国西南部推进。在山区,受到其他更强有力的难民群压迫,或者被新的国家扩张所威胁,当然也可能是自觉寻找新的土地或自治,他们会连续进行多次迁徙。他们的居住地点以及他们许多经济和文化实践都可以被看作国家作用的结果。这一图景与过去流行的假设完全不同,过去山地人被看作被那些迁移下山发展文明的人所遗弃的原始人。

出于同样的原因,如果将种植水稻的谷地中心看作是山地下列方式影响的结果也是有益的。历史地来看,谷地国家不过是从公元第一个千年中期才产生的新结构。它们是由过去分散多样的人群集合而成的,这些人中的一部分已经采取了定居的农业生产,但他们明显地不是已经建成的国家的前身。[57]最早期的曼陀罗国家主要不是军事征服的机器,而是为那些有着不同来源但希望遵循他们的宗教、语言和文化形式的人提供一个文化空间。[58]由于这种认同是由许多文化碎片新调制而成的,因此他们就要努力地展现自己,表现出与国家之外其他人的区别。因此,如果山地社会可以被称作国家影响的结果,那么谷地文化也可以被看作山地的影响结果。

我们经常使用的一些词汇,比如*粗糙(crude)*、*粗俗(unrefined)*、*野蛮(barbaric)*,以及在中文中的*原始(raw)*,都直接指向那些生活在山地和林区的人。"林区居民"或者"山地人"只是"未开化"(uncivilized)的简称。因此,尽管在山地和谷地之间有数个世纪的人员、物资和文化的快捷往来,但是在日常生活的经验中,他们之间的文化分割仍然是令人难以置信的彻底和难以改变。谷地和山地的人对他们之间的区别有着本质主义的理解,然而这与长期的历史事实是不相符的。

如何解释这一悖论?也许第一步就是要强调谷地社会与

山地社会不仅仅是共生的,而且存在于同一个时期,并存在某种程度上的相互对立。在早期对山地"部落"的理解和当今流行的民俗学中,他们都被看作人类历史早期阶段的遗留,也就是在发明水稻种植、学会书写、发展了文明艺术并信仰了佛教之前的我们。这些简单化(just-so)的故事把谷地文化看作先进和高水平的文明成就,是从部落制的污泥中成长起来的,然而这严重地歪曲了历史记录。谷地国家与山地人相互构成了对方的影子,既是互惠的,也是共存的。山地社会总是或者直接或者通过海上的贸易通道与谷地的帝国保持着联系。同样,谷地国家也与无国家的边缘地区保持着联系——正像德勒兹(Deleuze)与加塔利(Guattari)所说的,"存在于周围、边缘和少数族群中的地方机制肯定了与国家权力机构相对立的裂变社会(segmentary society)的权利"。事实上,这些国家"不可能独立于这种关系而存在"。[59]

包括游牧民在内的移动人群与国家的关系与此完全一样。因此,皮尔·卡拉斯特令人信服地指出,所谓南美洲的美洲印第安原始社会并非是没有发明出定居农业和国家形式的古老社会,而是原来定居的农耕社会为了应对外来征服的影响而放弃了农业和定居的村庄,这些影响包括瘟疫导致的人口大幅度减少和强制的劳役。[60]他们的移动及生存技术都是为了避免被统合进国家。格里兹诺夫(Griaznov)已经证明,在中亚草原地区大多数古老游牧民过去都是定居的农民,只是因为某些政治和人口的原因而放弃了定居农业。[61]拉铁摩尔也做出了类似的结论,坚信草原游牧是在农业之后兴起的,是由那些居于草原边缘,希望"将自己与农业社区相区别"的定居农民转变而来的。[62]与社会进化论所说的游牧与国家是先后不同的阶段不同,国家与游牧民是双生子,在差不多相同的时间产生,尽管有时候相互之间敌对,但是却不能相互分离。

这种成对共生和相互对立的关系模式也构成了中东的历史和人类学的重要内容。在马格里布(Maghreb),这种模式表现为阿拉伯人与柏柏尔人之间的结构对立。我脑中的动力学已经表现在欧内斯特·盖尔纳的经典著作《圣阿特拉斯》(*Saints of the Atlas*)中。盖尔纳也同样强调了阿特拉斯高山地区柏柏尔人的政治独立和部落主义并非是"'前政府时期'的部落主义,而是对特定政府的政治和情感的拒绝,同时也接受了一些外部的文化和伦理"。[63]这些部落的反抗明显是政治的,而且经过精心策划,因为他们与阿拉伯人有着同样的文化因素和伊斯兰信仰。盖尔纳指出,摩洛哥的历史直到最近还可以被写成马哈赞(makhazen,意思是有栅栏)土地与思巴(siba,意思是栅栏之外)土地的对立。思巴可以被定义为"制度性的异议"(institutional dissidence),尽管很多时候这个词都被翻译成"无政府"(anarchy)。实际上思巴的意思是"尚未被统治的",有着政治上自治和独立的地区,而马哈赞则意味着"被统治的",从属于国家的。盖尔纳认为,政治上的自治是选择,而非先天的。

盖尔纳用"边际部落主义"(marginal tribalism)来强调那些可以自主选择移动或定居在栅栏之外的群体的边缘性是一种政治态度和立场:

> 这些部落人知道被统合到更集权化的国家的可能性……事实上,他们可能会在思想上或行动上反对和抵

制这种选择。阿特拉斯高地的部落就属于这种类型。直到出现了现代国家以前，他们都是异己力量，而且是自觉的……因此，"边际"部落主义……是非部落社会边缘地区存在的部落社会类型。事实上臣服的痛苦使他们愿意从政治权威中分离出来，而权力的平衡以及山地或沙漠地带的特征使分离成为可能。这样的部落主义在政治上是边缘的，知道它所拒绝的是什么。

与赞米亚一样，在马格里布，国家统治区域与自治的边缘之间的界限既是地理和生态的，也是政治的。"在高山地带，讲柏柏尔语的人与政治上的异己之间存在某些联系，因此，峡谷和山脉就成为了国家的领土（bled el-makhazen）和异己者领土（bled-es-siba）之间的界限。"[64]

柏柏尔人的例子之所以富有启发意义是因为两个原因。第一，盖尔纳用大量资料说明了阿拉伯与柏柏尔人之间的根本分野不是来自于文明，更不是宗教，而是政治上的分界将国家的臣民和控制之外的人区别开。正像盖尔纳所假设的，围绕这个分界，历史上有很多往复的运动，然而政治地位的差别却被解释为族群的问题，似乎最根本的不同是人群类型不同，而不是政治选择的结果。这意味着，所有有理由逃避国家权力的人，不管因为什么，在某种意义上说，都将自我部落化。很明显，族群性和部落开始的地方就是统治权和税收终止的地方。在国家的辞典里，族群地区总是被害怕和污名化的，因为他们处于国家的掌控之外，并且成为那些试图逃离国家的人蔑视国家的榜样，甚至成为经常的诱惑。

盖尔纳关于柏柏尔和阿拉伯人之间关系的分析很重要，

修正了长期以来所谓的"谷地人的观点"或"国家中心的观点"。在他们看来,"野蛮的边缘地区"只是即将消失的过去的遗留物,或早或迟,或快或慢都会沐浴在阿拉伯文明之光下。在东南亚和马格里布,这种观点变得很可信,因为在过去的一个世纪中,越来越多未被统治的边缘地区被现代民族国家占领。但一直到那个时候为止,来自谷地的观点至少有一半是错的,他们认为中心区域的辉煌和魅力吸引了许多边缘地区的人,使他们趋向一致,就像磁铁吸引铁屑一样。但是直到那个时候,还可以有国家之外的生活,而且还很吸引人。两个区域间一直是摆动的,而非单向的运动。如果这里的解释仅强调了逃避国家,这也并非是全部的事实。此外还有大量没有讲述的故事,不幸的是,在占统治地位的有关文明的叙述中并没有给这些故事以合法的位置,尽管它们具有重要的历史意义。

  简单地说,这种共生与对立、政治选择与适当地理条件所支持的模式也适用于东南亚山地人群和谷地国家的历史关系。与马格里布一样,东南亚"统治的"与"未统治的"的区别明显是一个社会事实,这在语言使用和流行意识中也清楚地表现出来。根据特定的文化背景,那些成对的词汇,如"熟"和"生"的,"驯服"和"野生"的,"谷地人"与"山地人"所包含的意思与马哈赞和思巴,也就是"统治的"和"未统治的"具有同样重要的意义。成为国家的臣民被理所当然地等同于被文明化,因此"臣民"和"自我管理的人民"这样的词汇表现出了其本质区别。

  与中东地区一样,典型的东南亚国家也是被相对自由的社区,也就是没有国家的地区和人群所环绕。这些自治的人不仅包括那些生活在山区的人,也包括那些生活在湿地、沼泽、红树林海岸,以及水路错综复杂的江河入海口地区的人。这些边缘人群同时也代表着谷地王国不可或缺的贸易伙伴、逃避国家权力人群的避难区、一个比较平等和经常迁移的地区,以及谷地国家的奴隶和臣民的来源地,同时也是与低地认同恰成对照的生态文化认同。当我们的研究兴趣集中在赞米亚高地的时候,我们关注的是国家空间与超国家空间的关系。作为一个跨国家的巨大山区,赞米亚之所以引起广泛关注,就是因为对于那些逃避谷地国家政权建设的逃亡者来说,这是一个重要且复杂的流域。这个区域的居民之所以迁移到或者一直停留在这里是因为它在国家的势力范围之外。过去对东南亚地理区域的理解往往停留在东南亚国家的边界之内,这制约了我们理解这个地区。在过去两千年中,有无数从其边界之外来的移民进入赞米亚,其中的大部分曾经是定居农民。他们(泰、瑶/绵、果雄/苗、拉祜、阿卡/哈尼)向西或南迁徙以逃避汉族,有时还有藏族的统治,或者向北方以逃避泰国和缅甸的统治。他们的地理位置是由政治、文化,或经常由军事所决定。

　　我进一步论证,不能孤立地理解山地人群,比如说部落。它们只能在与谷地国家的关系和相对位置中才能被理解。山地的族群特征和认同不仅随着时间发生变化,而且也包含了他们与国家权威之间相对关系的密码。我认为,除非在特定的关系中使用这个词,否则几乎不存在"部落"。同样,他们的生存实践,以及选择种植什么作物在很大程度上也都着眼于是协助还是阻碍国家的征收。最后,正如前面所指出的,甚至山地的社会结构和居住方式都可以被看作针对国家权力而进行的政治选择。我相信,东南亚平等的社会结构反映了与柏柏尔人同样的实践:"分散开,你就不会被统治。"[65]从社会学和文化来看,家族世系的实践、家族谱系的推算、地方领导模式、家庭结构,甚至包括识字的程度都并非是先天的特征,而是经过有意的调整以防止(也有很少时候是协助)被统合到国家中。[66]按照这些原则所做研究的有力案例需要许多求证和特殊处理。而我的大胆尝试不仅仅是为了引起讨论,更是因为这个结论比认为山地是自给自足的部落,是被文明和进步所遗留的结论更能得到证据支持。

走向无政府主义者的东南亚大陆历史

有关东南亚大陆各人群的历史是清楚的,但是国家却带来了对其的误解,包括古典的、殖民地的和独立的国家。国家中心的观点严重地歪曲了早期的历史,尽管在最近半个世纪它可能有其合理性。时期越早,被歪曲得越严重。在东南亚大部分历史时期中,谷地国家都是相对缺乏的。即使国家产生了,他们也是短命的,围绕中心的半径很小且经常变化,在这个圈子之外,国家的影响力很弱,一般都不能从大量人口中系统地榨取资源(包括人力)。实际上,统治空白时期(*interregna*)经常比有统治时期(*regna*)更长,而且,在前殖民时代,小国和领主林立的状态使得大量人口很容易为了自己的利益而改变其居住地和隶属关系,他们还会迁移到没有统治,或统治相互抵消的地方。

不论地点和时间,只要有大量人口的边缘地区存在,东南亚大陆国家就会从采取优惠政策吸引臣民变为采取措施俘获他们并尽可能多地榨取谷物和劳动力。人力是个关键。甚至在那些主要依靠贸易获取王国财政收入的国家,财政收入最终也要依赖国家动员人力以保卫商路上可征税贸易点的能力。[67]国家是残暴的,但也是短暂的。地理上的迁移是保证自由的基石,也是抵御国家力量的主要方式。我们在后面会更详细地考察,那些被大量兵役、劳役和税收所困扰的臣民往往会逃亡到山地或邻近的王国,而不是反抗。反复无常的战争、权利交替的争夺、谷物歉收和君主统治狂想,所有这些国家政权建设所带来的危机尽管不可预测,但迟早都会发生。

早期关于东南亚历史的争论是如何写这些国家的历史——完全没有涉及这些国家是否应被置于关注的中心。学者们对乔治·克代斯(Georges Coedès)《印度化的东南亚国家》(*Indianized States of Southeast Asia*)的批评就在于其忽视了东南亚中心区域有目的地借鉴和采用印度宇宙观。[68]印度中心论的历史已经是歪曲的,后来又加上了欧洲中心的殖民主义历史,于是地方社会只能从"船只的甲板上、城堡的墙上、货栈的高廊中"去观察了。[69]因此需要有一个东南亚"自治"的历史才可以避免这种双重的歪曲。[70]但是直到最近,不管多么博学或有新意,对这种需要的回应仍然全部是东南亚**国家**的历史。

值得反思的是,为什么会这样,为什么国家历史会长期牢固地占据本该是当地人群历史的地方? 如果概括地说,我相信原因在于国家中心是积聚并遗留了大量有形证据的政治单元,即使是那些地盘很小且持续时间很短的印度式的古典国家。作为国家核心的农业定居点也有同样的特点。也许他们并不比采集或游耕社会更复杂,但是他们更密集和集中,灌溉水稻的种植区比采集农业地区人口密度高出100倍以上,因此他们遗留下很多集中的碎片,如贝壳兽骨堆、手工艺品、建筑材料、建筑遗迹等。[71]遗留碎片堆积得越大,在历史上记录中所占的分量也就越大!不论它们如何复杂和曾有什么样的贸易网络,也不论他们人口如何众多,那些比较分散、流动和平等的社会在历史记录中经常是隐性的,因为他们的那些历史碎片散布各地。[72]

同样的逻辑会更突出地表现在文字记载中。我们关于东南亚古典国家的知识大部分来自于他们遗留在石刻和后来纸上的有关土地转让、备忘录、税收、劳役和宗教捐赠的记录,以及宫廷的编年史。[73]你留下来的文献记录越厚,那么你在历史记录中所占的空间就越大。在文字记录中会出现多种歪曲。在传统的缅甸和泰国语中,表示历史的词是亚匝文(*yazawin*)和丰尼萨瓦单(*phonesavadan*),其意思分别是"统治者的历史"和"国王的编年史"。在这种情况下,重建非精英生活世界的结构是很困难的,即使他们就生活在中心城区。他们往往只是抽象的统计记录,如多少劳动力,多少服役兵、纳税人、水稻种植者,以及多少纳贡人。他们很少作为历史的行动者出现,而且一旦他们作为行动者出现,就像那些被镇压的暴动,肯定也是被歪曲的。你可能会觉得,农民的命运就是要待在历史档案之外。

围绕宫廷和首都城市的占统治地位的历史还带来其他一些歪曲。它们明显是"国家空间"(state space)的历史;它们有意无意地忽视了势力范围之外的"非国家的空间"和在王朝统治力下降或解体的时候所存在的漫长无国家的时段。公正地说,在前殖民时代的东南亚国家历史中,有很多时段都是空白的。我们是否要按照官方的编年史观点,认为那些没有王朝统治的时期就是没有历史?除了遗留下很多空白之外,统治中心的官方历史系统地夸大了王朝的权力、连续性和威严。[74]宫廷所保留下来的文献一些是税收和土地的记录,另外一些则是赞歌、权力的证明以及对合法性的诉求。后者只是意味着劝诫和扩大权力,而非报告事实。[75]如果我们将来自宫廷中心的有关宇宙观的自夸当作有根据的事实,那么我们就会冒着理查德·奥康纳所说的风险,"将几个巨大宫廷的帝国印象强加到其他地区"。[76]

东南亚的独立民族国家使历史的迷雾又增加了新的一层。作为古典国家在族群和地理上的继承者,他们都会美化其祖先的荣耀、统治的长久和仁慈。而且,为了找到原核心国家的核心民族主义来对抗目前的敌人,国内国外都有,古典国家的历史都被审查和修改。因此,早年的工艺品,如东生铜鼓(Dong Son drums,大型的青铜制品,用于仪式活动,产生于公元前500年,广泛分布于东南亚和中国南方的高地)或地方的叛乱,都被利用和称为民族或族群的成就,但这种民族认同在事件当时毫无意义。由此制造的历史神话在追溯民族及其统治人群时,掩盖了其不连续性、偶然性和不断变化的认同。[77]正像本雅明(Walter Benjamin)提醒我们的,这样的解释是将国家的进程和必要性看作普遍的规律,尤其是民族国家。[78]

曼陀罗式的、王朝的、首府城市和文本为基础的历史存在明显的缺陷,即使持怀疑态度阅读其价值也只在于为了利己目的所做的描述和宇宙观诉求。事实上,历史记录的大部分时间中都没有国家,或者"很难被称为国家的国家"(hardly-a-state),特别是在山区高地。那里的国家往往只是由某个人创造的,是脆弱和分裂的,在建立者去世以后不久往往就会陷入崩溃。他们宇宙观的诉求和意识形态的影响范围往往比实际控制的人力和谷物的范围大很多。[79]

将国家的"硬"权力与其经济和象征的影响区分开是很重要的,后者要更广泛。殖民之前的国家在向臣民征收谷物和劳动力时,其影响范围是很有限的,也就是半径300公里的范围,而且也并不稳定,并且只能在旱季。但在另外一方面,前殖民国家的经济触角却伸得很远,但这是基于自愿交换的。价值越高,而重量和体积越小的商品(可以想象丝绸、宝石与薪炭和谷物是完全不同的)越可以到达更远的地方。国家的象征触角——王权、头衔和服饰、宇宙论——可以到达距离很远和范围很大的地方,其观念在山地也留下了深刻的印记,甚至在反对谷地王国的人中也时常被运用。谷地王国只能在其想象的帝国版图中的极小部分实施其实际的权力,但是作为商品的市场,特别是具有象征意义的商品的市场,它却可以影响到很远的地方。

我们如果用东南亚的真实历史代替"帝国的想象"会怎么样？正常情况下,东南亚漫长的历史时期是由无国家历史所主导的,在这长期的无国家状态中,间或有些临时和短暂的王朝国家产生。而当王朝国家解体时就会留下新的有关帝国的想象。在批评过度以国家为中心的历史时,安东尼·德(Anthony Day)也在这个方向上指出:"如果我们将不同人群间的动荡关系看作历史的主体,而不是在专制国家的规范下有的一些小小骚乱,那么东南亚历史会是什么样？"[80]

政治秩序的基本单元

正如德和奥康纳所主张的，也是凯斯·泰勒（Keith Taylor）实际上一直长期努力追求的，我们放弃宫廷国家的管道式视野，转而试图解释东南亚大陆政治秩序的基本单元。[81] 我强调**政治秩序**（political order）这个词是为了避免传达出在国家范围之外都是无秩序的错误印象。基于不同的地点和时间，这些单元可能是核心家庭，也可能是分散的氏族、结盟的亲属、小村寨、大村庄、小城镇及其直接控制的腹地，以及这些城镇联盟。联盟是所有稳定存在的组合中最复杂的。它们可由水稻种植区人口密集的小城镇与邻近山区的人口组成。大量独立分散的水稻种植区的联合也很普遍，尽管它们同样存在时间很短，而且其成员也不会放弃他们的行动自由。这种联合模式可以从整个区域所保留的地名中看出来，比如云南的西双版纳（"12个水稻种植村"）、越南老挝边界的四普松楚台（Sipsong Chutai，12个泰族贵族）、马来西亚西部的森美兰（Negri Sembilan，9个王国）、缅甸掸邦的寇米欧（Ko Myo，9个城镇）。从这个角度看，这个地区最大的半永久单元就是马来西亚的尼格瑞/尼格拉（negeri/Negara），泰国的芒（muang）和缅甸的迈（main），每一个都代表了潜在的人力和粮食储备，最好的位于富裕的通商道路上。

将这些潜在的权力节点集合成为一个政治和军事联盟本身就是国家政权的一个不大且容易消失的奇迹。将大量的此类单元集中在集权统治之下是困难的，而且短命的。如果它所代表的政治联合机制解体，那么他们就会分解为组成联盟的单元：小国、小村、小居民点和宗族。旧的联盟解体以后，新的有野心的政治企业家所策划的新联盟可能会兴起，但他们仍然是原有的那些基本单元的短暂联盟。那些有野心的地方领袖，即便对他们统治范围之外的权力有一丁点儿关心，就会了解和观察国家政权建立时的象征和意识形态的模式。对国家的模仿——我前面称为宇宙观的自夸（cosmological bluster）——是用最基本的材料复制了中国和印度的高等形式，只是规模很小，小到了一个村庄的首领。

如果大的政治单元非常不稳定，那么基础单元也就很难长久作为建筑材料。我们要把这些单元自身看作是不断运动的：消失、分裂、易地、合并、重组。一个小村或宗族中的单个家庭和个人是随着时间变动的。一个居民点可能存在超过半个世纪，但是由于居民不断搬进或搬出，因此他们的语言和民族认同可能会发生很大的变化。[82]在这里，人口状况具有重要意义，在1600年，东南亚的人口密度是印度的1/6和中国的1/7。那些开放边陲地区的存在是国家榨取的自动闸。由于多种原因的影响，包括瘟疫、饥荒、赋税、劳役、征兵、派系冲突、教派分裂、耻辱、丑闻，以及改变运气的愿望等，一个家庭或村庄经常很容易地搬迁。正像这些基本单元自身的存在一样，随时间推移，其成员也是流动的。如果有任何的稳定因素，那就是一个地方的生态和地理条件都要适合人类居住。靠近可以通航的河道或商道，具有良好灌溉条件的平原地区可能被暂时放弃，但是一旦条件允许，又会有人重新居住。这些地方都是尼格瑞、芒和迈人的典型核心区。

尽管是流动的，但这些基本单元仍然是未来国家建设者可使用的唯一建筑材料。当缺少具有野心的强人，或者大的政体处于散乱状态的时候,"留下来的"就是那些基本单元。在这样的背景下,可能存在清晰明了的历史吗?我相信这就是历史,尽管肯定不是王朝的历史。上述的单元肯定有自己的历史,肯定可以看到其形成、合并和解体中的逻辑线索,也肯定可以看到相对于王朝的和现代的国家的自主性。他们有自己的历史,但是在不同于国家和王朝历史的轨迹上。成功王朝是稀少和短暂的,因此具有流动性的单元反而构成了其景观中相对持久的特征。"国家"是偶发的,我们与其将国家看作一个单元,不如看作"依契约关联的复杂网络"。[83]正像阿钦·罗宾哈德纳(Akin Rabibhadana)所观察的19世纪早期的暹罗国家,当国家出现分裂的时候,"系统的组成部分倾向于分裂出来以保证自我生存"。[84]

要理解看起来在不断移动的无数小单元几乎是不可能的,这无疑比王朝的历史更让人沮丧,但是前人已经在理解类似的系统方面做出了很多努力,可以成为我们的向导。在东南亚,已经有许多关于社会结构的研究试图把握流动背后的逻辑。其中最著名,也最富有争议的开创性研究是爱德蒙·利奇的《高地缅甸的政治体系》。延续这一理论脉络的许多高地研究都是富有启发性的,包括有关马来世界的研究,那里有关不断变换的小国、不断迁徙的人口、向河流上游迁徙和向下游迁徙的区别、未被统治和被统治人口等。在东南亚之外我们还可以重新看中东地区的国家与无国家的游牧人的相遇。理查德·怀特(Richard White)讨论18世纪北美五大湖地区社会也是从家庭这一最基本单元开始,而村庄、部落和部落之间的联盟被看作短暂和临时的联合。[85]最后我们应该回首修昔底德的《伯罗奔尼撒战争史》,这部书描述了不同人群组成的世界,有些人群有国王,有些没有,他们的忠诚经常变化,联盟也不稳固,这正是敌对阵营的政治家所不断担心的问题,包括雅典、斯巴达、科林斯和锡拉丘兹。而每一个城邦本身又都是一个联盟。[86]

东南亚大陆非国家中心历史所面临的挑战之一就是提出其基本单元聚合和分散的特定条件。一位观察者简单清晰地说明了发生在国家和其自治的内地之间的类似的流动:"事实上很多时候所涉及的是像分子那么小的单元,有时他们彼此形成模糊的同盟,有时又很容易分开。甚至它们的名字都没有连贯性,也不确定。"[87]如果对于人类学家和历史学家来说,这种分子的流动都不容易把握,那可以想象这给王朝的官员和试图建立国家的人、殖民地官员,以及现代国家的职员所带来的困惑。国家的统治者几乎无法实施对于这样一些人的统治,他们总是处于移动中,没有固定的组织形式,没有固定的地址,领袖是临时的,生存方式是易变和逃匿的,他们很少有稳定的联盟,他们所使用的语言和民族认同也会随着时间而发生变化。

这正是关键点!在很大程度上,这些人群的经济、政治和文化组织都是为了逃避被统合到国家结构中而做出的策略性适应。如果国家系统中有多山的内地,比如像赞米亚这样的地方,这些适应策略就很有效。

> 在这里(苏门答腊),我是一个专制主义的辩护者。需要强有力的权力之手将人团聚起来,把他们集中成社会……苏门答腊大部分都是由无数小部落组成的,不属于任何一个统一的政府……现在的人就像鸟在天空飞翔一

样,习惯于四处流动,除非他们被某种权威集合和组织起来,否则就无法掌控他们。[88]

上面所引的斯坦福·莱佛士爵士(Sir Stamford Raffles)的话表明,在19世纪早期他就已经意识到,殖民统治的前提条件就是像古典大陆国家一样的人口集中和定居农业。他需要不会逃亡的人口,其劳动力和产品是透明的,从而可以被国家征用。下面我们将把注意力转向理解在东南亚大陆创立国家空间背后的逻辑和动力。

2 国家空间

统治和征用的区域

国家空间的地理和地域阻力

> 把蔬菜放到篮子里,
> 把人口放到芒(muang)里
>
> ——泰国谚语

假如你在东南亚有着和路易十四的首相让-巴普蒂斯特·科尔贝尔(Jean-Baptiste Colbert)一样的地位。像科尔贝尔一样,你有责任设计一个繁荣的王国。背景与17世纪一样是前现代的:陆上的交通主要依靠步行、人力车和役畜,水上交通则主要依靠帆船。最后让我们设想,与科尔贝尔不一样,你从一片空白开始。你具有魔法,可以使生态、人口和地理条件都适合国家及其统治者的需要。在这种条件下,你将设计出什么?

总的来说,你的任务就是创造一个理想的"国家空间",也就是说,一个理想的征用空间。由于国家依赖税收和租金,从而问题就变成了究竟要建立一个什么样的制度,才能保证统治者以最小的代价得到大量和稳定的人力和粮食剩余？这里所说的税收和租金的内容广泛，包括食品、劳役、士兵、贡品、可交易的物资和硬币等。

41　　设计的原则首先是王国的臣民在地理上要集中居住，在那些容易到达的国家核心区土地上进行耕作。这种集中在前现代国家更为必要，因为依靠牛车和马车运输的经济限制了运送粮食的距离。比如在平原地区，一队牛在走完250公里以前就会吃掉它们所驮运的同等重量的粮食。一个古代汉族的谚语大体上反映了类似的逻辑："千里不贩粟"（415公里）。[1] 那些不从事农业生产的国家核心区域的精英、工匠和专家只能由地理距离比较近的农夫来喂养。在东南亚，由于自古以来人少而土地广阔，有利于人口分散。在这样的条件下，将人力集中起来更为紧迫也更困难。因此王国的核心区域和其统治者就必须由那些被集中到附近可以控制的劳动力来保卫、维持，以及供养。

　　按照我们所设想的科尔贝尔的观点，水稻（*padi, sawah*）的种植最终成为国家空间的首选作物。尽管比较其他生存技术来说，种植水稻给劳动力的回报是比较低的，但是却比旧世界（Old World）任何作物的单位面积产量都高。因此，在国家核心所能到达的区域内，水稻在食品供应中被最大化。对于我们假设的科尔贝尔来说，种植水稻的可持久性和相对稳定的产量也很有利。常年流水的河流或洪消农业*（flood-retreat agriculture）中的淤泥给农田带来了肥料，因而一块土

---

*　一般是在洪泛区，每年洪水将土地淹没，当洪水退去以后，不仅土地得到灌溉，而且带来大量肥料，适合耕种。——译者注

地可以长时间地保持旺盛的生产力。最后,因为水稻种植促进了集中的劳动力密集型生产方式的产生,所以它需要人口集中,而这恰恰是国家政权建设的关键资源。[2]

事实上在所有地方,水稻和其他谷物构成了早期国家政权建设的基础。对于假设的科尔贝尔来说,它们之所以吸引人不仅仅在于它所带来的人口和食品的集中。从税务官员的角度看,谷物比其他作物,比如说块根作物,有着决定性的优势。首先谷物是生长在地上的,大都在差不多可以预期的同一时间成熟。税务官可以调查生长在地里的谷物,从而预先计算出来可能的产量。特别重要的是,当作物成熟的时候,军队或税务官到了现场就可以想拿走多少就拿走多少。[3]比较块根作物来说,谷物是便于国家掌握和征收的。与其他的食品比较,谷物比较容易运输,单位重量或体积的价值比较高,可以长时间保存,特别是在不去壳的情况下谷物很少腐坏。可以将一车水稻的价值和保存的时间与一车马铃薯、木薯、芒果或绿色蔬菜进行比较。如果科尔贝尔被要求从头设计理想的国家作物,他不可能找到比灌溉水稻更好的作物了。[4]

那么难怪东南亚所有前现代国家的核心都位于适合种植水稻的生态区域内。这样的生态区域越大并且越适合种植水稻,那么国家的规模就会越大,持续时间就会越长。我要强调指出,至少在殖民时代之前,国家既没有自己修建大面积水稻田,也没有在水稻田的维护中起任何作用。大量证据表明,是家族、村寨通过建设和扩大分水坝、水闸和沟渠等控制水所需要的设施逐渐改善了稻田。这些水利设施经常早于国家核心的产生,而且经常比许多国家持续的时间还长,尽管这些国家暂时受益于集中的人力和食品供应。[5]国家可以壮大自己成为水稻种植区的核心,甚至可以扩大水稻种植区,但是却不能创造它。国家和水稻种植之间有着选择性的亲和力,但不是因果关系。

  这种有选择的亲和力背后的现实政治显而易见,"对于欧洲的统治者和东南亚的掌权者来说都一样,有丰富食物支持的大量定居人口是权威和权力的关键"。[6]我们有碑文资料表明,在9到10世纪的爪哇,获得土地授权的前提条件是接受土地的人要清理树木,将轮耕和游耕的地块变成固定的灌溉稻田(萨瓦赫,*sawah*),正像柬·怀斯曼·克里斯蒂(Jan Wisseman Christie)所说,其逻辑在于"萨瓦赫……可以固定人口,增加其可见度,使作物的产量相对稳定并且容易计算"。[7]我们更进一步看到,他们不遗余力地吸引和掌握大量人口在宫廷附近并要求他们种植水稻,因此在1598年和1643年缅甸国王的法令中都下令士兵必须留在宫廷附近的营盘中,而且所有不值班的皇宫警卫都要耕种自己的稻田。[8]之所以三令五申禁止离开休耕稻田,就是因为实际上事与愿违,为达到这些目标遭遇了很多抵制。只要这些目标接近实现,就会出现君主可以支配的人力和谷物的巨量"宝库"。19世纪中期爪哇玛塔兰(Mataram)就是这样的一个例子。一个荷兰公使谈到,在距玛塔兰一天的路程之内有"难以置信的大量稻田和无数的村庄"。核心区的人力资源不仅对于食品生产是至关重要的,而且也为国家的防御和扩张提供了最基本的军事力量。其数量巨大的军事力量是这类农业国家比起他们的海上竞争者所具有的决定性优势所在。

  地域的冲突和摩擦为传统农业国家的势力范围设定了清晰和相对稳定的界限。正像前面所指出的,这些界限根本上是由大规模运送食物的困难所决定的。假设是在平地道路良好的情况下，一个有效控制的国家区域可以是300公里半径的范围。19世纪晚期以前的东南亚国家政权面临的困境，一方面在于，为国家核心区的人口供应粮食受到运输路程和收成变化的限制，另一方面，人口的移动却相对容易。国家核心区的人口受制于粮食的运输距离和产量波动，同时被征召来从事粮食种植的人发现逃出国家的控制范围并不难。换句话说，牛车的缓慢和低效限制了供给国家中心可用的粮食数量，但是臣民步行离开却相对容易得多，因为前现代国家很难阻止这些迁移，这种迁移同时剥夺了国家的农民和士兵。[9]

有关前现代社会旅行和运输的统计资料提供了对水路和陆路交通的清楚比较。基于一般经验，假设是在平坦和干燥的舒适地区，大多数的估计都是平均每天24公里（15英里），一个负重36公斤（80磅）健壮的搬运工在良好的条件下也可以走差不多同样的距离。但是如果道路崎岖不平，或者天气变坏（也许两者都有），这一乐观的数据就要被大幅度减少。在前现代的东南亚，这一计算要做适当的修正，特别是在战争时期，因为他们使用的大象可以驮运货物，且适应困难的地理条件，只是大象的数量有限，没有战争能完全依靠大象。[10]

在困难的山地中，那些可以称之为国家的旅行与上面的数据相比要慢得多。在唐王朝统治扩大到东南亚山地时（860年）所保留下来的一份珍稀文件中，开始就是以天计的不同人口中心之间旅行时间的关键军事信息，这些人口中心是帝国控制的节点。[11]差不多1000年后，所关注的问题仍然相同。1892年1月（旱季）海军上尉埃斯利（C. Ainslie）穿越掸邦东部的旅行就是一个代表，这次旅行是为了评价当地头领的忠诚并调查行军路线。他的队伍包括上百名武装警察、5个欧洲人,以及大量的驮运骡子和骡夫。可能是因为道路过于狭窄,他的交通工具没有车。埃斯利在9天的旅行中考察了盘央(Pan Yang)和孟盘(Mon Pan)之间两条并行的路线。他记载了每日的困难,经过的大小河流数量,指出"在雨天,这些道路是无法通行的"。[12]每天平均的行进距离只有差不多13公里(8英里),而且每天不同,最多时候不到20公里,少的时候只有7公里。

牛车当然可以比一个背夫多负载7—10倍的货物(240—360公斤)。[13]但是背夫可以走小路,而牛车却需要比较宽的道路。在一些地方,这几乎是不可能的;任何看过缅甸穷乡僻壤道路上深深车辙的人都会知道,即使道路可以通行,这样的旅行也是多么缓慢和困难。不管要走多远,牛车或者带上饲料,这就会减少有效负载;或者选择一条沿途有牧草的道路。[14]直到一两个世纪之前,甚至在西方,横跨大陆的大宗商品运输"都是在狭窄的道路上,有许多无法克服的困难"。[15]

人和货物流动都会遇到这些地理困难,因此就形成了内陆国家所能到达的边界。即使假设徒步每天可以走32公里,雷曼(F. K. Lehman)估计最大的前殖民地国家直径也不会超过160公里,尽管爪哇的玛塔兰要宽得多。我们可以假设一个直径240公里的王国,宫廷大体上居于中心,也就是距离边界120公里。[16]在中心之外的大部分地区,甚至是平原地区,国王的权力也会逐渐消失,让位于其他王国的统治或地方上的强人和匪帮。

在前现代社会,水运可能是个例外。通航的河道可以克服距离所带来的困难。风和水流可以运输陆路难以想象的大量物资。13世纪欧洲的一项统计表明,海运的费用只是陆地运输的5%。差别非常大,因而靠近水路的王国具有重大的战略和贸易便利。大多数前殖民地时期的东南亚国家,只要面积不是太小,就可以很容易进入大海或河流。正像安东尼·雷德(Anthony Reid)所注意到的,大多数东南亚国家的首都都在水路交通的枢纽处,海船在这里将货物转给内河小船,小船再去往河流的上游。权力的聚合点往往与运输和通讯的聚合点重合在一起。[17]

从运河的巨大经济作用中可以看到在铁路建设以前,水路交通的重要性。运河的运输也同样使用马、骡子或牛拉船,但是驳船可以减少阻力,从而可以高效地传输大量粮食。河流和海洋的运输得益于"最小摩擦力的通路",由于地理阻力最小,从而使食品、盐、军队和人员交换的距离大大扩大。如果我们创造一个警句,那就是"容易"的水路"连接",而"困难"的丘陵、沼泽和高山则"分隔"。

在铁路和全天候公路这些缩短距离的技术出现以前,东南亚和欧洲的陆地政体(land-bound polities)都发现如果没有水路,权力的集中和行使都非常困难。正像查尔斯·梯理(Charles Tilly)所指出的,"在19世纪后期之前,欧洲各地的陆路交通是如此昂贵,没有有效的水路交通,任何一个国家都无法承担大规模军队和城市所需要的谷物和重型物资供应。供养柏林和马德里这样的内陆城市,统治者需要在其内地付出很大的努力并支付很高的成本。特殊的水路便捷无疑使荷兰在和平和战争时期都得到了极大的便利。"[18]

甚至到20世纪中期,在崎岖不平地区的军事行动所遇到的障碍仍然让人望而却步,最明显的是中国人民解放军在

1951年进军西藏。西藏代表团和中共的代表在北京签订协议以后,选择了"较快的路线"回拉萨:也就是从海路到加尔各答,乘火车并骑马穿过锡金。从锡金的甘托克到拉萨还需要走16天。在拉萨的解放军先头部队整整6个月都面临饥饿的危险,补给的3000吨大米也是通过水运,然后用骡子驮过山去的。从北方的内蒙古也运来食物,但这动员了2.6万匹骆驼,其中有一半在路上死亡或受伤。[19]

在标准的现代地图上,一公里就是一公里,不论地形或河流的状况什么样,从这个角度说,现代地图是误导的。如果有平静的可以通航的水路,三四百公里远的居住点也可以有比较多的社会、经济和文化联系,而在崎岖不平的山区,甚至30公里远也不会有这么多联系。同样,交通方便的平原即使面积较大也更容易形成一致的文化和社会整体,而交通不便的山区,尽管面积小也会很困难。

如果我们需要可以表现出社会和经济交往的地图,那么我们就需要发明完全不同的地图制作尺度,也就是能够校正地形地貌差别的尺度。在19世纪中期交通运输业发生革命性变革之前,这意味着可以用人或牛车(或帆船)每日行进的距离作为单位来绘制地图。对于那些习惯于传统直线地图的人来说,这样的地图无异于从哈哈镜里出来的影像。[20]通航的河流、海岸线和平原可以在地图上被缩小以反映旅行的容易。相反,难走的山地、沼泽、湿地和森林会被放大以反映旅行所需要的大量时间,即使直线距离很短。这样的地图从现代眼光看来是奇怪的,可作为交往、文化和交换的指南,却远比我们已经习惯使用的地图更好用。我们还会看到,这样的地图有助于我们清楚地区分那些顺从于国家控制和征用的地域

(国家空间)和反抗国家控制的地域(非国家空间)。

不用长度而是用旅行时间做距离单位的地图比那些使用抽象和标准的公里或英里概念的地图更符合当地人的实践。如果你向一个东南亚农民问下一个村庄有多远,他的回答很可能是时间单位,而不是长度单位。一个很熟悉使用手表的人可能回答说"大约半个小时",而一个不熟悉抽象时间概念的老农也许用当地的时间单位,"煮三顿米饭的时间",或者"抽两根烟的时间"——这是所有人无需手表都明白的时间单位。在一些前殖民地时代的老地图上,任何两个地方的距离都是用从一点到另外一点旅行所需时间度量的。[21]这种方式很直观。从A到B也许只有25公里,但是由于旅行的困难程度不同,也许需要走两天,也许需要走五天,这是旅行者最想知道的。事实上,从A到B与从B到A,旅行所需时间会很不同。如果B在平原而A在高山,那么从B到A的上山路要比A到B的下山路走的时间更长,也更艰苦,虽然实际距离是一样的。

那些只能用抽象距离表现的社会、文化分区,甚至国家都可以在基于距离阻力(friction of distance)的地图中跃然纸上。这也是费尔南·布罗代尔在《地中海世界》一书的分析中的真知灼见。维持社会运行的是没有一般意义上的"领土"或政治统治限制的活跃的货物、人员和思想的交流。[22]爱德华·瓦廷·福克斯(Edward Whiting Fox)所说的古希腊爱琴海是一个小规模的例子,那里在政治上从来未曾统一,但是方便的水路提供了联系和交往,这一紧密的纽带将他们连接成单一的社会文化和经济有机体。那些时而商人,时而海盗(trading-and-raiding)的航海民族,如维京和诺曼人,依靠快速的海上交通对远距离的地方也产生了影响。表明其历史影响的地图将大部分集中在港口城市、入海口和沿海地区。[23] 而它们之间的面积广大的海域则会显得很小。

马来世界是一个最出色的代表这种历史现象的航海世界的例子。它们的影响从太平洋东部岛屿一直延伸到马达加斯加和非洲南部沿海地区。在非洲南部沿海港口使用斯瓦西里语的族群中可以看到马来的印迹。15世纪和16世纪最繁荣时候的马来国家可以被看作一个贸易港口的流动联盟,就像德国的汉萨同盟。国家的基本单位是港口,比如占碑(Jambi)、巨港(Palembang)、柔佛(Johor)、马六甲(Melaka),以及为了政治和贸易利益而在它们之间摇摆的马来贵族统治者。在这些远距离航海者的联盟面前,我们原来那些陆地的"王国"概念,也就是连成一片的国土,没有任何意义。

一个农业王国比海洋王国更加自足和独立。它只关注那些在其附近的食品和人力资源。但即使是农业王国也并非完全自给自足,他们的生存需要依赖许多直接控制区域之外的产品,包括山区和沿海的产品,如木料、矿石、牧区畜群提供的蛋白质和肥料,以及盐等。航海王国更依赖于商路提供它们所需要的东西,特别是所需要的奴隶。正因为这个原因才有可以被称为具有高度"国家性"(stateness)空间的地方,那里不需要依赖当地的谷物生产和人力。这些地方都居于战略要地,方便控制(通过税收、通行费和没收)重要的贸易产品。比如在农业产生之前,控制黑曜石(最好的石质工具所必需的)储藏的社会占据了交换和权力的有利位置。一般地说,在陆路和水路上都会有一些战略要地,控制了这些地方就可以得到重要的经济和政治利益。马来的通商口岸是一个经典的例子,它们一般在河流的交汇或入海口的对面,口岸的统治者可以垄断上游(hulu)的出口产品,同样也可以控制内地对下游(hilir)的沿海和国际贸易中贸易物资的获得。在这个意义上,马六甲海峡是印度洋和中国之间贸易的咽喉要道,是建立国家政权非常有利的空间。如果要说小规模的国家,那有数不清的山地王国,它们也横跨在商旅要道上,许多物资由此运送,包括盐、奴隶和茶。随着世界商贸的波动,这些王国也经历兴衰。就像马来一样,在和平时期,他们就成为"收过路费"的国家。

处于区域或海路中有利的位置只是这类情况的一部分,特别是现代,这些位置优势完全取决于交通运输、工程技术和工业上的革命:比如铁路和公路的枢纽、桥梁和隧道,以及煤矿、油田和气田的发现。

我们原来认为的国家空间就是谷物生产和人力在可管理空间的集中,这种假设过于粗糙,必须加以修正。可以缩短旅行时间的通航水路,以及由咽喉要道和战略物资所代表的权力节点的存在可以弥补附近所掌控的谷物和人力不足,但仅限于某种程度。当然,如果没有足够的人力,那些征收过路费的国家也不能保有这些可以带来巨大利益的地点。在进行决战的时候,农业国家往往因为人多而战胜航海或占据"商贸通道"的国家。巴巴拉·安迪亚(Babara Andaya)在比较18世纪初越南郑氏王朝(Trinh,农业国家)和柔佛(Johore,航海国家)的时候强调了这一点:"柔佛是马来最有威望的国家,但是没有农业,将其与郑氏王朝比较就可以很清楚地看到这一点。1714年,荷兰人估计柔佛可能有6500人和233条各种船只投入战斗。而越南则不同,据记载,阮氏(Nguyen)的军队有22740

人,其中包括海军6400人,步兵3280人。"[24]说明航海国家脆弱性的最早故事当然是修昔底德的《伯罗奔尼撒战争史》,在那里,有着决心的航海国家雅典最终仍然被比它有更多农业的对手斯巴达和锡拉丘兹所打败。

绘制东南亚国家空间的地图

地理条件严重制约了前殖民时代东南亚大陆的国家政权建设。在这里,我将试图简单快速地勾画出这些主要的制约因素,及其这些因素对这类国家的所在地点、持续存在和权力行使的影响。

国家兴起的必要条件是有适合耕作水稻的大面积冲积平原,这可以维持大量且集中的人口,尽管仅仅有平原还是不够的。与雅典相似,东南亚临海半岛周边巽他大陆架(Sunda Shelf)的水面平静,可以轻松地航行,从而保证了范围广大的制海权;与此不同,大陆国家只能不断与高得多的地理阻力斗争。由于这个地区的山脉和河流都是南北向的,可以发现,所有古典国家也是沿南北向河流的方向分布的。从西到东,沿伊洛瓦底江分布的缅甸古典国家,有伊洛瓦底江与亲敦江交汇处的蒲甘(Pagan)、阿瓦和曼德勒,在东部不远沿锡唐河有勃古(Pegu)、东吁(Toungoo);然后是泰国的古典国家,包括沿湄南河的大成(Ayutthaya)和很晚出现的曼谷;接下来是高棉的一些古典国家(吴哥及其继承者),主要是靠近湄公河分支洞里萨湖(Tonle Sap)的吴哥王朝及其继承者;最后是河内附近沿红河地区分布的早期古典京

(Kinh)(郑氏王朝)国的核心地区。

虽然所有这些国家都在通航水路附近,但都建立在冲积平原之上。可耕作的平坦土地和常年的河流使他们可以种植水稻。引人注意的是,早期大陆国家没有一个是在大河三角洲上的。在伊洛瓦底江、湄南河和湄公河的三角洲地区,只是到了20世纪早期才有大批人定居并种植水稻。这些地区一直到较晚的时候才开始发展,原因在于:1)这些地方需要大规模的排水设施才能种植水稻,2)这些地方易患疟疾(特别在刚开始进行开垦的时候),还有3)每年的洪水反复无常,且经常是毁灭性的。[25]当然,这仅是未经澄清和证实的大胆概括。首先,如果没有距离的阻力,比如在平原、通航的河流或沿海,从这些权力中心放射出去的政治、经济和文化影响就会如同布罗代尔所预期的那样,很容易地向外扩散。越南人断断续续地逐渐代替代占人(Cham)和高棉人就是这样过程的最生动表现。扩张是沿着向南的狭长沿海地带进行的,海岸就像水上高速公路,最终所有的道路都通向湄公河三角洲和大巴萨克地区(trans-Bassac)。

这些中心国家的经济势力范围总是大于其政治范围。当他们的政治控制受制于他们对人力动员和食品供应垄断程度的时候,其贸易范围可以到达很远的地方。距离的阻力在这里同样发挥作用。重量和体积越小,价值越高的货物越可以进行远距离贸易。珍贵的货物,如黄金、宝石、香木、稀有的药物、茶叶、青铜的锣(山上最重要显示身份的物品)将边陲与中央联系起来。这些联系是基于货物交换,而不是政治统治。在此基础上,一些贸易和交换无需大宗货物运输,就可以延伸到很大地理范围,与之相比,政治整一只能在很小的地域内取得。

我只是深入地考察了东南亚大陆的主要古典国家。国家在各个不同地方形成的关键条件是同样的：有一个从事水稻耕作的潜在核心区域，在这个区域中可以形成"全方位管制的核心地区，宫廷首都位于其最中心部分"。[26]如果说有区别也仅仅在于规模的大小。如果可种植灌溉水稻的中心区很大且连成一片，在条件适合的情况下，就可能促成一个大国的兴起；如果中心区域中等大小，同样在适当的条件下，有可能促成中等规模国家的兴起。从这个意义上说，这样的国家包括一个设防的城镇，至少6000位臣民，与周边山地结成联盟，位于生产水稻的平原上，理论上至少有一个统治者。在东南亚大陆也发现分散在高海拔地区的很多适合农业的生态条件，这些生态条件也有利于形成国家，但它们经常规模很小，就像是缩微景观。这些地方大多在某个时候建立过泰族小国。这些小国也会联合成为同盟，在短时间内铸造出令人惊叹的国家，只是更为少见。不管是大国或小国，围绕水稻生产核心区域形成的国家总是偶然和短暂的。人们会像爱德蒙·利奇一样，强调"水稻田是不能移动的"，因此具有潜在的生态和人口优势，那些聪明和好运的政治企业家就会利用优势制造出新的，或者重新复活原有的国家空间。在这里，即使最成功的王朝与拿破仑式的国家也完全不同；它更像是由嵌套主权（nested sovereignties）组成的不稳定等级结构。在某种程度上，他们之所以被联系在一起是为了可以合理分配战利品，或者是通婚结成了联盟，在必要的时候还有征讨，而征讨归根结底还是取决于对人力的控制。

我们关于是什么构成了前殖民时代缅甸的概念必须要根

据国家征收和其可控制的范围的基本原理进行调整。从有效的政治实体角度看,在强大和繁荣的王朝时代,"缅甸"主要是由水稻核心区构成的,这些区域分布在距宫廷中心步行几天就可到达的距离之内。这些水稻产区虽然不必是连成片的,但是来自中心的官员和军人必须通过商路或水路容易进入这些地方。通过什么路进入这些地区是至关重要的;收粮食或镇压叛乱区域的军队必须能在途中给自己提供给养。这意味着行军路线要穿过有足够维持军队自身所需要的谷物、役畜、车辆和补充军队人员的地区。

因此,沼泽、湿地,特别是山地,尽管它们可能距离宫廷中心很近,但往往都不是"缅甸政权直接管理"的一部分。[27]除了那些可以灌溉种植水稻的高原,这些沼泽和湿地都是人口稀少的地方,而且他们混合种植多种作物(采取分散游耕的方式种植山地旱稻、块根作物,同时从事采集和狩猎),这种种植方式的收成很难评估,更不要说征用了。在定期盟誓和交换贵重物品的时期,这类地区也许会与宫廷保持进贡的联盟关系,但总的来说,他们是在宫廷官员的直接统治之外。一般的情况下,高于300米的山地就不再是"缅甸"本身的组成部分。我们必须把前殖民时代的缅甸看作平地上的现象,很少离开适应灌溉的生态区域。正像布罗代尔和惠特利所说的,政治控制很容易横扫水平区域。一旦它们遭遇距离的阻力,比如急剧的高度变化,或者地形崎岖不平,以及人口分散和多种作物混合种植等等政治障碍,它就无能为力了。

在这种背景下,现代的主权概念毫无意义。与其将"缅甸"想象成一个遵循现代国家绘图规则被清晰描述的连接成片的区域,毋宁将其看作地势的一个水平切片,大多数地区只是低于海拔300米,适合种植水稻且在宫廷控制范围之内。[28]

假设我们可以做一张地图用来表现不同的潜在主权和文化影响的程度。将距离阻力的作用可视化的一种方式是想象你自己拿着实景地图(rigid map),在这一地图上,地理高度通过地图上的凹凸(physical relief)体现。让我们再想象,水稻生产核心区的位置充满了红色液体颜料。水稻核心区的面积越大和由此容纳的人口数量越多,那么红色颜料也就越多。再想象把地图拿起来,按照不同方向连续倾斜。那么红色颜料就会从各个不同囤积颜料的地方溢出来,首先沿着平地和低地的河道流淌。如果把地图倾斜的角度不断加大,由于各个平原地区的深度和高原山地高度不同,那么那些红色颜料流淌的速度也会不同。

你要倾斜多大角度才能使红色颜料到达那个特殊区域大体上代表了国家试图将其统治扩展到那个地区的困难程度。如果我们假设随着旅行距离和目的地的高度增加,红色的浓度也会逐渐变淡,那么我们就可以有个大致的近似值,表示出在这些地区政治影响和控制的削弱的程度,或者换句话说,建立直接政治控制相对成本的高低。越高的地方,红色可能越淡。如果一个地方很高且很陡峭,红色就会突然变淡。在这张以深浅红色为背景的图示上会出现多少白色的斑点取决于在宫廷周围有多少山区。在这些白色区域居住的人口,也许与宫廷中心保持了进贡的关系,但很少被直接控制。如果说政治控制在令人畏惧的高山面前突然减弱的话,文化影响也同样。山地的语言、居住模式、亲属结构、民族认同和生存之道与谷地完全不同。大多数情况下,山地居民的宗教与谷地是不同的。缅甸和泰国的谷地居民大多信仰小乘佛教,而山地居民则非常不同,多是万物有灵论的信仰者,到20世纪以后,很多人都信仰基督教。

这一张想象的、表示距离阻力的地图上的颜色可以不仅为政治整合模式,而且为文化和商业整合模式提供粗略和现成的指南。当红色颜料沿着河道和平原地区毫无阻力地迅速扩展时就会更多地看到宗教活动、地方语言和社会组织等的同质性。而在距离阻力突然增加的地方,比如遇到山脉,文化和宗教的变化就会非常突然。如果像电影慢镜头一样,地图也可以显示出一个地方人口和货物的流量,以及流动的难易程度,我们就可以得到更好的反映社会和文化整合程度的指标。[29]

与其他地图一样,我们这张想象中的地图也是为了突出那些我们希望突出的关系而模糊了其他关系。从这个意义上说,这样的地图也很难表明沼泽、湿地、疟疾疫区、红树林海岸和密集植被等所带来的距离阻力。另外一个需要关注的是国家中心的"颜料罐"。它是假设的,表示一个野心勃勃的国家中心在最有利条件下可能的影响所及。很少有国家中心能够对其内地的实际控制达到如此程度。

不管大小,这些国家中心都不能完全独占这些疆域。每一个都是一大批相互竞争之此消彼长的政权中心中的一员。在殖民统治和现代国家使这片疆域大为简化之前,存在着让人眼花缭乱的众多国家,而且几乎都是小国。利奇的说法并不夸张,"实际上'缅甸'每一个大的乡镇都声称在历史上曾经是'王国'的首都,他们所宣称的王国疆域曾经很大,大得难以置信"。[30]

我们将如何用图解的方式来表达国家中心的多元化?一种可能是利用在东南亚被经常使用的梵语词汇——曼陀罗

（国王们的圈子）。在那里，统治者经常声称有神圣的血统，他们的宫廷经常位于生产水稻的平原，其影响从这里传播到周边的农村。理论上，那些承认他的精神和世俗权威的小国王和首领都受其统治。本尼迪克·安德森（Benedict Anderson）最早提出用不同照明强度的灯泡来代表统治者的个人魅力和统治力，尽管这个比喻有些过时，但是把握了曼陀罗式政治中心的两个基本特征。[31]灯泡越远越暗代表了随着距离中心越来越远，不论精神的或世俗的权力，都在逐渐减弱。灯光的漫射表明并不存在现代意义上的"硬"（hard）边界，即边界内是百分之百的主权，而在边界外主权完全消失。

在图Ⅰ中，我试图描绘多元的曼陀罗系统中主权的惊人复杂性。为此，我用固定的圆来表达几个曼陀罗（尼格拉、芒、迈和卡炎[k'à yaín]），权力集中在中心，并逐渐递减到边缘的零。在这里，我们要关注地域的巨大影响。我们假设，平原就像平底锅摊出的饼。17世纪缅甸的统治者们关于其不同级别的行政区域就做出了类似的假设，一个省被想象为是圆的，统治半径是精确的100帑（tiang，一帑等于3¼千米），一个大镇的半径是10帑，中等镇半径是5帑，村庄是2½帑。[32]读者可以想象，像沼泽或崎岖地带等这些特殊的地形是如何切碎了这些规则的圆形，而通航的河道又是如何沿着水路延长了其范围。更让人吃惊的是，这样静止不变的空间表述完全忽略了空间系统随着时间而变化：事实上"精神权威和政治权力的中心都处于无休止的变化状态"。[33]读者可以将这些中心看作光源，经历了强光闪耀、逐渐转暗，当新的光源，也就是权力点突然出现，越来越亮的时候，旧的光源就会彻底消失。

每一个圆代表了一个王国；有的小些，有的大些，但是在越接近边缘的时候,它们的权力都在逐渐减弱,这表现为图中每一个曼陀罗里面,标记的密度逐渐减小。利用这一颇生动的图示仅仅在于说明前殖民时代东南亚大陆的权力、疆域和主权的复杂性,这一详细的图示是由颂差·文尼查克(Thongchai Winichakul)完成的。[34] 理论上说,曼陀罗势力范围内的地主每年都要进贡(也许他们可以互惠地得到等值或更贵重的礼物),而且当需要时,他们有义务派出军队、车辆、役畜、食物,以及其他的给养。此外,正像图示所标明的,许多地区成为多个领主的交叉领地。一旦像D/A区域那样只是在两个王国的边缘存在着双重主权,那么主权就会因相互抵消而削弱,在这个缓冲区内,地方首领及其随从获得了很大的自主权。如果像B/A或A/C一样,王国的很大一部分都受到影响,就会出现双方中心都在这里竞相汲取,对不顺服和叛逆的村庄竞相进行惩罚性的掠夺。许多山地人群和小酋长都会策略地来管理这种两元主权的状况,他们平静地给两边的王国都进奉贡品,而且通过进贡表明自己是独立的。[35] 供奉的数量从来不是倾其所有或完全拒绝那样黑白分明,无数的策略性选择是这些小国政治的最核心内容,包括进贡什么,什么时候进贡,什么时候要推迟和什么时候要扣留人力和物资。

在王国的核心区域之外,双重的和多重的主权,以及在高原地区的没有主权,是普遍和正常的。清垦(Chaing Khaeng)是靠近现在老挝、缅甸和中国的一个小镇,它同时向清迈和南(Nan)(而南又向暹罗),以及清屯/景栋(Chiang Tung/Keng Tung)(它们又向缅甸)进贡。在泰语和邻近的老挝方言中,小王国经常被定义为"在两个领主之下",或者"三个领主之下",而在19世纪,柬埔寨保持了与暹罗和戴南(Dai Nan,越南)的

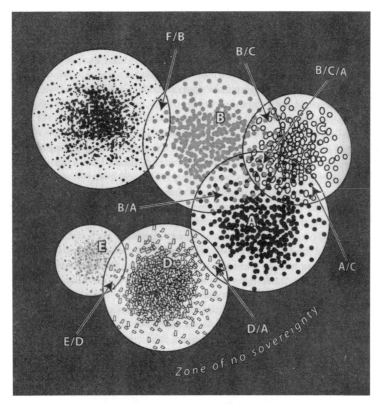

图I 权力领域中曼陀罗的图示

进贡关系。这在当时是很普遍的。[36]

20世纪民族国家普遍所有的明确而单一的主权,除了少数盛产水稻的核心区域外,在当时是基本不存在的,而这些单一主权、水稻核心区的国家很容易自己崩溃。在这些区域之外,主权是模糊、多元、多变,且经常是完全无效的。文化的、语言的和民族的联系也同样是模糊、多元和多变的。上述这些观察再加上我们对政治权力辐射中地域和高原阻力的理解,我们可以开始明白在多大程度上有许多人口从来没有在宫廷中心的统治之下,特别是山地居民,尽管他们从来没有远离宫廷中心。

甚至最强大的王国在季风雨开始肆虐的时候也不得收缩到宫墙之内的城堡中。不管是前殖民时代的曼陀罗王国,还是殖民时代的王国,直到现在的民族国家,东南亚的国家一直随着季节而迅速变化。每年5月到10月,大陆的雨季使道路完全无法通行。传统上缅甸的军事行动都发生在11月到第二年的2月之间。3月到4月太炎热,而5月到10月后期雨水太多,都不适合打仗。[37]在这个时候,不仅军队和税务官不可能大规模地远行,甚至旅行和贸易也减少很多,只相当于旱季的一小部分。形象地说,我们的曼陀罗地图只是显示了旱季的情况。到雨季,基于地域不同,我们不得不将每一个王国缩小到原来的1/4或1/8。[38]当雨季来临,半年为一个周期的洪水实际上把国家孤立起来,而当雨季停止,洪水也就不再掌控国家。国家空间和非国家空间依据气候规律相互交换。14世纪一位爪哇统治者的赞美诗就已经提到统治的阶段性:"每当寒冷季节快要结束[很干燥的时候],他开始出发穿越农村……他在遥远地方展示旗帜……他表现出其宫廷的辉煌……从所有人那里接受敬意,收获供奉,访问村庄长老,查看土地登记并考察公用事业,如渡口、桥和道路。"[39]臣民大体知道什么时候统治者会来。他们也知道什么时候军队会来,什么时候会来抓壮丁、征收军用物资和什么时候会有战争的破坏。军事战役,就像缅甸人多次入侵暹罗一样,总是在雨季结束时候开始,那时的道路可以通行,作物已经成熟。[40]任何一个有关传统国家构成的考察都不得不像关心纯粹的地理一样关注天气。

殖民统治也像他们所取代的那些本土国家一样受到阻挠，尽管他们努力地修建全天候的道路和桥梁。在长期艰苦占领上缅甸的战争中，殖民军队在旱季取得的进展（多是从印度开始的）经常在雨季被重新夺回。而且雨季的疾病也是重要原因。一个关于1885年清除上缅甸敏布地区叛军和土匪的描述展现了英国军队因为雨水而被迫撤退的情况："到8月底，整个地区的西部完全在叛军手里，除了河岸边一块狭长地带，就没有留给我们什么。在尤马（Yoma，勃古山脉）脚下的水乡泽国，是雨水和可恶的季节成全了他们……阻止了我们在年底（重新开始了旱季）之前采取进一步的行动。"[41]直到今天，当缅甸军队在沿泰国边境的陡峭山区无情地镇压敌对族群时，下雨仍然是军队经常遇到的障碍。缅甸军队典型的进攻"窗口"仍然是蒲甘和阿瓦王原来的"窗口"：11月到来年2月。直升机、前锋基地和新的通讯工具使统治者第一次可以发动雨季进攻。然而，占领缅甸最后一个克伦基地的时间是1995年1月10日，就像早年季节性战争模式曾经决定的。

对于那些要与国家保持距离的人来说，难于进入的山区堡垒构成了战略资源。一个有决心的国家可以发动惩罚的征讨，烧毁其房屋和地表的作物，但是它无法长时间地占领。除非有山地的盟友，否则敌对的人群只需等待雨季来临，那时供给线被切断（或者容易被切断），驻军就会面临饥饿并且撤退。[42]因此国家作为实际的强制力量出现在遥远山区只是像插曲一般，最终会消失。这些地区为那些生活在那里，或者自己选择去那里的人提供了可靠的避难所。

3 人口和粮食的集中
奴隶制和灌溉水稻

> 我承认,[暹罗王国]的确比我的王国要大,但是你也会同意,戈尔康达(Golconda[印度])国王统治的是人,而暹罗王统治的只是森林和蚊子。
>
> ——戈尔康达国王对暹罗来访者的谈话,大约1680年

作为人口集合器的国家

前现代东南亚政治权力的核心是人力的集中。这是国家的首要原则,事实上也是这个地区每一个前殖民地王国历史的祈愿。如果有广阔、平整和肥沃的耕地,而且有常年河流的灌溉,再加上离通航的河流不远,那么创建一个国家空间是不难的。追踪国家空间的普遍逻辑将有助于将人力不足而土地充足的政治体系与土地不足而人力充足的政治体系相区别,发现其本质的不同。

最简单地说,原则是这样的:政治和军事霸权需要对集中的人力进行高度控制。反过来,也只有集中的定居农业条件下才可能有这种人力的集中,在20世纪前的东南亚,只有灌溉

水稻才可能有这种农业生态的集中。当然这些关系并非是决定论的。在河谷地带和水利条件良好的高原,稻田很容易开垦和耕作。但是在我们无法想象的陡峭高山,通过令人惊奇的梯田,也可以开垦,并且已经开垦了许多稻田,就像越南红河谷地的哈尼族、吕宋岛北部和巴厘的伊富高(Ifugao)族。同样,也有许多适合种植水稻的地方并没有开发稻田。如同我们所看到的,稻田与国家的关系并非一成不变。在水稻核心产区周边很容易创造出国家,但是也有没有国家的水稻核心产区,或者一些不在水稻核心产区的国家。从政治角度来看,最好是将灌溉水稻理解为最方便和常见的集中人口和食物的途径。比如,没有巨大的水稻生产核心区,人口和食物的集中就需要通过其他途径,包括奴隶制、商路上的征税,或者抢劫。

1600年时东南亚大量土地上居住的人口只有中国的七分之一,这一人口特征决定了它需要人口集中,但同时也造成了人口集中的困难。结果,当中国越来越希望控制土地而不是人口的时候,东南亚更希望控制人口而不是土地。东南亚丰富的耕地有利于游耕。游耕往往只需要很少的劳动力,但回报很高,从事游耕的家庭可以获得大量的剩余。然而有利于耕作者的特点恰恰阻碍了那些未来国家缔造者实现其野心。游耕比灌溉水稻需要更多的耕地,因而人口分散;如果游耕普及的话,"那么每平方公里的上限人口也就是20—30人"。[1]集中再一次表现出其重要性。如果一个王国潜在的人力和谷物都很分散,因而集中人力和谷物很困难且昂贵,那么不管王国多么富有也没有意义。"有效的力量来自于政体的核心而非其疆域的面积和财富,"正像理查德·奥康纳已经指出的,"灌溉水稻产生强大的中心地区……它不仅支撑了密集的人口,而且由谷物支撑的村民也容易被动员。"² 泰国北部兰纳（Lanna）王国的意思是"百万稻田",这一名字就充分反映了其对财政收入和人力的追求。

富裕的水稻耕作中心区域的条件适合所谓前现代国家理想臣民的发展。这种理想就是固定的农田上有大量密集的耕作者,每年有大量剩余的农产品。由于历代投入在稻田中的大量劳动力,他们很难带上所有东西离开这里。最重要的是,农民与他们的稻田都在空间上被固定,清晰可见,可以征税、征兵,便于控制。对于宫廷及其官员来说,好处很明显。³ 正是认识了这一"收获"的过程,乔治·孔多米纳（Georges Condominas）杜撰了"榫合"（emboîtement,或者更好的翻译是集装箱化 [containerization]或捆扎[bundling]）一词来描述泰国"芒（muang）"的演化。⁴ 与游耕不同,"理想"的臣民是生活在"国家空间"中的被榫合者（emboîtée）,也就是说经常被不可预期地索要临时增加的劳动力和粮食,在战争时期,则索要他们的生命。

成功的前现代东南亚国家持续不断地致力于将它所需的人口集中起来,并固定在一个地方。然而进展并不顺利。自然灾害、传染病、作物歉收、战争,更不用说还有吸引人的边疆,都时时地威胁脆弱的国家。在一千年前当中国的人口也很稀少分散、不利于国家形成的时候,一个有关统治的手册就毫不留情地指出了其危险:"如果百姓都很分散而又不能被固定下来,城市国家就会成为一堆废墟。"⁵ 东南亚的考古工作者发现了大量的这类废墟。

同时存在着把他们集中起来和分散开来两种不同的社会和经济力量,要理解这两种力量之间微妙的平衡是非常困难的。其原因有二,首先,在不同时期和不同区域,这种平衡是非常多变的。一场战争或传染病，一季好的收成，一场饥荒，一条商路的消失，一个疯狂的君王，一场挑战王位的国内战争，都可能以这种或那种方式打破平衡。第二，我们要特别小心王朝的记载，甚至包括地方编年史，它们都善于王朝自我美化而拙于提供真实信息。[6]如果我们只是相信这些表面现象，就会把"国王的和平"、繁荣、宗教庇护和神圣的天意都归功于大量人口被吸引和束缚在国家核心周围。尽管我们对此表示极大的怀疑，但是这种景象也并非是完全无中生有。有许多证据表明，国王和大臣们曾经通过短期内提供种植本金、役畜和免除税费吸引人口前来定居开垦稻田。一个勃古附近的缅甸官员在1802年的年度报告中曾吹嘘说他"供养和支持了那些从边远的小镇和村庄中高高兴兴迁居来的人，那些小镇和村庄位于长满密林和蒿草的荒野上"。[7]事实上，一个和平且富裕的政权可以吸引各地尚处于游动状态，并希望获得首都地区周边的农场、工作和贸易的移民。然而王朝的历史和当代教科书的描述是对前殖民地国家的理想化，在这种描述中，受到光辉和繁荣的宫廷中心的吸引，大量至今无国家的人和平且逐渐地集中在其周边。这种描述是种极大的歪曲。它把特例当成了规律；它无法解释前殖民时期经常出现的王国灭亡；更重要的是，它忽视了战争、奴隶制度、强迫等在创造和保持这些国家中的核心作用。如果说我忽视了一些特定的时期，在那里关于王朝繁荣的辉格党主义解释（Whiggish account）*也许还有道理的话，那是因为这些特定时期其实并

---

* 辉格党是活跃于英国17—18世纪的主要政党，19世纪转变为自由党。在这里，作者的意思是强调其自由主义的解释。——译者注

不多见，即使出现也是被故事化了，严重地歪曲了东南亚国家政权建设中的基本特征。

如果人口数量和开放的边远地区都使单纯的强迫不能发挥作用，很明显，创造和保持国家所依赖的人口"定居密集区"（thickly-settled clumps）就需要使用武力。[8]战争和奴隶抢劫造成的人口增加经常被看作形成早期国家典型的社会等级制度和集权的起源。[9]强大的王国总在通过强制安置成千上万的战俘，或通过购买和绑架奴隶来不断补充和扩大他们的人力。就像国家权力的核心指标是其能集合的人力一样，对于那些争夺属民和奴隶的官员、贵族和宗教领袖来说，人力也同样是表明其相对地位的关键指标。从国王的许多命令中都能看到他们为保持核心人口的稳定所付出的巨大努力，如果能体会言外之意，也可以体会到其中所隐含的失败。如果说18世纪大部分独裁者的政令都与逃亡的奴隶有关，由此推断农奴逃亡是普遍的问题应该不会太错。同样，国王的命令禁止臣民逃跑、更换住址和停止耕作也表明了统治者一直关注着臣民的逃亡。在大陆的许多地方，臣民被文身，有时甚至被打上烙印以表明他们的身份和主人。尽管这些措施的效果并不清楚，但是这反映了他们希望通过强制来掌握中心区域人口的努力。

在前殖民地国家机器的各个方面都可以看出其对在核心区域保留和掌握人口的巨大关注。吉尔茨所说的有关巴厘岛政治竞争的话，即"他们争夺得更多的是人口而非土地"，可以被同样应用于东南亚大陆。[10]这个规律导致了战争活动，而战争主要不是为了控制边远的国土，而是追求可以被重新安置在中心区域的战俘。因此，战争并非特别残暴。有谁会去打碎战利品呢？因为内陆农业国家特别依赖核心地区的农业生产，而不是远距离商贸的利润，所以这个逻辑就更明显。即使那些依赖抢劫和贸易的东南亚半岛国家也同样希望掌握和掠夺人力。早期的欧洲官员对于其新殖民地中国家之间和省之间边界异常模糊经常感到吃惊，而且对不受地域主权限制的人口管理感到困惑。英国的调查员詹姆士·麦卡锡（James McCarthy）"感到困惑：'在（暹罗），习惯上管理人口和管理土地的权力是分离的'"。正像颂差富有真知灼见的著作所反映的，暹罗更关注他们所能召集的人力，而不是那些缺少劳动力的时候就没有任何价值的土地。[11]

对人力控制的高度关注体现在统治者的日常词汇中。泰国官员的官衔直接反映了理论上他们可以控制的人口数量：坤潘（Kun Pan）的意思是"千人长"；坤桑（Kun Saen）的意思是"十万人长"，而不是欧洲所通行的"某某地方的公爵"。[12] 18世纪晚期曼谷所统治的地区按照人力多少被分成不同的等级。各个省按照曼谷对它们控制的程度从高到低排列，第四级省份意味着直接的控制，而第一级则是最弱的控制（如当时的柬埔寨）。一个省的规模是由标准化的人力总量来调整的，也就是一旦需要所能召集到的人力。那些受曼谷控制比较弱的边远省份一般人口密度比较小而面积比较大；因为理论上每一个省都应该产生同样多的人力被应征从事劳役和战争。[13]

归根到底，人力之所以最重要是因为军事考虑。即使占据了肥沃的稻作平原，或者重要的寺庙周边，以及商路上的要塞，如果不能成功地保卫也都是徒劳。就是这个简单的道理成为有关前现代政治体系中权力分析的核心问题。也许在洛克的理论中,国家首要责任是保护国民的生活和财产,因而权力来源于财富,而在前现代体系中,权力并非来源于财富,只有权力可以保护财产和财富。在战争的技术革命之前,权力在很大程度上取决于统治者可以利用多少人;换句话说,权力说到底就是人力。

人力的逻辑贯穿了东南亚各级前现代制度。君主、权贵、商人、官员、村长,直到家长,他们是否能保持其地位取决于他们遭遇到挑战的时候,是否可以依赖其盟友的人力和支持。安东尼·雷德已经把握了这一逻辑:"如果没有足够的下属来保卫,并且使之合法化,那么在这样的政治背景下,小人物显示其财富是很危险的……因此,作为首都首先要通过购买奴隶,出借给需要的人,建立婚姻和军事联盟,以及提供享乐,从而获得更多的人。"[14]在这种背景下,人们采取的任何积累权力的行为,从洛克制度看来,都是奇怪和胡闹的。在这种条件下,马基雅维利的策略就是把你置于众多对你负责的同盟之间。这就需要通过礼物、借贷和盛宴来表现你的慷慨大方。有些盟友就是买到的。正像16世纪的一个到访者所写的,马六甲人相信"有奴隶(也许被翻译成农奴[bondsmen]更合适)远比有土地好,因为奴隶可以保护主人"。[15]

我在此并不是说作为财富的人力是可以保证安全拥有财富的唯一办法。事实上,反证很容易寻找,正像雷德已经令人信服地指出,海上和陆上的贸易比压榨定居农民的剩余要更有利可图,甚至到16世纪和17世纪仍然如此。甚至上缅甸这样巨大的农业国家也主要依赖于所处伊洛瓦底江的战略位置,向输往中国、印度,以及其他国家的贵重商品征收税费。[16]这些商品往往容易储存,重量和体积都比较小而价值很高(就像当今的鸦片),因而足以抵得过运输费用。要获得这些贸易的利益就需要王国垄断河道的特殊位置,或者通过的山口,或者有足够的武力以保障征收贡品。在这种条件下,竞争的主要通货仍然是人力。

维克多·李伯曼(Victor Lieberman)认为,正是因为人力是如此重要,在长时间内,东南亚的农业王国比海洋王国更有优势。"在军队的专业化水平很低,被征募的农夫数量构成军事胜利最重要象征的时候,(缅甸)北部成为汇集政治力量的自然中心,"李伯曼指出,"在大陆中部和爪哇也同样如此,我们发现那些尽管干燥少雨,但是可以灌溉、适合耕作的地方比潮湿的海洋地区在早期享有更多的人力优势。"[17]如果简单概括地说,在长期历史过程中,许多大的海洋权力(三佛齐[Srivijaya]、勃古和马六甲)都曾经超过海洋小国的光辉,而他们又被富有人力的农业国家所超越(玛塔兰、大成和阿瓦[Ava]),这些农业国家在超过海洋国家的同时也超过了其他小农业国(万象、兰纳、清迈)的光辉。我们所知道的所有关于阿瓦和大成国家机器的一切都表明,国家在持续不断地努力以保持核心区域的人口密度,并在可能的情况下有所增加。[18]

上面所描述的过程与有关欧洲国家政权建设和政治统一的文献相一致。同样,查尔斯·梯理所称的"多强制而少资本"(coercion-rich and capital-poor),"内陆"的农业国或帝国(比如俄罗斯、勃兰登堡-普鲁士、匈牙利、波兰和法国)都比其海洋对手(威尼斯、荷兰、热那亚、佛罗伦萨)占有更多的人力优势,而这往往具有决定性。因为他们更少依赖反复无常的贸易,有着严格的等级制度,几乎不受食品危机的影响,而且可以供养大量军队,这些农业国家也许会在一场战斗或战争中失利,但他们长期的持久力却可以使他们最终获胜。[19]

在东南亚的宫廷文献中充满了谚语和训诫,以表明人口是国家最重要的指标。在暹罗的曼谷时代早期,一个警句最清楚地反映了人力与地域之间的不同权重:"有太多的人口(领主的臣民)远比有更多的草(未开垦的耕地)更好。"[20] 几乎同时代编辑的缅甸《玻璃宫廷编年史》(Glass Palace Chronicle)中的一句警句几乎完全同样地重复了这一警句:"当然是土壤而不是人口。没有人口的土壤仅仅是荒野。"[21]

下面的两句警句强调聪明的统治需要防止人口逃离核心区,同时还要吸引新的定居者来开垦耕地:

> 在有许多奴仆的大家庭,房门开着也是安全的,而在只有几个奴仆的小家庭,房门必须紧闭。
>
> 统治者应该指派忠诚的官员外出去说服他们来定居,这样定居的区域才能富裕。[22]

反过来说,王国的灭亡也可以被看作是君主没有聪明地管理其人口的结果。肖王后(Queen Saw)对缅甸国王纳拉哈帕特(King Narahihapate)所说的话很有代表意义:"想想王国的整个疆域,你没有百姓和子民,身边没有国民,不管男女……国民都很迟疑,不愿进入你的王国。他们害怕你的统治,而你,阿朗国王(King Alaung),是个严酷的统治者。因此,作为你的仆人,我对你讲些古老的,但是你也许不愿意听的话……我说过,不要压榨你国家的腹地,也不要轻视你国家的前沿。"在暹罗一位军事首领的颂词中可以明显看到战争的目的在于控制农夫而非耕地,他不仅镇压了造反,并且将战俘送给国王:"从那天开始,不管什么时候在边疆和边远地区出现盗窃、凶杀、骚乱和造反,他都会派出阿南塔色利亚(Anantathuriya),而且不管任何地方,只要他去了,就会给国王带回几个活的俘虏。"[23]在被称为"随员政治"(entourage politics)的解释中,尽管没有如此赤裸裸,但是也表达了在任何地方,集中人力都受到了持续的关注。在宫廷历史中只要提到一个官员,都会列举他的下属数量和特征。[24]每当报告一场胜利的战役,受到最多关注的往往是有多少活着的俘虏被带回到都城。尽管我在这里主要关注的是大陆方面的材料,但在南亚半岛和马来世界,对人力的关注只会更明显。[25]

事实上,潜在的国家缔造者都必须在有大量无主土地和简单军事技术的背景下来集中人口和生产粮食。还必须采取一些有效手段以控制人口分散的意愿,因为分散可以使人们从打猎、采集,以及在他们之中广泛流行的粗放农业中获益。有一系列起作用的刺激,从商业交换到稳定的水利灌溉,从参与军队抢劫到学习宗教知识。只有这些利益超过了与国家空间密切相关的赋税、兵役、流行病等损失的时候,集中不会带来抵抗。但这种情况很少发生,更经常的是用武力来补充利益,甚至用武力代替利益以实现人口集中。

这里有必要提请人们注意,古代西方的经典政治制度也明显是这类强制的制度。修昔底德告诉我们,雅典和斯巴达并非是为了意识形态和种族发生战争,而是为了朝贡。朝贡是以粮食,尤其是人力来计算的。投降城邦的人口很少被屠杀,人民和奴隶都被捕获他们的胜利者和士兵囚禁起来。如果他们的土地和房屋被烧毁,那是为了防止他们逃回来。[26]

在爱琴海地区,比粮食、橄榄油和葡萄酒更有价值的商品是奴隶。雅典和斯巴达都是奴隶社会,尽管斯巴达的农业比重更大,农奴(helots)占到了人口的80%多。罗马帝国也同样,沿着传说中的道路系统运输的最重要商品是奴隶,这些奴隶的买卖是政府垄断的。

中国和印度人口大量增加以后,控制了耕地也就意味着控制了渴求耕地的臣民。在这之前,他们也遇到同样的问题。在与伯罗奔尼撒战争差不多同时代,早期中国国家也做了其权力所允许的各种努力以防止人口的分散。治国的各种手册要求国王禁止山地和湿地的生存活动,"从而使更多的人口从事粮食生产"。[27]这样一些声明背后的潜台词都是说,如果有选择,国王的臣民就会放弃定居的农业,自己逃跑。这种反抗可以被看作道德失灵。如果国家"成为山地和沼泽的唯一控制者,那些厌恶农业、懒惰,但又想得到高额利益的百姓就找不到吃饭的地方了。如果找不到吃饭的地方,他们就不得不从事农业耕作"。[28]这个政策的目标就是通过把他们从大片的公共土地中分离出来,从而使人们因害怕饥饿而从事农业并臣属国家。但是之所以会用如此尖锐的语气,看来这些政策并不很成功。

撒哈拉以南的非洲在更晚的时候也遇到了人口密度小的国家所遇到的难题。1900年非洲的人口密度并不比1800年的东南亚高多少,因此,把人口聚集在国家中心就成为前殖民时代政治的核心。[29]在地方政治学中充满了集中人力的内容:"如何获得亲属、拥护者、依附者、仆从和臣民,并且保持他们成为某种社会和政治'资本'经常被称为非洲政治进程的重要特点。"[30]他们之间是如此相似,许多有关统治的格言都可以被直接转换到东南亚,而毫不增加理解的困难。正像歇尔布罗(Sherbro)谚语所说的,"只有自己一个人无法成为头领"。经过开垦的固定耕地与王国建立之间的关系可以体现在给古代马里国王的忠告上:"砍掉树,把森林变为耕地,只有这个时候你才能成为真正的国王。"[31]在东南亚,人们很少强调要有清楚的边界,最重要的权力是有关人口的权力,而非有关土地的权力,除非是在一些特别的举行宗教仪式的地点。对更多的追随者、亲属和农奴的竞争在每个层面上都存在。如果说人口状况对潜在的臣民如此有利,那么他们经常是被统治者所引诱,而不是被强制定居的。我们可以在不断增加的职位、盛宴、战俘和奴隶的迅速同化和升迁中,在束缚臣仆的特殊工具和方法,以及更重要的,不满臣民的逃亡中都可以看到他们这种相对的自主。按照伊戈尔·科普托夫(Igor Kopytoff)的说法,这种权利的平衡使臣民感觉到是他们自己创造了统治者,而不是相反。[32]

国家景观和臣民的形成

> 赋税吃掉了谷地,荣誉消灭了山地。
> ——阿富汗谚语

东南亚前现代的统治者对现在所说的国内生产总值(GDP)很少有兴趣,他更感兴趣的东西也许可以称为"国家可获生产总值"(SAP![state-accessible product])。在前货币(premonetary)的背景下,从遥远地方来的产品都会是重量轻、体积小但价值昂贵的,因为要考虑运输的成本。这些产品的确存在,比如有香味的木材、树脂、白银和黄金、宗教仪式用的鼓、稀缺的药材。运输的距离越远,这些货物就越像是礼物或自愿贸易,皇宫控制这些货物的能力随着距离增加而呈几何级数下降。但最关键的是食品、牲畜和人力,包括技术熟练的人力,它们都必须很容易被获取和利用。"国家可获生产总值"必须是容易识别、监督和计数(简单地说,就是可征用),而且在地理上距离足够近。

国家可获生产总值和国内生产总值并不能简单地进行区别,在许多方面它们是相互抵触的。成功的国家政权建设直接导致国家可获生产总值的最大化。如果那些名义上的臣民在远离宫廷的地方通过采集、狩猎或游耕之类的活动而丰衣足食,那么统治者几乎完全得不到什么利益。同样,如果他的臣民生产许多种作物,这些作物有不同的成熟期,或者很快就会变质腐烂,因而无法估价、收集和储藏,那么统治者从中受益也会很小。如果有两种不同的生存模式选择,一种对耕作者不利,但是可以给统治者回报以巨大的人力或粮食,另外一种会有利于耕作者,但是却会剥夺统治者的可获回报,统治者总会选择前者。统治者为了最大化国家可获得生产总值不惜牺牲其王国和臣民的总财富。因此,前现代国家试图重置或重塑其周边的臣民和景观,从而使其成为清晰的可征用领域。一旦成功,东南亚大陆就变成了基于灌溉水稻、具有统一农业生态景观的社会创造物,也就是理查德·奥康纳所说的"水稻国家"。[33]

水稻的最主要优势在于它使人口和粮食的高度集中成为可能。这里有必要强调灌溉水稻如何在空间将人口固定下来。除了水稻以外,没有其他作物可以把如此多的人口集中在距宫廷三四天的路程范围之内。单位耕地面积上水稻的高产使人口高度密集成为可能,而且只要灌溉系统可以发挥作用,水稻就是持久和可靠的,这使人口可以稳定在同一个地方。每一块稻田都包含了大量的人力投入,包括多年的修田埂、平整土地、修梯田、修围堰和修水渠,人们不会轻易放弃稻田。吴丹敏(Thant Myint-U)写道,贡邦(Kon-baung)国王"最主要的一个问题是中央政权无法获得特定地区户数的精确信息"。[34]这可以被称为"清晰性"的问题,而这是获取资源必需的先决条件。[35]与倾向于分散和自主的生存模式相比较,种植水稻的社会生态通过将相对稳定和密集的人口置于征税官和军事镇压队伍的门口而大大简化了这个问题。

　　水稻国家中定居农民的定点生产意味着统治者及其随从和官员也可以停留在同一个地方。如果没有稳定可用的粮食、饲料和薪柴的剩余,宫廷就要转移到其他地方,正像13世纪英国和法国宫廷一旦把一个地方的粮食(还有当地人的耐性!)消耗掉以后所做的。有多少粮食剩余决定了有多少非耕作的精英;核心区域越大,就可以更多和更好地供养其追随者。只有大面积地种植水稻才能使农业国家有更多机会持续存在。

　　固定地种植单一粮食作物本身就是走向清晰化,从而也是被征用的重要一步。单一作物种植促进了多层面的同一化。在灌溉稻作中,所有的耕作者都被束缚在差不多同一生产节奏上。他们依赖于同一或相似的水源;他们以差不多同样的方式在同样的时间种植、移植、除草、收割和脱粒。对于地籍调查和赋税图的制作者来说,这种状态是最理想的。绝大多数土地的价值可以用单一的公制单位加以测量;每季的收获在时间上被压缩,而且只涉及单一商品。由堤坝围起来的开放土地被制成相对平直的地图,尽管纳税人实际拥有的土地并非如此平直。土地的单调一致反过来产生了社会和文化的单调一致,这表现在儿童的劳动力价值、生育的价值、饮食、建筑风格、农业仪式和市场交换的价值。由单一作物所塑造的社会比多样性农业塑造的社会更容易监测、评价和征税。可以设想,如果亚洲的科尔贝尔基于多样的混合农业,也就是多样性的粮食、水果、坚果、块根、牲畜、渔业、狩猎和采集,来组织税收系统,这种多样性至少会增加复杂性,包括不同的土地价值、家庭结构、工作周期、饮食、家庭建筑、服饰、工具和市场。在多种产品或"收成"存在的情况下,及时创造一个税收系统都很困难,更不用说一个公平的系统了。为了分析得清楚,我的分析显得比较极端,东南亚没有一个农业国家是纯粹单一种植的,但在某种程度上,它的确极大地简化了可管理国家空间各种因素的纠结。

只有在这一背景下,成功的缅甸王朝付出巨大努力在干旱地区保持和扩大灌溉稻田才能被理解。在这些水稻核心区之外还有令税务官头疼的低产且多样的农业景观。在所有地区财务报告(*sit-tàns*)中都会首先列出地区内的稻田,然后再清楚地说明,从非稻田,包括粟、芝麻、养牛、打鱼、椰树叶和手工艺品等活动征收财政收入很困难,而且与水稻收入相比也是微不足道的。[36]从那些分散,而且往往是比较贫困、生存方式也是多种多样的人那里征税明显是得不偿失的。此外,被征收的物品往往是容易隐藏、不容易被朝廷官员发现,且被地方势力所垄断的。缅甸的殖民政权也同样严重依赖灌溉稻田,甚至在征收货币税的时候也同样如此。约翰·弗尼瓦尔(John Furnivall)把灌溉稻田看作殖民政府财政收入大餐中的"主食":"大米对于温和印度和并不温和的缅甸人来说就像通心粉之于意大利人,牛肉和啤酒之于英国人一样。对于印度式的利维坦,也就是生存在印度的利维坦式国家来说,大米的重要性不仅仅像通心粉、牛肉和啤酒,而且像土地财政一样重要。这是国家的食物,是国家的营养之所在。国家可以停征所得税、关税、消费税等,但是没有土地财政收入,国家就会饿死。"37

这里仍然是国民生产总值和国家可获生产总值的区别在起作用。作为一般规律,在征用过程中被国家和企业加以组织,同时又服务于国家和企业的农业,最突出的特点往往是其清晰性和单一作物。单一栽培、现在已经过时的社会主义的集体农场,南北战争以后南方流行的分成制棉花种植,还有越南或马来亚为了镇压暴乱而制造的强制农业生产景观,都是这类的例子。它们很少是有效率或可持续的农业,但是他们很容易成为清晰和可征用的典型。38

鼓励或利用清晰地、适合征用的农业景观的政策是国家政权建设必然的要求。只有这样的景观才是他们可直接受益并可以获取的。毫不奇怪,在前殖民国家和他们现代的继承者之间,通过固定的耕作(通常是水稻)来定居人口的努力具有非常明显的继承性。越南明命皇帝(Minh Mang [1820—1841])"利用各种可行的办法来鼓励开垦新的稻田,包括允许一个人将开垦的土地变成自己的私有土地,或者鼓励富人自告奋勇雇用佃农建立新的村庄。国家的首要目标是保持对人口的控制。流浪受到抑制,取而代之的是人口被固定在土地上,从而变成稳定的赋税、劳役和军人的可靠来源"。[39]

法国殖民政府感兴趣的是将开放的土地转变为可以生产财政收入、清晰的作物和生长橡胶的种植园。法国人期望将财政收入贫瘠的山地转变为可以出租和利用的空间。直到目前,社会主义的越南仍然致力于"固定的耕作和固定的居住"(dinh canh dinh cu),强调的仍然是开发水稻田,甚至包括那些从生态角度看不适合开发的地方。古代水稻国家的理想与社会主义英雄劳动者征服自然的乌托邦观点结合在了一起,热情奔放地奔向"明天,在那里,西北(Tay Bac)被森林遮盖的山和被草覆盖的辽阔土地将被平整,大面积的稻田和玉米地将被开发"。另外一个大胆的口号是:"有了人民的力量,石头都可以变成水稻。"[40]这种大规模的搬迁政策一方面可以被理解为低地国王希望重新复制他们所熟悉的农业景观和人类居住方式。但其结果经常是移民所用的耕作技术不适应他们的新定居点,从而导致生态破坏和人类灾难。这种乌托邦野心的另外一方面是越南国家至少继承了前殖民王朝,至少是黎朝,重新创造清晰和可征用景观的努力。

消灭不清晰的农业

> 自然是充满敌意、难于驯服和内在叛逆的,这表现在它被灌木丛、蚊子、土著和热病所占据。当所有桀骜不驯的自然被最终驯服的时候,而殖民化的过程就成功了。
> ——弗兰茨·法农(Franz Fanon):《地球的不幸》

我与弗兰茨·法农有关殖民项目的尖刻见解不同之处在于我认为,他的观察,至少有关"灌木丛"和"土著"的观察可以很容易地被应用于前殖民和后殖民时代。

如果边界是开放的,那么增加清晰的国家空间和增加其人口就会很困难。即使有时候实现了,那么原因也不仅仅是国家空间的内在吸引力,还因为其他的选择被关闭了。在东南亚大陆,灌溉水稻之外的可供选择的耕作方式主要是轮耕(也称游耕或刀耕火种),历史上是这样,现在许多地方仍然是这样。由于需要人口分散、混合种植(包括根用和块茎植物)和周期性地开垦新田,游耕就被国家的创造者所厌恶,不管是传统的或现代的国家创造者。

迄今为止,作为这个地区最早熟的国家,中国至少在唐代就开始鄙视轮耕,并且只要有可能就会加以禁止。尽管轮耕可以带给耕作者更高的劳动回报,但是这种形式的财富是国家无法征用的。而且特别重要的是,如果说它对耕作者是有利的,那么这也代表了一种持续的诱惑,给身处重税之中的生产水稻的小农提供了另外的选择。沿着中国西南边境,轮耕者总被鼓励或者强迫停止其耕种方式,代之以定居的粮食生产。在17世纪的中国,被统合进国家的委婉说法是"进入版图"。这意味着成为皇帝的子民,宣布效忠,开始被汉族看来将最终达到同化目的的文化之旅。最重要的,从游耕到定居生产谷物的过程意味着户籍登记,从而成为官方纳税名单上的一员。[41]

如果说隐藏在越南明命皇帝和中国官员清除游耕背后的原因是国家的财政诉求,那么现在有两个原因使这一诉求更加强烈:政治安定和资源控制。游耕无法被统合进国家管理,因为他们在国家边界之间不受限制地游动,还因为他们被看作另类族群,所以是潜在可能的颠覆分子。在越南,这导致了大规模的强制移民和定居运动。现代另外一个停止游耕的原因是它被认为破坏环境、损毁土壤的覆盖、造成水土流失,而且浪费了有价值的木材资源。从某种程度上说,这个理由是直接从殖民时代政策继承下来的。我们现在知道,除了在特殊条件下,这个结论肯定是错误的。可以看出,在这些政策背后最重要的原因是国家需要利用这些土地实现持久定居,实现从自然资源开发中获得财政收入,并使这些非国家的人最终就范。就像一个政府民族志学者告诉他的外国同行时说的,他研究山地经济的目的"就是看'游动'的刀耕火种农业如何在少数族群中被消灭"。[42] 开始于1954年的"固定游动人口运动"以各种不同的形式被保留下来,成为稳定的政策。

泰国自有国家以来也一直推行同样的政策,虽然执行上不够一致。果雄族民族志学家尼古拉斯·泰普(Nicholas Tapp)认为,定居化、固定农业、政治控制和"泰化"(Thaiization)"代表了过去几个世纪中最保守的政策,这些政策反映了国家人口和开发中的高地少数族群之间的关系"。[43] 在20世纪60年代"冷战"时期,果雄族的叛乱被巴博将军(Prapas)利用炮兵、军事突袭和凝固汽油弹粉碎以后,停止游耕的努力达到了高潮。尽管越南和泰国所害怕的颠覆来自于完全相反的意识形态,但他们的政策却惊人地相似。一份政策文件表明,果雄族的游耕被停止,官员"说服居住分散的山地部落迁移到项目区长久地定居下来"。[44] 在这一条件下,国家空间有了新的意义,但是新的意义只是强化了消除游耕的理由。[45]

缅甸军事政权对克伦人的运动可能是时间最长、最暴力的反游耕运动。这一运动是为了强制从事游耕的人进入军事基地附近的集中营,如果不能进入集中营就强迫他们跨过边界进入泰国。在游耕地收获之前,军事纵队被派出去烧毁粮食,或者砍倒作物,在田地上埋放地雷。他们知道合适的"烧荒"对于游耕的收获有多么重要,军队派出小组去提前烧掉荒地,从而毁掉好收成的机会。通过消除游耕和大量的游耕民,从而使国家空间之外的生存机会被最小化。[46]

在过去几个世纪和现代时期,不同形式的政体都如此一致地采取了相同的政策,这说明在国家政权建设中,一些基本因素在发挥同样的作用。

化众为一:克里奥中心*

由于存在许多人口方面的困难,水稻国家努力达到的将人口集中在宫廷周边的目标是难以完成的。那些双眼都凝聚在人力累积上的国家,很难考虑到统合进国家空间的是些什么人。总的来说,这个意义上的"人力国家"是剧烈和迅速的文化分割和排斥的敌人。如果更精确地说,这样的国家希望统合进任何可能的人,创造出文化、民族和宗教程式以统合各种人。上述这些发生在东南亚大陆和沿海的水稻国家的事实

---

* 克里奥(Creole)一词原意是"混合",泛指世界上那些由葡萄牙语、英语、法语以及非洲语言混合并简化而生的语言。说这些语言的克里奥人,通常也是经过多代混血的,他们可能同时拥有来自非、欧、亚三大陆的血统。——译者注

对于每一个低地文明都产生了重要的影响。

强调包容和吸收就会导致错误地把古典缅甸和泰国的国家看成文化发展的内生和单一族群的表现形式。实际上也许更为真实的是把这些国家核心看作社会和政治的创造物、混合物和合成物,包含了多种来源的集合。核心区域的文化是前进过程中的暂时表现,是不同人群和不同文化在某种条件下的矢量之和,这些人群和文化或者选择认同于它,或者是被强制统合进来。可以说许多统合的程式都是从印度次大陆、湿婆教派(Shaivite cults)*、婆罗门的仪式、印度宫廷仪式和佛教——首先是大乘佛教,然后是小乘佛教——那里"借用"的。正像奥立弗·沃特斯(Oliver Wolters)等人已经指出的,这些程式的价值存在于两个方面,首先在于强化了对超自然权力和地方权力持有者合法性的要求,其次提供了统一的框架以从许多民族和语言的碎片中建立起以国家为基础的新认同。[47]

如果这一明确的政治视角有任何值得称道的地方,也就是它使对缅甸民族性、暹罗民族性,也包括汉民族性的本质主义理解(essentialist understanding)被去中心化(decenter)了。[48]核心地区的认同是被设计的政治工程,其目的在于把那里的各种不同人群凝结在一起。大人物们的奴仆,战争或抢劫中被掠夺的奴隶,农业活动和商业活动所造就的农夫和商人:他们都是操多种语言的人。如果说统合还有其他收获的话,那就是同化、通婚和跨越模糊社会障碍的社会流动变得比较容易。认同并不仅仅是谱系学的东西。[49]在古典时期,每一个水

---

* 古代印度宗教的一种。——中译者注

稻国家都经历了荣辱兴衰,代表了"事业的大门为才能而开"(The career open to talent.)。经过长时间,每一个水稻国家所形成的文化都会有很大不同,受到他们所统合的外来文化和人群的影响。如果说存在所谓前殖民宫廷中心的文化吸引力,这种吸引力肯定是他们吸收移民和俘虏,并在两三代人的时间内,将外来人口以及他们的实践改造为具有缅甸或泰文化混合物的能力。简短地观察泰国水稻国家、马来地区和古典缅甸国家中的这个混合过程,我们就能更清楚地体会那些依靠人力的国家中的混杂状态。[50]

以后成为暹罗的中央平原在13世纪是孟(Mon)族、高棉和泰族的复杂混合,他们是处于"正在变成暹罗族过程中的种族"。[51]维克多·利伯曼(Victor Lieberman)表明,在15世纪中期大成时代(Ayutthaya Period),在管理精英(*munnai*)中就已经出现一个与众不同的"暹罗"文化,而且只是在精英中出现。尽管他们的宫廷文化吸收了高棉语和巴利语文本,但在1545年,也就是葡萄牙人托梅·毕安多(Tome Pires)写作有关他们的书的时候,普通人仍然说的是孟族方言,而不是泰语,他们的头发仍然理成勃古地区孟族的发式。在17世纪晚期,暹罗中心地区超过2/3的人口是"老挝和孟族等'外来'战俘的后代"[52],有关这一时期国家集中人口活动的资料很丰富。19世纪早期,宫廷又加倍努力以补偿缅甸战争中损失的大量人口。结果"在中心盆地,老挝、孟族、高棉、缅甸和马来人等加在一起的数量与自我认同为暹罗人的数量差不多相等。普安(Phuan)、老挝、占族和高棉的农民群体已经构成了曼谷附近常备军队和海军的主要力量。1927年阿努封(Anuvong)叛乱以后的呵叻高原(Khorat plateau)有如此多被驱逐的老挝族人

定居下来,以至在整个王国内老挝族人与讲暹罗语的人几乎一样多"。⁵³

在北部边远山地数量众多的泰/掸族种植水稻的小国中也发生了与湄南谷地类似的事情。许多学者都认为,泰/掸族诸小国是一种政治军事产物——孔多米纳所说的榫合制度(Condominas's *système à emboîtment*)——在这里,泰族人口在基层社会是比较薄弱的。有证据表明,缅甸人数在基层社会也是薄弱的,他们只是构成了具有国家政权建设经验和技巧的先锋和军事精英。作为征服者的君王数量很少,但最终会拥有霸权。熟悉英国历史的人对此会毫不奇怪,因为只有2000户的诺曼精英征服并在1066年以后统治了英国。⁵⁴凭借着结盟、吸收、适应和融合的才能,泰/掸的征服者从他们所征服的人群中逐渐创造出一个人口混合的王国。这个过程包括统合原有政治制度的残余(孟、拉瓦和高棉),但更重要的是吸收了大量高地人群。孔多米纳提出,最初捕获山地人也许是作为奴仆,但是经过一段时间,他们就成为拥有水田的泰族平民。那些足够幸运或有足够技巧,从而可以占据一块领地(muang)的人将会采用泰族贵族的名字,这样就可以重新回顾修改他们的谱系,从而与他们的成就相匹配。⁵⁵这些国家的大部分人口都是由非泰族构成的,甚至那些变成泰族并皈依佛教的人也继续使用自己的语言和习惯。⁵⁶尽管现在习惯于相信许多克钦人正在成为掸人,但是克钦的研究生试图证明的大多数掸人都曾经是克钦人,也许更接近事实。⁵⁷爱德蒙·利奇相信,"与其说掸族的社会是从中国西南部传播的'已有的'文化,不如说是小块的军事殖民地与本土山地人口在长期的经济互动中在本地逐渐形成的"。他补充道:"有许多证据可以表明,我们现在所认为的大部分掸人都是山地部落人的后代,在过去不长的时间里,他们被同化到比较复杂的佛教—掸文化中。"[58]与泰/缅水稻国家的基本格局相同,只是规模小很多,这些种植水稻的国家在民族上是多元的,经济上是开放的,文化上是同化主义的。在任何情况下,所有对掸族的认同都与水稻耕作密切联系,反过来,这一认同又使他们成为掸族国家的臣民。[59]水稻耕作作为中介,将"掸族性"与"国家性"紧密地联系起来。正是水稻耕作保障了定居人口,而这又是强大的军事、可征用的剩余,以及政治等级制度的基础。[60]与此不同,游耕意味着非掸族的认同,明显地居住在远离国家的地方。[61]

从11世纪开始在上缅甸兴起了许多缅甸小国,这些小国几乎完全表现出古典农业的人力国家的样子。它们的农业生态条件(在越南沿着红河)可能最适合人力和农业集中。国家建设的核心区由6个地区组成,这也是每一个朝代都必须控制的,其中4个(皎色、敏布、瑞保和曼德勒)地区有常年的河流可以大范围地进行全年灌溉。皎色(Kyaukse)的意思就是水稻耕作,是这些地区中最富庶的。早在12世纪,许多地方就已经有三熟制。[62]利伯曼估计11世纪在宫廷周边80—100英里的直径范围内已经有几十万人了。[63]

与泰王国一样,蒲甘城也是积聚人力和农产品的政治工具。因此他们欢迎,或者捕获在任何地方他们能找到的居民,而且把他们作为臣民束缚在宫廷附近。许多碑铭表明,13世纪中叶的蒲甘是一个民族马赛克,孟族之外还有缅人、克都人(Kadus)、斯高克伦族(Sgaws)、羌族(Kanyans)、巴郎族(Palaung)、佤族和掸族。[64]一些人群聚集在这里是因为不断成长的帝国会带来的一些机会,对于另外一些人来说,迁移进入这里意味着"操双语的人群自愿同化,急于与帝国精英保持一致"。⁶⁵毫无疑问,大部分人口,特别是孟族,都是抢劫、战争和强制移民的"奖赏品"。

在这种人口多样性下,保持如此大规模的国家核心区域的不分裂就成为一个很难成功的事业。边疆地区土地的诱惑加上国家空间中生活的负担(税收、兵役和奴役)会导致不可避免的人口减少,而这必须由抢劫俘虏的军事战役和向中心区域的强制移民来补充。如果说曾经建立起来的中心区域一直到13世纪中期都在努力保持其人口,在这之后——这片种植水稻的平原给蒙古族入侵者集中了大量战利品——人口外流就变成了大出血,并导致帝国崩溃。

在英国统治前的最后一个王朝(贡邦,Kon-baung)与早期王朝一样,也是痴迷于人力的国家。那些统治者都知道,在一个多语言的王国中,忠诚的誓言和进贡表明了被统合。与缅族一样,孟族、暹罗人、掸族、老挝人、巴郎族和帕欧人(PaO)也是小乘佛教信徒。但是从有着营地、清真寺和教堂的穆斯林和基督徒的社区来判断,宗教的一致并非政治联合的先决条件。很难准确估计早期贡邦(18世纪晚期)人口中有多少是俘虏及其后代,但是看起来他们似乎占王国内200万左右臣民的15%—25%。⁶⁶正像人们所预期的,农奴被高度集中在宫廷中心附近,组织成各种宫廷服务队,从事造船、纺织的工作,或者制造武器,成为步兵、骑兵和炮兵。他们被称为阿穆旦(*ahmudan*,字面意思是"干活的"),首先与阿提(*athi*),或者说平民不同,其次与个人所有的私有农奴也不同。在宫廷附近的郊区,至少有1/4人口是服务于宫廷的(很多是曼尼普尔人[Manipuri])。

所谓战俘和客人是基于其用处被选择的,毫无差别的**人力**一词并不能准确描述两种有区别的人力积累,其中最著名的一个例子是孟驳王(Hsinbyushin)在1767年洗劫了大成以后,带回了差不多3000个战俘,包括官员、剧作家、工匠、跳舞者、演员、皇室的多数成员,以及宫廷的大量文人。其结果不仅带来缅甸的艺术和文学的复兴,而且产生了新的杂交的宫廷文化。宫廷有了大量世界性的杰出专家,包括勘测专家、枪械制造者、建筑师、贸易商、修船人和会计,以及教官,他们来自欧洲、中国、印度、阿拉伯世界和其他东南亚国家。有技术的人力与士兵和农夫都为国家所需,自然就不会出现强硬的文化排斥。

正像早期的曼谷暹罗一样,精细复杂的地位等级结构与快速的流动和同化的组合就构成了贡邦缅甸的特征。大多数缅甸人都有其他山地民族的血统,而且时代都不久远。他们都是掸—缅,或者孟—缅、泰—缅、曼尼普尔(Manipuri)—缅、阿拉坎(Arakanese)—缅、克伦—缅人,或其他山地民族与缅人的混合。如果我们回到足够远的过去,可以令人信服地说,如果不是绝大多数,至少有很多现在的缅族人是早期骠人与缅人遭遇所产生的文化混合物。在东南亚的奴隶,包括抵债的奴隶和战俘,都可以逐渐成为平民。圣杰尔马诺神父(Father Sangermano)在19世纪之交的阿瓦(Ava)和仰光生活了25年以上,他认为缅甸法律条款的解释中包括了许多种奴役形式。他观察到,无论如何,"这种奴隶制度都不是终身的"。[67]

对人力的持续关注有助于快速的同化和社会流动,反过来又形成了流动和模糊的民族界限。利伯曼非常令人信服地指出,一般所认为的在阿瓦和勃古之间的战争是缅族人与孟族人的战争，实际上根本不是这样。在下缅甸的双语区，族群认同更多是政治选择，而不是谱系学的继承。在这里着装、发式，甚至可能住处发生变化，那么一个人的族群认同也会相应改变。具有讽刺意味的是，从阿瓦的缅甸宫廷派出的攻打勃古的队伍中，孟族人比缅甸人更多，而后来（1752年）勃古攻打雍籍牙（Alaungpaya）的队伍大多是缅族人。阿瓦与勃古的战争最好是被理解为地区间的冲突，对王国的忠诚比其他的考虑都更重要。在这里，当然在所有其他情况下也同样，认同是可以协商的。[68]

在我们所考察的三个王国中的政治体系中，宗教、语言和族群的确在分层中有作用。但是对于我们的目的来说，最重要的是这些并没有阻止人们成为政治系统的成员。此外，这些条件在两代人内就会发生快速和不可避免的变化。在任何地方，对人力的渴望都足以消除歧视和排斥。[69]

从某种意义上说，我们所考察的前殖民地国家是国家政权建设的特殊例子，它们在挑战其人口和技术条件。如果一个国家要全面兴起，它的统治者就会将其臣民集中在相对狭小的区域内。不管是由国家还是非国家的机构实施，只要是进行统治的项目都将适用国家空间的规律，也就是清晰性和适合被征用性。有着单一作物和密集农夫的种植农业与有着钟楼和钟楼阴影下聚居了许多人口等待明确任务是两种不同的控制形式，但他们都需要清晰性和监督。任何一个发展项目都为更大程度的清晰和控制而重新塑造居住和生产的景观和模式。早期的殖民体制在其平定反叛的战役中使用了强制的定居、摧毁游耕和集中臣民的手段。现代的全天候道路、铁路、电报和可靠货币的发展，允许人口和生产有更大的分散而控制不被削弱。因此只有在防止叛乱的镇压中我们才可以看到这种策略的缩影,恐惧的人口被集中在清晰的空间内,有时也被集中到类似集中营的地方。

人口控制的技术

奴隶制

> 没有奴隶制,就没有希腊国家,就没有希腊的雨水和科学;没有奴隶制,就没有罗马帝国……我们永远不应该忘记,我们的全部经济、政治和智慧的发展,是以奴隶制既为人所公认,同样又为人所必需这种状况为前提的。我们有理由说,没有古代的奴隶制,就没有现代的社会主义。
>
> ——卡尔·马克思*

前殖民时代居住在"国家空间"的人口来自于什么地方?早期的理论认为,大量来自北方的泰族和缅族取代了早期的人口,现在这种理论越来越不可信。情况看起来更像是数量不多的泰族和缅族人在水稻生长区建立了适合他们的政治霸权。[70]这些水稻国家肯定吸收以前居住在这里的人口,如骠和孟族,同时在和平扩张时期也吸引了大量寻找地位、工作和贸易机会的移民。当然最惊人的是,如果没有大量抢劫奴隶,没有一个水稻国家可以兴旺发达。如果我们沿用马克思的形式,改写一下有关奴隶和文明的论述,可以说,如果没有人力

---

* 此段引文来自恩格斯:《反杜林论》。——译者注

集中就没有国家;如果没有奴隶制就没有人力集中;因此,所有这些国家,包括那些沿海的国家,都是奴隶制国家。

公平地说,奴隶是东南亚前殖民时代最重要的"经济作物":当地市场上最抢手的商品。实际上每一个大商人同时也是奴隶贩子或买主。每一次军事战役,每一次惩罚性的出征,也同时都是俘获俘虏的战役,这些俘虏被买进、卖出或持有。当麦哲伦在第二次航行中被谋杀以后,菲律宾就收集其所剩下的船员,并卖到了海岛上,这与当地买卖战俘的模式完全相同。当缅族人在17世纪早期从葡萄牙冒险家的手中夺得了海港城市锡里安(Syriam)以后,他们将剩下的欧洲人强制安置在首都阿瓦附近的村子中。东南亚的王国在获取人力时都很开放和有雄心。

只有不断清洗其边陲地区,不断成长的水稻国家才能实现人口集聚的目标,从而才能统治和保卫其核心区。清洗的过程在整个东南亚普遍存在,有着共同的系统特征。对奴隶制有很重要研究的作者安东尼·雷德解释这种模式说:"19世纪契约劳动发展之前,东南亚劳动力流动的主要来源是战俘和奴隶的迁移。一般情况下,迁移的方式都是从政治分裂的弱小社会向富裕和强大社会转移。最古老和影响人口最多的是来自河谷地带的强大水稻耕作者在边境地区捕获那些相信万物有灵的游耕和狩猎采集者。"[71]这个过程还被描述为系统地将俘虏从非国家空间迁移,特别是山地,从而可以将其储存在国家空间或国家空间附近。在1300年的柬埔寨就可以看到这种模式,这种模式在其他地区(比如在马来西亚)一直延续到20世纪。吉布森(Gibson)认为差不多到1920年,东南亚城市居民的大部分人口或者是战俘,或者是他们的后代(多是经过两三代人)。[72]

几乎东南亚所有地方都如此。举个例子,在泰族的世界中,19世纪晚期清迈王国中人口的3/4是战俘。另外一个泰国小国,清盛(Chiang Saen或Kaing Hsen)有差不多60%的人口是奴隶。在南奔(Lamphun),3万臣民中有1.7万是奴隶。农村的精英也有作为劳动力和随从的奴隶。这些奴隶或者是在战争中直接捕获的,或者是从奴隶贩子手中买来的。奴隶贩子在山地搜索并绑架任何能捕获的人。[73]阅读任何泰王国或者缅甸王国宫廷历史或编年史的人都可以看到一系列的劫掠,他们成功的标志是俘虏的数量和技能。叛乱,或者拒绝缴纳贡品都经常会遭受惩罚,反抗的地区被劫掠或烧毁,臣民则被驱逐到胜利者的宫廷中心区域。宋卡(Songkhla)开始拒绝,但最终不得不给大成呈送贡品的时候,国王安排把宋卡所有居民转移到都城附近,变成奴隶。对于历史学家来说,大量奴隶比其他阶层人更明显,因为捕获战俘是国家机器公开的目的。

在这种政治制度下还有许多捕获之外的方式将人变成奴隶。债务奴隶是普遍存在的,也就是欠债人或其家人在债务被偿还之前成为债权人的奴隶。此外孩子被父母卖做仆役,罪犯被惩罚为奴隶。如果说这些方式是奴隶制度的主要社会起源,那么就可以预期,多数奴隶在文化上与他们的主人是一样,除了正式的地位不同。但泰国北部却并非如此,如凯瑟琳·鲍威(Katherine Bowie)所指明的,那里大多数奴隶似乎都是来自文化不同的山民,他们是作为战利品被奴隶贩子带来的。[74]

猎捕奴隶的范围及其影响是难以想象的。[75]在这片大陆的许多地方,进山猎奴是一项每个旱季都进行的、有规律的商业冒险。由于以抢劫为目的的出征、小规模的绑架和大规模的放逐(比如1826年暹罗占领万象以后,有6000户被强制搬迁到泰国),整个区域被剥掉了大量人口。鲍威引用19世纪晚期观察家柯乐洪(A. C. Colquhoun)的观察可以说明其程度对人的影响:

> 毫无疑问,靠近兹么(Zimme,[Chiang Mai])山地部落人口稀少的主要原因是这个地区的人在古代被像野牛一样系统地捕猎以充实奴隶市场……
>
> 被抓获的奴隶是货真价实的奴隶,他们被捕获,除了死亡和逃跑,没有希望获得释放。被猎奴者在伏击中猎捕,以后被转送,就像扁角鹿,他们被从他们的森林中拉出,用链条锁起来,送到掸国(清迈)、暹罗和柬埔寨的主要城市,并在那里被处置。[76]

作为不同的农业生态区域,山地和低谷是天然的贸易伙伴。遗憾的是,对于扩张中的谷地国家来说,山地最重要的商品是其人力。[77]这类猎捕和集中人力是如此有利可图,山地人和许多山地社会都被深深地卷入到这个贸易中。除了战俘和惩罚性的移民以外,那些基于商业利益的猎奴行动极大地扩充了谷地人口。山地社会经常被归入软弱和分裂的社会,经常成为抢劫奴隶的来源,成为被捕食者。那些高地人群组织了猎奴,而且经常拥有奴隶,成为捕食者。阿卡、巴郎和傈僳可以被归入前一类,而克伦尼(Karenni)和克钦族有时候被归入后一类。捕获和出售奴隶曾经是克钦的主要经济活动,以致早期的殖民官员可以宣称,"在克钦族,猎奴是全国的习惯"。[78]与此相反,克伦人有时候是被捕食者,有时是捕食者。[79]

如同作为主要商品经常发生的情况一样,奴隶实际上成为价值标准,其他商品以此来定价。在19世纪晚期的钦族山地,每一个奴隶相当于4头牛、一把好枪,或者12口猪。"在山地,现在奴隶变成了铸币一样的东西,很容易从一个人流通到另外一个人,就像文明程度比较高的地区的钞票。"[80]事实上奴隶和山民的名称经常可以交替使用,这一现象表明山民与奴隶的社会起源之间有着密切联系。孔多米纳报告说,在泰王国的底层是越南语中的萨(Sa)或夏(xa),也就是老挝和暹罗语种的喀(kha)。这个词汇"基于具体的背景,可以被翻译为'奴隶',也可以被翻译成'山地部落'"。[81]与此类似,越南语中表达野蛮和未开化的词是莫伊(moi),含有内在卑微的意思。在前殖民时代,高地中心区被称为荣莫伊(rung moi),或者说是"野蛮的林区"。未开化在高棉语中被称为普农(phnong),也有类似的含义。[82]

有关猎奴的记忆至今弥漫在许多山地社会。在传奇和神话中,以及有关绑架的叙述中都可以看到。当今的人可能是从父母或祖父母那里听到,或者一些老人自己就经历过这些事情。因此,波克伦(Pwo Karen)不断重复在毛淡棉(Mawlamyine)附近被绑架并作为奴隶被强制移民到泰王国的故事。克伦人在管教孩子的时候就会吓唬他们说泰国人要来带走他们。[83]生活在现今老挝地方的拉棉人(Lamet)有着缅甸人猎奴的集体记忆,他们的头发被用柠檬染色,从而可以方便地被辨识。他们也还记得为了逃避猎奴,他们撤退到山脊上的村庄,村庄周围有很多藏身洞。[84]一些人群的文化很明显受到对猎奴的恐惧和逃避猎奴行动的影响。雷奥·敖廷·凡格索（Leo Alting von Geusau）有关泰国云南边界地区阿卡人的记载令人信服地说明了这种影响，他们所遗留的仪式概括地表现了被低地俘获和最终逃向自由的经验。他们像拉棉人一样，把自己看作相对软弱的人群，他们只有依靠其智慧来生存，并且最好远离低地的权力中心。[85]

在这个背景下，猎奴和战争的区别几乎成为一个神学的问题。大规模战争的爆发是反对另外的王国，战争中国家的领土和王朝都会受到威胁。在小规模战争中，尽管没有如此大危险，但是几乎每一次战争中，失败一方的许多人口都会被带到胜利一方的核心地区。在猎奴的远征山地行动中，战争让位于直接的猎获人口，那些缺少组织的人只有组成游击队进行抵抗，或者逃跑，除此几乎没有其他选择。上述三种行动的回报实际都是人力：战争是类似批发的大规模的危险人力赌博；猎奴相对不那么危险，像是小的零售生意。缅甸和泰国可以被公平地称为"战争国家"，但是也可以被同样精确地描述为"奴隶国家"。

战争本身最重要的战略目的并非是捕获俘虏；这往往仅是军官和士兵的个人目的。的确有许多军队两眼只盯着战利品。在所有战利品中，只有大象、马、武器和弹药是明确为缅甸国王保留的。其他的，包括儿童、妇女、男人、牛、黄金、白银、衣物和粮食，都属于那些抢到他们的士兵，他们可以按照他们自己的愿望来支配这些东西。缅甸国王的《玻璃宫廷编年史》（*Glass Palace Chronicle*）讲到，18世纪后期在攻打琳锦（Linzin，万象）时，一个步兵带回来40个战俘作为战利品，并将其中一个卖给国王，国王买来战俘是希望将这个战俘打造成一个好的士兵。[86]我们不能将这些军队看作整齐划一的政府组织,所有人都服从指挥官的意愿。这些军队更像联合起来的远途商队,尽管有危险,但是所有投资人和参与者都期望可以赚钱。这种模式与马克斯·韦伯所描述的作为"战利品资本主义"的前现代战争形式是一致的:这是投机和盈利的战争,投资者关于生意赚钱了以后如何分配已经达成共识。要想到这些军队还必须沿途自我供给以达到军事目标,我们就可以了解这些军队有多么大的破坏性和令人多么恐惧。这些军队,其中有些还是很大的军队,沿途需要车辆、牛、水牛、搬运工、大米、肉和新兵(以补充逃跑者!)。此外,因为需要"离开土地生存"的奴隶,同时加上抢劫的需求,以及破坏战俘的作物和房舍以制止他们逃回来,所以我们可以理解这样的战争是破坏性的,但不一定是血腥的。[87]

被胜利者强制带回到自己区域的大部分战俘成为私人财产,而不是皇室的财产。人力不仅仅是国家所追求的目标,同时也是个人重要的地位标志,这反映在一个人有多少随从。通过债务奴隶和购买,精英阶层都要装出有许多依附者的样子,这才能保障他们的地位和财富。皇族、王公大臣和宗教机构(比如佛教寺庙)都在互相竞争可利用的人力资源。在高层,种植水稻的国家相互竞争获得更多人口,人口多才可以保障他们的权力。因此,当勃古衰败以后,暹罗和缅甸就不断地发生冲突,其目的是垄断介于他们之间的孟族和克伦族。阿瓦和清迈则竞争位于他们之间的拉瓦和克伦人。他们之间的竞争并不总是采取战争的形式。就像具有很高空置率的买方市场一样,房地产中介要不断地同意给那些同意定居在其翼下的人以比较优惠的条款。因此北方的泰族领袖同意只要他们永久地定居在指定的地方,并且提供贵重的高山产品作为每年的纳贡,拉瓦和克伦人就可以免除劳役和赋税。在贪婪的地方官员、军队首领和猎奴者的觊觎下,甚至那些有良好愿望的统治者也不一定能遵守其诺言。在这种情况下,从清迈统治者的咒骂——"那些压榨拉瓦的人应该被惩罚"——可以看出,在实现其愿望的时候,那些统治者是多么无能为力。[88]

当捕获人力的机器运转良好的时候,当王朝还吸引,或者说是捕获人的速度远远超过损失速度的时候,它必然同时变得更加世界化。它所吸收的人口越多样化,其都市文化越包含了不同来源的语言和文化的混合。事实上,这种文化的混合是其成功的条件。正像马来沿海的国家,在其表面共有的马来语和伊斯兰教之下是因其所统合的文化不同而形成的差异。泰国和缅甸的水稻国家也同样,在表面小乘佛教和官方语言的文化混合体之下,所反映的是其接受和占有的不同文化。

因为如下几个原因,水稻国家集聚人口的活动也是冒险和脆弱的生意。首先当然是人口学的抵制。人口总是倾向于外逃,这其中的许多原因还需要详细探讨。任何一个特定水稻国家的大部分历史都可以被写成人口集中和外逃之间的摆动。如果国王不能综合地通过战争来捕获、通过猎奴来获得和通过中心地区的商业和文化来吸引人,那么就会面临人口实力和军事实力受到侵蚀的致命危险。重新复兴的塔翁—吴王国(Taung-ngu Kingdom)1926年以后的衰落和贡邦王国在1760年以后的衰落都可以归因到类似的人口失衡。在重新复兴的塔翁—吴国王早期征服之后曾有一段很长的和平时期,这时期意味着没有足够的新战俘来补充那些因为"核心区域"的"过度剥削"而逃跑的臣民所造成的损失。18世纪80年代在波多帕雅国王(Bò-daw-hpaya)统治时期,贡邦王国的解体主要原因不是他们没有采取行动,恰恰是入侵邻国的失败和征集大量劳动力从事公共工程所导致的细水长流的逃跑变成了致命的大逃亡。[89]

第二个障碍看起来很复杂,但实际也很简单,就是对人力的狂热追求是一个零和博弈。在种植水稻国家之间的战争中,这一点表现很明显,战胜者的所得恰好等于战败者的损失。甚至在进入山区的猎奴行动中,那些小王国也是在竞争瓜分同样有限的一批战俘。最后,水稻种植国家的统治者由于无法对付精英和平民阶层联合对其财政进行的抵制和侵蚀,从而导致其可利用的粮食和人口的系统损失。然而我们在这里要面对最终的统治悖论,也就是一个两难,这种抵制一旦被粉碎就会引起大量人口逃亡,这对于国家来说往往是更加致命的灾难。

财政的清晰性

一个有效的税收系统首先且特别重要的是要有清晰的纳税对象。人口册和耕地的地政地图是清晰性的重要管理工具。就像我们前面讲国内生产总值和国家可获生产总值之间的区别一样,这里还要给出另外一个特别重要的区别,就是总人口与詹姆士·李(James Lee)所称的"财政人口",也就是对管理来说是清晰的人口之间的区别。[90]与此类似,我们还可以区分实际耕种的土地与"财政土地",以及所有的贸易与"财政的贸易"。当然,只有登记(财政)的土地和人口才可以被评估和利用。财政资源比账外资源少多少就大体上可以表明一个税收系统的效率。在前现代的政治体制中,这种差距是巨大的。

17世纪早期,根据缅甸国王他隆(Thalun)的命令,一个经过精心过滤的账目记录被制作出来,"登记所有耕地和可以纳税的土地;人口的姓名、年龄、性别、出生日期和子女情况;为皇室服务的不同群体的成员和土地;地方官员,以及他们薪饷土地,他们的管辖范围"。[91]国王实际上想要有一个课税资源的完整目录。就像所有这类记录一样,即使在刚完成时是准确的,但也只是静态的快照,很快就会陷入土地所有权转移、人口流动和继承等等各项变动中。有些法令是通过禁止那些造成这些记录失效的社会变动来保持记录的有效性。没有明确的允许,臣民的流动被禁止,而且禁止他们转变社会身份,禁止从平民或皇家军人变成奴仆。相对比较稳定的灌溉水稻田和男户主名下的标准化"财政"家庭有助于实现核心区域的清晰。[92]

在前现代的财政管理固有的困难之外,君主还面临着更系统和更棘手的结构问题。他与自己的官员、贵族和牧师之间存在着直接竞争人力和粮食的关系。尽管服务皇室的人口(ahmudan)是皇室最容易利用的人力资源,但是其队伍在不断受到侵蚀。这些服务皇室的人员总希望改变其地位,变得少一些应尽的义务,不要那么清晰。这方面有许多可能的选择:成为平民(athi)、为一个有权力的人所庇护、变成债务奴仆,或者加入到一群没有被登记的"流动"人口中。与此同时,国王的官员和重要贵族都有很大兴趣利用各种可能的方法去促使这种财政地位的改变,从而使他们将这些人隔绝起来,成为自己的随从和税负基础。[93]贡邦的许多法律条文都是为了限制这种导致财政收入来源被隐藏,并为其他精英所控制的转变。从这些冗长的重复的有关谷物的禁令可以看出,皇室并没有取得完全的成功。

泰国各王国的统治者都在与官员和宗教领袖斗争，反对他们将王室的财政资源占为己有。因此泰国北部兰纳王国的建立者孟莱王（Mangrai）宣称，"那些背弃国王，逃避自己义务的人，不能成为［除国王以外其他人的］奴隶"。[94]

在出现国内通行证和身份证明以前，泰国和缅甸国王发现文身工具，从而使男性人口获得了标明其地位的永久性标志。被招募或被强抓进贡邦军队的人都被文上符号表明他们是值得信任的军人。[95]泰国人也同样采取文身的办法。奴隶和奴仆在手腕上被文上符号以表明他们是属于国王还是贵族。如果奴仆属于贵族，就像在牛身上打上印记表明牲畜的所属一样，文身标志也被用来表明奴仆属于哪个贵族。[96]克伦的战俘也被文身以标明他们的战俘身份。文身制度也导致了追捕逃奴人的产生，他们在森林中寻找逃奴并将其归还"原"主。这些措施从各个方面都表明，监督人力比土地登记更重要，而且也更困难。

国王的官员和地方的权贵永远有理由采取花招来转移王室的资源，从而使他们可以被"私有化"或占有。在殖民地最早的人口登记中，人口被大量漏报。官员收取费用将土地从土地登记抹掉，自己直接占用缺少登记的王室土地，少报税务收入，以及将住户从纳税登记册上抹掉。威廉·柯尼希（William Koenig）估计通过这种方式，有10%—40%的皇室财政收入流失了。他引用了1810年仰光大火以后官员直接统计的新建住房资料。他们遗漏了2500新登记家庭中的1000户。[97]遗漏登记并没有减轻平民的赋税负担。相反，这只是改变了国家战利品的分配，这对王室是潜在的威胁，对平民也同样如此。

面对由于直接逃亡和我们上面所描述的财政隐身所带来的持续的税基蒸发,种植水稻的国家很难将其整个王国团结为一体。他所能做的为数不多的选择之一是进行军事行动以获得战俘来补充不断减少的奴隶。获得新战俘的好处之一是多数新战俘都属于皇室,至少在开始的时候会直接服务于国王。这也许可以解释为什么种植水稻的国家都倾向于经常发动战争。只有通过战争,统治者才有机会集中补充其不断损失的人力。

小规模的进山猎奴和对边远地区村庄的进攻都很少有风险,相应地得到的人力也就很少,而大规模战争可以获得数千战俘。然而正如前面指出的,尽管对某个特定的国家来说,这是理性的策略,但是就整体来讲,是非理性的。如果两个水稻国家之间进行战争,战败者将会遭受灾难性的人口损失。

自我清算的国家空间

研究东南亚前现代国家最深入的历史学家为这些国家是如此脆弱、在成长和崩溃之间的大起大落所震惊。维克多·利伯曼将其描述为"痉挛性"(convulsive quality),而奥立弗·沃特斯则用手风琴(concertina)来形容。[98]在随后这一节,我想支持和扩展利伯曼的结论,在这种脆弱和震荡背后有其系统和结构原因。

在当代缅甸军事暴政执行镇压政策中,我们可以很清楚地看到类似的"自我偿付"逻辑。部队试图控制更多叛乱的边疆地区,同时又被其财务窘迫的指挥官告知,他们必须在当地解决给养。与前现代的国家有些类似,部队为了养活自己,必须在艰苦且充满敌意的地方找到劳力、钱、建筑材料和食物。

他们要达到目的就需要捕获大量平民,并将它们集中在营地附近,这将成为他们可以利用的人力、粮食和财政的蓄水池。平民试图逃跑,特别是其中的穷人,因为他们没有钱来顶替强制的苦役,也没有粮食和税赋可以被他们所敲诈。正像克伦族的一位教师对人权专家所说的,"沿着道路……下到平原,过去那里有许多村庄,但是现在大的村庄已经变小,小的村庄已经成为森林。许多人口已经到了[其他]城镇,或者到了这里[山上],因为SPDC[军事政权]向他们征收很多税,并强迫他们做各种各样的苦役"。[99]由此导致的结果是显而易见的:"由于暴行仍然在继续,而且集中在越来越少的人身上,原来那些状况比较好的也变得越来越差,逐渐地被迫逃跑。"[100]

有关前现代的泰国和缅甸的情况,罗宾哈德纳、利伯曼和柯尼希有不同的观点。[101]水稻国家的心脏地区,或者说核心区是清晰和可以利用的谷物和人力的集中地。如果其他条件都相同,从这些人口中榨取维持国家和精英存在所需要的资源最容易,也最有效。由于财政的需要,这些核心区域的人口遭受最严重的压榨,结果这些人也就成为最困难的人。因此在贡邦国王统治下,那些曼德勒-阿瓦地区的人遭受了最严格的"梳理"以得到劳役和粮食,而那些远一些的地方只要名义上多缴纳贡品就可以得到解脱。如果考虑到核心区域的大部分人口已经被官员和权贵占有了,那么就很清楚,大部分负担就会落在服务于皇室的人身上,这些人中的大多数是战俘或平民的后代,都被登记在赋税名单上。这些人口整体上为国家起到了内在稳定的作用:施加于他们的压力越大,他们就越会逃跑,或在某些情况下造反。

利伯曼给出了许多这类例子说明水稻国家的模式实际上

是杀鸡取卵。由于许多边远地区军事附属国的背叛，16世纪晚期的勃古国王（著名的莽应龙［Bayin Naung］的儿子）被迫不顾一切地压榨其核心区域的人口，强迫和尚去当兵，并且处决背叛者。压榨越严重，就会有越多的人口逃亡。农民集体逃亡，变成私人的家臣、债务奴隶或投奔山区及其他王国。由于缺乏谷物生产者和士兵，在世纪之交的时候，勃古被其敌人打败。[102]可能最著名的近乎王国瓦解的事例出现在19世纪末。尽管王国享有雍籍牙（Alaungpaya）征服所带来的战俘，以及剥夺对手的资产，但是干旱和入侵暹罗的失败加重了对其人口的财政压榨，最终导致了大量的逃亡。[103]18世纪早期郑氏（Trinh）的崩溃也是同样的模式。地方权贵逐渐有更多自主性，他们自己逃税，同时又征用本来可以被国家利用的劳力和财产，结果，"负担都由少数人承担，而他们同时又是最没有能力纳税的人"。[104]接下来就会出现大规模的逃亡和反叛。

国王的顾问一定知道他们所面临的结构问题，不管是含糊或清楚地知道。他们有关人力的谚语，防止他们的官员夺走他们的人力和谷物的努力，他们试图建立所掌握资源的更精确的清单，以及他们寻找其他形式的财政收入，都传达给我们许多这样的信息。了解了这一点，就可以想象，国家机器一直在冒着他们所能承受的最大风险：也就是说，汲取资源直到一个会激起逃亡和叛乱的临界点。如果没有一系列成功的猎俘或猎奴战争，他们只能采取这个策略。[105]

至少有三个原因决定了前现代国家无法调整其汲取资源的方式。这三个原因的相对重要性很难判断，而且在不同事件中完全不同。第一个原因很简单，就是国家没有必需的结构信息使他们可以做出精细的判断，特别是许多官员都因自己的原因而欺骗王室。总的来说,作物是清晰的,但是官员却不是。其次。与所有农业经济一样,因为天气和病虫害所造成的作物产量波动,从而导致不同时期的人口财政能力差异很大。甚至小偷和强盗也是原因之一:集中在地面上的作物不仅对国家是个诱惑,对于小偷、叛乱者和王国的对手,都是巨大的诱惑。由于农民每年缴纳赋税的能力变化很大,这就需要王室为了农民的利益而牺牲其财政需求。但是所有的事实都表明,前殖民或殖民国家都与此相反,他们牺牲其臣民的利益来保障稳定的汲取收入。[106]

有一个现象值得我们进一步探讨,国家空间的人口和农业生态使其更容易受到粮食供应不稳定和疾病的影响。简单地说,没有空闲土地的单一作物栽培比分散和混合的耕作更缺少环境恢复性(resilient)。它们更容易受作物疾病的影响;在作物歉收的时候,它们更缺少环境的缓冲;它们更容易导致专性虫害(obligate pests)的增加。人口集中以及相应的牲畜和家禽集中也会带来同样问题。我们知道大多数流行病都是在动物间传染,也可以在家畜和人之间传播;我们知道,直到19世纪中期,西方的城市人口才成功地实现自身的再生替代;我们知道早期农业社会的单一粮食食物不如原来的多样混合食物更有营养;最后在前殖民地的东南亚我们有充足的证据表明曾有大量的作物绝收、饥荒和霍乱爆发。尽管带有推测成分,综合以上看来,集中水稻和人口到国家空间的做法本身可能有着相当大的风险。

第三个原因也很明显,就是国王至少理论上掌握全部权力的政治体制带来了巨大的不确定性。波-道-帕亚(Bò-daw-hpaya)在饥荒之后即对暹罗发动了毁灭性的入侵是毫无理性可言的,同样用了多至1800人建立数百个宝塔,包括曾经是世界上最大宝塔的敏贡(Mingun)宝塔,也是毫无理性的。[107]在前殖民王朝的结构和生态原因被解释以后,还要加上一个原因,就是没有被制度化的主观武断和残暴的统治。

  毫无疑问,水稻国家是脆弱和容易消散的。由于在其道路上有着人口的、结构的和个人的障碍,然而从长远来看,值得注意的是,偶尔也会发生足够长时间的融合,从而创造出一种特定的文化传统。

4 文明与化外之民

> 为什么突然烦躁,出现混淆?
> (人们的表情变得如此严肃)
> 为什么街道和广场迅速地空空如也?
> 每一个人都回家陷入沉思
> 因为黑夜已经来临而野蛮人没有来
> 那些从边疆回来的人说
> 再不会有野蛮人
> 现在问题是,没有了野蛮人,我们怎么办
> 过去多亏了他们
> ——卡瓦菲(C. Cavafy),"等待野蛮人",1914

> 事实上最重要的事情是,将这些无处不在的人编成不同的人群;最重要的是把他们变成我们可以把握的人。当我们可以控制他们的时候,我们就可以做到许多今天无法做到的事情,我们在掌控他们的身体以后也可以掌控他们的精神。
> ——法国官员,阿尔及利亚,1845

> 这些人从来不会积极从事农业生产,除非把他们安置在保留地,将来也不会……如果不给他们提供这样的家,他们注定无法接受这些影响,这些影响使他们接受文明或基督教……也使他们成为社会有用的成员。野蛮的印第安人就像野蛮的马,必须要被关进畜栏。他们只有在那里才会工作。
>
> ——印第安事务局致肖肖尼(Shoshone)族,1865

人口定居与征税可能是国家最古老的活动。与之相伴的总是文明化的话语,在这个话语中,定居的人被认为已经有了较高的文化和道德水平。当带着极端帝国主义的修辞学不自觉地谈论游牧异教徒的"文明化"和"基督教化"的时候,对于现代听众,这些词汇都有些过时或粗野,或者只是各种野蛮行为的委婉说法。当然,如果用"发展"、"进步"和"现代化"来替代这些名词,那么很明显这些项目在新的旗帜下依然盛行。

最让人吃惊的是,文明化的话语是如此经久不衰,尤其在那些应该可以从根本上动摇这些话语的证据被发现之后。尽管我们知道,过去千年中,"文明化的"和"未文明化"或"将文明化"构成了半渗透膜,人们在膜的两侧穿来穿去,但是这些话语仍然继续存在。尽管有许多社会长期存在于所假设的两个半球之间的位置,无论从社会角度还是从文化角度,但是话语仍然存在。尽管有大量证据表明存在双向的文化借鉴和交流,但是话语依然存在。尽管经济互补使两个半球成为一个经济整体,从而推动了经济整合,但话语还依然存在。

被"文明化的",或者成为完全的"泰"或"缅"实际的含义是完全变成被统合、被登记和纳税的国家臣民,从而被榨干。

相反,成为"未被文明化"的意思经常与此相逆,指生活在国家范围之外。这一章主要考察国家形成以后如何创造出"部落人群"构成的野蛮边疆,这是与文明相反的另一极,同时也是一服解毒剂。

谷地国家,山地人群:黑暗的双生子

用现代的话来说,使东南亚的古典国家具有合法性就是"强卖"(hard sell)。有关古典国家的特有观念并非是从当地的统治概念有机发展出来的,而是像民族国家一样,主要是舶来的文化和政治概念。印度化的宇宙君主的概念提供了意识形态工具以支持特定政治背景下的最高统治仪式,这种政治背景的特点就是假设强人平等的竞争。在宫廷中婆罗门的帮助,10到14世纪野心勃勃的君主都开始大一统的要求,将其边远省份的地方教派也统合到帝国的仪式之伞下。[1]其效果如同18世纪圣彼得堡的俄罗斯宫廷模仿法国凡尔赛宫的举止、语言和仪式。就像吉尔茨所表明的,使这一类诉求"站住脚"(stick)不仅需要可信的表演手法和效果,更需要核心区域的人口和粮食以支持强化宫廷的诉求。这反过来又要求有猎奴行动和非自由劳动制度等形式的强制。简单地说,古典国家是无法自我合理化的。也许基于这个原因,这类国家夸张的宇宙论有助于补偿其政治和军事的软弱。[2]

由于这些国家是由生活在国家结构之外的许多不同人群集合而成的,毫不奇怪,表现"文明的"生存的主要因素必然与水稻国家的生活恰好一致:在固定的谷地村庄中生活,在固定田地上耕作,喜欢水稻,熟知并认可国王和僧人居于顶端的社会等级制度,信奉一个主要的救赎宗教——佛教、伊斯兰教,或像菲律宾似的信奉基督教。[3]并不奇怪,所有这些特征都是居于水稻国家之外的周边社会中的山民的镜像(mirror image)。

从水稻国家宫廷中心的角度看,你所呼吸的空气越稀薄,文明程度也就越低。可以毫不夸大地说,从谷地角度所假设的文明水平经常被理解为地理高度的函数。在山顶上的是最落后和最没有文化的;居住在半山坡上的是比较高文化的;而生存在高原平地种植灌溉水稻的人是更先进的,尽管比生活在谷地国家的人还要差一些;有着高高在上的宫廷和国王,谷地国家代表了最精致和最高的文明。

"山地的特性"自身在走向消亡。因此缅甸的巴郎人成为小乘佛教徒,穿缅甸服装并说着流利的缅甸语,而过去长期生活在山上的时候,他们并不被认为是文明的。越南民族志学者麦杜荣(Mac Durong)最近所表述的是这种关系的现代版。他以其开创性和充满同情的少数民族研究著名,他相信,许多少数民族很久以前被赶到山上只是因为其到来在越南人已经占领了河谷地带之后。按照他的逻辑,这些人之所以被称为蛮(*Man*,很多世纪以来这个词的意思是"未开化的"[savage])的原因很清楚,正像帕特里夏·佩里(Patricia Pelley)所说,"过去有许多正统的原因将高地人群看作是野蛮的,其理由似乎是很清楚的,尽管不曾被清楚地解释:可以通过地理条件,特别是不同的海拔高度来判断文明程度。低地的人群(越南族)是完全文明的;中地的人在某些方面是文明的;而高地人至今仍然是未开化的,而且地理位置越高,其野蛮的程度也越高"。[4]修梯田并开垦稻田还不足以成为合格的文明人。沿着越南北部红河上游分布的哈尼族就是这样开垦梯田但仍被认为是蛮人。地理高度与文明程度的负相关也同样表现在泰国。一生研究阿卡族(语言接近哈尼族)的学者雷奥·敖廷·凡格索观察到,生活在中间坡地上的阿卡人仍被指责为未开化的,尽管不像生活在最高地区人群那样完全未开化。"这一状况,"他写道,"被结构化……通过萨克迪纳(Sakdina,存在于泰国低地的等级制度)式反向的等级结构,最低的阶级在最高的地方(孟-高棉人群,包括佤族、布朗族、克木族[Khmu]、廷族、独龙族),而地位高的人住在最低的谷地或平原。"[5]

缅甸语和汉语的习惯用法也反映了低地的文明中心象征了高级文明。到首都和学校一般被称为"上"、"升"等(téq—ఆరి)。即使一个人住在山顶上,但是他也只能是"上"曼德勒。同样,人们去乡村或山地,一定是"下"或"降"(s'in—ఃి:),即使在地理上这个地方比首都高出数千英尺。这与一些西方的情景很相像,"上"或"下"与地理高度无关,而是与文化高度有关。[6]如果说在高地生活被水稻国家打上"野蛮"的烙印,地理上的流动和分散也受到了同样的待遇。这与地中海的世界几乎是一样的。基督教把山地居民和游牧民——更精确地说是那些远远躲开国家控制的人群——看作异教徒和野蛮人。穆罕默德自己很清楚地说,改信伊斯兰教的游牧人必须定居下来或承诺要定居,这成为他们改变信仰的条件。[7]伊斯兰教是定居精英的信仰,而且他们相信,不定居就不能成为合格的穆斯林。贝都因人被认为是"粗野的人",与典型的麦加城市人恰好相反。在文明的词典里,游牧对于阿拉伯国家来说就像地理高度对水稻国家一样。

在东南亚也同样,文明的观念在很大程度上是农业生态的密码。看来没有固定居所,总是经常游动和不可预期的人群被置于文明之外。文明概念体现的是对于国家来说清晰并且生产出剩余以备征用的状况。与东南亚一样,西方社会也将不文明的污名赋予那些居无定所的臣民,即使他们在民族和宗教上也是主流社会的一部分,包括各种名义的乞丐、无家可归的人、流浪汉和游民。在亚里士多德著名的论断中,人天生就是城市的公民(polis);如果有意选择不属于任何一个社区(apolis),从本质上来说,这种人是没有价值的。[8] 如果整个人群,如游牧民、吉卜赛和游耕民,自我选择流动或半流动生计,他们就会被认为是个危险的团体,被整体污名化。

越南人不管如何大范围地流动去寻找工作和土地,但都认为自己有一个祖居之地,他们会回到那里。[9] 那些没有祖居地的人被污蔑为"世界角落之人"。[10] 从这个意义上说,山地人完全是流浪汉的社会,他们可怜、危险且粗鲁。国家发起了许多运动,如"游牧民定居运动",或者"固定耕作和固定居住"运动,都是为了减少游耕,把高地居住人从边疆迁移出来,并且"教会"他们种植水稻,这些运动在越南人中产生了深刻的共鸣。对于负责这件事的人们和官员来说,他们所从事的是一项宏大的工作,落后和粗俗的人群正被带入到越南文明的世界中。

缅甸人不像越南人那样关注祖坟,但是对于没有固定居所的流浪汉有着类似的恐惧和轻蔑。这样的人被称为"鲁乐鲁文"(lu lè lu lwin (လူလေလူလွင့်)),字面意思就是"被风吹着四处跑的人",可以指各种流浪汉、无家可归的人和游民,隐含着这些人都是无用的意思。[11]多数的山民都是在同样的落后、不可靠和无文化之光下被观察的。与中国人一样，对于缅甸人来说，从文明的角度看，游动的人群明显是可疑的。这种刻板印象一直持续着，至今还在折磨着缅甸的山地人。因此，一个来自巴当-克伦（两者都是山地人）的天主教学者在逃离1988年镇压民主运动的时候感到很犹豫，就是因为担心在森林中被贴上逃跑者的标签：

> 我担心追随我的乡民简单地把我看作丛林逃犯（jungle fugitive）。在缅甸的城市人中，丛林(táw)一词至今带着轻蔑的意思。那些带着少数民族叛乱分子逃难的人被称为丛林孩子(táw ka lé)，包含了原始的、无政府的、暴乱和疾病的意思，而且被认为与缅甸人所憎恨的野生动物很接近。经常被看作原始部落的一部分，这令我很痛苦，而我在东枝(Taunggyi)和曼德勒的大部分努力是逃入文明。[12]

清朝将军鄂尔泰（Ortai）将云南的山民描写成"野蛮的游民，与文明的观念恰好相反"。他并非仅仅是重复废话，他所表达的关系为所有水稻国家的统治者所相信。[13]

对于中国、缅甸和暹罗的国家来说，有些生存方式以及他们所谋生的农业生态区位不可避免地就是野蛮的。与游耕一样，狩猎和采集必须是在林区才可以进行。[14]这本身就是外在于国家的。一份17世纪的中文文件把拉祜族描写为"在山地、森林和河流中的人"。[15]之所以这样说是因为他们吃生食、尸体不埋葬，被比喻为猩猩和猴子。他们被假设是当地的原住民,而不是如安东尼·沃克(Anthony Walker)所相信的,他们之所以成为山地的游耕民只是因为他们从谷地逃离出来。证明他们原始和落后的正是他们所有习惯和活动的清单——居住、服装(或者没有服装)、鞋子(或没有鞋子)、饮食、丧葬活动和行为举止——这些与儒家文明的理想状态截然不同。

西南地区山民多种多样,令人困惑。阅读一些明清官员有关这些山民的报告,人们会形成两个印象:第一个印象是民族的"野生鸟类图册"——拉祜族人穿着是如此如此花哨,有如此如此的习惯,以如此如此的方式生存——官员对他们的了解简直就是对"飞过"头顶的鸟的了解。第二个印象是他们都被置于进化和文明的序列中,而汉族理想的文明就是进化和文明的尺度。从这个角度看,山地部落被按照从"生荒"(原始)到"成熟"排列起来。这样我们得出了下面的序列:"几乎是汉人","正在变成汉人","如果愿意最终会变成汉人(只要我们想要他们变!)",最后则是"未开化"(比如"最野蛮"的拉祜族)的类型,这也当然意味着"不是真正的人"。

在国家权力的边陲区域很少有词汇不带有贬低的意思,如游耕民、山民、林居者,甚至在"偏远"(deep)的农村的农夫。在缅甸语种,中心地区的人将村民称为"套沓"(*táw thà*),按照字面的意思就是林居者,意味着乡土的、粗野的和粗笨的(*yaín*)。[16]

谷地国家和固定耕作农业不可避免的共存关系,以及在此基础上形成的贵族和平民的半固定社会秩序,这些被认为代表了"文明",由此导致了一些可笑的结果。那些选择离开充满不平等和需要纳税的王国、将自己置身于山地的人,明显是化外之民。地理高度可以被赋予"原始性"。[17]此外,灌溉水稻耕作在很大程度上改变了自然景观,而山地农业在视觉上显得没有什么变化,因而山地人被认为与自然接近而抵制文明。这导致了下面这些流行的,但是错误的比较:文明的人在改变世界,而野蛮的人不去改变而生活在世界中。

对于泰国和缅甸的国家来说,把山民融入诱人的文明之圈的必要条件是自称信奉小乘佛教,尽管这并非充分条件。就像马来世界中的伊斯兰教一样,这一救赎宗教的重要性在于将这类社会与没有宗教检验的汉族文明清楚地区别开。[18](在中国)甚至在1950年代的民族志学者那里,划分贵州和云南"部落"文明程度的标志仍然基于汉族的技术和习惯。比如他们是否耕种水田?他们是否犁地和使用农具?他们是否定居下来?他们是否可以说和写汉字?在1948年以前,他们还有另外一个标志就是是否建立寺庙崇拜类似汉族的神祇,特别流行的是神农(God of agriculture)。[19]至今在"少数民族"中的这些特征仍然被看作"文明的"。[20]

尽管有许多表面的差别,但是泰国和缅甸文化中的有关文明行为的宗教检验都与水稻耕作的技术和习惯密切相关。从严格的宗教意义上说,信奉小乘佛教并不需要(尽管可能鼓励这样做)对仪式做出重大改变;在佛教之前的万物有灵崇拜活动(缅甸崇拜和祭祀纳塔[nat]与暹罗崇拜和祭祀菲[phi])被容纳到混合的佛教中,甚至反映在教理上。佛教与宗教和族群认同的变化有密切关系。就像理查德·奥康纳在泰国所观察到的,"大陆人把宗教与农业联系在一起,而农业与仪式、仪式与族群认同又联系在一起。当克伦、拉瓦等山地农民种植水稻以后,他们发现合适的耕作就需要泰族的仪式。实际上,农业的选择和族群的认同相辅相成作为农业文化的复合体运行。因此在复杂整体之间具体的转变开始于仪式的调整,但最终可能会导致族群的改变"。[21]奥康纳所说的"族群的改变"也可以说成是"宗教的改变",因为在这里两者密不可分。就像中国的例子一样,我们在这里遇到了文明化悖论的某些方面。转变为佛教徒尽管是正确方向上的一步,但是如果带有某些山地特征,比如游耕和居无定所,就像我们在巴朗族那里看到的,还是不被看作文明化。这一步不仅需要改变宗教,当宗教已经历史地与泰族或缅族人普遍联系在一起,成为泰族和缅族人也就是成为水稻国家的臣民。因此从谷地国家来看,完全的文明化就是变成与汉族、泰人和缅甸人毫无区别,反过来又毫无疑问地被统合成为国家的臣民。[22]我们将看到,将自己保持在国家之外就会被标记为"不文明"的。

对蛮夷的经济需求

尽管总是看不起他们的山地邻居,大大小小的谷地国家还是因为强烈的经济依附而被与山地捆绑在一起。他们占据了不同的农业生态区位,这种互补性强化了他们牢不可破的相互依存。由于存在经济的伙伴关系以及经常的政治联盟,谷地与山地人群,国家核心与边疆腹地之间相互提供最基本的商品和服务。他们代表了一个稳定和互利的交流系统。如果还有需要强调的东西,那就是谷地国家更多地依赖山地国家的产品,特别是人力。但是任何一方如果没有与对方的自然贸易,经济上就会陷入贫困。

可以从马来世界的流域上游和下游的交换形式中清楚地了解这种经济的共存模式。上下游交换的制度是建立在上下游因为其农业经济区位不同,产品可以互补的基础上。这已经很古老了。在马来的案例中,低地中心区域往往就像我们已经看到的那样,一般都位于靠近河口或两河交汇处的地方。就像控制重要商路上山口的据点一样,其位置天然造成了某种程度的垄断,从这个瓶颈部位就可以控制整个流域的贸易。低地中心的作用就像是个免税货栈,把上游需要的低地和海外产品与流域上游下来的林产品进行交换。[23]

低地中心尽管有着位置的优势,但是并没有占据支配地位从而左右交易。高度流动的社区,特别是流域上游地区,往往距离另外的流域不远,因而他们如果愿意的话可以把贸易转移到相邻河流系统的其他贸易站点去。如果这是无法做到的,上游人群也不是特别依赖下游政体的商品,当他们觉得贸易条款会带来太多政治和经济麻烦的时候,他们就会从下游的市场中大规模撤退。掌握免税贸易货栈的政治领袖们不可能通过军事手段强行进入充满反抗的内地。上游人口的高度分散和流动使他们可以逃避讨伐,更不用说逃避那些系统的强制了。因此,港口的政治集团都在相互竞争以获得更多内地的联盟者和可能的商业利益。由于缺少简单的方法对他们施加影响,低地的政治实体被迫通过再分配贸易所得以获得忠诚的附属关系,再分配的物品包括显示地位的商品、珠宝和慷慨的礼品,上游的领袖向其下属重新分配这些物品以激励其忠诚和增加贸易。

对于东南亚大陆国家,特别是山上或靠近山区的小国家,山地与谷地的共生关系是普遍存在的,尽管可能并非清清楚楚地沿着单一流域。可以毫不夸张地说,这些国家的繁荣主要依赖将周围山地人群的产品吸引到自己市场的能力,周边山地往往比国家核心的人口更多。将山民带下来的商品清单(用于出售、以物易物交换、还债和贡献)都列出来可能要很多页。这里我仅仅是指出,这些商品是非常多样的,而且我们还要记住,随着时间推移,这些贸易的构成是不断变化的,而且有时候变化非常大,同时,陆上(到中国)和海上的商路以及特定商品的需求也会发生变化。

山地居民至少从9世纪开始就在山地不断寻找他们所知道的、可以在谷地和沿海市场进行贸易而获利的商品。大量的这类产品都是范围广泛的国际奢侈品贸易的一部分。可以集中的天然林产品包括稀有或芳香的木材(比如沉香木、檀香木、苏木和樟木)、药物(犀牛角、牛黄、风干的森林动物器官、沉香),各种树脂(桐油),以及乳胶(杜仲、橡胶),此外还有犀鸟的羽毛,可食用的燕窝、蜂蜜、蜂蜡、茶、鸦片和胡椒。所有这些产品都是重量轻、体积小而价值高的。这意味着,即使他们都是徒步将这些货物翻山越岭带到市场,他们辛勤劳动也得到了足够的回报。从1450年到1650年,有一个很长的时期,胡椒交易非常繁荣,从价值上说,胡椒成为除了黄金和白银以外最大的国际贸易商品。在那个时期,年轻人用头顶上一袋子胡椒到沿海的市场就可以发财。贵金属和宝石(20世纪还有鸦片)成为方便携带且更为贵重的商品。鉴于高地人的地理流动性,如果作为卖家不满意,他可以很容易地带着这些货物转移到其他政治实体控制下的市场。

此外还有许多笨重和便宜的山地产品,如藤条、竹子、木材、原木(这些都需要漂浮运送)、牛、皮革、棉花、山地水果,以及山地旱稻、荞麦、玉米、马铃薯和红薯(后三样是从美洲大陆来的),除非有方便的水路,这些产品无法被运送到遥远的市场。然而这些产品都可以生长或储存很长时间,无须照管,农民根据它们的价格决定持有或卖出这些产品。

甚至前殖民时期比较大的东南亚王国的繁荣也依赖山地的出口货物。1784年拉玛一世(Rama I, Chulalongkorn)派往北京的泰国贸易团所携带的令中国人眼花缭乱的贵重物品几乎全部是山地居民克伦人提供的:包括大象、沉香木、黑檀木、犀牛角、象牙、豆蔻油、荜拨、琥珀、檀香木、孔雀羽毛、翠鸟羽毛、红宝石、蓝宝石、儿茶、藤黄(一种树胶脂)、苏木、达玛脂、大风子,以及各种调料。[24]前殖民时代柬埔寨的出口也同样为加莱(Jarai)山民所左右。这些低地国家出口的货物大多是"从高地来的林产品,这从越南和柬埔寨的编年史上都可以推测出来,而且也反映在中国和欧洲作家的游记中"。[25]比较小的掸族国家也依赖周边的山民,不仅山上丰富的产品是谷地生活所必需的,而且也是重要的出口物资。直到今天,每当看到掸邦五天一周期的市场上山民带来的丰富产品,我们就无法不意识到掸邦的饮食、建筑材料、牲畜,以及表明其繁荣富裕的对外贸易在很大程度上是依赖于和内陆地区的大量交换。雷曼甚至认为,对于山地的克耶族和掸族来说,掸邦的统治者主要的目的就是管理这些贸易并从中获利。[26]尽管掸族和克耶都充分利用他们各自有利的生态区位获得利益,但是另一方面也很清楚,这类国家对山地产品的依赖程度,和山地人依赖谷地产品一样。

谷地市场给山地人口提供山地人需要而又没有的产品。其中最重要的包括盐、干鱼,以及铁器。陶器、瓷器、成衣、针线、绳索,以及武器、毛毯、火柴、煤油等,都是山地商人特别想要的商品。²⁷在山地人认为有利的交易条件下,活跃的贸易把山地和谷地经济联系在一起,众多的中间人发挥了重要作用——商人、小贩、经纪人、借贷人、投机家,此外还包括各种形式的纳贡。如果条件不利于产地人,谷地的统治者也无法强迫山地人提供产品。谷地的政治实体,特别是小政权都被固定在特定的地理区域,严重依赖山地贸易,对他们来说,山地贸易伙伴的背叛是一个严重威胁。

单纯的商品清单会遗漏谷地中心严重依赖山地的最重要产品,就是山地的人口。从长远看,泰国和缅甸宫廷周边的灌溉水稻核心种植区,以及集中的人力都是通过同化山地人口而被建立起来的,只是强迫和自愿程度不同。谷地的政治实体最需要的是山地的人口。正像我们看到的,对于那些无法通过贸易利益和文化机制来吸引的,他们试图通过猎奴行动或战争来捕获。因此,在所有商品中,山地社会可以拒绝出售给谷地的就是人力,这也是山地社会的王牌。国家核心区域深受压迫的臣民的逃亡,和山地人口迁移到很难被捕获的地区,就成为谷地国家的阿喀琉斯之踵。

在好的时候,山地和谷地人群的共生是如此地持久且得到相互的认可,两个"人群"可以被看作无法分割的双生子。经济上的相互依存也会反映在政治结盟上。这一模式在马来的世界中表现得很清楚。在那里,大大小小的贸易港口都会与"山上"或航海的非国家空间的人群联合,后者提供了马来国家所依赖的大部分商贸货物。尽管这些人群一般不被认为是马来人,他们不信奉伊斯兰教,也不是马来拉贾(Malay Raja)的直接臣民,但是很明显,历史上的马来人很多来自于这些人群。同样原因,从内陆或航海民族那里为贸易中心作商业征集发展很快,因为征集本身就是盈利机会。也就是说,内陆的人口选择搬到或长期居留在某一个地方,或者是因为那个地方的货物征集所带来的经济利益,或者是因为那个地方所提供的政治独立,或者是二者兼有。大量资料表明,基于这些原因有大量人口的频繁移动,而且资料还表明,商业化的货物集中是"次级的适应"(不是原始的状态)。我们最好在概念上将上游人口看作复合的经济社会系统中的"山地"组成部分。[28]虽然从谷地的角度看,这些人是完全不同的,文明水平很低,生活在宗教圈子之外。

相似的结对联盟从古至今在东南亚大陆都很普遍。比如,缅甸低地的波克伦与孟族的水稻国家结盟。波克伦一般散居在孟族中间,但往往都集中在上游的林区,作为孟族的结对盟友,他们是成功经济交换圈的代表。如果从编年史上推测,孟族并没有将他们看作界限清晰的特定的族群,而是两极之间的一系列连续阶段,一极是纯粹水稻种植者的习惯和实践,另一极则是纯粹的游耕和采集者的习惯和实践。[29]实际上,泰/掸的王国都表现出水稻国家与相邻的山地国家类似的共生关系,与他们进行贸易,从他们那里获得人口,并经常与他们结盟。这种联盟关系被计入文献(都是低地的文献),就成为了进贡关系,山地的盟友被看作低级的伙伴。但事实上,山地人经常占上风,从谷地的宫廷中获得礼物或"保护费"(protection payments)。即使当低地宫廷处于支配地位,如同越南和加莱,山地民族对于宫廷的繁荣也同样是至关重要的,而且他们供奉喜怒无常的自然界之灵的仪式作用也被认可。[30]

小的谷地王国对山地贸易和林产品的依赖是如此明显,

有时它不得不努力限制山地人群被低地文化的同化。其担心之处在于,当山地人口信仰了谷地的宗教、穿谷地的服装、定居下来并种植水稻,他们必然会停止提供山地产品,而这是很有价值的角色,虽然被污名化。不同的文化,以及由此产生的经济专业化,是比较优势的基础。尽管低地国家可能从山地捕获奴隶,但他们需要保障他们所依赖的山地贸易生态区位(niche)不会没有人。[31]

发明蛮夷

如果说记号语言学(semiotics)教会我们任何东西的话,那就是词语是有内在关系的。只有在关系中才能"思考"(更不必说理解了)它们隐含的排斥和对比。[32]文明与野蛮这两个词也同样如此。

就像欧文·拉铁摩尔所解释的,在古典中国,"野蛮人"的社会生产与谷地专业化的灌溉水稻核心的兴起,以及与之密切相关的国家结构紧紧地联系在一起。在古代中国的黄土地核心区,灌溉的"回报率很高"。这一将生产和人口集中,从而也集中了军队的农业—政治复合体可以延伸得很远,推及到所有适合的地区。在其扩张过程中,这一复合体吸收了一些相邻的人口,排挤了另外一些,这些被排挤的人转移到高山、森林、沼泽和丛林中,并保持其多种多样的、粗放和分散的生存方式。简单地说,种植水稻的国家核心是由新的人口、生态和政治边疆所创造的。随着水稻国家越来越将自己标志为汉族化的,是一种独特的文化和文明,那些没有被统合,或者拒绝被统合的就被标志为"野蛮人"。那些生活在中国国家所认可的疆域内的蛮夷被称为"内陆"蛮夷,那些"将自己从母体中分离出来,从而成为草原游牧社会组成部分的"则被看作是"外部"蛮夷。从大约6世纪开始,"汉族居住在平原和比较大的谷地,而蛮夷居于山地和小的谷地。"在中国西南我们所称的赞米亚地区,其过程与拉铁摩尔所描述的方式很相似,"中国和印度古代高度文明的影响在农业和大城市集中的低地平原流传甚远,但是却无法到达高海拔地区"。[33]

拉铁摩尔所称的以集中农业和国家为代表的中国母体制造了生态和人口意义上的边疆,并成为母体存在的条件。在母体与边疆还没有被实际分开的时候,边疆就已经成为文明和族群意义上的边界了。早期的中国国家有很充分的策略性理由用界限分明的文明话语来标志出新的边疆,在有些地方还制造出物理的分隔,如长城和西南的苗长城。人们很容易忘记,大体上到1700年,中国就已经面临着东南亚国家政权的经典问题:隔离和控制国家空间的人口。后来在边疆地区也存在同样的问题。因此,长城和文明话语不仅是为了防止不堪税负(tax-shy)的中国农民逃离"变成蛮夷",也是为了限制蛮夷待在原地。[34]

国家在谷地形成的过程恰恰制造了一个从文明角度而言的边疆。从族群构成看,边疆往往不被包括在国家内。暹罗、爪哇、越南、缅甸和马来的谷地政治实体都采取了同样的形式,尽管他们的文化内容不同。在写作有关泰国北部绵(瑶)族的著作时,强森(Jonsson)指出,将"山地民族"作为一个类型进行社会建构是基于国家建立在谷地农业和人群的基础之上。在讨论暹罗中说印度语的一些政体,特别是哈瑞普纳

（Haripunyai，7—10世纪在泰国北部的小国）时，他指出，这些政体的宇宙观诉求制造了野蛮的边陲："政权的建立就是接管了从事集约农业的低地地区，而集约农业包括了从国王宫廷到地区城镇，再到农业村庄的等级结构。这构成了一个整体领域。这一整体领域部分地是对比在领域之外的存在而想象出来的，如森林中的荒野，以及在领域外而被领域内的人想象成像动物一样生存的人。"[35]与此非常相似，被清理的稻田成为精细阐述爪哇国家和文化的基础，而未清理的林地和居住在那里的人口则与未开化和野蛮的边疆密切相关。[36]马来亚的奥朗·阿斯利（orang asli，一般翻译为土著）是作为"马来性"（Melayuness）的反义词而产生的。乔弗瑞·本杰明和辛西娅·周（Cynthia Chou）指出，伊斯兰教作为一个新的因素出现了，它又创造了"部落"（tribals）："以前根本没有必要通过法律来定义谁是马来人，许多非穆斯林的人口与穆斯林一样是马来人……1874年以后马来人的概念发生变化，这些人在一夜之间变成了我们现在所称的'土著'。"[37]

所有东南亚古典国家都会想象出在他们控制范围之外的山地、林区和沼泽中，有一个野蛮的内陆。我们马上要转入讨论两方面的摩擦，一方面是需要蛮夷边疆，另外一方面在普遍的宇宙观中存在着吸收和改变边疆的冲动。这种摩擦既是符号语言学的，也是经济的。

外来华丽的本地化：毫无障碍

从最早的柬埔寨和爪哇，到后来的缅甸与暹罗的宫廷中心,都从印度次大陆进口了大量仪式和宇宙观。通过利用印度商人和接踵而来的宫廷婆罗门贵族所提供的仪式技术,低地的小宫廷逐渐获得了比其潜在对手更高的仪式地位。在奥立弗·沃特斯所称的"自我印度化"(self-Hinduization)过程中,地方统治者引进了婆罗门的礼仪和仪式。梵语化的人名和地名代替了本土的名字。神秘的婆罗门仪式将君王神圣化,通过建立一个神秘的家族谱系,将君王追踪到一个神圣的起源。与印度南部王国宫廷的复杂仪式一起,印度的肖像学和史诗被介绍进来。[38]但是在宫廷周边地区之外的低地文化中,梵文化并没有产生深入的影响。按照乔治·克代斯的说法,这是"表面的浮饰","一个与大众无关的贵族宗教"。[39]在类似的思路上,沃特斯将早期王室文本中繁荣的梵文化,以及越南文本中繁荣的汉文化,称为"装饰效果",只是为了在本土实践中增加一点庄严和学识的气氛。[40]另外一个被里克莱弗斯(M. C. Ricklefs)所欣赏的解释认为,面对权力正在不可避免地被分割的事实,王国的不可分割性构成了某种意识形态的补充,也就是我在前面所说的夸张的宇宙论。[41]

尽管这种模仿对于提高低地宫廷权力所起的作用有限,但是对于山地—谷地关系的结构却产生了很大影响。首先,它们将谷地宫廷和其君主与普遍的、世界性的神赐权威联系起来。与罗马人使用希腊语言,早期法国宫廷使用拉丁语,俄国贵族和宫廷使用法语,以及越南宫廷使用汉字并信奉儒教一样,采用梵文化的形式标志着他们希望进入到超越民族、区域,以及更重要的超越历史的普遍文明中。[42]甚至在第一个公元千年之后不久,本地语言的文字已经出现,梵文仍然继续流行,翻译梵文和巴利文中有关宇宙观的经典著作远远超过了翻译佛教教义。与那些主要依靠从已经存在的本土传统意识和信仰中提炼宫廷文化（就像印度南部）不同，印度化东南亚的宫廷自觉地模仿外部普遍存在的中心模式。

低地精英通过吸收南印度的仪式，就像充填了氦气一样，使自己飘浮在空中，将庸碌的平民和内陆的穷乡僻壤遗留在地面。就像沃特斯所说的，他们从自视的印度文明社会中心的角度，把内陆看作世界等级中的地位低下者。[43]

那些不久之前自己还是蛮夷的人通过接受梵文化开始把与自己不同的群体称为蛮夷。高棉文化原本与高原森林密切相关，但是印度文化的中心一旦形成，就开始传播"野生与驯化的对立，一方面是黑暗和幽闭的原始林区，另外一方面是人居的开放空间，这构成了高棉文化意识的主旨"。[44]精致和定居的宫廷中心与其控制范围之外的粗野和未开化的林区和山地之间的文化距离被夸大，大卫·钱德勒（David Chandler）说得好，文明成为"居于林区之外的艺术"。[45]

在小国领域和山地中也可以看到同样的象征转换，以及通过外部的参照物来证实等级制度的过程。至少到1300年的时候，所有沿海平原都有了基于印度的忠诚概念而形成的微型王国，那些小领主，哪怕仅有一点点虚荣心，也会亦步亦趋地重复这种形式。[46]有证据表明，山地比谷地更需要这些不断扩大其范围的仪式性标志。由于地处财产共有的边疆地区，分散居住、移动和游耕的山地民族本身很少有内在的等级制度，他们也缺少建立超越村庄权威的传统。为了贸易和战争组成的村庄联盟是存在的，但它们是松散的联盟，名义上都是平等的，没有持续的权威诉求。如果最终还是要制造一个超越村庄的权威模式，那也只能从低地印度宫廷，或者有时候是从北方发号施令的中华帝国那里借来。山地本土的诉求是具有个人魅力的权威,但是普世的印度式的国家权威模式却代表了一种对稳定制度的追求,将带有追随者的领袖转变成掌握臣民的统治者。

　　印度和中国的国家观念已经在山地流传甚久。它们都是以奇怪的碎片形式,而不是作为整体从低地流传上来,如对王室的徽章,神秘的特许状,国王的服饰、封号、礼仪、家族谱系的诉求,以及神圣的建筑。它们的吸引力看起来至少有两个来源,首先,也是最明显的是它为成功和野心勃勃的山地头领提供了唯一的基础,也是唯一的文化形式,使他可以从仅仅是元老的权威升级为小国的统治者,即有君王、贵族和平民。利奇令人信服地指出,这种举动很容易被那些害怕成为永久被统治者的人以逃跑和反叛的形式加以反抗。然而有时高地的首领,即使只是名义上的首领,也会起到许多实际的作用,比如充当与低地首脑进行讨价还价的中介,组织纳贡或贸易,抵抗低地的猎奴活动。这类外交手段的成功甚至在山地族群的竞争中也被证实是至关重要的。[47]

　　从谷地的角度看,不管是前殖民、殖民或后殖民时代,山地出现稳定的权威结构是特别有利的。他们可以成为直接统治的支点,讨价还价的对手和遇到问题可以负责(或可以作为人质)的人。因此,谷地的统治者,包括殖民者,都有些"山地领袖癖好"(hill-chief fetish)。在没有这些权威的时候,他们已经看到这些权威可以帮助他们扩张权力,而且已经按照他们所设想的实施统治的地域单元,同时在创造部落和首领。国家希望山地有首领,山地强人也有野心,两种希望的结合足以在山地制造出国家的仿制品,尽管这些努力往往半途而废。地方头人有足够的理由希望得到由大国授予的封印、徽章和封号。他们可以借此吓唬对手和垄断有利可图的贸易和进贡。能够借助低地王国的帝国魅力,同时又保持在其统治范围之外,并且蔑视低地王国的臣民,这些完全可以并存。

在山地,国家影响的魅力非常显著。乔治·斯科特(J. George Scott)在1890年代掸邦的军事战役中遇到了许多带着自己部落参战的佤族"首领"。他们认为斯科特是他们的盟友,劝说他加入他们的队伍,一起围剿附近的掸族村庄。劝说没有成功,他们"叫嚷着索要一些看得见的标记以表明他们是英国的臣民。……我给了他们每人一张纸条,上面写有这个地区的名字,还有我的签名和半安那邮票。……他们很激动,跑出去砍了一些竹子来收藏这些纸条。……他们告诉我,孟连(Monglem)已经夺走了他们的领土有10到12年了"。[48] 当时斯科特正在动乱的山区寻找归顺和纳贡的人群,而这些佤族"头人"正在为了他们自己的政治目的寻找同盟者。直到1836年,掸邦山地名义上还是处于缅甸管辖之下,利奇报道了这里类似的戏剧性的进贡和联盟。先是迎接一个缅甸官员;欢迎宴会准备好;10个克钦和掸族的头领宣誓团结起来;这样建立的阿瓦王国的统治得到确认。但是利奇注解说几个参加宴会的头人实际彼此敌对。他提醒我们去理解仪式背后的国家影响:

> 我在这里所要展示的就是,在富昆(Hukawng)谷地的缅甸人、掸人和克钦人有共同的仪式表达语言;他们都知道如何使自己在这个共同的"语言"中被理解。当然这

并不意味着使用这种"语言"所说的话在政治现实中是"正确的"。仪式的声明是基于一个前提作出的,这个前提就是存在一个理想和稳定的掸国,其头上有着一个莫盖(Mogaing)统治者(saohpa),富昆谷地的克钦和掸族首领都是其忠诚的臣子。我们没有任何证据表明,任何莫盖统治者曾经真正行使这样的权威,而且事实上我们知道,在实施这些特定仪式的时候,差不多有80年根本没有真正的莫盖统治者了。支撑这些仪式的不是真正的国家政治结构,而是"假设"(as if)的理想国家结构。[49]

"假设"的理想国家结构已经被统合进山地现实和未来的国家建筑中。掸邦中的小国有自己的水稻核心区人口,尽管数量很少,但他们像邻居暹罗和缅甸国家一样,信奉小乘佛教,同时也复制了他们的建筑。在访问宾德亚(Pindaya)的掸族宫殿(掸邦的haw)以后,莫里斯·克利斯(Maurice Collis)注意到,那完全是缅甸首都的微型复制品:"两层的木制房屋,一层的大厅有柱子支撑,之上是角楼,或者被称为帕雅(pya),由5块小的屋顶相互重叠,中心是鎏金的顶尖。"克利斯看到,"这是曼德勒宫廷的样式,只是规模小了"。[50]同样模仿的还有寺院建筑、送葬仪式和王权的徽章。王国越小,模仿得越粗糙,也越小。克钦的小首领(duwa)也想拥有掸式权威,他像来自小人国的宫殿跟他的实际权力一样小。关于这一点,利奇已经说明,克钦并不觉得掸是另外一个不同的族群,更多地是一个等级制度国家传统的承载者,在适当的条件下自己也可以模仿。[51]是掸族认为,克钦借用了他们的国家形式。

克耶是掸邦山地克伦族的一个分支,在宣称自治过程中,复制了他们所设想的掸和缅甸模式的政治制度。大多数克耶人不是佛教徒,所以在复制过程中小乘佛教的因素就被省略了。勒曼注意到,所有克耶的领袖,不管是篡位者、反叛者、平常的村民,或者千年先知,都追随从掸邦低地宫廷引进的国家形式:封号、用具、假想出来的皇族谱系,以及建筑。[52]这些领袖总会通过各种方式宣称他们事实上与那些"假设"的、理想上大一统的缅甸国家有关系。这些符号性的从属关系也可与实际的反叛共存,这表明这些符号只是一些习惯用语,或者说是单一的语言,用于表达国家性,也就是任何对超越村庄权力的诉求。克耶领袖的权力经常很有限,其表达的强大权力与实践的权力可能截然不同。

事实上有两种完全不同的国家权威模式可以被山地民族所采用:南方的印度宫廷和北方的中国宫廷。许多有抱负的克钦首领追随掸邦的模式来设计自己的"宫殿"、仪式、服饰和宇宙观,而掸邦又是模仿中国的模式。在克钦的主要传统中,大部分符号空间和仪式都敬奉"天神"和"地神",这与北京古老帝国的仪式有着惊人的一致。[53]如果说还有非国家的人群,那么也只有阿卡族。他们没有受到泰/掸的权威模式的影响,但却受到道教、儒和西藏模式的谱系、权威和宇宙论影响,同时或多或少地放弃了佛教的内容。[54]一旦同时存在两个国家的传统,他们就可能在模仿中形成外来的杂交。然而他们的统治可能只是表现在口头或仪式上,其神圣和普遍的统治权威只是概念或象征语言,实际上他们的统治范围可能仅限于他们自己的村庄。

传播文明的使团

在赞米亚边陲的宫廷文化中都或多或少将他们所认为"文明的"与"野蛮的"加以严格区分,有许多不同的词汇来表达"野蛮"的意思,如生、山地人、林地人、河流和洞穴中的人。如同我们所看到的,"文明"和"野蛮"两个词是不可分割、相互定义的,是旅行的同伴。就像黑暗和光明,任何一方都不能离开对方而单独存在。他们往往是从对方推断出来的。因此,在汉代,匈奴人被描述为"没有文字,没有姓,也不知道尊老",没有城市和永久居所,也没有固定的农业,所有匈奴人所缺少的正是文明的汉族人所拥有的。[55]当然,就像所有的二分法一样,当试图在实践中应用这种方法的时候经常会遇到无法分类的情况。

当然,对于那些在文明和种族上持有二元思维的人,这些含糊并不构成威胁。有关暹罗、缅甸、高棉、马来,特别是中国和越南宫廷文化的标准化文明描述中,野蛮人会随着时间的推移逐渐被光明和有吸引力的中心所同化。但是统合不可能是全部的,所以绝对的文明化中心概念并没有什么实际意义。野蛮的边疆总会存在。

如果蛮夷被看作本质上与"我们是相同的",只是更落后和未开化,那么他们的文明化从理论上就更加可行。在越南,芒族(Muong)和岱族(Tay)被从字面上理解为"我们活着的祖先"。正像凯斯·泰勒和帕特里夏·佩里所指出的,芒族"一般被认为是接受中国影响之前的越南人"。[56]为了阐明越南人的起源和发展,芒族的图腾、居住、农业活动、语言和文学被精细地梳理,但是这种梳理并非为他们自身着想。[57]

如果将蛮夷看作早期的人,而不是无可救药的另类人,那么就可以假设他们最终能被完全文明化。这也是孔夫子所相信的。当被问及怎么可能想象生活在蛮夷中,他回答说:"君子居之,何陋之有?"[58]这里所说的文明化的话语明显是为特定文明的;是单向提升到单一文化顶点的问题。他们无法认知那些同样具有价值的另类文明,因此(文明化的)二元文化主义(biculturalism)是无法想象的。

如果不是行动上,至少在文字上,19世纪早期越南的明命帝宽宏大量地表达了这一文明化使团的哲学。

> 这片土地(加莱[Jarai]和拉德[Rhadé])是遥远的地方,它是一个结绳记事的地方,是一个当地人还在为了生存而游耕和收割水稻的地方,一个*仍然*保留古老和简单传统的地方。当然,他们的头上有发,嘴里有牙,他们有自然赋予的知识和能力。那么他们为什么不做些善良的事情?因此,我们辉煌的祖先将中国文明带给他们,以改变他们的部落习惯。[59]

柬埔寨东部和中部的人继承了古典的高棉文化,被越南占领成为附属国以后,越南明命帝即命令其官员教当地人越南的风俗和习惯,告诉他们如何种植水稻和桑树,以及如何饲养牲畜和家禽;最终,其官员简化并压制了任何野蛮习惯。"(这就)像把柬埔寨人从泥坑里带出来放到温暖的羽绒床垫上。"[60]

不管采用的是中国方式还是越南方式,这种舒适和奢华的想象都是不现实的,还不曾有对于武装反抗不采取无情镇压的人。在19世纪贵州大起义之前,那些最大的军事战役包括韩雍(1465年)所指挥的,以及60年后的1526年,由著名的明代学者将军王阳明指挥的镇压苗瑶大起义的战争。明朝军队第一次在大藤峡(Great Vine Gorge)的巨大胜利导致至少6万人死亡,其中有800人被送到北京斩首。[61]之后,作为胜利者的王阳明帮助恢复了"以夷制夷"的著名(声名狼藉)的土司制度,然而他坚持认为,蛮夷就像"没有打磨的宝石",只要仔细地打磨定型就可以变成完全文明的。[62]他关于为什么直接统治这些粗鲁的人会带来巨大祸害的解释是很有针对性且令人难忘的:"建立汉族中国的地方官员来实施直接管理就像把野鹿集中到人居的房屋中并加以驯化一样。最终它们会顶撞你的祖先牌位、踢你的桌子、乱冲乱撞地逃跑出去。在野蛮的地方,人们要使自己的方法适应野蛮的特点……(这样做的人)是使自己适应这些人群的野蛮本性。"[63]

虔诚地信奉帝国中心所宣传的文明话语是一回事,而事实又是另外一回事。这种自我理想化与帝国首府的生活无关,与帝国边疆的艰苦更没有关系。与《论语》的描述不同,那里是充满冒险家、盗贼、投机者、武装商人、被遣散的士兵、贫困的移民、流犯、腐败官员、逃避法律的逃亡者和难民汇集的混乱之地。1941年来自西南边疆的一份报告区分了三类汉人:无家可归、四处逃散的难民,被描述为"寻找好运的投机者"的小工匠和商人,以及官员。"级别越高……越是生活懒散……经常是傲慢的大烟鬼,无视政府的条令……而下级官员则沉湎于小的贿赂和从非法鸦片和盐的交易中征收罚金。他们窥测所有赚钱的机会。这些行为必然导致他们与遭受压迫的边疆部落人之间的敌意。"⁶⁴就像在任何殖民地或帝国的背景下一样,国民的经验总是与那些试图将整个事业神圣化的意识形态上层建筑相左。在这里,虔诚看起来像是粗俗的笑话。⁶⁵

在20世纪的东南亚大陆,文明化的项目至今仍然盛行。1960年代后期泰国北部发生了果雄族/苗族的暴动,紧接着巴博将军(Prapas)在其部署中不仅安排了各种镇压的技术,包括燃烧弹和空投炸弹,而且通过建设学校、移民、建立诊所和提供定居农业技术来"文明化"反叛者。按照尼古拉斯·泰普(Nicholas Tapp)的观察,巴博将军的文化战役就是1930年由"瑶族安化局"所发起的中华民国政府在广东所实施项目的翻版。⁶⁶在当代中国,尽管原来贬低少数民族的名称已经被清理,但是在汉族与不胜枚举的少数民族之间仍然存在着鸿沟。各种用来表示"发展"、"进步"和"教化"的委婉说法已经取代了"生"和"熟"的说法,但是内在的假设仍然是少数民族的社会和文化是"社会化石",其存在的时间屈指可数。⁶⁷

由于宫廷文化不同,文明所包含的内容不同,相应地,被污名的野蛮所包括的意思也不同。尽管它们的文明化可以被看作登高的阶梯,但是许多梯级却是独特的。在暹罗和缅甸,小乘佛教成为文明程度的标志。⁶⁸在越南和中国,识字和熟悉经典是很重要的。在马来世界,上游的人是"尚未完成"的马来人,就像王阳明描述瑶族一样。在变成"完全"(用中国话说就是成熟)的马来人过程中重要的一步是信仰伊斯兰教。尽管各个文化都有特殊性,但是所有这些阶梯至少有两个共同梯级。作为文明化的先决条件,他们一定是定居的农业和居住在国家空间中。

关于文明化的趋中心描述(centripetal narrative),也就是非国家空间的人逐渐向山下迁移、接受水稻农业、在语言和文化上同化,在本质上并没有错误。它描述了一个历史过程。在利奇和奥康纳的描述中,掸人,也就是掸邦的定居臣民,本来就是接受了谷地生活方式的山地族群的后代。[69]马来的民族性也是非国家空间的族群在成为港口小国臣民的过程中混合而成的。其实位于蒲甘的缅甸第一个王国就是许多族群混合熔铸而成的。[70]因此描述本身并没有什么错误,但是很不完全。它只是记载了与宫廷中心自我描述相适应的事情。

文明的规则

如果我们近距离地考察文明化的趋中心描述,就会吃惊于"被文明化"实际在很大程度上意味着成为水稻国家的臣民。成为被统治的臣民和游离于国家之外的区别是如此重大和富有影响,它们往往有着不同的认同,经常是族群认同。迁移到水稻核心区,并进而进入到等级制的国家结构中,在不同背景下就意味着成为泰国人、缅甸人或马来人。在中国的西南边疆,这意味从"生"番变成"熟"的文明状态,并被认为最终会接受汉族的认同。

12世纪海南的一份文件清楚地表明了臣属关系与"熟"之间的联系,"熟"可以有多种理解,如被教化、驯化或在法语习惯用语中的进化(*évolué*)。"那些服从并从属于县或乡政府的人就是'熟'黎,而那些住在山洞里,不接受我们的惩罚,且不提供劳役的就是生黎。有时生黎会跑出来与接受统治的人进行一些以货易货的交换。"熟黎占据着阈限(liminal)空间,他们不再是生黎,但也没有被同化成汉族臣民。地方官员怀疑他们不像外表那样顺从,会与外面的生黎狡猾地勾结在一起,"入侵政府的土地,四处流窜抢劫"。尽管担心"熟番"的背叛,但是与生番仍然不同,他们与政治(国家的)秩序相关,而生番与无序相关。因此,"生佤抢劫和掠夺",而熟佤则"保护道路"。马思中强调,对于官员来说,所谓生就是原始或接近自然的代名词,但这可能是错的。尽管所有"原始的"都被认为是生的,但是并非所有已开化的蛮夷都是熟的。关键的因素是服从汉族的统治。地处四川和云南交界的大部分诺苏(Nuosu,现在成为彝族的一个分支),尽管他们有着种姓一样的等级结构,而且自吹有文字,但是他们逃避被统合,所以仍然被划分为生的少数民族。同样是诺苏人中的一小部分,因为接受了中国的统治,因而被认为是熟的。简单地说,"所谓'生'番就是居于国家机构强制管辖范围之外的人"。[71]如果伊沛霞(Patricia Ebrey)是正确的,那么这些标准的古老甚至可以上溯到东周时期(公元前8到前3世纪),那个时候就区分了服从周朝统治的族群和没有被合并的族群,并因此有了中国(华或夏)人和蛮夷族群。[72]

如果我们重新回到18世纪海南的高地和黎族的蛮人,那些宣布忠于并臣服清朝统治的被"纳入版图"。通过宣布效忠,他们就像经过了政治微波炉一样,立刻成为"熟的",尽管他们还保留了原来的风俗和习惯:"熟和生的定义主要是政治的,与文化的意义几乎没有什么关系。"[73]"纳入版图"也就是被统合进入科层制系统,这暗含的意思是说,那些人已经对文化移入过程做好了准备,接受文明化规范,而且他们被想象会急切地拥抱这一过程。[74]不管怎样,这个过程关键的第一步是政治管理状态变为熟——"开始通往登记、赋税、提供徭役的顺民之路……除了'法律之外'的意思以外,'蛮夷'并没有什么固定的意思。它的意思很简单,就是指那些在任何时候都被认为与众不同,那些生活在边陲的人群,他们无法满足(或被认为无法满足)作为臣民的最低标准,有着不同的族群语言,而且其位置就在边陲。"[75]

要从行政控制而非文化本身来理解边疆地区少数族群分类的发明。广东在15世纪对瑶族的界定是一个人为的市民地位,也就是那些人是否已经进入了版图。那些被登记并纳税和提供徭役的,因而也从定居权中获益的人变成了"民"(平民、臣民),而没有登记和缴纳赋税的就变成了瑶族。从文化上说,被发明的瑶族与那些登记纳税的人并没有多大区别,但是随着时间推移,这一标签将通过汉族政权的管理活动而"族群化"。[76]在清代将苗族人标示出来也基本上是同样的统治活动。苗族是一个复杂混合的词,包括了许多相互区别,甚至互相语言也不通的人群。他们的共同特征就是拒绝变成"财政人口"的一部分。但是随着时间推移,一个最初没有共同文化内核的表达逐渐成为一个特定的族群化认同。[77]

因此蛮夷在明清是与国家相对应的政治地位,是一个对应的关系。非蛮夷是完全被统合到纳税人口中,并被假定已经采用了汉族的习惯、服装和语言的人。蛮夷有两类,分别是熟夷和生夷,这种分类是基于相对的关系。熟夷仍然有不同的文化,甚至仍然保留他们的地方信仰,但是已经接受汉族政权登记和统治,而且被认为已经开始了文化统合和最终成为汉族的长征。与之相反,生夷是完全处于国家之外的人口,是必然的"另类"和具有浓厚族群性的。

离开国家,逃向蛮夷

接下来我们看到,这些逃到国家范围之外的人也因而跨越了文明和野蛮的理论界限。同样,那些进入到生荒地区的被统治的"民"或被监督的熟夷无疑进入到了族群化的地区。

从历史上说,变成蛮夷的过程是很普遍的。在一些特定的历史时期,变成蛮夷的过程甚至比文明化更普遍。这个过程只需要为了成为蛮夷而离开国家空间,而且他们往往同时就被族群化为"部落人"。早在9世纪,中国官员就报告说,在中国西南地区被称为尚(Shang)人的族群最早的时候本来是汉人,后来逐渐与"西南蛮夷"混合起来。[78]后来被称为山越的族群似乎最初也是普通的民,为了逃避纳税而逃亡,从而成为蛮夷(生)。14世纪早期官吏的报告将他们看成是危险且无序的,但是没有任何指标表明他们与那些纳税且被统治的人在种族和文化上有任何区别(更不要谈起源了)。但是随着时间推移,由于生活在国家范围之外,他们逐渐成为山越族。[79]所有那些有理由逃离国家权力的人——包括逃避纳税、兵役、瘟疫、贫穷,或者监禁,而进行贸易及抢劫——在这个意义上,都是将自己部落化了。需要再次强调,族群开始于统治和税负停止的地方。官员之所以害怕和指责族群地区,就是因为这些地区是在统治之外,因而这些地区像磁石一样,吸引了许多因各种理由逃避国家的人。

在许多地方都有同样的动力机制。在马来世界,本杰明描述了"部落化"和"再部落化",也就是原来的非部落民迁移到国家管辖范围之外,或者更经常发生的是马来国家自身解体,从而创造出一个持久的内陆边疆。[80]用来污名化非国家空间族群的那些词汇也包含缺少有效统治权的意思。比如,加里曼丹的梅拉图斯(Meratus)人因为实际上的自治和流动而被污名化为"尚未安排/管制的(*belum diator*)"。[81]17世纪中叶菲律宾的一位西班牙官员在描述奇科河(Chico River)山民时所使用的词汇一方面贬低了他们没有国家的状态,同时又表达出某种嫉妒:"他们是如此自由,如此彻底没有上帝和法律,没有国王或任何被尊重的人,他们放纵他们的欲望和热情。"[82]在谷地官员的眼里是悲惨和落后的形象,对于那些被污名的人来说,可能恰恰代表了可以自制、流动和免税的政治空间。

文明化的序列,即民、熟番、生番的序列,也同时是国家统合从强到弱的序列。这与阿拉伯—柏柏尔的文明化序列在许多重要方面很相像,思巴是阿拉伯国家控制之外的地区,而马克哈祖(*makhazem*)则在阿拉伯控制范围之内。生活在思巴的人就是柏柏尔人,或者转变为柏柏尔人。就像对待生夷和熟夷一样,王朝统治的任务就是吸引更多支持王朝的部落(*guish*),扩大国家的范围。欧内斯特·盖尔纳认为,思巴最好被翻译成"制度化的异端"(institutionalized dissidence),其居民被蔑视并被定义为"柏柏尔"。部落社会是作为非部落社会的对应物,一个黑暗的双生子存在于其边缘地区。[83]与东南亚不同,中东和北非的"部落"与国家空间的人共享同一种宗教,尽管具体实践上可能不同。除了阿拉伯人所宣称的,他们逃避国家控制并拒绝被统合进等级制度中,很难清晰地说明什么是"柏柏尔特性"。[84]

所以,蛮夷是国家作用的结果;如果不在与国家相对的"位置"关系中就无法理解他们。本尼特·布朗森(Bennet Bronson)有关蛮夷的抽象和简单的定义是值得推荐的:"它是一个简单的政治实体的成员,这个政治实体与国家发生直接联系,但本身并不是国家。"如果这样理解的话,蛮夷可以,而且经常也是很"文明"的,如果文明就是文字、技术技能、熟悉周边罗马或汉族中国等"大传统"的话。从这个角度思考一下这些非国家的民族,如爱尔兰人,或者东南亚的海岛族群米南卡包(Minangkabau)和巴塔克(Batak)人。他们也许比起邻居国家具有更强大的军事力量,因而可以从国家抢劫或勒索贡献。同样可以考虑一下类似情况下的唐朝蒙古人,以及摩洛人(Moros)、贝都因人、苏格兰人、阿尔巴尼亚人、高加索人、帕坦人(Pathans),以及历史上很长阶段中的阿富汗人。这些"蛮夷"社会越强大,他们就会更加系统地掠夺附近的国家空间,利用他们集中的财富、粮食、商品和奴隶。印度和苏门答腊尽管有良好的农业生态环境,但是其国家构成在历史上是比较弱的,布朗森将这归因于他们靠近强有力的非国家捕食者。[85]

所有的帝国都像是文化—政治企业一样,有必要进行分类。因此,如果粗略地看,罗马帝国的许多特点与那些在赞米亚产生影响的国家的特点有相似之处。[86]如同对于缅甸、泰国和早期的中国一样,奴隶制度对于罗马是至关重要的。每次战争都会有商人相伴,他们以购买战俘并转卖到罗马附近为目的。许多蛮夷之间的战争都是为了争夺这种人口交易,控制并从中获益。罗马的公民具有高度的一致性,但与此不同,罗马文化在各个省却因其所吸收的"蛮夷"文化的不同而表现出很大差异。

就像中国和东南亚大陆上的类似国家一样,罗马也喜欢与蛮夷首领联盟。在任何可能拓展边疆的地方,他们都会有些随意地宣称存在不同的族群,并指定或发现一个地方首领,不管愿意与否,他是罗马权威在地方的载体,而且有责任引导其"人民"的良好行为。这些民族再按照文明的进化程度被排列起来。与中国方案中的熟夷相类似的是高卢的凯尔特人,他们距离罗马的权力最近,没有国家,但是包含了许多文化不同的小民族,其共同点是有城墙的城镇和农业。那些在莱茵河之外的人(包括了德国的许多民族)是生番,而在罗马和黑海之间移动的匈奴人是生番中最生的。在不列颠的罗马省,基于不同的观点,北方哈德良围墙(Hadrian's Wall)之外的皮科特人(Picts)或者被看作生番中最生的,或者被看作"最后的自由者"。[87]

在这里需要重复指出,人民与帝国统治的相对位置关系是其文明化程度的标志。在罗马统治省份的被管理(熟的)蛮夷像农民一样提供可靠的纳税和兵役的时候,就丢掉了其族群的名称。在这个范围之外的所有人都是族群化的,有着自己的首领,而且有责任纳贡(*obsequium*)而不是纳税,特别是他们不被看作谷物生产者。当这些"野蛮的外地人"反叛罗马统治的时候,被罗马直接统治与野蛮状态之间的联系就很明显地表现出来。这个时候,他们被重新族群化(重新野蛮化!)。这表明,文明的退化过程是可能的,而且是一个政治范畴。基于背景不同,罗马人可能以逃兵、商人、移民和逃避法律的流亡者身份迁移到野蛮地区,而"蛮夷"也可以进入罗马的范围,尽管集体迁移需要得到批准。虽然两者之间的跨界交往频繁,但是分界线仍然很明显。在这里,"蛮夷"同样是国家作用的结果。"只有征服才能获取有关蛮夷世界的知识,但在被征服之后它又不再是蛮夷。因此从理论上说,蛮夷总是从罗马人的认知中不断撤退出去。"[88]

作为一个政治地理位置,族群化的蛮夷在国家之外但又距离国家很近,从而形成对中央权威的持续反抗。由于他们特殊的地域、分散的居住、碎片化的组织和移动的、异常多变的生存方式,蛮夷是几乎无法被消除的,他们是文明的文化观念所需要的符号。他们是以国家为基础的等级制度和税负之外的、仍然存续下来的社会组织形式,因而也是一种选择和诱惑。有人认为,在18世纪云南佛教徒反抗清朝统治的时候已经理解了"蛮夷性"的诉求,他劝告人民的圣歌就是"阿毗（Api）的信徒无须纳税,他们自耕自食"。[89]对于国家附近的官员来说,蛮夷代表了罪犯、叛乱者和逃税臣民的避难所。

在我们所关注的四个主要文明,即中国、越南、缅甸和暹罗,官方的叙述并没有留出逻辑空间给那些停留在国家范围之外的"野蛮性"的真实诉求,更不用说那些被废弃的文明了。所有要发生的都是"可以预期的、无可避免的单一方向的同化"。在汉族的例子中,生和熟两个词的意思是不可逆的:生肉可以煮熟,但是不能再"回生"——尽管它可以腐败变质! 在这里没有双向行驶的道路或倒退。同样,核心文明是由许多不同来源构成的文化混合体,尽管这是无可争辩的事实,但并不被承认。[90]

一个文明如果将自己叙述为充满文化和社会的吸引力,其文化移入被描述为人们所期望的不断进化和上升的过程,那么这种文明本身不可能记载大规模的逃亡,更不用说解释这些逃亡了。这已经成为历史的通病。官方的叙述本身一定会掩盖逃亡;那些迁移到非国家空间的人,那些适应农业生态的人,他们都是自我族群化为蛮夷的,但在官方叙述中他们都变成从来就居住在那里的人。在15世纪中叶政府军队对瑶族取得决定性胜利之前,看起来是"很大程度上是汉人在名义上变成非汉人,而不是相反……边缘地区的移民在政府控制较弱的背景下接受了盘瓠王(族群神话)的符号,从而可以从附近的瑶族得到帮助。他们与那些到宫廷纳贡并对文明表示敬佩的'蛮夷'完全不同。从国家的角度看,反叛者背叛了文明,并将自己附着于蛮夷"。[91] 在文明的话语中,那些带着礼物的蛮夷也许还有荣耀之处,但是投向蛮夷的臣民就不同了。在清朝的文献中,他们被污蔑为奸,这个词现在很容易激起民族共鸣。[92]

"自我蛮夷化"有许多途径。那些要进行贸易、逃避纳税、逃避法律或者寻找新的土地的中原人口都在不断地进入蛮夷地区。一旦到那里,他们就要学习地方方言、在当地通婚和寻求蛮夷头人的保护。叛乱失败以后的残余(最著名的是19世纪的太平天国)和解体的王朝与王朝的追随者(比如在清初的明朝追随者)都构成了向蛮夷地区流动的人群。有时当地的蛮夷王朝很强大,就像南诏,中原人口也可能被捕获、买卖,并进而被吸收。被指定统治蛮夷地区的中原军官也经常会建立地方联盟、娶当地的妻子、维护其像地方首领一样的独立。最后一种自我蛮夷化的形式可以非常清楚地表明进入中原统治与文明化之间的联系。当中原统治下的熟夷区域起义成功以后,他们就会被重新划入生的范畴,并重新成为"蛮夷"。发生变化的并不是他们的文化,而只是他们与汉族统治的从属关系。[93]

威廉·罗威(William Rowe)指出,可能因为其巨大影响,"进入到蛮夷"可能更是常态,而非偶然的:"数个世纪的历史事实已经指出……逐步适应土著生活的中原人远比来适应中国文明的土著更多。"[94]一本完整人口记录的著作会表明,在这一背景下,文明的倒退是很普遍,甚至正常的,但在官方叙述中,它们都没有合法的位置。在王朝衰落、自然灾害、战争、瘟疫和特别残暴的统治时期,冒险家、商人、罪犯和拓荒者的稳定外流可能会变成人口失血。有人认为,许多靠近边疆的人口具有文化两栖的位置优势,可以在不同条件下游走于两边。甚至在中国西南边疆的今天,作为少数民族,也就是蛮夷,仍然有巨大的利益。比如逃避"一胎"的计划生育政策,不用缴纳某些税,并且从惠及少数族群的"优惠行动"项目中受益。就我所知,在这个地区的汉族或祖先混血的人都想登记成苗族、傣族、瑶族、壮族等。

5 远离国家，进驻山地

> 宝塔已经完成，但是国家已经被毁灭。
>
> ——缅甸谚语
>
> 当一个扩张的社区在扩展到新的地区以后没有将原有居民统合到自己的网络中，而是驱逐了他们，那些逃跑的人在他们所到达的新的地区就会形成新形式的社会。
>
> ——拉铁摩尔，《历史上的边疆》

"9·11"调查委员会在关于2001年纽约世贸中心所受攻击的调查中提醒人们注意恐怖威胁地点的改变。他们不是来自传统的敌对民族国家，而是来自于委员会所称的"处于最困难地区"、"没有统治和最无法无天"、"最遥远"和"巨大的无警察"的"庇护所"(sanctuaries)。[1]那些特别的庇护所被列举出来，如位于巴基斯坦和阿富汗边界的托拉博拉(Tora Bora)和沙伊克特(Shah-i-Kot)，以及菲律宾和印度尼西亚南部的"难以监管"的岛屿。委员会清楚地知道，恰恰是地理距离、险峻的地势，以及更重要的是相对的缺乏国家权力，这些因素的组合使这些地区可以顽强抵制美国及其盟友所行使的权力。但是他们所忽视的是，许多人之所以在那些地区存在，恰恰因为那些庇护地历史上就是逃避国家的地区。

正像缺少国家权力的边远地区给奥萨马·本·拉登及其追随者提供了庇护所一样，我们称之为赞米亚的东南亚大陆巨大山区为逃避国家的人提供了庇护所。如果从长远来看，我所说的长远是指1500年到2000年之间，将当代山民看作过去很长时期内的奴隶逃亡（marronnage），也就是那些逃避谷地国家政权建设的人的后代可能会更合理。他们的农业实践、他们的社会组织、他们的治理结构、他们的传说和他们的文化组织，都带着逃避国家或远离国家实践的痕迹。

对于直到不久之前山地人口还在增加，新的观点是将其看作逃避国家的移民过程，这种观点与过去的看法截然不同，而过去的看法并没有消失，至今仍是谷地人口民间信仰的一部分。旧的观点认为山地人口因为某种原因没有能够成功地实现转变，没有进入更文明的生活方式，具体地说，他们没有定居，没有水稻农业，没有低地的宗教，没有成为更大政治社区的成员（臣民或公民）。按照这种思路，更极端的看法是，山地族群是生活在某种高地文化污泥中的异类，因而其文化是不可能进步的。按照最近才开始流行的比较温和的说法是，这些人是在文化和物质上被"遗留在后面"（甚至可能是"我们活着的祖先"），因而应该成为发展的目标，将其整合进入民族国家的文化和经济生活中。

如果恰恰相反，赞米亚的人口应该被更确切地看作一个人口复合体，他们在历史上某个时间自愿远离舒适的国家区域，那么过去看法中所暗含的进化序列就站不住脚了。山地特性变成了国家作用的结果，即因为种种原因远离国家权力直接控制的人所创造出来的社会特征。我们将会看到，将山地人群看作抵制国家的社会,或者是反对国家的社会,更有利于理解山地的农业实践、文化价值和社会结构。

尽管早期的相关证据还不足,但是从中已经可以明确了解山地人口增加的主要逻辑。强大的谷地水稻国家兴起,在人口和军事上凌驾于小国之上,一方面导致了吸收和同化,另一方面又导致了排斥和逃避。那些被吸收的社会失去了自身的特色,尽管他们将自身的文化色彩添加到了代表谷地文化的最终混合体上。那些排斥和逃避的社会则逃向边远内地的庇护所,这些庇护所经常位于高海拔地区。他们所去的这些避难所原本也不是无人区,但是长久以来,逃避国家的移民及其后代在人口中占据的比重越来越大,成为地区主流。从长期的历史角度看,这一过程却是断断续续的。在王朝和平与商业扩展,还有帝国的成功扩张时期,国家权威庇护下的人口都会增加。尽管不像其玫瑰色版本所描述的那样温和和自愿,但是有关"文明过程"的标准描述还多少可以代表这个时期的特征。但在战争、作物歉收、饥荒、难以承担的税收、经济紧缩或军事征服时期,生活在谷地国家势力范围之外的优势就具有很大吸引力。谷地人口又向这些地区流动,这些地区往往是山地,其地形的阻力提供了免于国家统治的庇护,这在赞米亚人口增加和建构抵制国家的社会中起到了关键作用。在过去的两个千年中,既有这种大规模的移民,也有小规模的移民。每一次移民的浪潮都会遭遇那些先期来到或在山区定居已久的人。在这个统治松散的空间内,认同的冲突、融合和重塑在很大程度上造成了赞米亚的族群复杂性。由于在谷地国家自我陈述的文本中,这个过程并没有合理的空间,因而很少被记录下来。直到20世纪,这个现象还很普遍。甚至到今天,我们还可以看到其小规模的延续。

总有一个凌驾于一切之上的国家有力量造成很多人的迁移,并吸收那些不走的人。至少从汉代,当中国第一次成为伟大的农业帝国开始向南方的长江流域扩张(公元前202年到公元220年)开始,一直到清朝,以及后来的中华民国和中华人民共和国,那些逃避被统合的人就断断续续地一直向南部、西部,以及西南部的赞米亚迁移,包括云南、贵州、广西和严格意义上的东南亚。建立比较晚的一些稻作国家小规模地模拟了同样的过程,并不时给中国的扩张制造战略障碍。缅甸、暹罗、郑氏政权是其中特别著名的,但至今他们仍然只是一些小国联盟,而在历史上起到同样作用的一些稻作小国,比如南诏、骠国(Pyu)、南奔/哈利班超王国(Lamphun/Haripunjaya)和景栋等,都已经在历史中消失了。就像不断捕获和吸收人口的人力机器一样,他们也以同样的方式不断把逃避的人口吐出到山地,并制造出他们自己的"野蛮"边疆。

山地作为避难所,可以逃避强加给国家臣民的大量负担,其重要性并非没有被认识。正像让·米肖所观察到的,"在某种程度上,山民可以被看作战争导致的无家可归的逃亡者,他们自愿留在那些试图控制劳动力、税收来源,以及稳定掌控人口从而可以征募军人、男女奴仆和奴隶的国家政权的直接控制之外。这意味着他们总是处于流亡之中。"[2]如果从历史、农业生态和民族志的角度看,米肖的观察提供了一个有力的透镜,可以把赞米亚看作抵制国家的巨大边疆。这一章,以及接下来的两章,都是为了从比较宽的视野中,分析和概括这一特定透镜的分辨能力。

中心之外的避难所

我们试图用来理解赞米亚的视角并不新奇。当王国在世界许多地方的扩张迫使人们必须在被吸收和抵制之间进行选择的时候,大大小小的相似案例就会发生。当受到威胁的人口自己组成了国家的形式,抵制就会采取军事对抗形式。如果被打败了,被征服者就会被吸收或搬迁到其他地方。如果受到威胁的人口是无国家的,他们的选择往往只能有两种,或者被吸收,或者逃离,而在逃亡过程中经常在逃避的尾部出现小型战斗或抢劫。[3]

贡萨洛·阿吉雷·贝尔特兰(Gonzalo Aguirre Beltrán)在差不多30年前对拉丁美洲做出了类似的论断。在《避难的区域》(*Regions of Refuge*)一书中,他指出,在远离西班牙控制中心的边远和难以进入的地区,仍然保留了一些前殖民社会的内容。其位置是基于两种考虑决定的:第一,这些地区对于西班牙殖民者来说经济价值很低,甚至没有经济价值。其次这些地方在地理上很险峻,距离阻力特别大。阿吉雷·贝尔特兰指出,这些地区"是崎岖不平的乡下,由于地理困难而与交通线路隔绝,地形崎岖不平,农业产量很低"。沙漠、热带丛林和山脉构成了三种环境,每种都"条件恶劣,难以进入"。[4]按照阿吉雷·贝尔特兰的陈述,当地人口大多是遗留在这类地区,而不是从外界被逼进入或逃入这些地区的,对于西班牙人来说,他们既不能带来经济利益,也不能构成军事威胁。

阿吉雷·贝尔特兰还看到,一些土著人口因为西班牙人掠夺了他们的土地而被迫放弃田园,退避到那些拉地诺殖民者

(Ladino)最不想要的、因而也是安全的地方。⁵随后的研究大大提高了对逃跑和退避在这一过程中作用的认识。从长远来看,阿吉雷·贝尔特兰所讨论的"土著"人口,如果不是全部,至少有许多人曾经是定居农民,生活在等级森严的社会中,由于西班牙的压力和瘟疫所带来的人口大量死亡,他们被迫重构他们的社会,使之更具有适应和流动性。因此,斯图尔特·施瓦茨(Stuart Schwartz)和弗兰克·所罗门(Frank Salomon)写道,"减小标准群体的规模,使亲属制度更有弹性,以及削弱社会—政治的集中度",从而将复杂河流系统中的居民转变为"分散以村庄为单位的村民"。与其将后者看作落后的部落人口,甚至是新石器时代的人,不如将其看作对历史上政治威胁和全新人口背景的适应。⁶

在施瓦茨和所罗门的论述中可以看出,现在这已经被理解为一个巨大的人口迁移和民族重组的过程。在巴西,从殖民的"归化区"(reducciones)和强制的劳动营逃离出来的土著,包括"战败村庄的遗民、混血儿(mestizos)、逃兵,以及逃亡黑奴",经常在边疆地区联合起来,有时他们会沿用移居地本土人的民族认同,有时会形成新的认同。⁷就像亚洲的水稻国家一样,西班牙和葡萄牙的统治项目也需要在国家空间中控制大量人力。由于强制定居导致的逃亡,其结果是形成了两方面的分界,一方面是国家区域,另外一方面则是位于国家势力范围之外高地上反抗国家的人。考虑到新世界所独有的人口大量出逃,它与东南亚模式的相似之处非同一般。关于1570年的归化区,施瓦茨和所罗门写道:

> 西班牙在人口减少和需要大量殖民劳动力时候,强制

人们定居在各个核心教区中。它在以前印加王国范围内迁移了成千上万印第安人并重新安置了其人口。这些项目将分散的农牧混合定居点集中成为同一欧洲样式的小镇。尽管项目从来没有像计划的那样成功，但其结果却大同小异，这包括外围和高地土著与"文明"教区中心的持久对立……人口减少，沉重的纳贡，以及导致成千上万人离开家的强制劳动配额制度，还有整个人口的重组。[8]

在安第斯山，文明的中心与"土著的外围"之间明显的对立在被征服之前就已经存在，也就是印加宫廷与边陲抵制国家人口之间的对立。但是地理高度却是颠倒的，印加王国在高处，而边陲在低海拔、潮湿的赤道森林中，那里的居民有很长反抗印加统治的历史。这一颠倒也提醒我们，前现代的国家建设是耕地和人力的集中，而非地理高度本身。在东南亚，大面积的水稻田都在低海拔地区，而秘鲁则不同，2700米以下的耕地一般都比较少，而在此之上，与灌溉水稻不同，新世界的玉米和马铃薯可以广泛种植且有较好的产量。[9]尽管在印加文明中，地理高度的作用被颠倒了，但是无论是印加或西班牙，国家都带来了抵制国家的"野蛮"边陲的兴起。在西班牙统治中，最引人注意和具有教育意义的是，野蛮边陲的大部分人口是从复杂的定居社会中逃跑出来的，他们有意选择了这个地方与来自国家空间的危险和压迫保持距离。这样就意味着他们要放弃其永久的耕地、简化其社会结构、分裂成更小和更具有流动性的小群。具有讽刺意味的是，他们甚至成功地愚弄了早期的民族志学者，使他们相信雅诺马诺人（Yanomamo）、西里奥诺人（Siriono）和土颇瓜拉尼人（Tupo-

Guarani)等分散居住的人都是原始人群的活化石。

那些曾经组织起来反抗欧洲人的统治以争取自由的人群成为拒绝服从的代表。这类散居的地区,特别是如果有足够的生存资源,就会像磁石一样吸引那些向殖民政权势力范围之外寻找庇护所的许多个人、小群体和整个社区。从施瓦茨和所罗门的著作中可以看出,打败欧洲人,并控制了亚马逊上游许多支流的希瓦罗人(Jívaro)及其邻居匝帕罗(Záparo)人是如何变成这样的磁石的。[10]人口流动不可避免的结果就是出现了大多数逃难地区所共有的特点:复杂得令人困惑的多种认同、族群性和文化的混合体。

在17世纪晚期和18世纪大部分时间的北美,当英国和法国通过其土著北美盟友,其中最突出的是易洛魁人和阿冈昆人(Algonquin),竞争统治地位的时候,大湖区就成为避难和人口流向的地区。这一地区充满了从各个地区来的,带着各种不同背景的逃亡人口和难民。理查德·怀特将这个地区称为"碎片组成的世界":背景完全不同的村庄排列在一起,还有许多人群混杂的定居点被建立起来。[11]在这样的背景下,权威是纤弱的,甚至在一个小村落层面上也如此,每一个居住点本身都很不稳定。

由于非洲奴隶的逃入,新世界避难区里百衲衣一般的民族组合变得更加复杂了。这些非洲奴隶被运来本来是为了弥补因为无法将剩余土著变成奴隶而导致的人力不足,他们本身是通晓多种语言的人群。当奴隶外逃躲避奴役时,他们发现避难区域已经有当地土著人群生存了。在佛罗里达、巴西、哥伦比亚和加勒比的许多地区,这种相遇带来了无法进行简单描述的杂交人口的出现。奴隶和土著并非是唯一试图生活在远离国家地方的人群。冒险家、商人、盗贼、逃避法律的人和被流放者,这些人是许多边疆地区所共有的,他们也漂入这个空间,从而更增加了其复杂性。

这里的模式与历史上的模式有些相似。国家的扩张一旦带有某种形式的强制劳动,就会培育出(如果地理条件允许)超越国家的逃逸和避难地区。这些地区的居民往往是由逃亡者和早期定居的族群共同构成的。欧洲的殖民扩张无疑提供了有关这一模式最好的有文字记录的例子,然而这一模式同样适用于现代欧洲本土的早期。从15世纪开始,逃避俄国农奴身份的流民创建了哥萨克的边疆,我们后面还将回到这个例子上进行分析。

第二个例子也特别富有启发意义,那是17世纪晚期和18世纪早期,介于农业国家普鲁士和勃兰登堡与海上强国威尼斯、热那亚和马赛之间的"逃亡走廊"(outlaw corridor)。[12]农业国家对征募士兵的强烈需求使他们持续地扫荡"流浪汉"以满足大量征募的额度,所谓"流浪汉"就是那些没有固定居所的人。吉卜赛人是被侮辱和蹂躏最严重的贫困流浪者,他们被宣布为罪犯,成为臭名昭著的"猎获吉卜赛"(*Zegeuner Jagt*)的对象。在西南部,海洋国家为了船上奴隶也进行着同样残酷的竞争,那些奴隶也是从贫困流浪人口中被强行征募的。在这两个地区,军队和航海苦役被公认可以代替死刑,而且猎获流浪汉与军队人力需要之间有密切关系。

在这两个强制苦役地区之间有一个空隙是相对自由的,许多流浪的穷人,特别是吉卜赛人逃向那里。这块无人的土地,这片狭窄的避难之区,成为众所周知的"逃亡走廊"。逃亡走廊就是在"巴拉汀(Palatine)和萨克森之间的移民聚集区,因为远离普鲁士—勃兰登堡征募区,也远离地中海(对于后者来说,每个奴隶的运输费用甚至高过成本)"。¹³就像在阿吉雷·贝尔特兰所描述的避难区和黑人逃奴社区一样,逃亡走廊是国家作用的结果,同时,又是抵制国家的社会空间,这一空间形成于拒绝臣服的意识和行动。¹⁴

在我们回到赞米亚本身之前,简单地考察东南亚另外两个逃避国家控制的山地逃亡区域是有价值的。第一个是东爪哇的腾格尔(Tengger),在这个例子中,从移民动机上可以看到大量残留的文化和宗教特征。¹⁵第二个例子看起来是很少见的,这个例子在吕宋北部,那些逃亡人口所去往的避难之区实际上无人居住。

腾格尔高地很特殊,是爪哇一个重要的非伊斯兰堡垒,它是唯一一个在16世纪早期最后一个印度佛教王国玛迦帕夷(Majapahit)瓦解以后,逃脱了伊斯兰化浪潮,并保留了印度湿婆(Hindu-Shaivite)祭司的地区。在当地的传说中,一部分被打败的人逃到了巴厘岛,而另一部分则试图到高地避难。正像罗伯特·赫夫纳(Robert Hefner)指出的,"非常奇怪的是,腾格尔高地的现代人口紧紧依附于印度祭司,但是完全没有印度其他的典型特征,如种姓制度、宫廷和贵族统治。"¹⁶高地人口总是周期地被来自低地寻求避难的移民浪潮所重新填充。当17世纪谷地王国玛塔兰兴起的时候,它不断派遣远征队伍进入山区去捕获奴隶,这使那些逃脱捕获的人进入更远的比较安全的坡地。在17世纪70年代,一位马杜拉(Madurese)王子起兵反抗受到荷兰庇护的玛塔兰,当反叛失败以后,失败的叛乱在荷兰追捕者之前先行逃入山地。另外一位反叛者,也是巴苏鲁安(Pasuruan)的奠基者,一位苏拉巴蒂(Surapati)的脱籍奴隶,也被荷兰人打败,但是他的后继者却依托腾格尔的堡垒,进行了多年的抵抗。腾格尔高地的例子是令人震惊的,它被赫夫纳看作250年政治反抗的产物,是在荷兰统治下包括奴隶、战败者、逃税人、逃避文化同化和强制农耕的逃亡者共同累积的结果。

到18世纪晚期,大量人口已经迁移到海拔最高的地区,那里难于进入和容易防御,尽管经济上贫瘠。非穆斯林的高地人口每年一度都会回忆他们的逃亡历史,届时他们将牲礼投入火山以纪念他们从穆斯林军队下逃脱。尽管带有印度的痕迹,但是独特的传统给他们都打上了深深的文化烙印,这体现在他们的家庭自主、依靠自己和反等级制度的冲动。与低地模式完全相反的特征深深震动了第一次访问这个地区的林业官员:"你无法区分富人与穷人。每个人说话方式都相同,对所有人都没有区别,不管他们的地位如何。面对父母,甚至是村长,孩子们说话也只是用平常的纳锅喀(ngoko)。没有人对其他人弯腰或鞠躬。"[17]就像赫夫纳所观察到的,腾格尔高地人的主要目标是避免"被整齐划一";他们期望不同于等级制度严格并受到社会地位约束的低地爪哇人的行为。因此,腾格尔高地的人口和社会风气应该被看作国家作用的结果,也就是说在500多年中由来自低地逃避国家的难民所占据的一个地理区域,他们强调平等的价值和印度仪式,从而使他们有意识地与等级观念强烈的低地伊斯兰人保持区别。[18]

历史上东南亚海岛多山的吕宋北部是第二个例子,这个例子在结构上与我希望研究的赞米亚大体相近。与腾格尔高地一起,吕宋北部可以被看作一个小型赞米亚,大部分人口都是来自低地的下层逃亡者。

在《吕宋北部民族史》这部详细的著作中,费利克斯·基辛（Felix Keesing）给自己设定的任务就是解释高地和低地民族之间的文化和民族区别。他不认可将两个民族的区别解释为本质和原生的,这种解释将他们在吕宋的出现看作两个完全平行的移民历史。相反,他认为那些区别应该回溯到西班牙占领时期,追溯到"最初作用于同样一群人口的生态和文化动力"。[19]这一整体景象仍然是超过500年的逃亡图。

甚至在西班牙人16世纪到达之前,一些岛民就向内陆迁移,以逃离沿海伊斯兰奴隶贩子的势力范围。那些仍然停留在沿岸附近的人经常建起瞭望塔,每当奴隶贩子靠近的时候,就发出警报。当西班牙人出现以后,逃避奴役的理由立刻多出了几倍。与稻作国家一样,将人口和农业生产强制集中在特定空间是国家权力建设的关键。[20]就像拉美的归化区一样,僧侣地产（friar estates）也是一个强制劳动的系统,在这个系统中,"基督教化文明"被作为其合理的意识形态。正是从这些低地权力的"强制之屋"（forcing-houses）中,人民逃向了内地和山地,基辛相信,直到那时候为止,这些地方还是人口稀少的。他指出,那些文献证据"表明了那些很容易被攻击的民族是如何面对两个不同选择的,或者服从于外来的控制,或者退向内地。有些人后退到内地,也有一些在不断反抗西班牙统治中,逐步地退向山地……在西班牙统治下,向山地的撤退成为所有9个区域研究中最主要的历史主题"。[21]

大多数的高地人都曾经是低地人,他们逃向高海拔地区,开始了精密而复杂的分化过程。[22]在其新的生态环境中,各种不同的逃亡民族采取了新的生存规律。对于伊富高来说,这意味着在高海拔地区形成复杂的梯田制度,这使他们可以继续种植灌溉水稻。而对于其他许多族群来说,这意味着从固定的农业转变为游耕或采集。在很久之后,当遭遇到外来者时,这些人群被看作是本质上不同的,从来没有超越"原始"生存技术的人群。但是正像基辛所警告的,简单地将今天从事采集的人们看作肯定在100年前也从事采集是毫无道理的;他们可能也曾经是农耕者。基辛相信,许多不同时期的移民浪潮,移居的不同地理高度,以及他们的生存模式可以解释与谷地的一致性形成鲜明对比的山地种族景观的多样性。他提出了一个解释族群分化之所以发生的一个框架性模型:"最简单的理论图景……是一个原初的人群,部分仍然保留在低地,部分迁移到山上。每一个部分接下来都会经历族群重构,从而变成不同的族群。持续的联络,也就是贸易,甚至战争对双方都会产生影响。移居高地的人群会分裂,并定居在不同的生态区位,如不同的海拔高度,从而在山地具有多样的重组机会。"[23] 低地国家一部分人口外逃的历史事实造就了山地和谷地的分裂。山地的文化、语言和族群多样性部分源于与低地的冲突,部分来源于极为多样的生态区位,以及由于地形阻力(friction of terrain)所带来相互之间的相对隔绝。

在许多地方,山地和谷地的生活方式都是由文化决定和填充的。在吕宋,低地往往与天主教、洗礼、从属(纳税和劳役),以及"文明化"联系在一起。而山地,从谷地的角度看,则与异教、改宗、原始野蛮、残暴,以及不服和反叛密切相关。很久以来,洗礼被看作服从新统治者的公众行为,他们远离了反叛(那些逃离开的人被称为*remontados*)。与其他地方相似,从谷地中心的角度看,"野蛮的"(*feroces*)和"驯服的"(*dociles*)山地人被加以区分,就像美国区分"友好的"和"充满敌意"的印第安人一样。在吕宋,普遍存在着因基本政治选择造成的人口分裂,一种选择是成为谷地等级政治的臣属,另外的选择则是成为比较自主生活的山地人。但是这种分裂却被重新解释为文明和先进的人口与原始和落后人口之间本质上的区别。

赞米亚人口的增加:漫长的行程

> 许多作者用未开化(savages)一词来表示印度支那山地部落,这很不准确,是严重的误解,这些部落比那些平原国家中纳税的人口更文明和更人道,事实上他们曾是原来那些强有力帝国的一部分。
> ——柯乐洪(Archibald Ross Colquhoun),《在掸邦》(Amongst the Shans),1885

在很大程度上赞米亚人口的增加是国家作用的结果。人们从长江、黄河和珠江盆地,以及川藏高原的迁移有差不多2000年之久的历史,这个过程很复杂,非我的能力可以说清楚的。理论和传说很丰富,但可以证实的事实却很少,原因很可能在于我们所讨论的"人群"被给予如此多完全不同且相互矛盾的名称,从而让我们很难知道他们是谁。比如,我们无法想象15世纪时候被称为苗的民族(这也是个外来的称呼)与18世纪统治者所称的苗有着任何关系。名词术语的混乱是我们无法想象的。在不断重复的移动和复杂的文化碰撞的乱象中,每个人群都如此快速地重组和转变,完全无法想象这些人群有长期的谱系和语言的连续性。

　　面对如此巨大的认同不确定性，可能很难概括出迁移的一般模式。就像中原王朝从他们最初无水稻的黄河流域核心区扩张到新的水稻国家区域——也就是长江和珠江盆地，并沿着河流和平地向西扩张。原来生存于这些扩张区域的人口面临着三种选择：被同化和被吸收、反叛或逃跑（经常是在反抗失败以后）。各省及不同朝代不断变换的反叛节奏大体可以反映出国家扩张的地理和历史尺度。反叛往往发生在那些汉族扩张压力巨大的地方。一张摘自《中国大百科全书》的反叛统计表可以说明很多问题。

　　表1反映了唐代早期进入四川和接下来宋朝试图控制四川、广西和湖南的几次主要进军。这个地区在14世纪被30万明军和军事殖民者入侵以打击残余元军之后有一段相对平稳的时期。大量的入侵者就像过去的元人一样定居下来，这激起了大量反叛，特别是在广西和广州的苗族和瑶族中。[24]尽管在这个表中没有表现出来，但是在这个地区的帝国侵入和武装反抗一直持续到清朝。清朝改变了进贡的统治方式，转而采取直接的汉族统治，这激起了更多的反抗和逃亡。在1700到1850年之间，差不多300万中原的移民和军队进入西南省份，使2000万人口中中原的比例迅速膨胀到60%。[25]

　　在中原扩张的每一个阶段，都会有或大或小的势力服从于中原的统治，并最终被吸收成为王国纳税的臣民。尽管这些族群作为有着自己的名字和族群认同的群体消失了，但是对于在那些地区成为名义上的"汉"人意味着什么留下了不可磨灭的标记。[26]只要还有开放的土地供那些想保留在国家之外的人逃亡，移民的可能就始终存在。那些习惯于灌溉水稻耕作的

表1 《中国大百科全书》中有关中国西南各省到17世纪中叶的起义情况

	公元前722—前207	公元前206—公元264	公元265—617	公元618—959	公元960—1279	公元1280—1367	公元1368—1644
四川	0	2	1	0	46	0	3
湖南	5	20	18	10	112	6	16
广西	0	0	0	14	51	5	218
广东	0	4	3	5	23	17	52
云南	1	3	3	53	0	7	2
贵州	0	0	0	0	0	0	91

资料来源：Herold J. Wiens, *China's March toward the Tropics: A Discussion of the Southward Penetration of China's Culture, Peoples, and Political Control in Relation to the Non-Han-Chinese Peoples of South China in the Perspective of Historical and Cultural Geography* (Hamden, Conn.: Shoe String, 1954), 187.

人，其中最著名的是泰/佬族的人，在高地寻找适合水稻耕作的小块谷地。其他的人群退缩到更遥远的坡地和峡谷中，对于汉人来说，这些地方既没有财政收入，也不适合农业，但就是在这里，他们仍然有机会保持独立。在若干世纪中，这是使赞米亚有人口居住的主要过程。正像最早关注这些人口大量移动的编年史家哈罗德·温斯（Herold Wiens）所详细记载的，

> 这些入侵的结果是在长江流域的人向西南的云南边疆迁移，中国南方部落民从其原来居住的地方转移，被强制离开其比较好的农业耕地的过程中，中国南方逐渐被汉族人定居。为了保持其生活方式，部落人群总是

向那些人口稀少的边疆地区前进,那里潮湿、高温和充满瘴气的环境不适合汉族人口,阻止了其前进。移动的第二个方向是垂直地移动进入更不适合的高山地区,那里不适合稻作,汉族的农耕者不喜欢进入。第一个方向的移动包括居住在谷地,亲水的稻作泰族人。第二个方向的移动是在山地间流动的刀耕火种的游耕民,包括苗族、瑶族、倮倮族(Lolo)和与他们相联系的农业人群。然而垂直移动没有为这些被搬迁的山地部落人群提供足够的空间,因此在他们之中,还有大量人迁移到南方和西南边疆地区,甚至跨过边疆到达越南老挝接壤地区,以及泰国和缅甸北部。[27]

在云南、贵州和广西西北部的高地,多山的地形构成了中原王朝扩张其权力和殖民的障碍,距离阻力在阻止其移动上发挥了重要的作用。由于这种崎岖不平的地形继续向南部延伸,跨越了现在已经成为国家之间边界的地方,进入到东南亚大陆国家的北部和印度的东北部,这些地方也就必然成为我们现在所称赞米亚的一部分。确切地说,正是这些阻碍国家扩张的地理堡垒成为那些逃避被统合的人群所驱向的地方。在长期的过程中,他们适应了山地环境,并且如同我们在后面将要看到的,发展了逃避被统合的社会结构和生存习惯,因此现在他们被其低地的邻居看作是贫困、落后的部落民,缺少文明所需的才能。但是正像温斯所解释的,"毫无疑问,当今'山地部落'的祖先也同样曾占据过低地平原……直到不久之前,苗族与瑶族才作为山地居民,与其他人群形成了严格的区分。那些希望逃脱被统治或被消灭的部落民与其说热衷于,倒不如说是必须经过这样的发展。"[28]

任何从历史的角度对特定人群迁移进行深入和精确叙述的企图都会遭遇困难,原因之一就是这些人群如此频繁地被重组。不过温斯已经试图将一般所称的苗族,而他们自称果雄(Hmong)的一个大人群的历史碎片重新组合起来。大概在6世纪前后,有着自己统治结构的"苗人"(Miao-Man,意味着野蛮人)对长江以北的地区构成了主要的军事威胁,在403年到610年之间发动了超过40起叛乱。有时他们被打散,那些没有被吸收的人就变成没有头领的散乱人群。"苗"一词在长时间内一直被不加区别地用来指称中原王朝边疆地区各种无头领的人群,实际上几乎是"野蛮"一词的缩写。在过去500年的明清统治之下,同化或"压制和消灭"的行动几乎没有间断。在1698年、1732年和1794年的起义以后都紧接着镇压,特别是1855年贵州的造反导致了苗族人在中国西南和东南亚大陆向许多方向的逃散。温斯把这些镇压描述成与"美国对待印第安人"类似的驱逐和消灭。[29]

苗族匆忙逃亡的结果之一就是他们广泛分布在整个赞米亚。尽管在高海拔地区广泛种植鸦片和玉米,但是在海拔不很高的地方,苗族/果雄人仍然种植了水稻,同时还从事采集和游耕。温斯认为这种多样性的产生是因为他们到达特定区域的时间不同,与其他族群的竞争力不同。[30]如果后来的族群有比较强的军事实力,他们就会占据谷地的土地,迫使原来的族群向更高地方搬迁,这像是齿轮效应。[31]如果后来者的能力有限,他们只能占据那些被遗留的小地块,经常是在山坡高处的。不管哪种方式都产生了依高山或山脉而形成的"族群性"的垂直堆叠。因此,在西南地区的云南,孟族分布在1500米以下,泰族分布在高达1700米的高山盆地,而苗族和瑶族在更高的地方,最后是阿卡族,他们也被认为是这个地区最弱的族群,他们在靠近山顶的地方,可达1800米。

在被迫向西或西南的赞米亚山地迁移的文化和人群中,泰族明显是人数最多,也是当今最显赫的族群。泛泰族的语言社区包括了泰族和低地的佬族、缅甸的掸族、中国西南的壮族,以及从越南北方直到印度阿萨姆邦的各种相关族群。泰族的许多分支(并非全部)与赞米亚其他大多数人群的区别在于,如同大家所说的,他们是不断建立国家的人群。他们有长期种植水稻的经历,其社会结构是专制统治的,有着很强的军事威力,而且在很多情况下,其宗教也是支持其国家形成的世界宗教。从历史上来看,事实上"泰族群性"就像"马来族群性"一样,就是一个人数不多的军事精英/贵族上层带有建立国家的技术,这一技术在漫长的历史中同化了许多不同人群。他们最大的创造国家的努力是在云南建立了南诏王国和其后继者大理王国(737—1153),他们击败了唐朝的入侵,并一度控制了四川首府成都。[32]在被蒙古入侵破坏之前,这一权力中心已经征服了缅甸中部的骠王国,并扩展到泰国北部和老挝。蒙古的胜利导致东南亚高地及周边地区进一步瓦解。在山地,只要有一块适合种植水稻的平原,就很容易看到一个泰族模式的小国。除清迈和景栋等特别适合的环境之外,大多数小国都受到生态资源的限制,规模很小。一般情况下,正像一个英国观察者所描述的,为了相互竞争人口和贸易通道,缅甸东部的山地就像"诸多掸族小国的混乱疯人院"。[33]

赞米亚复杂的人口流动、族群重组、特有的生存方式,以及长期存在的小国林立,都使人望而生畏。比如说,尽管一个人群最初为了逃避中原王朝或缅甸的压迫而逃亡到山上,但是接下来有多种原因导致了其无休无止的移动和分散,比如与其他山地人群的竞争、没有足够的土地从事游耕、群体内部的摩擦、不断的坏运表明地方神灵的不再眷顾、逃避猎奴者等。更重要的是,任何一次大规模的迁移都会引起链式反应,最初的迁移引发其他迁移,就像草原民族入侵又带动了其他民族的移动,并导致了罗马帝国的衰亡。或者用一个更现代的例子,就像赛道上的碰碰车,每一次新的碰撞都加剧了已有的效果。[34]

无处不在的逃亡及其原因

> 许多缅甸人和勃古人(Peguans)已经不能再忍受向他们征用人力和钱财的沉重压迫和持续掠夺,带着其家人,逃离了他们自己的土地……这不仅导致了军队,而且包括王国人口的大幅度下降……当我第一次到达勃古,阿瓦河(伊洛瓦底江)的每一个转弯都是一个连续的长长居住带,但是当我再回到那里,整个沿河只能看见很少的村庄。
>
> ——圣杰尔马诺(Sangermano)神父,1800

中原王朝在差不多2000年中对赞米亚的压力就是一个将人口推向山地的单一历史过程,尽管这一压力时有时无,但却总是朝向一个方向。当然我并不是说只有这一个动力。骠、勃古、南诏、清迈和许多缅甸和泰国的国家核心在形成过程中都将人口置于流动中,并迫使许多人离开其势力范围。"正常"的国家进程,如征税、劳役、战争和反叛、宗教异端和国家建设的生态后果导致了两种结果,一种是国家控制范围内臣民经常性的外逃,另外一种是短时间内大规模的突然外逃。

几乎无须夸张东南亚农民的自由程度,不管在平原还是山地。早期欧洲的来访者、殖民地官员,以及地区历史学家都注意到,这里的村民一旦对其条件不满意,或者觉得在新的方向有机会,就会轻易地迁移。《上缅甸和掸诸国志》(The Gazetteer of Upper Burma and the Shan States)所包含的数千村庄和城镇的简短资料足以支持上述结论。[35]编辑者一次次地被告知,村庄都是由来自各地的人在不久之前或数代之前建立的,他们往往是为了逃避战争和压迫。[36]而在另外一方面,原来是繁华城镇的定居点现在则完全被废弃或只有一些残留人口的小村寨。所有的证据都表明,前殖民时代的人口更替和迁移是常态而非特例。包括水稻种植者在内的东南亚农民令人吃惊地四处迁移,与原有"稳定地植根于某地的农民家庭的刻板印象"完全相反。然而,正像罗伯特·埃尔森(Robert Elson)所说,"无论是现在(殖民时代)还是以前,农民生活中的主旋律是移动而非固定。"[37]

毫无疑问,许多移动都发生在低地,也就是在低地王国之间,从一个王国的核心到边陲,从资源贫乏的地方到资源富裕的地方。[38]但是正像我们已经看到的,这些移动的绝大部分还是向山区、向高海拔地区的移动,从而进入低地国家控制区域之外的地方。19世纪早期缅甸侵入阿萨姆邦,作为对缅甸征兵和征税的反应,亲敦江(Chindwin)上游谷地城镇的蒙匡(Möng Hkawn)人逃避到更高的地方:"为了避免他们持续面对的压迫,掸族人到亲敦江沿岸的边缘峡谷和谷地寻找避难所,而克钦族则在流域最东部的山坳处避难。"[39]为了详细阐述这样的模式,J. G.斯科特写道,"山地部落"因为战败而被发配到山区,从事被他错误地看作艰苦而繁重的农业生产形式。"这些艰苦的工作被留给软弱的原住民或其他部落民,也就是那些很久以前被缅甸人欺压而逃出肥沃平原土地的人。"[40]在深思各地族群多样性以后,斯科特将整个赞米亚概括为一个巨大的逃亡和"分散分布"之地。他的概括已经反映在前面所引用的温斯的著作中,非常值得在此大段引用:

> 印度支那(东南亚)已经成为来自中国和印度逃亡部落的公共避难地。在数个世纪中并没有跨越长江南部的中华帝国的扩张,以及塞西亚(Scythian)部落对旃陀罗笈多帝国和阿育王的摩揭陀国的入侵共同发挥作用,将原住民驱逐向东北部和西北部,并在印度支那为生存而抗争。只有这样的理论才能解释在掸地诸国及周边地区受保护的谷地和高山,为什么会有如此之多的民族多样性及非常明显的种族差异。[41]

我相信,斯科特将赞米亚看作一个避难所在本质上是正确的。但容易让人误解的是,他暗含着假设殖民者所遭遇的山地民族全部是原来的"土著"族群社区,他们的历史连贯一致、谱系和语言都连续。然而大部分山地人很可能都是逃避国家空间的谷地人。除此之外还有"建立国家权力"的谷地人群,像大部分的泰族,他们败给更强有力的国家,因而分散或整体搬迁到山地。此外我们还会看到一些人,他们是谷地国家的碎片遗留:开小差的士兵、反叛者、被打败的军队、破产的农夫、逃避瘟疫和饥荒的村民、逃亡的仆役和奴隶、王位争夺者及其拥护者、宗教异端的信徒。正是这些被谷地国家吐出的人群,加上在迁移过程中不断混合和重组的山地人群,使赞米亚的认同异常混乱和令人困惑。[42]

很难判断大规模的逃亡对山地人口增加起到了什么作用。我们现在关于千年以前的山地人口数据还不足以弄清楚这个问题。我们现有不多的考古资料证明,过去山地人口是比较稀少的。保罗·惠特利指出,可能像基辛所讨论的吕宋岛北部山地一样,东南亚岛国的山地直到最近基本上是无人地区,这使它们"在19世纪晚期之前对人类基本没有什么意义"。[43]

为什么谷地国家的臣民或者自己主动,或者被强迫逃离,其原因是复杂的。下面是对一些最普通的原因的描述。在这里我们忽略了一个很常见的历史现象,当国家权力向其核心收缩或在其核心崩溃时候,人们不用迁移就自动处于国家势力范围之外。[44]

税收和劳役

东南亚前殖民时代国家机器的关键问题是保持对臣民压迫的限度,使他们不会整体逃亡,尽管这种限度经常被打破。在一些相对弱的王国彼此竞争人力的地区,人民一般不会受到严重压迫。当然在这种情形下,移民也可能会受到粮食、役畜的诱惑而迁移到王国内人口稀少的地区。

而掌握了大规模水稻核心区的大国,就像垄断者一样,更倾向于压榨臣民到极限。特别是在核心区,当王国受到打击,或者王国被一个有着宏大计划要侵略他国或大兴土木的君主所统治的时候,尤其如此。皎色(Kyauk-se)人居住在缅甸王国传统的农业核心区,由于税收过重,他们异常贫困。[45]前殖民时代的一些特征加剧了过度剥夺的危险:使用"代税人"(tax farmers),这些代税人通过招标才得到收税的权利因而决心获利;差不多一半的人口是俘虏或其后代;很难预测某一年的重要作物的产量,以及交通运输所能承载的量。除了按家庭和土地而提供劳役及税负外,还有很多其他的负担。至少从理论上说,包括基于所有能想到的物品而缴纳的税费,如饲养牲畜、祭祀纳塔（*nat*,神灵）的圣坛、结婚、伐木、捕鱼网、树脂（caulking pitch）、硝、蜂蜡、椰树和槟榔树,以及大象,当然还包括在市场和道路上所征收的数不胜数的费。这里需要提起的是,对王国臣民的实际定义并非是族群的,而是有纳税和服役的民事义务。[46]

当臣民被逼到爆发点的时候,他们有多种选择。最普遍的做法是逃避为皇家服务,转而成为也在竞争人力的某一个名人或宗教权威的"附属",这是最麻烦的方法。如果不能做到这一点,另外的选择就是转到临近的另外一个低地王国。在过去的3个世纪中,成千上万的孟族、缅甸和克伦人以这种方式进入了泰国的范围。此外还有一种选择则是迁移出国家的势力范围,逃逸到内地和/或山地。比较起公开叛乱的风险,人们更倾向于上述这些选择。一般只有那些试图竞争权位的精英才会选择公开叛乱。直到1921年,面对泰国征用劳役的巨大压力,苗人和果雄人的回应是消失到森林中,消失以后也就看不到官方的公告了。可以假设,这是他们故意的。[47]奥斯卡·萨尔铭珂（Oscar Salemink）甚至报告了更晚时期,为了逃避越南官员和干部的横征暴敛,山地人群集体逃向更偏远的地方,通常是海拔更高的地方。[48]

如同我们所看到的,人口的流失有些像是自我平衡的机制,削弱了一个王国的权力。有限忍耐被打破经常成为人口流失的最初信号。在许多编年史中都可以看到,最能说明问题的信号是"流浪"(floating)人口的出现,他们或者成为乞丐,或者因为绝望而成为小偷或土匪。只有逃亡才是在不幸时期逃避臣民负担的唯一可靠出路。这些逃亡多是从水稻农业区逃亡到游耕或采集区。有多少人是从水稻区迁移的,很难有肯定的答案,但是从口述史来判断,从过去低地种植水稻的农民转变成的山地人并非少数。[49]

战争与反叛

> 我们就像蚂蚁,从我们多灾多难的地方逃到安全之所。我们为了安全而丢弃了所有东西。
> ——逃亡到泰国的孟族村民,1995

> 持续的反叛和勃古、缅甸和掸族之间的战争……已经困扰这个国家500年了。那些幸存下来的人或者被残忍的入侵者赶出原来的家园,或者被拉去为国王打仗……有时候那些有产者(农夫)被杀光,不被杀的则远走他乡,不管他们如何怀恋,他们也无法保有其祖先所遗留的财产。
> ——J. G. 斯科特[Shway Yoe]:《缅甸人》

查尔斯·梯理所创造的名句"国家制造战争,而战争又创造了国家"在东南亚与在现代欧洲早期一样正确。[50]就我们的目的而言,梯理的名言可以被引申为:"国家制造战争,而战争——大量的战争——制造了移民。"同一时期的东南亚战争与欧洲相比,有过之而无不及。军事战役动员了远比欧洲更多的成年人口，而且在战败的王国中也同样制造了瘟疫（特别是霍乱和伤寒）、饥荒、土地荒芜和人口减少。缅甸两次成功入侵暹罗对其人口的影响巨大（1549—1569年和1760年代）。围绕都城核心区的人口在战败以后都已经消亡。一小部分被捕获，并被送回到缅甸核心区，其余的大部分都分散逃跑到更安全的区域。直到1920年，暹罗核心区的人口才恢复到被入侵之前的水平。[51]战争的艰难，即使是胜利的战争，带给战争所涉及区域的损失比带给敌人的损失并不小。由于侵略暹罗的首都，缅甸国王莽应龙（Bayin-naung）的战争动员几乎消耗了勃古周边三角洲的所有食物和人力的剩余。1581年他去世之后，在阿拉坎（arakan）、大城（Ayutthaya）和位于塔翁吴（Taung-ngu）的缅甸宫廷之间展开的连续不断的战争将勃古附近的区域变成了"人口稀少的沙漠"。[52]

如果说战争对于平民和军人有什么不同的话，那就是对于平民，特别是那些在部队经过的通路上的平民，更是毁灭性的。如果说17世纪晚期6万人的欧洲军队需要4万匹马和超过100辆的给养车，而且每天几乎要100万磅的食品，那么就可以想象东南亚军队经过的地方留下了一条多么宽的劫掠和毁灭的痕迹。[53]因此，侵略的路线很少是笔直的最短路程，而是追寻那些可以最大程度满足大型军队所需要的人力、食物、车、役畜和饲料的路线，当然还有私下的抢劫。一个简单的计算就可以明白毁灭的程度。如果我们像约翰·林（John A. Lynn）一样假设，一支军队要向左右搜寻8公里的宽度，每天前进16公里，这就是说战争期间每天有260平方公里的乡村被扫荡。同样一支军队10天的行军会影响到2600平方公里。[54]在缺少人力的王国中，连续不断战争带来的主要威胁倒不一定是丧命；在这种军事"战利品资本主义"(booty-capitalism)中，一个幸运的军人可能会更希望有人被自己直接捕捉并卖做奴隶获益。危险更多的在于位于行军路线上的村庄会被完全毁坏，村里人要么是被捕获，要么是丢下所有的东西给军队而逃亡。不管是"本国的"或邻国的军队，军需官的要求是同样的，因此对于平民和财产，他们的做法也完全相同。一个很能说明问题的例子是缅甸与曼尼普尔邦(Manipur)之间的战争，这场战争从16世纪断断续续持续到18世纪。一次次的破坏迫使钦-米赞(Chin-Mizo)平原上的居民从卡巴-卡扣(Kabe-Kabaw)谷地迁移到山地，但是这之后他们就成为了"山地民"，并被假设是"一直在那里"。

18世纪晚期缅甸国王波-道帕亚(Bò-dawhpay，1782—1819)在实现其征服和豪华建筑的奢侈梦想过程中动员了大量资源，从而危及了整个王国。首先是1785—1786年入侵暹罗的失败导致30万军队损失了一半，其后又动员了大量劳动力建筑可能是世界上最大的佛塔，在这之后又动员人力击退泰族的反击和扩大密铁拉(Meiktila)灌溉系统，最后的一次全国动员，而且也是灾难性的，是为了对抗泰国从土瓦(Tavoy)的入侵，这次动员使王国的人口处于动荡中。一个英国的观察者注意到，下缅甸的人口因为害怕征兵和军队的劫掠而逃到"其他国家"。土匪和反叛遍布各地，但是典型的反应仍然是逃到远离国家核心区和国王军队抢劫的地区。有关军队到来的谣言使平民百姓处于惊恐之中，因为他们自己的军队"与敌人的军队在行军中完全一样"。[55]在任何一个大战争中都可能包括了小王国之间无数的战役，或者王位争夺者之间的战争，比如，宋赛(Hsum Hsai)是位于锡袍(Hsipaw)的一个中等掸王国下面的小公国，1886年在这里发生的战争导致了整个地区基本荒芜。在19世纪后期为了控制另外一个掸地区的小国新维（Hsen Wi）而进行的长期战争的巨大破坏使得最终"这个现代掸邦故都中最繁荣的城市连一个旧城的小集市都凑不成"。[56]

平民的首要愿望是逃避征兵。在战争动员时期，每个地区都会有征兵的配额。随着越来越严厉的征兵（比如开始是每200户一个征兵名额，后来就成50户，再后来10户，最终就变成每户都要征兵了），逃避兵役也就经常发生。征兵很少完全招满，被征的人会被文身，从而便于以后辨认。在贡邦（Kon-baung）时代后期，也可能从前就是如此，一些人通过贿赂逃避征兵。但是最可靠的逃避兵役的方法是逃出水稻国家的核心区，并且远离军队的行军路线。在18世纪晚期的缅甸—暹罗战争中，斯高克伦族（Sgaw），特别是波克伦族（Pwo Karen）不幸正居住在入侵（也是撤退）的道路上。罗纳德·雷纳德（Ronald Renard）指出，正是在这个时期，他们沿着萨尔温江分散撤退到山区，沿着山脊居住在易于防守的长屋中（longhouses）。甚至那些后来把自己置于泰族统治之下的人也拒绝建立永久的居住点，因为他们"至今仍然喜欢流浪和游耕的生活，他们认为这使他们避免了附着于特定土地所带来的脆弱"。[57]

当军队被招募以后，在整个战争过程中还需要卓绝的努力来维持军队的完整。16世纪晚期欧洲的一位旅行者就注意到，放火抢劫构成了缅甸—暹罗战争的特点，他还补充说，"当他们回家的时候，至少一半的士兵已经不见了。"[58]我们知道，这些战争并非特别血腥，大量人口流失源于开小差和逃跑。《玻璃宫廷编年史》所记载的一次缅甸围攻的失败证实了这个猜测。在围攻5个月以后,攻城者开始缺少物资供给,并且开始出现流行病。按照编年史的说法,开始有25万人的军队最后全部瓦解,在经历了灾难性的撤退以后,"国王只带着为数不多的护卫队回到了京城。"[59]有人估计,曾经数量巨大的军队在围城战役僵持不下的时候便开小差,后来爆发了传染病,一部分逃回家乡,一部分到比较安全的地方开始新的生活。斯科特介绍了19世纪晚期,缅甸军队进攻掸地区,负责军事的部长"完全没有做战争相关的事情,有消息说他所有的事情就是不让军队逃散,根本没有时间去打仗"。[60]我们知道,事实上在前现代社会开小差的比例是很高的,特别是战争失败的时候。[61]很难判断有多少开小差的最终进入到山地或者边远地区。但是事实上许多军人是被强征来的,或者是奴隶,而且因为战争的缘故,他们的村庄已经荒芜,这些表明开小差的人多数在其他地方开始了新的生活。[62]

有许多零散的证据表明,战争的危险和带来的强制迁移迫使许多原有的水稻耕作者进入内地和高海拔地区,并形成新的生存习惯。比如,格南(Ganan)现在明显是少数民族,有超过8000人,生活在穆河(缅甸实皆[Sagaing]地区)的源头,那里地处海拔3000英尺以上,峰峦交错,非常险峻。[63]但是直到9—14世纪,他们的中心区域被孟族、缅甸和南诏的军队抢劫和破坏之前,他们至少看起来像是,或者已经成为低地人,而且是骠人的水稻国家的一个有机部分。他们逃避到穆河流域以"远离战场";在那里他们成为,并且持续地成为游耕和采集民。他们不再有文字,信仰佛教的一个非正统的教派。我们还看到,他们对历史的解释与现代很多山民一样,认为自己有低地生活的历史。

在各地,现在有越来越多的证据表明山民是逃到山上以避免被捕获和逃避战争掠夺。J. G. 斯科特相信,现在分布在萨尔温江东部缅甸的景栋/清屯山地族群原来是定居在景栋平原附近的,后来由于泰国入侵被迫进入山地,到现在他们仍然在那里从事游耕。[64] 查尔斯·凯斯(Charles Keyes)引用了19世纪一位传教士对一个与世隔绝的克伦部落的解释。他认为他们是为了逃避暹罗人而从原来比较低的地区逃到了北标府(Saraburi)和呵叻高原之间几乎无法进入的峡谷。[65] 而北方钦族为了逃避18和19世纪掸-缅战争,逃到了更远的山地,这些地方有的时候也给那些谋反的诸侯王提供躲避国王军队的避难所。[66]

需要注意的是,在战争状态下,国家水稻核心区域的毁坏会导致国家空间失效,包括政治权力和生态。即使有些夸大,下面有关清迈在缅甸入侵以后的描述也还是富有启发意义的:"城市变成了丛林,稻田长满荒草,土地成为大象的领地,森林成为老虎的栖身场所,那里不可能再建成国家。"[67] 现在这些平原人摆脱了国家臣民的负担,如果他们可以留在原地,那肯定是很诱人的。但是问题在于,一个王国的失败会激起相邻国家和猎奴者对剩余人口的洗劫。从平原地区逃离到军队和猎奴者难于进入的地点给他们更多的自主和独立的机会。雷奥·敖廷·凡格索指出,现在被阿卡和其他民族看作"自古以来"就是山地人的那些人:

> 在数个世纪中,云南及相邻的越南、老挝、缅甸山地中那些特别难于进入的地区变成了部落群体的避难

地,这些部落群体被占据低地的诸侯小国边缘化了。在其边缘化的过程中,哈尼、阿卡等部落民族也选择那些比较高和被森林围绕的地方建设居住点,从而使军人、强盗和收税官很难进入。这一过程被称为"密封"(encapsulation)。[68]

抢劫和奴役

> 我们的农业就是抢劫。
>
> ——柏柏尔谚语

正像我们已经看到的,集中的人口和农业生产是形成国家的先决条件。同时这些地区可以提供建设国家的统治者所需要的潜在盈余,因而也成为吸引抢劫者的诱人目标。对于那些比较大的宫廷中心来说,奴隶贩子和强盗的抢劫危险是一个很现实的问题。在早期殖民时代,对于马来的猎奴者的恐惧导致了缅甸和暹罗的许多沿海地区人口下降;由于这个原因,克伦人都避免经过大路和无遮掩的海滩。长期的脆弱性就会演变为掠夺和服从的制度。这一情形在上亲敦江的库伯(Kubo)谷地普遍存在,在那里,山地居民钦族已经成为谷地掸族的统治者,把他们中的许多人带走变成奴隶。[69]就是这个原因,1960年还有500户人家和37个庙宇的大城镇后来缩减到只有28户人家。

在山地人控制相邻谷地的时候,为了山地的利益,他们往往保护谷地的居民,谷地是他们与之贸易和索取常规贡奉的地方。在稳定的条件下,他们发展出一种勒索和保护的关系。有的时候,克钦这样的山地人群甚至发现,"在山脚下的平原和河边"建立殖民点对他们是有益的。这很像柏柏尔人所说,从定居社区中来的贡奉是"我们的农业",在沿上伊洛瓦底江的八莫(Bhamo)地区,缅甸和掸人的首领是由克钦人指定的。"在整个八莫地区,每个村庄看起来都是被保护的,而克钦人是这个国家的实际主宰。"[70]在没有任何冲突的日常生活中,这种安排很像是成功的前现代国家:也就是垄断性地保护敲诈,在榨取的租金不超过所能容忍的基础上,保持和平、繁荣生产和贸易。

一次一次地,这些地区的山地人抢劫谷地的定居点,大肆抢劫达到了"杀鸡取卵"的地步,剩下只是荒芜的无居民平原。[71]为什么会这样?我相信答案就在山地政治结构中。山地政治结构的特点是存在多个相互竞争的小政体。每一个山地政体都会有他们所保护的谷地"伙伴"定居点。如果非常简单地用图表方式表达,大体上就像图2。

因为克钦人A可能距离他所保护的村庄有三四天的路程,克钦人B就可以抢劫A所保护的人并及时撤退。当抢劫被A知道以后,就可能会去抢劫B所保护的另外一个低地殖民点作为报复。这样就可能会点燃高地争斗的火花,除非达成某种协议。[72]

这些可以支持我上述结论的模式带来了一系列的后果。首先,看起来如此普遍存在的山地"部落"的抢劫,特别是从谷底人群的角度来看(!),事实上是山地政治的非常贴切和清晰的表达。其次,如果这一模式广泛存在,那么将导致大面积的人口流失,那些脆弱的低地人口在这种情况下会撤退到远离山地、接近便于逃逸的河谷附近的地方。最后,也许是最重要

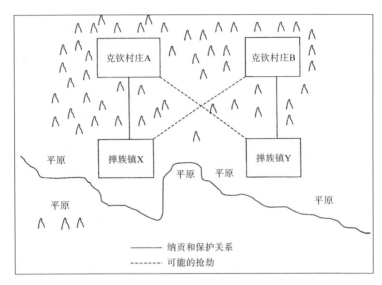

图2 山地与谷地的抢劫和进贡关系图。

的,这些抢劫的首要目的是获得奴隶,大部分奴隶会被克钦人留下使用,或者卖给其他山地族群或奴隶贩子。从某种角度说,这种抢劫的成功就意味着通过人口转移达到山地人口增加。这是谷地人口变成山地人口的另外一个过程,在这个过程中,山地文化变得更富有世界性。

有些山地人群以猎奴者著称,甚至声名狼藉。在掸邦诸国,克伦尼人(Karenni)是特别令人恐惧的。在一些地方,几乎每年作物收获以后都会发生抢劫奴隶的事情。[73] "因此,在大多数克伦尼村庄中,都会发现克伦部落、甬达林(Yondalines)、巴当(Padaungs)、来塔(Let-htas)等掸邦西北部山区的人口,他们处于被奴役状态,毫无改变厄运的希望……他们被卖给甬人(清迈掸人),又被转卖给暹罗人。"[74] 克伦尼的战俘名单很能说明问题,它既包括了山地人群,也包括了谷地人群。像克伦尼这样的猎奴人群专职从事贩卖人口,这也是最贵重物品的贸易,他们不仅绑架谷地居民,把他们统合到山地社会或转手卖给谷地市场;他们还绑架脆弱的山地人口,将他们变成奴隶或转手卖出去。在某种程度上说,他们是人力传送带,有的时候为谷地的国家建设输送原材料,有时候又是为了自己的人力需要而打劫脆弱的谷地定居点。在任何情况下,这一模式有助于解释,为什么平原人担心入侵者,以及为什么软弱的山地人会退居到难以进入的地区以尽可能减少他们的暴露程度,这些地区多是有防御工事、隐蔽在山梁上的寨子。[75]

趋向山地的反叛者和异端教派

对于村民来说,在低地发生的叛乱和国内战争与征服和入侵的战争同样恐怖。他们激起了相似的逃避模式,人们疯狂地迁移到他们想象中的安全地方。值得注意的是,对于他们来说,这些逃跑的节目有着自身的逻辑,不同的阶级,或者更确切地说是一个人的地位、财产和生命受到国家权力制度保障的程度不同,逻辑也会不同。从1954到1965年越南南方的战争早期,不同人的逃避路线是不同的,从中可以清楚地看到这个逻辑。地主、精英和官员担心其安全问题,越来越多地离开农村,进入到省会城市,当冲突逐步升级以后,他们最终进入到西贡。他们的迁移表明,距离国家核心区域越近,就越觉得安全。与此相反,许多一般的农民会从比较大的村庄迁移到比较边远、国家难以达到的地方,从定居生活变为移动生活。这就如同原来以国家为基础的,各个社会阶层被契合在一起的脆弱社会被打散:精英进入核心,在那里国家的强制权力最强;而脆弱的非精英则进入边缘地区,在那里国家的强制权力最弱。

反叛,除非是影响非常大的叛乱,使人们更有理由向山区迁移。正像哈迪(Hardy)所解释的,印度支那战争的早期(1946—1954),"大量越(Viêt)人口从红河三角洲迁移到北部高地的边远地区。森林为靠近老挝边界奠边府(Dien Bien Phu)谷地的革命提供了各方面的庇护。"[76]这种模式在越南和其他地方都有很长的历史。它至少可以被追溯到大规模的西山起义(Tay Son,1771—1802)。西山起义源于西山村的三兄弟为了安全而逃避到附近山地,并在那里开始招募追随者。这一起义一直持续了很长时间,经过了越南早期殖民时代的勤王运动(Can Vuong),中间有1930年在义静(Nghe-Tinh)的起义,最后直到位于少数民族土族(Tho)控制的山地中越南独立同盟(Vietminh)的根据地。[77]反叛者和平民都会迁移到新的生态环境下来逃避国家。他们会采用一些新的生存方式,这些新方式不仅更适合新的地点,而且往往更多样和更多流动,从而使其实践者更不被国家所了解和掌握。

就像所有战争一样,被镇压的叛乱将失败者驱逐到边缘地区。反叛规模越大,被搬迁的人口就越多。从这个意义上说,19世纪后半期的中国就是不断起义反叛的时期,因而出现成千上万的失败者,他们中的大部分会到远离中原权力的地方寻找避难所。这些不断的起义最终导致了1851年到1864年太平天国的大规模起义,这也是世界历史上最大的起义。第二个大的起义来自贵州和云南,被称为杜文秀起义(Panthay Rebellion),它从1854年延续到1873年,包括"叛变"的汉族、苗/果雄族山地人。尽管这场被称为苗族起义的规模与太平天国起义无法相比,但是它在被镇压之前坚持了差不多20年。太平天国导致了差不多2000万人的死亡。在太平天国起义失败以后,失败的反叛者、他们的家庭以及整个社区迅速地逃到赞米亚,而在苗族起义失败以后,他们进入到赞米亚的南部更边远的深处。在逃脱中原统治权力的时候,这些移民不仅沿途打家劫舍,而且使山地已经非常多样的族群景观变得更为复杂。在所谓齿轮效应中,逃跑的人群经常会推动位于其前面的其他人。颂差指出,19世纪晚期进入到暹罗北部的许多中国人正是被打散的太平军。[78]被打败的苗族起义军向南推进,许多没有卷入起义的拉祜和阿卡族,也被推动与他们一起,或者在他们的前面向南迁移,以置身事外。[79]作为20世纪一次成功的起义,中国共产党的革命也带来了新的流动人口:被打败的国民党军队。他们定居在如今所说的金三角地区,也就是老挝、缅甸、中国和泰国(最近时间)交界的地方,与他们的山地盟友一起控制了大部分的鸦片交易。他们受益于边远地理位置所带来的地形阻力,同时居于四个国家行政辖区的结合部也给他们带来了政治上的便利。[80]他们并非是最晚进入赞米亚难民区的现代移民。1958年,1/3的佤族人口跨过边界到缅甸。[81]在"文化大革命"时期,又出现了一次移民的浪潮。

国民党军队撤退到金三角地区使我们记起,在很长的历史时期,山地,特别是赞米亚就作为失败王朝的官员、谋反的王侯后代、宫廷政治的失败集团等撤退(或重组军事力量)的目的地。因此在清朝早期,明朝的皇子及其追随者为了安全就撤退到贵州甚至更远的地方。在缅甸,掸邦和钦族的山地在前殖民时代和殖民时代早期就接纳了反叛贵族和伪缅甸王位继承人(*mín laún*)。

政治上的持不同政见者与宗教异端,或者叛教者是很难区分清楚的,特别是在19世纪之前,因此他们经常是混合在一起的。然而需要强调指出的是,山地更多的与宗教异端联系在一起,与此不同,低地则更多的与反叛和政治上的持不同政见者联系在一起。[82]这样的差别应该并不奇怪。在缅甸和暹罗这样小乘佛教的国家,僧侣的影响是很重要的,佛教的宇宙论可以潜移默化地将统治者变成印度—佛教的神王(god-king),国王不仅要控制贵族,而且要控制领地内的僧侣(*sangha*),这也许更加困难。国王可以在多大地理范围内实施其宗教权力与他们在多大范围内实施其政治权力和征税是一致的。这些距离不仅因不同的地形而有不同,而且在不同时间也随宫廷的权力和内聚力的强弱而不同。同样存在着宗教的"边疆",在边疆之外正统宗教很难施加影响。这个边疆并非是一个固定的地方或有明确的边界,而取决于与国家权力的关系,是国家权力被不同程度地削弱的边缘地区。

典型的谷地国家位于水稻谷地和平坦的平原上。对于谷地国家来说,不仅地形是平坦的,而且从文化、语言和宗教等方面看,也是平坦的。让所有观察者都会感到吃惊的是谷地文化的相对一致性,特别是与山地人的服饰、语言、仪式、耕作和宗教实践的丰富多样性相比较。毫无疑问,这种相对一致性是国家作用的结果。与之前广泛传播的地方神祇(*nat, phi*)相比,成为普遍信条的小乘佛教是高度集中的。尽管他们接受和统合了万物有灵论的实践,但是小乘佛教的高僧只要有可能就会排斥非正统的和尚和寺庙,宣布许多印度万物有灵论的仪式(大部分是由女性或喜穿女性衣服的人所控制)为非法,鼓吹他们所认为的"纯粹"的正宗的文本。[83]因而,使宗教实践扁平化是水稻国家的行动,这个行动保证那些并非国王自己建立起来,而是由其他精英建立并在王国内广为传播的制度处于国王的紧紧控制之下。高度的一致性还因为大寺院是由盈余占有(surplus-appropriating)的精英所运行的,他们像国王一样,因国家核心区域可提供的丰富的生产和人力而繁荣。

权力集中可以在很大程度上解释核心区域宗教的高度正统,但却很难完全解释山地宗教的多样性。山地宗教的异端本就是国家影响的结果。除了位于国家可以轻松到达的范围之外,山地人口本身也是分散和相互隔绝的。有佛教僧侣的地方一般也是更分散、更分权、更贫困,而且因为缺少皇家的庇护和监督,所以也更依赖当地人口的喜好。这里的人口经常是信仰宗教异端的,当情况如此时,宗教僧侣也会同样信奉异端。[84]教派分裂因此更容易在山地萌生。而且由于他们处于国家权力的边缘,一旦发生就很难被镇压。除此之外还有两个关键因素对此起了重要作用,第一个是经文上的佛教、佛陀前世的本生经故事,以及须弥山的宇宙论三者的组合为其逃避提供了合理性的支持。须弥山的宇宙论是表明宫廷建筑都是围绕须弥山形成的。隐士、游僧,以及森林的共同特点就在于它们都有来自社会之外的某一位置的神秘魅力和神灵知识。[85]第二个重要因素是被谷地禁止的宗教异端为了躲避危险,多逃到了山地。山地的人口学和地理学特征不仅会促进宗教异端的产生,而且可以为谷地受到迫害的异端提供庇护所。

缅甸的掸邦山地是一片高原,在其山谷中有众多由信仰佛教、种植水稻的民族所创造的小国,这片山地是一个很能说明问题的例子。迈克尔·门德尔松(Michael Mendelson)在其研究缅甸僧侣(sangha)的著作中描写了闪耀(Zawti)改良派。在19世纪晚期他们已经被"逐出缅甸的正统教派",定居到掸邦山区。[86]他们接受了掸地的一些独特佛教习俗,这些习俗与当地的佛教文本和图解相一致。同时,这个教派还遵循一些帕拉麦特(Paramats, 19世纪初期受到波-道-帕亚[Bòdaw-hpaya]国王短期推崇的宗派)的异端行为。门德尔松在简短的结语中对这一宗派所做的直觉解释与"避难区"的观点是一致的:"在许多个世纪中,掸地的诸小国可能为那些信奉异端邪说而被逐出缅甸的教派提供了避难所。这值得学者们关注。"[87]掸邦的人只是在16世纪后期才成为佛教徒,在信仰转变中,那些在缅甸核心区被禁止的宗教异端大批出逃起到了重要的作用。在这种情况下,当爱德蒙·利奇注意到所有掸邦的人口都是佛教徒——事实上这也构成了掸邦特性——他赶快补充说,"毫无疑问,多数人并非很虔诚,而且掸邦的佛教徒包括了许多明确的宗教异端。"[88]很早以前斯科特在他的《上缅甸和掸诸国志》中就描述了掸邦有自己的城堡并从事武装贸易的和尚。他们抽烟、戴着无边便帽。他接着引用了库欣(Cushing)的论述,随着距离缅甸权力中心的距离增加,异端的程度也在增加。[89]一个在1980年代秘密穿越掸邦诸国的记者曾经提到在靠近中国边境的一个佛教和尚与女人睡觉、抽鸦片,居住在城堡一样的寺院中。[90]这些片段的证据似乎表明,掸邦的佛教徒似乎是个活的历史遗迹,代表了在过去数个世纪中遭受缅甸核心区域压迫和排斥的佛教异端。

　　正像成为来自低地的反叛者和败军的避难之地一样,赞米亚也成为被禁止的宗教异端的收容所。如果回到几个世纪之前去看这个过程，就可以看到赞米亚很像是水稻大国的阴影社会（shadow society）和镜中影像，尽管他们宇宙观的基础材料是同样的。这就像一个流域，汇集了国家建设中的受到直接伤害和王朝规划中受到间接伤害的人群和观念。在山地可以看到大量被谷地所排斥的多元主义——大量零散的证据告诉我们，低地王国排斥出去的是什么，这些也说明，如果换种情形，他们会成为什么。

边陲地区，包括山地、沙漠和密林，经常与宗教异端联系在一起，这种现象是如此普遍，因而经常被人们所忽视。沙皇俄国的哥萨克边疆不仅因为其平等的社会结构而著名，而且还是旧礼仪派（Old Believers）的会聚地，他们的教义在拉辛和普加乔夫的大规模农民起义中扮演了重要的角色。长期以来，瑞士的特征是平等主义和宗教异端。在梵蒂冈看来，阿尔卑斯是异端邪说的发源地。瓦勒度派（Waldensians）在那里发现了避难所，当17世纪中叶沙维斯（Savoy）公爵威胁他们改变信仰的时候，他们就搬迁到最高的山谷中。当宗教改革席卷阿尔卑斯山的时候，由于其地理上的碎片化，瑞士的宗教也形成了区域的分化，日内瓦变成了加尔文派，而巴塞尔是茨温利派（Zwinglian）。[91]

山地的异端可以被简单地看作政治和地理排斥的反映。这是一个避难所，在必要时候，受迫害的少数民族可以逃往的地方。然而这个观点根本没有正确看待山地差异的对话性（dialogical nature），这些不同是作为文化选择来表达山地人的特异性和对抗。已经有研究表明，山地柏柏尔人经常重塑其宗教，这暗含着与附近统治者的抗争："当控制了非洲罗马省的罗马人接受基督教以后,高地的柏柏尔人(他们从未被完全征服)也同样成为基督徒——但却是多纳图派(Donatist)和阿里乌斯(Arian)异端,与罗马的教堂仍然不同。当伊斯兰教横扫这个地区的时候,柏柏尔人变成了穆斯林,但是他们不能接受阿拉伯穆斯林统治中所存在的众多不平等,从而成为哈瓦利吉派(Khawarij)。"罗伯特·勒罗伊·坎菲尔德(Robert LeRoy Canfield)仔细地追踪了阿富汗兴都库什山地区的一个类似的精心计划的伊斯兰异端。[92]主要的农业谷地中心都是由逊尼派所控制,而邻近的山地人则信奉伊玛米(Imami)教派(什叶派的一个变种),在边远的难以进入的山地,人们信奉伊斯玛仪派(Ismaili)。信仰哪一个教派往往都是基于不同的生态环境,并不是由语言和族群决定的。后两种异端形式都意味着那些人并没有服从逊尼派正统教义的规定。在这种情况下,宗教认同是一种自我选择的边界形成机制,意在强化政治和社会差异。在第8章中,我们将考察东南亚大陆的千禧年信仰是如何发挥了同样的作用。

国家空间中的拥挤、健康和生态

> 农民[与狩猎和采集不同的]往往会呼出更可怕的病菌,拥有更好的武器和盔甲,掌握一般说来更有效的技术,而且生活在集中统一的政府之下,而这种政府里有更懂得如何去发动征服战争的有文化修养的杰出人物。
>
> ——贾拉德·戴梦得(Jared Diamond):《枪炮、细菌和钢铁》(*Guns, Germs, and Steel*)

我们很清楚地看到,定居种植粮食作物和饲养家畜(猪、鸡、鹅、鸭、牛、马等)构成了传染病迅速发展的原因。人患的许多致命疾病——天花、流感、肺结核、鼠疫、麻疹和霍乱——都是通过家畜发展的动物传播疾病。拥挤是致命的。而且拥挤不仅意味着人口的集中,同时也意味着家畜和与之相伴的"专性"(obligate)害虫的集中:家鼠、田鼠、扁虱、蚊子、跳蚤、螨虫等。当那些传染病通过近距离接触(咳嗽、触碰、公用水源)或专性害虫传播的时候,宿主的密度本身为传染病迅速传播提供了理想的环境。直到19世纪中叶实施卫生标准和提供清洁用水使死亡率减少一半以前,欧洲城市的死亡率一直超过自然增长率。没有理由相信东南亚的城市会比欧洲城市更有益健康。这些疾病的大部分都可以被恰当地称为"文明的疾病";在历史记录中,它们往往出现在谷物生长核心区,与作为先决条件的动物、植物和昆虫的集中相伴随。[93]

水稻国家的编年史和早期欧洲的目击者证言都表明,前现代东南亚的大城市中,致命的传染病频繁流行。[94]在有关苏拉威西北部和中部的一项综合和详细的研究中,大卫·亨利(David Henley)指出,传染病,特别是天花,是人口增长缓慢的主要原因。可能是因为人口拥挤和靠近商路,沿海的人口看起来不够健康,而"高地的人口给人的感觉更健康和强壮"。[95]

这似乎表明,在传染病流行的情况下,任何人都知道最安全的方式是立即离开城市,分散到农村或山地。也许人们还不知道疾病是如何传播的,但是他们会模模糊糊地觉得分散和隔绝可以有助于减缓疾病的流行。对于山地人来说,低地人一般来说是不够健康的。对于生活在1000米以上的人群来说,健康与地理高度有密切关系,这和低海拔地区疟疾流行有关,也反映在他们对城市传染病和商人随船带来疾病的风险的担心。在吕宋岛,生活在低海拔地区的伊哥洛特(Igorot)人知道,当传染病爆发的时候,要想独善其身就必须回到山上,保持分散和关闭交通道路。[96]我们很难讲清有多少人逃到山地以逃避瘟疫,或者有多少逃离的人在危险结束以后会回去。但是如果考虑到还有干旱和饥荒会促进人们逃离,那么人口迁移的规模会很大。

所有农业都是高风险的。但是总的来说,除了一项重要优势以外,集中于水稻生产的农业在很多方面都比高地农业有更多的风险,更不用说采集业了。灌溉水稻唯一的优势就是,当灌溉用水来自常年河流的时候,在特定时间内,它可以抵御干旱。[97]但在另外一方面,高地的游耕和采集具有很高的多样性,提供了丰富多样的营养来源,因此,尽管一两样作物歉收或绝收会带来困难,但很少是灾难性的。也许最重要的在于,就像拥挤的人类有许多问题一样,单一品种作物密集栽培的结果也会是传染病流行。谷物生产相对有限的遗传基因为昆虫、真菌、锈病和专有害虫,比如说是水稻的害虫,提供了理想的栖居场所。在主要种植水稻的灌溉平原,这些害虫的增长可以很快变成巨大的灾难。

当缺少雨水,或者出现虫害的时候,作物歉收或绝收的原因非常明显,尽管受干旱威胁的作物更容易受到其他病虫害的侵害,就像缺少免疫力的病人更易有各种机会性感染。16世纪后期的鼠害摧毁了下缅甸的汗达瓦底(Hanthawaddy),偷吃了储存的大部分谷物。[98]当粮食都被吃光以后,人们便逃离了。很明显,鼠害本身之所以能出现,或者说之所以持续较长时间,是因为有巨量的谷物储备。与此不同,导致1805年和

1813年之间作物歉收和饥荒的原因却并非如此清楚,这场饥荒沉重打击了上缅甸。干旱是个重要的原因,同时,按照吴丹敏(Thant Myint-U)所说,马尔萨斯理论的人口对有限的农业核心区形成的压力也发挥了作用。[99]不管确切的原因是什么,它的确加速了人口的外流,特别是推动了大规模的"向轮耕的转变",并且因此导致大量稻田荒芜,贡邦的税务官员不得不发明一份新的地籍清册来记录其变化。不管逃避的臣民是否逃到边远的山区,但是有一点很清楚:大量的人口放弃了水稻核心区域。[100]

前面提到的核心区所存在的马尔萨斯理论的人口压力提出一种可能,生态和财政收入都对水稻核心区形成自我制约。这正是查尔斯·基顿(Charles Keeton)的论点。[101]按照他的观点,敏东王(King Mindon)时代在干旱地区大规模砍伐森林导致了径流增加和灌溉用水塘与水渠的淤积。许多水渠被废弃了。在一个本来降水很少的地方(每年大约500到600毫米),降雨量微弱的向下波动都会引起干旱和人口外流。依照这个看法,干旱地区变为退化和脆弱的生态环境,很容易出现作物歉收。逃避饥荒的一部分人已经逃到山上,而大部分人在19世纪末涌入繁荣和开放的伊洛瓦底江三角洲边疆地区。无论如何,他们都离开了水稻核心区。

抗拒粮食作物

在前殖民地时代的东南亚水稻国家,以及明朝和清朝的王朝自画像中,各种人和谐地聚集在一起,这些来自官方渠道的自画像都呈现出乐观的玫瑰色。博学的官员带领着未开化的人群向受教育、佛教或儒教的宫廷中心前进,在那里,文明化成就的标志就是定居的水稻耕作和变成王国百分之百的臣民。就像所有的意识形态的自我呈现一样,他们所描述的黑格尔式的理想蓝图就如同在越南战争中使用"和平"一词,是实际经验的残酷而拙劣的模仿,特别是在边疆地区。

即使我们暂时忽视"文明化"代表的是什么这样一个大问题,这种自我自画像仍然至少存在两个方面的严重错误。首先,人口集聚的过程完全不是和平和自愿地趋向文明的过程。核心区域的人口大部分是被俘虏的人口——作为战利品被掠夺并驱赶到国家核心区域的人口,或者是从猎奴远征队那里分批买来的,国家最急需的物资。1650年在阿瓦首都200公里半径的范围内,世袭的阿穆旦军团(*ahmudan*, 主要由奴隶及其后代组成的后勤军团)占到了人口的40%。1760年到1780年中曼尼普尔邦(Manipur)、掸邦山地和下缅甸大量驱逐战俘,其目的就是振兴业已衰弱的阿木单。暹罗是一个更让人惊奇的战俘王国的例子。据一位观察者的说法,在17世纪晚期,中部暹罗的1/3人口主要是由"外来的佬和孟族战俘的后代构成的"。缅甸的入侵带来人口的大量减少,暹罗在19世纪早期开始了一个大规模的军事战役以获得俘虏。战争结果是"所有人都知道,在中心盆地,佬族人、孟族人、高棉人和缅甸人的数量与那些自认的暹罗人口几乎相等"。[102]所有这些并不是说地处边远地区的数量巨大的人口在许多时候不会受到核心区域的机会和利益的吸引。而是说,在这样的人口格局下,如果没有掠夺人口和猎奴,国家建设是不可想象的。

这一自画像的第二个,也是更恶劣的失误在于忽视了大量的有关逃离国家核心的证据。当然,认识到这一点将与文明化的话语产生明昂的分歧;为什么在地球上会有人选择离开水稻核心区而"走向野蛮"？那些在历史观上短视的观察者可能会原谅这一失误,因为过去60多年的特点就是城市和核心区域人口的大量增加,以及现代国家对山地控制的不断增强。而在这之前的一千多年中,我们可以清楚地看到,人们逃离国家和进入国家都同样普遍存在。这一过程是很不规则的,有时候水稻核心区域事实上被完全清空,有时又被人口所充满,其振动幅度剧烈。

  逃离国家核心区域的理由多种多样,但是我们可以进行大致的分类。人们并非像文明化话语所假设的那样,只要不是在一个掠夺性的国家,每个人都希望在低地种植水稻。人们有许多正面的理由选择游耕或采集,而不是耕种水稻。只要有足够的开放的公共土地,就像一些地方直到不久前的那样,那么从劳动力回报的角度看,游耕比种植水稻的效率高。而且它是在一般来说比较健康的环境里提供了更富有营养的多品种。最后,因为采集和狩猎的物品都是在低地和国际市场上具有很高价值的商品,他们投入的劳动很少,而回报很高。在这里,人们可以将社会自主与商业交换的利益相互结合。逃到山地,或者拒绝迁移到低地,在很多时候并非是以物质损失为代价才能换取的选择的自由。

  因饥荒、瘟疫或战争所导致的人口大量减少以后,如果有人幸运地活下来,游耕可能就会成为常态,即使是在盛产水稻的平原地区。因而抵制国家的空间不是地图上固定的区域,而成为相对于权力的位置;这样的空间可能由成功的反叛行动、农业技术的转变和无法预料的自然灾害造成。同样一个地点会在严格的被统治和相对独立的状态之间不断变动,这取决于水稻国家的范围和国家希望征服的臣民的反抗程度。

在谈到实际逃亡的时候,我们要区别那些逐渐的、缓慢和日常的、年复一年的人口挤出和导致大量人口逃亡的重大事件。在第一类人口挤出中,由于充满野心的统治者不断增加税负和劳役,从而造成受到损害臣民的稳定外流,逃亡到国家权力之外。宗教异端、集团争斗中的失败者、被村庄放逐的人、罪犯和冒险家会同样迁移到边疆地区。如同我们将要看到的,这些移民(Emigrés)会被业已存在的山地社会所吸收。

长远来看,不管是臣民的稳定和逐渐的离开,还是导致大量人口外流的危机,都引起了核心区域人口的损失,很难说哪一个作用更大。因为不引人注意,所以前一种人口损失在纳税记录上,而不是编年史上更容易被发现。战争、饥荒、火灾和瘟疫更具有报道价值,因而在编年史和档案中更明显。战争、饥荒、火灾和瘟疫,加上暴政,就构成了缅甸民间传说中的著名的五大灾难。[103] 它们是造成人口从一个国家大规模迁移到另外的国家,从水稻核心区迁移到国家权力边缘,以及山区人口的自我重新搬迁的主要原因。

我们完全没有办法预测战争、饥荒和瘟疫所带来的灾难,也无法预先知道它们持续的时间和严重程度。本质上这些事件会带来骚乱、突然的恐慌和逃亡。这些灾难已经成为前殖民时代东南亚景观的一部分,人们可以设想许多人口有着"灾难的常规应对",就像农民在食品短缺的时候有着饥荒食物知识,知道吃什么可以度过饥荒。疏散、逃跑路线和替代生存活动已经构成核心区域大多数农民危机应对的一部分。[104]

伴随着反叛、盗抢,大量的人口外流经常打断大多数东南亚国家前殖民时代的历史进程。我们可能要区别两种不同的人口外流,一种是核心区域人口为了获得安全而外流到其他国家、边缘地区和山地,另外一种是那些第一次被野心勃勃的王朝强制地统合到国家中的人口所采取的反抗和逃跑。从14世纪到16世纪,二者都在越南北部发生。从1340年到1400年,干旱、反叛和入侵导致了红河三角洲种植水稻人口的大量减少。由于大量难民逃亡山地,其人口急剧下降了80万到160万。在16世纪早期,人口重新恢复的核心地区试图将其权力扩展到"越南首都西部、北部和东北部的山地"。一系列叛乱对国家形成了强有力的抵抗,其中一些是由那些善于作法的和尚和道士领导的。叛乱造成了成千上万的人逃离,可以想象,其中的许多人逃到了边远的山地。19世纪早期暹罗的宫廷试图将其控制扩展到老挝南部地区,并给纳税人文身("红烙铁"政策),征用更多劳役,"支持和鼓励将高地和部落的人群整体变成奴隶"的时候也遇到了类似的顽强抵制。[105]可以想象,当叛乱被平复以后,那些试图逃避统合的人就会向山地逃亡,那些害怕猎奴的人就会向更远的山地逃亡,逃亡使他们可以待在统治范围之外。从蒙古人入侵的13世纪直到15世纪,上缅甸经历了混乱和饥荒,按照迈克尔·昂-特文(Michael Aung-Thwin)的报道,在这期间,"大量人口从传统上的安全地区迁移到安全的小块聚集地上。"[106]这些难民具体迁移到什么地方还不十分清楚,但是可以肯定,绝大部分一定是散居到离王朝权力最近的边缘地区,在很多时候,这些地区一定是山地。只有在19世纪,早年也是作为避难所的下缅甸三角洲才成为逃避缅甸权力核心的人逃难的标准目的地。

有时人口处于水稻核心区的国家管制之下,有时又摆动到国家控制范围之外,我们可以凭借一些比较零散的迹象推测出一种或两种人口摆动模式。从与王朝权力的距离角度来看，我们可以设想一个连续谱，一端是中心地区被严格管理的水稻种植者，另一端则是那些居住在山梁上，建立起自卫的寨子，远离国家势力范围的人口。而居于它们中间位置的则是那些居住在中心地区的边缘和靠近多山内地的人口。人们一般会想象，一旦被包围，那么人们首先会迁移到临近的最安全地区。因此，那些居于中心的人在面对战争和饥荒的时候，首先会迁移到核心区域的边缘。而那些居于核心区域边缘的人可能首先会脱离与核心区域的财政联系，并实施主动的防卫来保护自己避免受到中心地区的波及。[107]当这种策略不起作用的时候，他们就会迁移到附近的内陆和山地。那些在内地或山地的人一旦面对国家扩张其权力，不管是通过直接的行政管理还是猎奴行动，就会进行叛乱或逃逸——或者先叛乱，再逃跑，跑到或高或低的山地去。[108]在这个连续谱上，任何一群人在遇到危险的时候都会沿着连续谱向着远离国家权力的方向迁移。当核心区域的条件比较有利的时候，这一过程就会反过来，许多人就会向着核心区域靠近以获得那里的贸易和身份地位所带来的机会利益。

奥立弗·沃特斯的研究讨论了东南亚"六角形"（concertina）的曼陀罗国家。我们可以将这种比喻扩展到曼陀罗的人口状况，他们通过权衡危险和回报，有时接近，有时远离国家的势力范围。在这个意义上，这些人口可以被看作政治上的两栖动物。在漫长的时间中，只有存在一个大面积开放的边疆，并掌握有利于他们在新的生境中生存的社会结构和生存能力，他们才能在国家内外之间摆动。然而，这是全新的生态区位吗？也许我们还记得，这些人口的大部分是战俘和战俘的后代——大部分是从山地捕获来的——那么，他们中的一些人从国家逃回到山地也许就像是回家。

距离阻力:国家和文化

> 再没有比征服那些没有需求,而且以森林、高山和无法穿越的荒野、高高的悬崖为屏障的人[伊哥洛特人,Igorots]更困难的事情了。
>
> ——18世纪菲律宾的西班牙官员

前殖民地和殖民地的官员都了解,征服遥远的高山地区会遇到可怕的军事困难。经常移动且充满敌意的人口和崎岖不平的地形相结合,甚至惩罚性的征讨都是非常危险的,更不用说军事占领了。正像《玻璃宫廷编年史》所说的,在一次战役中,"受命追踪孟珙(Mogaung)的苏巴(Sawbwa)的马哈帕亚扎(Mahaupayaza)和阿瓦国王被召回,因为在山地国家追踪而不遇到严重困难是不可能的,那里的道路被大雪所阻隔,每天中午之前都会充满浓雾。"[109]作为在19世纪末缅甸北部一场军事装备优良的军事战役的领导,斯科特注意到军队运动的困难与其征服一个地区所需时间之间的关系:"那些被未开垦林地覆盖的广阔地区,四处充满积水、为瘴气所笼罩、到处都是纠结的灌木丛或山涧峡谷,为盗匪提供了安全的撤退之地,这样的地方需要一两年,甚至更长时间才能扫平。"[110]对于越南的法国人来说情况也是同样的。1901年的一份报告提醒注意,山区"受到深山和几乎无法穿越的森林的保护",控制山地异教徒和解决动乱会遭遇很多困难。[111]

当然上面只是谷地国家的观点。如果从那些退居山地人的角度看,那是一个可以被利用的自然优势。他们可以像伊哥洛特人一样毁掉山路,在需要的时候逐步向更深的山区撤退。一般来说,山地有利于战争中的防守方,可以给小股力量提供许多持续抗击大部队的地点。山区中最边远的山凹是国家的直接控制所无法进入的,因为即使从最近的低地中心地区到那里的旅行都非常困难。在这样的地方,"山寨要塞"(*mountain fastness*)这个词很能体现字面意思。对于英国人来说,位于泰国、中国和缅甸掸邦东部的"生"(wild)佤所生活的地区就是这类地区。按照一个殖民地官员的说法,那里的山脉"被陡峭的山峰分割",世纪之交的地图无法反映那些地区的实际困难。[112]甚至到了今天,人口超过200万的佤族"仍然生活在无疑是现代世界中最后一个荒野的大山中"。[113]

　　景观所代表的阻力大小不能仅仅从地形学上解释。在很大程度上,社会的设计和操作会加剧或减轻这种阻力。比如英国人将其权力投射到山地的过程在很大程度上就是应用缩短距离技术的过程:架桥、全气候公路、砍伐森林、精细的地图和电报。先进的树木脱叶技术、直升机、飞机和现代的卫星摄影进一步消除了阻力。因此阻力并非以某种机械的方式自然地"存在";它们也是为了某些目的被不断加工出来的。那些希望把地理阻力最大化的人有着大量可以利用的相反策略:破坏桥梁、打伏击、在小路和峡谷中设置陷阱、沿途放倒树木、砍断电话和电报线等。有关游击战争的大量文献都记载了为了自身利益而管理景观的努力(不包括那些获取情报的技术)。

　　增加或减少地理距离阻力背后的军事逻辑同样决定了社会和文化的影响。清楚地表明这种逻辑的结果会有助于理解山地社会和水稻国家之间的社会差别。对东南亚文化的主要影响大多是外来的,是由海上商人带来的。婆罗门印度教、佛教和后来的伊斯兰教都是通过这种方式进入的。以他们登陆的沿海为起始点,由流动的低地人口所携带,沿着人们通商和迁移的主要通道,如平原和河谷,逐渐扩散其影响。我们可以想象有一组慢镜头的摄影,在那些地理阻力最小和人口来往最多的地区,这些文化的影响被传播开来。

　　由于这种关系,那些地理距离阻力大的地方,如湿地、沼泽、沟谷、崎岖的山地、荒野和沙漠,尽管从直线距离看,距离国家核心区并不远,但可能相对来说仍然难于进入,因而保持了政治和文化的差异。如果在长期和缓慢的时间维度之外加上垂直或很高的维度,就像在高山地区,就可以看到特定的文化分层是如何出现的。一个文化复合体,比如印度湿婆教派,伴随着国家权力和商业交换,从沿海沿着水路和农作平原向上游移动。那些因为各种原因选择不加入这种新宗教复合体的人,比如那些崇信万物有灵的人,就或被迫进入到流域的上游,到达更深远的内地,或离开这个区域。如果我们想象另外一个文化复合体接替了前者,比如佛教或伊斯兰教,那么这一新的脉动,也许同样受到国家的支持,会将那些不希望被同化的印度湿婆人口推向流域中更高的地方,反过来又导致早期的万物有灵论崇拜的难民被迫向更高或更深的内地逃亡。就像在前面所描述的腾格尔高地一样,可以很容易看到某些东西在这种条件下是如何形成的:远方来的文化脉动在不同地理高度上被沉淀下来,最古老(偏远的)在最高的地方,最新的(最浅的)在低地平原。当然实际上发生的移民比这更复杂,而且在20世纪的东南亚大陆,基督教传教士像过去一样,"跳过了"平原直接进入了高地。但是这个粗略的概括的确能帮助我们理解,那些居住在国家难于进入的高地或边远地区的人为什么也有不同的文化,而且在历史上形成了不同的分层。[114]

微型赞米亚,干旱与潮湿

我们到现在为止关注的一直是我们称之为赞米亚的这片大面积的连绵山地。但在很多小地方距离阻力、避难地区和抵制国家的地形也同样有效。在历史上有一个重要的例子就是缅甸的勃古山地,这块山地长为400公里,宽为65到200公里,森林覆盖,位于伊洛瓦底江和锡唐河之间的缅甸中心地带。

作为距离富裕平原最近的一个反抗国家的空间,勃古山区是逃跑、反叛和盗贼的堡垒。其密密的森林、隐蔽的山谷,更重要的是与盛产水稻的繁荣的村庄距离不远,就像查尔斯·克劳斯维特爵士(Sir Charles Crosthwaite)所写的:"对于盗匪来说,再没有比这更好的地方了。"[115]在20世纪早期缅甸殖民地时代,柚木是最重要的可以提供财政收入的商品,而这个地区因为是最后一个大的柚木生产基地而具有特别重要的意义。虽然国家投入资源试图对其加以控制,但是在英缅第二次战争(1885—1887)和萨亚森起义(Hsaya San Uprising, 1930—1932)的时候,勃古山区都曾脱离英国控制,并最终在第二次世界大战开始的时候完全脱离了英国的控制。在战后差不多30年时间里,直到1975年,这里一直是北方共产党(Communist Party Burma, CPB)和南方克伦人反叛的主要根据地,他们几乎推翻了仰光的政府。这一反叛的根据地是如此安全,缅共把这里看作自己的延安(Yennan),而且将山地堡垒中的中央马列党校(Central Marxism-Leninism School)称为"北京金城"(The Golden City of Beijing)。[116]到1975年这个地区被彻底荡平的时候,缅共和克伦国民统一党(KNUP, Karen National United Party)都失去了可以近距离攻击中央平原地区和中央政府的最后一块根据地。尽管勃古山区的人口稀少,但是其各个方面的条件却适合成为缅甸抵制国家的空间。[117]

博巴丘陵(Poppa Hill),或者称为博巴山(Mount Poppa)位于勃古山地的最北部,现在已经成为佛教的重要圣地,有大量人朝拜,但在不久之前还是抵制国家的空间。位于曼德勒的西南部,处于密铁拉(Meiktila)和稍埠(Chauk)之间的这座1500米高的突兀山峰被大量山谷和灌木丛所包围。尽管因为面积不够大无法作为逃难和革命根据地的主要地区,但是因为靠近商路和谷地人口,因而可以作为匪帮和牛贼的藏身之处。在被英国占领以后,仍然有一支力量坚持了整整10年。[118]博巴只是英国人所说的数百个难于征服和占领的堡垒之一。这些堡垒中隐藏着谋反的王室成员、异端教派、反叛者和盗匪。作为抵制国家的空间,每一个地点都有自己的独特历史。那些因为各种原因希望远离国家的人都知道这里是他们的避难所。这些地点的共同特点就是其有利于抵抗和撤退的复杂地形,人口的稀少和流动性,和不隶属于国家的传统。

一个完整的有关抵制国家的空间研究不仅仅要包括山地,而且需要把低湿的地方包括进来,包括各种沼泽和湿地,以及荒野、三角洲、红树林海岸和复杂水路及群岛。因为这些很难控制的地方恰恰就在富裕的水稻生长区附近,地理位置不高,它们同样对低地的政治秩序产生了威胁,甚至可能威胁更大一些。位于长江三角洲南部的嘉兴在17世纪早期就是这样的一块无序的地方。复杂和难于辨认的小溪和水路构成了政治秩序无法解决的问题。一个负责管理这个地方的官员写道,"大河被湖泊、湿地、入湖口和宽阔下游河床所分隔,形成了面积开阔,延伸无数公里的水面。这里成为避难所,来自各地的盗匪聚集在这里,他们既在这里出现,也在这里消失。"[119]

湿地既可以为国家核心区域提供自然的周边保护,就像在威尼斯和阿姆斯特丹,同样也可以成为反叛者、土匪和水上强盗的庇护所。13世纪中国古典名著《水浒传》就是描写被罢免和背叛官府的官员及其为数众多的盗匪追随者在湖荡中的故事。[120]在底格里斯河与幼发拉底河之间的美索不达米亚湿地(在今天的伊拉克和伊朗之间的边界上)的历史传说甚至更久远(有3000年以上)。这块15000平方公里的湿地随着季节不同而不断变化形状,直到不久前仍然是那些数量众多、不属于任何一个国家、生活在浮动岛屿上的人口居住地。威尔弗雷德·赛西杰(Wilfred Thesiger)是一个探险家,他在《沼泽中的阿拉伯》(The Marsh Arabs)一书中第一次让说英语的人关注到了这个世界。他写道,沼泽、"加上他们迷宫一样的、人们必须乘船往来的芦苇荡,在很早时期,就被那些战败的人作为避难地,并成为没有法律制约的反叛中心。"[121]各种水路错综复杂,无法辨认(只是对没有受过训练的外来者来说!),不同的季节变化多端,这使当地流动的居民在面对官方的入侵者时具有决定性的优势。与其他许多泥泞的反叛区域一样,官方要严格地控制这些地区就只能彻底将水排干,完全破坏这块栖息地。在两伊战争中,萨达姆·侯赛因在这个地方遭遇了严重的失败以后,终于完成了这一扩展国家空间的巨大工程。不管是否还有其他理由,排干大型沼泽和湿地总是被用来作为消除反抗和叛乱潜在基地的解决方案,然而面对山地避难所的统治者来说,这种方法是无效的。[122]

在白人殖民者统治的北美,与山地和边疆一样,沼泽也成为反叛和逃跑者的避难地。在奥西奥拉酋长(Chief Osceola)的领导下,塞米诺尔人(Seminoles)与逃亡的奴隶盟友一起,与联邦政府军队进行了长达7年的后卫战争,这些军队是为了实施安德鲁·杰克逊的清除印第安人的政策而来的。[123]在长达几代人的时间内,弗吉尼亚和北卡罗来纳边界上的大迪斯默尔湿地都是数千逃亡奴隶的家,"正好位于南部最强有力的保存奴隶的社区之间。"[124]这里有叛逃的白人、逃避兵役的南方人、逃兵、逃避法律的人、猎人、伐树人、设陷阱捕兽的人。就像《水浒传》中水泊梁山附近的沼泽一样,也有文学作品表现大迪斯默尔。这要感谢朗费罗(Longfellow)的诗《迪斯默尔沼泽的奴隶》和哈里特·比彻·斯托(Harriet Beecher Stowe)的《德雷德:一个悲伤沼泽的故事》(1856)。正像在阿拉伯的沼泽避难所一样,不断有人提出要把大迪斯默尔排干,因为沼泽使"最低档次"的人找到了自由和独立。[125]

沿海的环境,特别是在东南亚,也同样为叛乱和那些试图逃避国家的人提供了庇护。东南亚大陆主要河流(湄公河、湄南河、伊洛瓦底江)不断变动的入海三角洲,加上无数随潮汐变动的入海口,对于警察和官员来说,这里几乎是无法监管的。那些逃亡的人非常熟悉这些水域,可以瞬间消失在其中,当局完全拿他们没办法,甚至动用武力也不行。由于担心有利于革命的地理环境,法国和美国支持的西贡政权都表明山地和湿地是要严加看管的地方。"中部的高地和湄公河三角洲西部的湿地平原(大巴萨河地区)是共产党容易渗透的两个地方,需要高度关注。"[126]克伦人反对缅甸政府的叛乱也得益于"无法穿越的有巨大红树林的沼泽地、森林保留区、泥泞的河道和隐蔽的小溪,在这些地方,政府军队总是要小心翼翼地前进"。[127]

红树林和林中弯曲多变的小路,对于任何人来说都是让人困惑的,除非那些有着长期经验的人。对于他们来说,这些地方也许恰恰提供了逃避的理想环境。没有比它更好的保护层了。"错综复杂的航道和小溪,被泥地和沙堆所阻隔,隐藏在植被后面,根本看不到。处于错综复杂的红树林中的水路非常狭窄,四处都是拥挤的枝条和长长的棕榈叶子(nipah)。在这里,一旦遇到危险,那些常年生活在这里,对于当地复杂地理环境很熟悉的人们就可以神不知鬼不觉地逃走。"[128]

那些有利于隐藏和逃跑的地理环境也同样方便偷袭的人。靠近航道的红树林就像靠近富庶的低地的勃古山区一样。偷袭者可以迅速地进出,抢劫船只、袭击沿海的居民和捕获奴隶。就像维京海盗(Vikings)一样,那些海上吉卜赛人是两栖动物,时而是商人,时而是强盗。与维京海盗类似,他们的船也是吃水比较浅,行动迅速的敞仓船(perahu),这使他们可以逃入大船无法进入的小河,夜里经常袭击毫无防备的上游居民点。借助红树林的便利,他们在一段时间曾经成为荷兰和英国在东南亚沿海贸易的主要威胁。甚至到现在,他们的高度武装和摩托化的直系后代一直困扰着通过马六甲海峡的巨型油轮。[129]

就像山地一样,湿地、沼泽和红树林是休憩地和发动攻击的潜在地。但更重要的,这是没有国家的地区,因各种原因而逃离国家指令的人都可以在这里找到避难所。

重回野蛮

> 我们知道,中国的有些边民正在遵循同样的趋异进化路线(草原游牧)。要把中国人留在中国,同时将那些新式的野蛮人排斥在外,这正是修建长城的目的。
> ——拉铁摩尔:《历史上的边疆》

少数民族是谁?他们从哪里来?过去的描述和低地流行的解释都把他们看作原住民,从开始就在那里,谷地人口是他们的后代。而居住在赞米亚的当代少数民族史学家和民族学者现在往往将他们作为移民叙述,他们最初的起源可以追溯到战败、被迫害和边缘化的传说中。这样的传说往往是一个不公正的受害故事。这样的叙述之所以存在,有赖于两个隐含的假设。第一,所有山地的人们都希望成为谷地的农夫,他们中的大部分人都曾经是低地人口,只是因为某种外力迫使他们不情愿地到了山上。第二个假设是,他们自然想避免强加给他们的"野蛮"和"落后"的污名。野蛮是他们逃逸的自然结果。因为按照低地的标准,文明的人群是种植水稻并向国家纳税的臣民,那么背离这一条件、迁移到国家半径之外并采用新的生存方式,事实上就是将自己置于文明之外了。

如果故事仅讲到这里那就忽视了那些迁移者自己的强烈意愿,也就是能动性。在那些有着开放土地,与低地居民有贸易关系的边疆地方,山地人无须太多的劳动就可以有比较富裕的生活,更不用说还可以免除税赋和劳役。正像拉铁摩尔所谈到的,中国的北方和西部边疆的大量牧民原来都是具有各种不同背景的农夫,"他们决定脱离贫困的农业,成为更有保障的牧民",因此如果单纯从经济利益上来说,移居高地从事游耕或采集经常是自愿的。[130]如果在这些经济利益之外,我们再加上产量增加和劳动力减少,那么仅从物质角度一点,远离国家权力就已经有了足够的理由支持。

从谷地的角度看,转变为山地的生活方式往往伴随着地位降低,所以很难想象这会是自愿的。按照谷地的解释,山地人口或者是土著的原始居民,从来没有接受过文明,或者更可怜的,是从低地被强迫搬离的。由于知道自己被谷地人轻视和污蔑,许多部落民在其口传历史中对他们现在居住地点和地位的解释就融合了受害、背叛和过失。然而,非常清楚的是,所有山地族群都将大量"背叛文明的人"插入到自己的世系中,从而将他纳入自己的人群。这些背叛者大多是汉人,他们发现离开文明进入山地更合适。就像我们已经看到的,在中原王朝—儒学国家机器的自我描述中,这些反向叙述是完全不存在的。长城和湖南的抗苗长城被看作官方抵抗野蛮的屏障,但事实上,建筑这些长城只是为了将那些纳税的定居耕作人口稳定地保留在国家权力之内。正像马思中所说的,"许多过去想象中的野蛮人和所谓的'苗人叛乱者'(19世纪中叶),实际上是大量逃避主流社会中的纳税责任和刑事责任的中国人。"[131]抱着贸易、寻找土地和其他目的而来的山地移民可能会发现,加入到山地社会是有利的。用谷地的话来说的,自我边缘化或"自我野蛮化"在特定时间内可能是很普遍的,只是文明的话语使这些行为变得不可思议。[132]

如果实际上是人们主动选择了与谷地国家不同的文化和制度,如果他们经过深思熟虑选择了将自己放逐到无论是地理上还是文化上都远离文明的地方,那么我们就需要用另外的方式描述这一过程,这个过程不再是不幸获罪或被贬斥的过程。为了把握马来半岛的山地族群如何将自己置于马来国家的对立面,包括生态、经济和文化的,乔弗瑞·本杰明发明了"异化"(dissim*i*lation)。[133]与掩饰(dissim*u*lation)的意思不同,异化的意思是或多或少有意创造出来的社会之间的文化距离。这可能包括营造和保持在语言上的差别,特殊的历史,独特的服饰、丧葬和婚姻仪式,以及独特的房屋风格、耕作形式和不同的居住海拔高度。由于这些文化标志共同构成了人群之间的区别,因而一定是相互关联的。异化可以使他们在整个山地—谷地经济中单独划出一小部分特殊的生态区位作为自己的领地,比如"我们是森林中的采集者;我们不会动犁耕地"。经历漫长的时间和不断的细化,这类异化最终会促使特定种族的形成,这是我在第7章中要讨论的。

在最后这一节中,我想在人们远离国家核心的移民历史背景下,着重讨论异化对于山地人群来说最重要的一方面。异化最重要的作用在于强调"我们是非国家的人。我们在山上游耕和采集是因为我们自己要保持与谷地国家的距离"。

认同和逃避国家人群的自治

对于许多山地人群来说,异化,也就是标示出与其他社会的区别和距离,经常意味着他们自己和低地国家之间存在着真实的地理距离。从某种意义上说,这一过程被过分强调,甚至有些重复和累赘。现在我们思考一下长期的移民过程本身。一个位于低地的弱小或缺少军事实力的人群发现自己面对着战败或屈服，或者两者皆有。这些被围困的人有一部分被征服并随时间推移被同化了。而另外的分支则逃离到内地或山地，为了保存其独立性而不得不改变他们的生存方式。我们进一步假设，这一人群有自己的名字，比如我们称之为草地鹨。停留在原地的草地鹨会被吸收到流行的低地文化中，从而失去他们特有的标志；他们很快就不再是"草地鹨"，而成为"中国人"、"缅甸人"、"暹罗人"或者"泰人"。而那许多离开的人尽管也经历了变化（甚至变化更大！），但是仍然被认为是草地鹨，而且在他们的历史上最重要的一个特征就是移民，远离谷地国家。从谷地国家的角度看，"草地鹨"的标志也是逃离和回避国家。如果这一过程被重复多次，那么逃避国家的特点就可能成为一个人群的基本特征。

这个过程曾经被多位民族学者和历史学家所描述，典型地表现在苗族/果雄的经验中，特别是过去3个世纪中的叛乱和逃避的经验。尼古拉斯·泰普描述了苗族的两个分支的不同走向。一支成为"熟"苗，或者说"汉化苗"，他们接受了中国的政权统治、中国的名字和定居耕作的农业方式，他们之中的大部分随着时间推移而被汉族文化吸收。另外一支则成为"生"苗，或者说是"苗文化的苗"，他们搬到（或者留在）高山上，从事游耕和抢劫，保持了与中国国家的距离。[134]另一位苗族历史的学者相信，"当果雄人感到土地紧张、没有足够的森林、税负过重且不公平、各种官员和地主肆虐的时候，大部分人会改变自己以适应新的境况。有些人会起义反抗，奋力抗争，而另外一些则会选择移居到新的行政区域或其他国家。但是移民只是果雄人中的一部分，大多数仍然选择留在当地并改变自己。"[135]因此,那些逃跑并拒绝"进入版图",从而有了明显标志的难民、无国家的果雄人只是苗族人中的少数。而大部分历史上被称为果雄的人已经被吸收成为中原王朝的臣民,作为一个特定的人群已经消失。如果我们还考虑到这样的事实,那些与果雄人一起反叛或一起逃亡的非果雄人最终被吸收成为果雄人,那么这些人的谱系是中断的,更不用说基因了。他们所继承的果雄民族性更多地表现在共同的反叛和逃亡的历史,而不是所假设的祖先的血缘关系。

在赞米亚多数人群(但并非全部)中都可能发生类似的故事。佤族、阿卡、拉祜、傈僳、克木、巴郎、巴当、拉棉,还有克伦人,似乎都有着类似的历史过程,即反叛以后,一些人留下来,而另外一些则逃出去,并沿途不断吸收其他的移民。杜姗姗认为,在过去3个世纪中,拉祜族被卷入了差不多20次反叛,在此之后,一部分"仍然留在中原王朝控制的区域内,而另外一些人则在被镇压之后迁移到南方更边缘或多山的地区"。[136]在克伦人复杂的历史中,特别是波克伦人,也有许多类似的事件。经历了与孟族的联盟,以及在18世纪中叶勃古覆灭以后与暹罗的联盟,克伦人多次被孟族、暹罗、掸族和缅甸的政权所吸收。我们现在所知道的克伦人都是那些选择逃跑或者留在山地,作为无国家的自治人群存在的人。[137]那些曾经的克伦、拉祜和果雄人大多在历史过程中被吸收,成为低地的组成部分和国家的臣民。而逃跑出去的小部分人保留了其独特的认同,从而书写了一个迁移和无国家的历史。[138]

在雷奥·敖廷·凡格索晚期著作中所描述的阿卡人是可以被称为"把逃避国家当作认同手段"的一个最仔细和详尽的案例。阿卡人,包括哈尼族,有250多万,位于越南北部,属于藏—缅语系,过去被认为是"黑骨头(生)"的、未汉化的彝倮倮(Yi-Lolo),现在他们位于云南南部(西双版纳),与老挝、缅甸和泰国接壤。在过去的两个世纪中,由于战争、猎奴和寻找新的游耕土地,他们被迫向更南方迁徙。他们曾经接触过的低地王国有汉和泰,尽管汉族在其文化活动和信仰方面打上了更深的烙印。

就我们的意图来说,最重要的是阿卡人通过他们的吟游诗人,也叫费玛(phima)保留了详细的(有可能不完全可靠)谱系和独特的历史。有些历史似乎可以被文献所证明。但不管是否可以被证明,这一口述历史可以用来分析那些将迁徙和无国家作为自身特征的人群。他们相信他们最初是高地人群,逐渐地向下游搬迁,种植水稻,然而明显地不是国家的臣民。这之后,在云南南部,泰国的军队作为国家的力量进入这个地区,吸收了一部分阿卡人,将其余阿卡人,以及巴郎和其他族群的人赶上了山地。凡格索指出,这个故事与泰国第一个泰略(Tai-Lue)武士芭珍(Ba Zhen)在12世纪建立的第一个城市国家(muang)并驱赶了大量原来的居民的历史是一致的。接下来在这个地区又有13世纪中叶元朝时期的蒙古入侵,以及国家权力的扩张。从这点来看,阿卡人将自己看作逃避国家的人群,选择了自己的生存地点和生计方式,从而使"军队、土匪和收税官难以进入"。[139]他们尽管逃亡,但是从遗传角度看并没有封闭。按照凡格索的计算,他们采用了灵活的收养和有创意的谱系原理,吸收了许多泰族、汉族中国人,以及其他的山地人群,包括拉祜、巴郎、克木和佤族。

阿卡人逃亡和无国家的传统就记录在他们的历史和宇宙观中。他们传说中的重要人物是13世纪的达仔加邦

(Dzjawbang),他想成为阿卡的国王,并实施了人口统计(税收和国家建设的标志!),但是最终被自己的人杀死。他的儿子邦·达仔觉(Bang Dzjui)是一个希腊神话中伊卡洛斯式的人物,他骑的具有魔力的马被用蜂蜡粘上了翅膀,但是飞得离太阳太近而死掉了。两个都是有关等级制度和国家形成的警示故事。萨满教的标准尸身处理仪式是为了在身体里重新安置游荡的灵魂,这与逃避国家具有同样的寓意。"在这个具有9层的灵魂世界中,旅行被描述为从山地到低地的过程。在那里,人们的灵魂被'龙的迷宫'所捕获,被诅咒为了生存而做苦役或奴隶。要想恢复一个人的灵魂,他们需要贡献一头猪,或者其他大型动物,如水牛……就像平常的奴隶贸易一样。"[140]当这些成为人们所说的宗教的时候,这些原则就会流行。除了崇拜专业人士,尊敬那些有很长谱系的人和铁匠以外,阿卡人坚持认为不存在更高的上帝,而且他们也不会向任何人鞠躬低头。很难设想存在这样的人群,他们的口传历史、实践活动和宇宙观都综合地表现出对国家和稳定的等级制度的拒绝。

6 逃避国家和防御国家
逃离的文化和农业

让我们再次想象你是东南亚的让-巴普蒂斯特·科尔贝尔（Jean-Baptiste Colbert）*，但是你的任务不是设计一个供征用的国家空间，而是完全相反。你的任务是设计一种地形、生存策略和社会结构从而尽可能地抵制国家的形成和征收。

那么我相信你所设计的一定与水稻国家所呈现的相反。在平坦、没有地理阻力的冲积平原，你会设计出崎岖不平的景观，那里具有惊人的"地形阻力"。比起集中的同时成熟的谷物，你更喜欢多季成熟的、多样、分散的根茎作物。在长期定居且有稳固的政治权威的地方，你会发明一种分散和移动的生存方式，以及流动和无首领的社会结构，以便于随时随地的分散和集中。

总体上来说，这正是人们在整个赞米亚所发现的，一种"反抗国家"的居住、农业和社会结构模式。也就是说，这代表了一种不利于国家人力和农业积累策略的农业生态环境。这种模式在两个不同的方面是反抗国家的：首先也是最明显的是，一个已经存在的国家不希望统合这类地区，因为在这些

---

* 让-巴普蒂斯特·科尔贝尔，法国路易十四时期的著名政治家。

地区征用人力和粮食的行政和军事成本要远远高于其回报。进贡的格局尽管是可能的,但是却非直接的统治。这一社会景观的第二个反叛国家特征在于这个空间完全不可能产生一个本土的国家。在这里,缺少国家所赖以生存的大量人力、财富和谷物的集中,此外,不利于国家征收的人口和农业条件反过来也阻止了其他的征收形式,特别是抢劫。猎奴行动、沿途抢劫的军队、土匪和缺乏食物的潜在抢劫者与国家一样发现"国家空间"更适合抢劫,而在那些没有稳定权力结构的荒芜、流动、种植根茎植物的社会,甚至发些不义之财都很困难。从这个意义上说,这样的山地社会不仅抵抗国家,而且抵制了所有的征收。

我在这里有意地使用科尔贝尔战略家的策略和"设计"理念。许多有关东南亚山地人群的历史和民族志都或含蓄或明确地将他们的位置、他们的居住模式、他们的农业和他们的社会结构看作自然的或先天的,被口述为早已经存在,是他们的传统和生态约束所限定的。一些限制的存在不可否认,但是我希望强调历史和策略选择的作用。从任何长远的历史角度看,值得注意的是山地和山谷的居住方式、社会结构、农业方式和族群认同上的流动性和多样性。从表面上看起来似乎是静止的,甚至完全不因时间影响而改变的模式,只要我们把历史的镜头扩展到几代人,就会展现出惊人的可塑性,更不用说扩展到数百年,甚至上千年了。我认为,有证据表明,我们应将山地社会解释为社会和历史选择的结果,包括他们的地点、他们的居住方式、他们的农业技术、他们的亲属实践,以及他们的政治组织,这些都是被设计来将他们自己置于与谷地国家以及其他周边山地人群相对立的位置上。

一个极端的例子：克伦人的"隐蔽村庄"

极端的例子经常可以最明显的方式，充分展示社会过程的基本动力。在广大的克伦地区，缅甸军方残酷镇压叛乱的策略就是一例。这里，围绕军事基地形成的"国家空间"不仅仅是一个可以进行征收的地区，更是一个完整的集中营。与此相对应，"非国家空间"不仅仅是税务官有效控制以外的地区，更是人们为了生存而逃入的避难所。[1]

如果用奥威尔式的委婉说法来表述缅甸的军队，他们控制的克伦地区的平民区域可以被称为和平村庄，而那些在他们控制之外、逃亡者的庇护所可以被称为隐蔽村庄。从官方的描述中可以看到，"和平村庄"代表了那些村庄首领承诺不再支持叛乱且周期性地为军营提供免费劳役，作为回报，村民的房屋将不被焚毁或强制搬迁。事实上，和平村庄经常被强制搬迁到军营周边，在这里他们成为劳动力和人质的蓄水池。这里的居民都被登记，并发放了身份证。他们的农地、槟榔树和小豆蔻丛都因为军事税收和征用被评估。在第三章我们考察了一个如同缩微和军事化的水稻国家核心区域一样的基地，基地指挥官事实上把最靠近司令部的和平村庄的劳力、资金和粮食几乎榨取净尽了。村民们心里明白人口集中与强制劳动之间的联系。在许多有文献记载的事件中，其中一个是将7个村庄合并到兵营附近的两个村庄中——克莱拉（Kler Lah）和塔卡德（Thay Kaw Der）。正像一个居民所说的，"当他们找不到人去做民夫的时候，他们就会让克莱拉和塔卡德所有的村民去做。不管男女，他们都要带走。……SPDC（政府）

在1998年强制他们搬迁到这里,这样一来就很容易强迫他们去干活和当民夫(因为他们在同一处)。"[2]在另外一个类似的移民地区,一个村民也同样注意到,集中在军事基地附近是如何使他们更容易受到剥削。"我认为,他们将村民迁移到这里的目的就是要他们工作。……如果村民都在一个地方,缅甸人很容易强迫他们工作。"[3]

强制从当地征集给养,同时保留了传统的腐败和抢劫,军事集团将移民区域变成了超级的横征暴敛之地。一个军事空间的"理想型"是一块沿着主要道路的平坦和开放的地域(没有埋伏!),周边都是登记在册并移居到当地、在便于监督的地方种植水稻的平民,他们的作用就像是军营周边地雷的绊线或人质,同时也是劳力、现金和食物的来源。在一个水稻国家的放大版中,缅甸军队对其被俘虏的人力和资源的压榨如此严重,以至于大部分俘虏最终在失望中逃离。[4]

正像围绕军事基地周边被羁束的村民实际上是对国家空间的一种模仿,而那些逃避税赋的人所采用的抵制国家的技术也正是这一章将要考察的策略的夸张表现。简单地说,这些策略包括逃到难于进入的地区、分散成越来越小的群体、寻求那些隐蔽和不引人注意的生存技术。

可以利用的最快捷的避难所一般来说就是那些更远的河流上游和更高的山地。"如果我们必须逃亡,我们就要逃到山上,"一个克伦老村民说。如果他们被追踪,他们就会撤退到更高的上游地区。"当他们上来找我们的时候,我们只有逃到上游地区。"而且"他们第三次来的时候,我们逃到了这么高的这里"。[5]这样的逃亡有一个好处,就是他们躲避的地方与原来的村庄和田地的直线距离并不远,但是却远离道路,事实上是无法进入的。作为军事压力不断升级的后果,这些所谓的隐蔽村庄(*ywa poun*—ရွာပုန်း)会分成更小的单元。在他们原来的村庄中,可能会有15到25户人家,而隐蔽村庄很少有超过7户人家的,如果这样仍然危险,他们就会分裂成更小的家庭群体。特定群体分解得越小,那么就更加隐形,因而也更难于被追踪、捕获或屠杀。在这种情况下,村民最终冒险跋涉到泰国边境,进入那里的难民营,完全处于缅甸国家管辖范围之外。

那些选择留在山上的人采取了不同的生存策略,这些策略使他们不容易被发现,并且一旦被迫再次逃亡的时候,具有最大的地理流动性、可以立即转移。在生存策略中,采集林间食物是最不引人注意的;除了采食者的小径外,不会有任何痕迹留下来。但是单纯的采集很难满足人们需求。[6]就像一个隐身在山地的村民所说,"村里的人不得不吃根和叶,就像我在森林里的时候一样。有一次我不得不依靠根和叶生活了4—5天……有一年我在森林小屋中生活了一年,因为我不敢待在村里。我种了香蕉树,吃树根和蔬菜。"[7]许多逃到森林中的人都尽可能带上更多的稻谷,这些都被他们分散成小份藏起来。而找到落脚点后,不管停留多长时间,都会开垦一小块土地种植玉米、木薯、红薯和一些小豆蔻。一般都是开垦许多分散和隐蔽的小块土地;分散和隐蔽是难民行为的准则,这些准则也同样体现在其农业选择上。只要可能,他们就会选择那些不需要太多照顾、生长期比较短的根茎作物,这些作物不容易被破坏和抢走,而且可以随时收获。人、耕地和作物的部署都以避免被抢走为目的。村民都很清楚,为了维持生存需要牺牲什么。村庄的仪式、教育、体育运动、贸易和宗教活动如果说不是彻底消除的话,也都被大大简化,以避免变成超级国家空间中的军事奴隶。

绝望的克伦村民所采取的逃避技术代表了一种极端的策略,但是在整个赞米亚的历史和社会组织中都可以看到这些特征。我想说明,我们所看到的大量被称为"山地"农业、"山地"社会结构,包括"山地"位置本身在很大程度上是由逃避(和防御)国家的模式所决定的。在与低地水稻国家,包括殖民政权的许多世纪的持续"对话"中,这些策略被制定出来并被细化。[8]在许多重要方面,这个对话是由山地社会和其对话的水稻国家共同构成的。双方都代表了不同的可选择的生存、社会组织和权力模式;任何一方都在复杂的模仿和否定的关系中"追随"另一方。山地社会在低地国家的影响下运行。同样,作为一个整体,东南亚的低地国家也被居于山地、沼泽、迷宫般复杂水路中的相对自由的社区所包围,这些社区也同时代表了威胁、"野蛮的地方"、诱惑、避难所和贵重物品的来源。

地点、地点、地点和移动性

不可进入性和分散是征收的敌人。对于一支行进中的军队来说,就像国家一样,征用是生存的关键。"整支军队持续地追踪飞跑(原文如此)的国王,但是行军是强迫的,而在人口稀少的行军道路上,村庄稀少且距离交通要道遥远,无法为这支包括战士和牲畜的军队提供足够的食物,结果他们不仅因为连续行军而疲惫不堪,而且处于半饥饿状态。大量人员因为没有食物而陷入疾病、饥饿和疲惫,但是追踪仍然继续。"[9]

逃避的第一个原则是地点。因为地形的阻力，有些地点即使近在咫尺（比如直线距离不远）国家也无法进入。事实上人们大致可以计算出相对于特定的水稻国家，不同地点的不可进入程度。这里的不可进入程度已经暗含在克里弗德·吉尔茨对他所称的巴厘岛上"剧场国家"势力范围的描述中了。他注意到，"高地领主"因为居住在崎岖不平的地方，"因而有着抵制军事压力的自然优势。"[10]甚至在更远的高山地区，"在最高的地方，有一些日常从事旱作农业的社区存在于任何领主的有效控制范围之外。"在赞米亚本身，如果单从地理条件来看，贵州省的西南部可能是最封闭、最难于进入的地方。按照一个贵州俗语的说法是："天无三日晴，地无三尺平，人无三分钱"。一个19世纪晚期的旅行家注意到，在贵州的整个商旅时间内，他没有看到任何一辆车。"因此，这些都是依靠两足或四足动物的肩背来完成的。"那些被誉为只有猴子才能到达的许多地方实际是匪徒和叛乱者的避难所。[11]在这种情况下，地点是远离国家权力的边缘性得以表达的诸多可能方式中最重要的一种。我们将看到，还可以通过地理流动、生存实践、社会组织和居住方式的设计，经常是综合而非单一的设计，来拉开社区和国家剥夺之间的距离。

从任何长远的历史观点来看，国家权力边缘的地点必须被看作社会选择的结果，不是文化和生态本身固有的。如同生存习惯和社会组织一样，地点也是处于变化中的。在过去的历史中，这些变化都被观察并记录下来。这些变化大多代表了其与国家权力的相对"关系结构"（positionality）。

将马来西亚"非国家"的人群自然化（naturalized）地理解为所谓的"原始人"（orang asli），这类观点正在受到近年学术研究的挑战。过去他们被看作早期移民浪潮的后代，比那些继他们之后而来并在半岛上统治他们的太平洋南部岛民（Austronesian）技术落后。然而各个族群是相互独立进行迁移的理论不为基因证据所支持。与其把原住民（比如西蛮[Semang]，特穆安[Temuan]，贾昆[Jakun]，奥郎劳特[Orang Laut]）与马来人看成一个从低到高的进化过程，还不如看成一个政治序列。这种观点在乔弗瑞·本杰明的研究中得到了很好的证明和详细的阐述。[12]对于本杰明来说，在这种背景下，**部落性**（*tribality*）一词的意思只是逃避国家的策略。与部落性相对的是**农民**（*peasantry*），这可以被理解为统合进国家的农耕系统。在他的文献中，大多数"部落"原住民恰恰是半岛上拒绝国家的那部分人。每个"部落"——西蛮、西诺伊（Senoi），以及使用马来语的（特穆安、奥郎劳特和贾昆）——都代表了略有区别的逃避国家策略，而且任何人只要实际采用了这类策略，他们也就成为了西蛮、西诺伊或其他什么部落人了。同样，在成为伊斯兰之前，这些非国家的人一直有可能成为马来人，甚至在成为伊斯兰之前。实际上许多人已经这样做了，而且在马来民族性中可以看到他们被吸收的痕迹。与此同时，所有的原住民通过交换和贸易与低地市场建立和保持着联系。

对于我们的分析来说，重要的一点在于，对于国家来说边缘地点的存在也是政治策略。正像本杰明所指出的，

> 首先……部落特征主要是来自于选择，第二……基于国家的文明（包括现代和前现代）的表现形式也主要是基于这一选择来描绘的……

毫无疑问,我们要记住,许多部落人口都是自愿地生活在地理上的遥远地区,这是其远离国家的策略之一。[13]

逃避的第二个原则是移动,也就是改变地点的能力。除了位于权力的边缘以外,如果一个社会可以很容易地迁移到更远和更有利的地点,那么这个社会的不可进入性就可以被放大。就像远离国家中心的程度不同一样,我们也可以想象有不同程度的移动性,最高的是可以无阻力地变动地点,最低的是几乎无法移动。地理流动的经典例子当然是草原的游牧。在一年的大部分时间中他们都带着畜群在移动,尽管草原游牧是由对草场的需求所驱动的,但是他们的快速和远距离移动能力是无与伦比的。同时,他们的移动特别适合对国家和定居人口实施抢劫。事实上,游牧民聚集成"部落"联盟以后,经常对定居的农业国家构成最严重的军事威胁。[14]最让我们感兴趣的是通过游牧实现的面对国家权力的逃避策略。比如,约穆特土库曼(Yomut Turkmen)位于波斯国家权力的边缘,他们利用游牧的移动性达到抢劫农业社区和逃避波斯政权的税赋和兵役的双重目的。当大规模军队被派出打击他们的时候,他们就会退居到草原沙漠地区,使其牲畜和家庭远离国家的控制。"因此流动性为他们提供了终极保护以抵制波斯政府对其政治事务的有效控制。"[15]尽管存在其他可行的生存方式,他们仍然选择保持其游牧方式以保持其策略优势,如政治自主、抢劫,以及逃避征税官和抓壮丁。

因为生态的原因,东南亚高地没有大量的牧民。如果是从移动的便利性角度看,最接近游牧人群的是游动的采集者。大部分山地人的生计方式都包含了某种程度的采集和狩猎,当受到压迫的时候,他们会多地依赖这些方式。但是那些专门从事采集的人群一定是居住在远离国家权力的地方,而且其生存模式也需要地理的移动——在受到威胁的时候,这个习惯对他们特别有利。这些人一般被历史学家,同时也被低地的人口看作是与众不同的,如果从进化论的观点看,是更加原始的部落的遗留。现代的学者推翻了这样的判断。现代社会中的采集被认为主要是政治选择,或者是逃避被国家捕获的措施,而非是落后的历史遗留。特里·兰博(Terry Rambo)专门研究马来半岛上从事采集的西蛮人,他清楚地表达了这种新的共识:"西蛮显得很原始,其原因并非是他们被推入到与世隔绝的边缘的逃难地区,从而成为旧石器时代的活化石,而是对于处于具有军事优势且经常敌视他们的农业生产者的包围之中、居于防御地位的弱势的少数族群而言,游动的采集策略是收益最大且安全的。……从安全的角度看,这种策略也是有效的,因为游动人口比定居的农民更被难捕获。"[16]

当然这并不意味着最分散的形式是最安全的。相反,如果族群小得超过了一定程度,就会出现新的危险和劣势。首先,存在着抵制抢劫,特别是抵制猎奴的需求,这就需要小社区。一块孤立的游耕地比一组同时成熟的游耕地更容易受到害虫、鸟和其他野兽的侵害。疾病、意外事故、死亡和食品短缺等风险的集合也同样要求有一个最低限的族群规模。因此克伦族难民逃避缅甸军队时候呈现的原子化是一个极端的例子,只存在了很短时间。甚至对于逃亡的族群来说,长时间的自我保护也需要至少有数个家庭组成的小团体。

一旦我们将生存策略看作基于政治原因在诸多可替代生

计中所做的选择,特定生存形式所提供的移动性就必须被纳入到考虑的范围。采集和游牧为那些希望与国家保持安全距离的人群提供了很大的移动性。移动耕作(游耕)比采集所提供的游动性要小,但是比固定农田的耕作大,比灌溉稻作大得更多了。对于国家空间的建筑师来说,任何从种植水稻的核心区向遥远的从事采集的边缘地区的大规模移动都威胁了国家权力所赖以存在的人力和食物基础。

　　没有任何理由假设从事游耕和采集的人封闭在山地是因为他们落后或本来如此。与此相反,有大量证据表明,他们生活在他们想生活的地方,在做自己想做的事情。事实上,这是一个历史选择,那些原来居住在平原地区的人群,或者受到苛刻的税负压迫,或者被威胁要为更强的人群提供劳役,因而选择逃到山上。他们的意图在其日常实践中随处可见,与其他人不同,他们没有选择被低地社会所同化。可以看出,他们的意图之一是避免被国家或其机构捕获,从而成为奴隶或臣民。早在9世纪的时候,中国西南部的官员就看到无法将"野蛮人"迁移到汉政权的权力中心附近,因为他们散布在森林和沟壑中,并且"试图逃避被捕获"。[17]我们也不能忽视广泛存在于山地的自主和相对平等的社会关系对人们的吸引,这与逃避劳役和税赋的目标一样重要。

　　当然除了自主的愿望之外,还有其他原因使山地人群更喜欢自己的境况。从当代和考古的资料中我们都可以发现,在几乎所有艰苦的环境中,采集比集中定居的社区更稳固、更健康,也更不容易染病,特别是那些动物传染的疾病。总之,看起来农业的出现在最初是降低了、而不是提高了人们的福利水平。[18]这个结论稍加扩展就可以说,由于其多样性和人口分散,只要有足够的土地可以利用,移动农业(shifting agriculture)造就了更健康的人口。山地的生活方式可能因其健康和休闲而被喜爱。伊懋可(Mark Elvin)关于中国国家禁止其臣民从事采集和游耕的解释可以反映这种偏好,山地人群一般都相信低地是不健康的。迄今为止在海拔900米以上的地方很少发现携带疟疾的蚊子,当然相信低地不健康并非仅仅基于这样一个事实。

前现代的族群尽管不知道疾病传染的方法和媒介,但他们知道人口分散会增加他们存活的机会。在《瘟疫年鉴》(*Journal of the Plague Year*)中,丹尼尔·迪福(Daniel Defoe)叙述了那些有办法的人在刚刚出现黑死病症状的时候就离开伦敦到郊区去了。在黑死病来临的时候,牛津大学和剑桥大学将其学生疏散到郊区的避难所。威廉·亨利·斯科特(William Henry Scott)报告说,因为同样的原因,吕宋岛北部居住在低地并"臣服的"伊哥洛特人迁徙到山地并分散开以躲避传染病。而那些已经居住在山上的伊哥洛特人早就知道应该分散,并且封闭山上的通道以避免疾病的蔓延。[19]有许多资料表明,低地国家形成的威胁不仅仅局限于抢劫奴隶和索要供奉,而且也传播了很多看不见的微生物。这本身构成了选择居住在水稻国家之外的另一个强有力的理由。

逃避的农业

> 不要耕种葡萄园;你会被缠住
> 不要耕种谷物,你会被绊住

牵着你的骆驼赶着你的羊

你戴上王冠的那一天就会到

———游牧人的诗

新的世界观

把社会结构和日常生存策略的历史当作深思熟虑的政治选择加以考察,任何这类努力都会与占主导地位的文明化的叙述相左。这种叙述是由一个历史系列构成的,它们被排列起来以表明经济、社会和文化的进步。从最原始到最先进的,生计策略的序列包括:采集或狩猎—采集、游牧、园艺/移动耕作、定居的固定农业、灌溉耕种农业、工业化农业。至于社会结构,从最原始到最先进的序列可能是:森林或大草原上的聚落、小村落、村庄、小镇、城市和大城市。从本质上来看,这两个序列是相同的;它们勾画了农业生产的不断集中(单位土地的产量)和人口不断集中的过程。有关这个过程的描述,最早是由18世纪初乔瓦尼·巴蒂斯塔·维科(Giovanni Battista Vico)完成的,它之所以取得权威地位,一方面是因为与社会达尔文主义相一致,更重要的是它所勾画的现实与大多数国家和文明自己讲述的故事是一致的。这个模式设想了向人口集中和谷物生产密集化单一方向的运动,他们无法想象会有相反的运动;每一步都是不可逆的进步。

这个模式所描述的恰恰是过去两个世纪(在贫穷国家则是过去的半个世纪)的现代工业化世界中人口和农业的实际走向。欧洲的非国家("部落的")人口实际上在18世纪已经消失了,而在贫穷国家中的非国家人口也正在消失或处于困境之中。

但是不管是对前现代欧洲国家的经验描述,还是对20世纪最贫困国家的经验描述,抑或是对东南亚大陆山地(赞米亚)的经验描述,这样的叙述是深深的误导。实际上,这一模式不仅是有关进步的自我陶醉的程式化描述,而且也反映了逐渐被统合到国家结构中的一系列连续阶段。反过来说,文明化的阶段指示着自主和自由的消失。直到前不久,许多社会和群体还放弃了固定的农耕,重新采取移动农业和采集。同样的原因,他们改变了其亲属制度和社会结构,而且分散成越来越小的聚集点。在东南亚半岛的考古资料表明,由于条件变化,这里曾经有很长时间在采集和农业之间摆动。[20]对于维科来说这是悲惨的倒退和衰落,而对于当地人来说则是逃避国家权力所带来的大量麻烦的策略选择。

那些被认为明显是原始的人群经过深思熟虑放弃了定居农业和政治上的从属地位,重回更自主的生存状态。我们要感谢最近有如此多的例子。如同我们所注意到的,马来西亚的许多原住民就是这类例子。早在新世界被征服以后就有许多更让人吃惊的例子被记录下来。法国人类学家皮埃尔·克拉斯特(Pierre Clastres)最先指出,许多南美洲的狩猎和采集"部落"并不落后,过去他们曾生活在国家形态之中,从事固定的农业。他们最终有意地放弃了这些以逃避臣属的地位。[21]他认为,他们有能力生产大量的经济剩余和建立大规模的政治秩序,但是他们选择不这样做的目的在于保持在国家结构之外。这些人群被西班牙人鄙称为"没有上帝、法律和国王"的人(与印加、玛雅和阿兹特克人不同),但是在克拉斯特看来,他们是自愿选择生活在一个社会秩序相对平等和首领权力很小或没有权力的社会中。

是什么原因使这些群体只保留小团伙从事采集有许多不同的解释。当然,起作用的因素有几个。首先也是最重要的是由于欧洲人带来的疾病而导致的灾难性人口减少,一些地方差不多90%的人口死亡。这不仅意味着已有的社会结构被摧毁,而且也意味着逃过死亡的人可以利用从事采集和移动农业的土地面积大大增加了。[22]与此同时,许多人逃出臭名昭著的西班牙归化区,同时也逃离了瘟疫。前者被设计出来是为了将当地人转变为契约劳动力,而后者恰恰成为人口集中的特征。

最早的一个经典范例是阿兰·霍姆伯格(Allan Holmberg)在其人类学经典著作《长弓的流浪者》(*Nomads of the Longbow*)中所描述的玻利维亚西里奥诺人。他们明显没有用火和缝衣服的能力,居住在简陋的茅棚中,不识数,没有家畜和发达的宇宙观。霍姆伯格写道,他们是旧石器时代的活化石,生活在真正的自然状态。[23]我们现在确切地知道,直到大约1920年,当流感和天花横扫他们村庄,并导致大批村民死亡之前,西里奥诺人还是从事作物种植的村民。由于受到更强大人群无数次的攻击和逃避可能的奴役,西里奥诺人最终放弃了种植作物,因为他们没有足够的力量去保护作物。在这种情况下,独立和生存就需要他们分成小股,遇到威胁的时候就从事采集和迁徙。他们有时也会袭击定居者以获得斧头、轻便斧和砍刀,但是他们同时又惧怕那些抢劫者经常带回来的致命疾病。他们自己选择成为非定居者来逃避疾病和被捕获。[24]

克拉斯特考察了许多类似的案例,原来是定居族群,因为受到猎奴、强制劳役和瘟疫的威胁,转而采取游动的生存方式以逃避侵害。比如，土颇—瓜拉尼族（tupo-guarani）是从事农业的人群，为了躲避耶稣会的归化区、要将他们送到沿海种植园的葡萄牙人及其混血后裔构成的猎奴者，以及瘟疫的三重威胁，成千上万的土颇—瓜拉尼人在17世纪逃走。[25]对于缺少历史视角的观察者来说，他们似乎是落后和技术简单的人群，是原始人的活化石。但实际上，他们已经适应了移动的生活，将这种生活作为逃避文明所带给他们的奴役和疾病的手段。

此外还有新世界中具有同样意义的其他逃避农业（escape agriculture）的例子。逃奴社区，也就是逃跑的非洲奴隶在奴隶主容易到达的势力范围之外建立的社区，就是一例。这些社区包括了大到有20000居民的巴西棕榈城（Palmares）和规模相似的荷属圭亚那（苏里南），小到广泛分布在加勒比海各地的逃奴小定居点（牙买加、古巴、墨西哥、圣多明哥），以及佛罗里达、弗吉尼亚和卡罗来纳边境的大迪斯默尔湿地。后面我将详细阐述"逃避农业"的理论，在这里我们只是简单地注意逃奴社区中所应用的农业策略的一般模式。[26]在描述东南亚高地族群的时候，我们将发现，那里的实践与逃奴社区的实践有很强的相似性。

逃亡的奴隶聚集在那些不容易被发现的偏远地区：湿地、崎岖不平的山地、幽深的森林、无路的荒地。只要可能他们就会选择便于防守的地点，那些只有一条小径可以进入，很容易用钉刺或陷阱把路封锁起来，并且容易发现敌情的地方。就像土匪一样，他们准备了退路以备被发现或守卫不住的时候用。辅之以采集、贸易和偷窃的移动农业是逃奴最普遍的生产实践。他们喜欢种植块根作物（比如树薯/木薯、山药和红薯),这些作物不引人注目,可以从容收获。基于他们居住地在多大程度上是安全的,他们也会种植一些更持久的作物,如香蕉、芭蕉、旱稻、玉米、落花生、菜瓜和蔬菜,但是这些作物更容易被抢劫或毁坏。有些社区是短暂停留的,也有的则生存数代。他们明显地生存在法律之外,因而许多逃奴社区部分地依赖抢劫临近的定居点和种植园维持生存。他们看起来是无法自给自足的。他们占据的特殊农业—生态区往往有贵重的产品,许多逃奴的定居点通过私下或公开的贸易,与更大的经济紧密地联系在一起。

作为"逃避农业"的移动农业

> 采取移动农业并非是因为只能如此,而是其独特政治的一个组成部分。
> ——阿贾伊·斯科瑞(Ajay Skaria):《混合的历史》(*Hybrid Histories*),1999

移动农业是东南亚山地最普遍的农业实践。那些从事移动农业的人很少被理解为是自己主动选择了这一实践,更不用说政治选择了。相反,这一技术被低地的官员,包括那些从事山地发展项目的官员,看作是原始和损害环境的。引申开来,那些从事这种农业的人也被标注为落后的。一个隐含的假设是,如果有技能和机会,他们就会放弃这种技术,转而定居并从事固定农田(最好是灌溉稻作)的农业。从游耕向水稻的转型被认为是单一方向的进化。

与这一观点相反,我认为从事移动农业明显是政治选择。这个观点并非是我首创,在下面的讨论中,我将大量依赖研究相关问题的历史学家和民族学家的观点。认为游耕技术和游耕族群是相对早期或更原始的耕作技术形式,一旦耕作者掌握了灌溉技术就会放弃游耕,这种观点遭到了云南一位重要专家的反对:"但是这里必须强调的是,将云南的游耕农业看作代表了农业历史'原始'阶段是错误的。在云南,游耕、砍刀和斧头,与锄头和犁是共存的,有着不同的用途和功能。很难说哪个更早哪个更晚……但问题的关键在于没有任何理由认为我们'纯粹'的游耕农业是这类技术的原初阶段。"[27]

选择了游耕,或者基于同样的理由选择了采集或游牧,就是选择了停留在国家空间之外。这一选择在历史上为东南亚平民享有自由奠定基础。理查德·奥康纳已经指出,泰国的微型国家(芒)的人民总是有两种选择。一种选择是改变居住地,加入到其他条件更好的芒中。"当然另外一个是逃离到山地耕作,不种水稻。"奥康纳指出:"山地农民不必承担劳役。"[28]从更一般的意义上说,游耕促进了地理移动,按照让·米肖的说法,由此也可以"作为中国的果雄或傈僳族等迁移群体的逃避或生存的策略……这些曾经的定居族群由于灾难、战争、气候变化,以及人口对家乡土地所产生的巨大压力而处于移动中"。[29]移动耕作处于国家财政收入和人力征用的机制之外,哪怕是最小的国家。正是由于这个原因,历史上东南亚大陆有代表性的国家都一致反对和贬低游动耕作。从财政角度看,移动耕作是一种没有收益的农业形式:多样、分散、难于监督、难于课税和征收。游耕农本身也是分散、难于监督、难于征用劳役和兵役的人。那些为国家所诟病的游耕特征正是吸引逃避国家的群体之处。[30]

灌溉稻作与移动耕作并不是时间序列的进化过程,也不是相互排斥的选择。[31]许多山地人同时既从事灌溉水稻耕作,也从事移动耕作,并基于政治和经济利益在两者之间作出调整。同样,谷地人口过去也曾停止灌溉稻作,转而从事游耕,特别是因为瘟疫或移民而出现大量可耕地的时候。在许多地理条件下,游耕、旱作或灌溉稻作都可行。在修建梯田以后,只要有可靠的泉水或小溪,灌溉水稻就可以在相对较高和比较陡峭的地方生长。越南红河上游哈尼族和吕宋北部伊富高的复杂精致的水稻梯田就是这样的例子。在克伦和阿卡人那里也发现了泉水和小溪灌溉的水稻梯田。在爪哇和巴厘发现的早期水稻耕作考古遗迹并非来自低地,而是在高山和火山所围绕的高地的半山腰,那里持续的泉水和明显的旱季使水稻生产成为可能。[32]

低地的官员,不管是殖民时代的还是现在的,都简单地将移动耕作看成不仅是原始的,更是低效的,从最严格的新古典经济学角度的低效。然而在很大程度上这是一个没有根据的推论,他们只看到了与单一种植的水稻相比,游耕显得无序和多样,然而在更深的层面上,这代表了对效率这一概念的误解。毫无疑问,水稻的单位土地产出要高于移动耕作,但是按照单位劳动力计算,却往往是低产的。两个系统究竟哪个更有效,主要取决于土地和劳动力中哪一个是生产中的稀缺要素。当土地相对富余而劳动力短缺的时候,就像历史上大部分东南亚大陆地区一样,移动耕作是单位产出中节约劳动力的,因而也是更有效的。但是奴役劳动在国家政权建设中是如此重要,显然需要强行捕获那些移动的耕作者,将他们移到劳动力密集的水稻田中,在那里才可以向他们征税。

不同农业技术的相对效率并非仅仅因人口情况而不同，而且也取决于农业生态条件。在每年河流的洪水都带来肥沃的淤泥的地方，种植灌溉水稻的洪消农业(flood retreat farming)所需的劳动力有限，而在需要复杂的灌溉工程或水塘(水槽)的地方，劳动力需求就比较高。如果地形陡峭、水源不稳定，灌溉稻作的劳动力成本就会高得惊人。然而基于要素成本的相对效率评估却完全忽视了至关重要的政治背景。尽管无数的劳动被投入到梯田的建设和维护中，但是山地中修建的精细的灌溉稻作梯田仍然与任何合理的新古典经济学逻辑相反。其原因在很大程度上是政治的。爱德蒙·利奇对克钦的梯田充满好奇，他的结论是梯田的产生是由于军事需要：为了保卫主要的通道和控制贸易及收费的关隘就需要集中并且可以自给自足的军事要塞。[33]这事实上就需要在山地塑造一个小型的农业生态空间，从而可以供养一个微型国家。而在其他一些地区，就像早期殖民地的旅行家所报告的，梯田的修建与在山脊上修建有防御工事的居住点一样，也是用于防卫低地国家的抢劫和那些为了急于满足人力需求而进行的猎奴征讨。这里仍然是政治的逻辑，而不是经济的逻辑。要抵御猎奴的保卫战成功同时需要相对难于进入的地点和足够抵御力量的集中，这样他们才可能战胜敌人，除了那些最强大和最坚决的敌人之外。[34]米肖指出，越南北部哈尼族既想定居，同时又希望远离国家中心，所以修建了高地水稻梯田。[35]

在大多数情况下，移动耕作都是抵抗抢劫、国家政权建设和国家征用的最普遍的农业政治(agropolitical)策略。如果将崎岖不平的地形看作距离阻力是有道理的话，那么就同样有理由认为移动耕作代表了应对征用的策略阻力。游耕最关键的优势就是其内在的对征用的抵制,这是一个政治利益,但反过来也带来经济收益。

为了说明这一政治利益,让我们想象一个人口和农业生态情景,假设那里可以同时从事游耕和水稻种植,而且两种技术在效率上也没有明显差别。选择就变成了政治和社会文化的选择。游耕的政治优势在于人口分散(适合逃跑而不是抵抗),同时种植多种作物、各种作物的成熟期不同、依靠可以在地下保留很长时间而无须立即收获的块根作物。对于国家或抢劫方来说,其农业剩余和人口都很难被测定,更不用说拿走了。[36]这是一种除了采集以外可以给征收造成最大阻力的农业技术。从另外一个方面说,如果人们选择种植水稻,他们就成为国家(或劫匪)最容易捕获的目标。国家或劫匪知道到哪里去找到他们,以及他们的作物、车、耕畜和财产。捕获一个人,占有或毁坏他的作物的可能性增加了很多;征收的阻力大幅度减少。

甚至对移动农业纯粹的经济评估也必须考虑其所带来的政治利益,包括逃避税收和劳役,使抢劫的收益更少。如果稻作农业的毛收益或多或少与移动农业的收益相差无几,那么其纯收益就会很小,因为在稻作农业中,农民必须以劳役或谷物的形式缴纳"租金"。游耕有两个优势:它使人们相对自主和自由(尽管也带着自身的危险),以及允许农民使用自己的劳动力和享用劳动成果。两者的核心都是政治优势。

从事山地农业就是选择了远离国家框架的政治生活。[37]在其有关爪哇国家与农业的分析中,迈克尔·多芙(Michael Dove)出色地强调了深思熟虑的政治选择一面:"清理过的耕地与爪哇国家和他们文化的兴起有着密切的关系,而森林与那些未开化的、缺少控制和可怕的力量联系在一起……这种恐惧来自于历史的经验,因为古代爪哇的游耕者既不属于占统治地位的宫廷文化,而且也不受其控制,后一点更重要。"[38]基于此,郝力菲尔·强森在其有关中—泰边境地区瑶/绵的研究中更进一步提出,人们之所以从事游耕,在很大程度上是为了保持其在国家势力范围之外。这是一个不小的发现。他指出,国家认可水稻,这使得原本可能完全政治中立的有关农业技术的选择具有了政治意义。"历史上两种农业技术可能被同时采用,但是国家的控制权强迫与国家保持一致的成为水稻耕作者、手艺人、士兵之类的人,不与国家保持一致的就是游耕农一类人。"[39]

果雄/苗族提供了一个富有启发意义的例子。他们被认为是典型的、标志性的高地族群,生活在海拔900米以上的山上,游耕种植鸦片、玉米、粟、块根作物、荞麦和其他各种高地作物品种。但事实上,果雄的农业技术和农业活动是多样性的。正像一个农民所指出的,"我们都是果雄人,但有些只耕(旱)地,有些只种植水稻,还有一些同时耕作旱地和水田。"[40]在这里起决定作用的是关于社区应与国家保持多大距离的政治判断。在那些国家的危险尚未清楚地显现出来的地方,或者在国家有着不可抗拒的吸引力的地方,尽管这种情况非常少见,选择不会充满如此严重的政治色彩。但是国家从文化和政治上影响选择的时候,农业技术的选择就表明了他们的抉择,是作为国家的臣民,还是"山地部落",或者摇摆于两边?如果耕作者可以选择他们的生存策略,由于移动农业事实上为征收设置了障碍(阻力),因而成为普遍的抵制国家的选择。

逃避农业中的作物选择

逃避农业的逻辑和征收的阻力不仅仅体现在整体上的技术复杂性,比如移动耕作,同样也体现在作物品种上。当然,总的来说游耕对国家征收的抵制既来自于山地位置和分散居住,也来自于其所代表的作物的多样性。对于游耕者来说,种植、照料和管理60个以上作物品种并不少见。在这种情境下我们可以设想,即使最积极的税务官,要想罗列出各个品种会遇到多少麻烦,更不用说还要估价和征税了。[41]正是因为这个原因,J.G.斯科特注意到,山地人群"对于国家没有任何意义",并且"在官员看来,数清这些家庭,甚至数清这些村子的数量都是浪费精力"。[42]除此之外,几乎所有的游耕者都还同时在附近森林中从事打猎、捕鱼和采集。通过在其生存策略组合中包括如此多的内容,他们平摊了风险,保障了自己食物的多样和营养。对于试图控制他们的国家来说,他们就像是象形文字,难于控制和无法理解。[43]这也就是为什么东南亚国家都忙于捕获游耕者,并将它们迁移到已经确立的国家空间的原因。[44]

特定作物的特点决定了它们对国家征收所具有的抵抗力的强弱。那些无法长期储存的容易变质的品种,如新鲜水果或蔬菜,或者那些单位重量或体积的价值比较低的品种,如绝大部分瓜类和块茎类品种,对于征税官来说基本无利可图。

一般来说,块根和块茎类品种,如山药、红薯、马铃薯和木薯/树薯/丝兰等,都是不容易被征收的。它们成熟以后可以安全地留在地里两年以上,只在需要的时候挖出一小部分。因此,这里没有供劫匪抢劫的谷仓。如果军队或税务官想要你的马铃薯,他们只能一个一个地去挖。由于作物歉收以及缅甸军政府所制定的统购价格过低,在1980年代,许多农民就秘密地种植被明令禁止的红薯。他们之所以转而种红薯就是因为这样的作物很容易隐藏,而且几乎无法被没收。[45]爱尔兰人在19世纪早期种植马铃薯,其原因不仅在于农民所被限制在的小块土地上只有马铃薯才能提供许多热量,而且还在于它们无法被征收或烧毁,此外,马铃薯是一小堆一小堆生长的,(英国的)骑兵在穿越这些土地时候,很可能会伤及马腿。可怜的爱尔兰人,他们只能选择来自新世界的哪种马铃薯,而几乎完全依赖马铃薯和牛奶来维持生存。

依赖块根作物,特别是马铃薯,可以使他们保持与国家的距离,也使无国家的人民可以反抗战争的掠夺和国家的征收。威廉·麦克尼尔(William McNeill)认为18世纪早期普鲁士兴起的原因在于马铃薯。敌方军队可以抢劫或毁坏农田、牲畜和地上的饲料作物,但是他们对低矮的马铃薯却无能为力,因而腓特烈·威廉及其后继者腓特烈二世都积极地鼓励种植马铃薯。正是马铃薯给予了普鲁士以抵制外来入侵的独特抵抗力。当谷物种植者在其谷仓或作物被征收或毁坏以后,他们别无选择,只能分散或挨饿,而块茎的种植农民在军事威胁结束以后可以马上回去挖出他们的食物,每餐挖一次。[46]

此外同等重要的是,生长在边缘土地和高海拔地区的作物(比如玉米)有利于逃避的人,因为他们给其耕作者提供了更大的空间以分散或逃跑。那些无须特殊照顾和/或成熟期短的品种也有助于抵制国家,因为它们提供了比那些劳动密集和长成熟期的作物更多的流动性。[47]还有那些低矮的、与周边自然植被很像的作物因为不引人注意,所以也可以逃过征收。[48]作物分散得越广,越难于收集,同样的道理,人口越分散,越难于被捕获。从某种程度上说,这些作物都是游耕作物的一部分,它们都不能给国家或盗匪提供足够的财政收入,而且被视为"麻烦比收益更大",换句话说,是一个非国家的空间。

作为逃避形式的东南亚的游耕

一旦我们有了这样错误的观念,认为移动耕作比耕种固定农田在历史上是更早期和更原始的,那么就会进一步产生错觉,认为技术是相对稳定的,在过去的千年中没有很大变化。与此相反,有证据表明,游耕,在这个意义上还包括采集,在这样漫长的时间中,其变化比水稻耕作技术变化还要大。有些学者认为,我们所熟悉的移动耕作,本质上是铁制,后来是钢制刀具的产物,钢铁刀具使清理游耕地的劳动力大大减少。[49]可以肯定的是,钢斧使依靠移动农业的逃避在两个方面变得可能,首先是在那些过去难于清理的地方,其次也使劳动更轻松。

游耕的转变至少还受到其他两个历史原因的推动。第一个是贵重物品的国际贸易将游耕和采集与国际市场结合在一起,这个过程至少从8世纪就开始了。胡椒可以作为一个最惊人的例子。在1450年到1650年之间,胡椒是世界贸易中除了黄金和奴隶以外最贵重的货物。在这之前,与中国贸易的主要物品是草药、树脂、动物器官、羽毛、象牙和香木。一个婆罗洲的专家甚至做出了如此的断言,移动耕作的最主要目的就是要留一些人来搜寻森林中的贵重商品从而保持贸易。[50]改变游耕的最终因素是16世纪来自新世界的一系列植物的到来扩大了游耕的范围并使游耕更容易。尽管处于政治自主的边缘,但从16世纪到19世纪,游耕比灌溉水稻具有更多的经济优势,它一如既往地提供了国际贸易的物资。

我们尽管很难判定在19世纪早期那些生活在国家核心区的缅甸人大规模迁移并转而从事游耕的事件中,上述这些因素是否起到了关键作用。然而,这件事情本身对于我们却很能说明问题。一般都认为只有少数民族从事游耕。但在这个例子中,我们可以推断缅甸水稻国家的人口也转而从事游耕。他们所离开的核心区的环境几乎已经达到了税收和劳役的极限。正像第5章中所说的,19世纪早期波—道—帕亚国王充满野心的征服、兴建宝塔和公共工程导致了大量臣民的贫困。由此引起的反应就是反叛、盗匪横行,尤其是大批的逃亡。核心地区的土地被耕种者大量荒废,官员不得不开始对大量荒废土地进行登记。"在这些苛捐杂税面前,许多家庭逃亡到难于进入的农村地区。"威廉·柯尼希注意到,这导致了大规模的"向游耕的转化"。[51]在国王的臣民大量逃亡出其势力范围,其所从事的农业也很难再被占有,由此导致了大规模的人口调整。

有理由相信,许多原来定居、信奉小乘佛教、从事水稻耕作的孟族人口因为一系列的战争和不断的叛乱而放弃了他们的水田。这些战争和叛乱主要是反对18世纪中叶位于阿瓦的缅甸宫廷。他们,同时还有他们的盟友克伦人,从混乱和失败中逃离。在逃离中,他们同时回到移动农业以保护其粮食安全。[52]

对于殖民国家来说,当索取变得无法忍受的时候,迁移和从事移动农业也会成为最普遍的反应。乔治·孔多米纳注意到,在老挝的法国殖民官员经常抱怨"当他们负担过于沉重的时候,整个村庄就会搬迁;比如,位于道路附近的村庄必须经常维护道路"。[53]搬迁往往与游耕联系在一起,因为老挝、泰族和越南农民都知道,游耕是不清晰的,因而可以逃避征收。

通过移动耕作和采集来逃避战争所带来的致命风险不仅仅发生在古代。在第二次世界大战,以及接下来在东南亚镇压各种暴乱的战争中,人们经常采取的策略就是退居到流域的上游和避开可能的损害。沙捞越的普南卢松(Punan Lusong)在1940年以前就开始种植水稻,但在日本入侵以后,他们回到森林,重新成为采集和游耕农,直到1961年才重新回到定居农业。从这点上看,他们与其邻居肯雅(Kenyah)和西波(Sebop)农民很相似。肯雅和西波农民会不时停止耕作两三年,回到森林,只依靠西米棕榈维持生活,其他时间只是游玩。尽管在战争期间,一般的贸易点都关闭了,但这种适应方式并非意味着贫穷,因为西米棕榈至少给那些劳动力提供了比山地旱稻高出一倍的热量。[54]在马来西亚西部半岛上,贾昆(马来亚原住民[Orang Malayu Asli])人逃到了灵贵河(Sungei Linggui)上游以避免与日本军队的接触或被捕获。他们以对森林的了解而著名,因此日本军队,以及后来非常时期的英国军队和共产党武装,都愿意强迫他们提供向导和背夫服务。在逃亡的路上。他们只依靠木薯、红薯、香蕉、一些蔬菜,以及专为老人和孩子准备的数量有限的大米。他们吃掉那些不安静的公鸡,以避免它们的鸣叫暴露他们的行踪。[55]

东南亚的逃避作物

"逃避作物"一般都有至少一个特征有助于它们逃避不管是国家还是海盗对它们的抢劫。在很多时候,选择它们只是因为它们非常适应那些难以控制和绘制地图的小环境:高地、崎岖不平的山脉、沼泽、河流三角洲、红树林、海岸等。此外,如果这些作物成熟期不同、生长迅速,并且易于隐蔽,再加上很少需要照顾、每单位重量或单位体积的价值不高,而且在地面下面生长,它们就有了很高的逃避价值。许多这类植物都很好地适应了游耕的规律,在这种条件下,它们的逃避价值得到进一步发挥。[56]

在新世界的作物被引进之前,只有为数不多一些适合高地生长的谷物给那些逃离国家寻求自主的人以逃避的空间。燕麦、大麦、速生的粟,以及荞麦,都是耐瘠薄、适合高山、生长周期短,就像甘蓝菜和萝卜一样,允许人们将它们种植在山地旱稻不能生长的高度。旧世界的块根和块茎类作物,包括芋头和山药,以及西米棕榈也同样被非国家的人群所喜爱。[57] 芋头尽管需要潮湿和肥沃的土壤,但可以在比较高的位置生长。它可以在任何时候种植;成熟期很短;它不需要太多的照顾,在食用之前也不需要很多准备;而且成熟以后可以留在地里,直到需要时候再挖出。同样能野生的山药也有同样的优势,甚至更多。尽管山药需要更多的劳动力,而且必须在雨季结束前种植,但它们很少受病虫害的攻击,在许多不同的环境下都可以生长,可以在市场上出售。直到这两个品种都被新世界的品种替代之前,山药越来越多而芋头越来越少,因为如同彼得·布姆加德(Peter Boomgaard)所相信的,适合种植芋头的土地越来越多地被种植了灌溉水稻,而山药更适合干旱的山坡地。西米棕榈(并非真正的棕榈),以及来自树干的淀粉也是合格的逃避食物。淀粉是通过打碎、挤压、搓揉、水洗和研磨其树心而得到。这个植物自然生长,而且生长很快,比山地稻谷,甚至木薯所需要的劳动力都少,适合在沼泽地中生长。如同山药一样,其淀粉可以出售或用于交换物品,只是它很难在900米以上的高度生长。[58]所有这些食品都被认为是"饥荒"食品。甚至水稻种植者在新的水稻收获之前的饥饿时期也不得不依靠这些食品。对于其他人来说,这些是他们基本的食物,可以保护他们免遭国家的征收。

  逃避农业在16世纪因为新世界作物的引进而开始了急剧的变化。玉米和木薯在这场变化中发挥了如此决定性的作用,它们都应该拿来单独讨论。无论如何,新世界作物的一些基因特性作用明显。更重要的是,像许多"外来物种"被移到新的生态环境一样,与原产地不同,它们最初没有任何天然的病虫害,因此在新的环境中迅速普及。这一优势再加上其他的因素,就解释了为什么在东南亚许多地方它们被迅速地推广,特别是被那些希望离开国家势力范围的人所接受。红薯是一个惊人的例子。格里格·艾伯哈特·拉休斯(Georg Eberhard Rumphius)是荷兰的著名植物学家和图画家,他惊奇地发现1670年红薯非常快速地在荷属东印度迅速普及。它的优势包括高产、抗病虫、高营养价值和味道好,然而成为具有很高逃避价值的作物则取决于它的三个特征:成熟快,按照单位劳动力计算比当地块根和块茎作物能提供更高的热量,而且可能最关键的是,它可以在比山药和芋头还要高的地方生长。布姆加德暗示,红薯可以增加高地的人口,所以支持人们逃跑,因为在高地(像新几内亚),经常把红薯种植与养猪相结合。红薯的种植也普及到生活在像布鲁岛(Buru)这样难以进入地区的游牧或半定居人口中。[59]在菲律宾,红薯作为逃避作物的地位非常明显。因为从来无法数清和安置伊哥洛特人的游牧,西班牙人一直谴责菲律宾:"[他们]从一个地方搬迁到另外一个地方,没有办法让他们停止下来。房屋应该可以引起他们的关注,但是他们随便到一个地方,用一捆干草就可以建起房子。他们带着他们的山药和红薯,从一个地方流动到另外一个地方。有了山药和红薯,他们的生存就没有问题。它们可以连根拔起,被种到任何他们想种的地方。"[60]任何作物,只要它能帮助人们进入到很难进入的地区,并能供他们成功地生存,那么这种作物一定会被国家污名化。

在我们讨论粮食作物时需要记住,不管山地人或逃奴社区是如何封闭,它们从来不是完全自给自足的。实际上这些人群都种植、猎捕或采集可以在低地市场上以物易物或出售的贵重商品。他们希望在保持政治独立的同时也得到贸易和交换的利益。历史上这些贸易作物包括棉花、咖啡、烟草、茶,以及更重要的鸦片。这些作物需要更多的劳动力,具有定居的特征,但是如果生产这些东西的社区在国家势力范围之外,它们就与政治独立相容了。

对于任何特定作物,人们都可以大致地估计其回避国家的程度。表3是依照这个标准对粮食作物所做的比较,这里没有包括鸦片和棉花。[61]当我们考虑到劳动力的密集程度、作物的耐寒性和可储存性都没有综合的度量单位,那么制定一个"逃避能力"的度量工具是不现实的。在一个特定的农业生态小环境中,可以进行一些表面的比较。下面有关玉米和木薯

(也被称作树薯或丝兰)这两种同样来自新世界作物的考察和对它们逃避特征的分析,可以补充提供上述在全球层面上进行比较的表中所缺少的历史背景。

玉米

玉米在15世纪由葡萄牙人带到东南亚,并迅速推广。[62] 17世纪晚期已经在东南亚沿海稳定地种植,而到1930年代,就占据了差不多小农作物的1/4。玉米被如此广泛而稳定地种植,进而成为当地宇宙观的一部分,因此,大多数东南亚人都认为玉米,以及同样来自新世界的另一种作物辣椒,是东南亚的本土作物。

如果人们要设计出一种逃避的谷物,可能再没有比玉米更好的。玉米比山地旱稻有许多优势。不仅单位劳动力和单位面积土地上,玉米可以比山地旱稻生产更多热量,而且其产量也更稳定;玉米能够在多变的天气中生长。玉米很容易与其他作物品种混种;成熟期很短;可以作为饲料使用;干透以后很容易保存;而且营养价值比山地旱稻高。对于我们的分析来说,最重要的是它"可以在那些太高、太干和太瘠薄,以致高山旱稻也不能生长的地方生长"。[63]这些优点使山地人群和谷地人群可以在原来无法生存的那些地方建立新的殖民区。他们可以进入到流域的更高处,到达海拔1200米或更高的地方,而且在那里还有可靠的食物。他们可以在陡峭和难于进入的地方以半定居形式生存,这些地方远离国家的控制圈,地理距离的阻力使他们更安全。在长期种植灌溉水稻的高原地区,凭借玉米,高山平原的社区可以到水稻核心区域之外的附近山地进行殖民。

有了玉米以后,自主地生存在水稻国家之外突然变得容易并且更加吸引人了。这个机会被如此多的人抓住,因而出现了人口分布的明显变化。布姆加德指出,"玉米使得那些想离开低地人口聚集的中心或高地村庄的人群或个人可以在迄今为止人口稀少的山区生存,甚至繁荣。他们希望离开的原因可能是政治的、宗教的、经济的或健康的。"[64]人们越来越认识到,在高地非国家社会的构造中,玉米的普及起到了关键作用。罗伯特·郝夫纳相信,在东爪哇腾格尔高地的印度—爪哇人的例子中,玉米可能"有力地支持了印度农民向腾格尔高地的高处、那些难于进入的地方撤退。他们的撤退源于穆斯林对印度玛迦帕夷王朝(Hindu Majapahit)的征服"。[65]在各个地方都可以看到,玉米及其他高地作物(马铃薯、木薯)在形成高地人口和他们相对于低地国家不同的政治和文化特性上,起着至关重要的作用。离开国家空间的原因各不相同,差异很大,包括宗教分裂、战争、劳役、殖民项目下的强制耕作、瘟疫、逃脱奴役束缚等,但是玉米的种植为潜在的逃跑者提供了新的和有价值的工具。[66]

居住在泰国和老挝附近的高地果雄人在过去两个世纪中的逃亡,既是为了逃避汉族的军事压力,也是反对汉族和后来反对东京(Tonkin)的法国人进行叛乱失败的结果。他们一般都居住在1000米高度以上的地区,种植玉米、豆类、块根作物、瓜类和鸦片罂粟,他们是最典型的非国家人口。正是玉米在他们成功的逃跑中成为最重要的工具。山地旱稻一般都在1000米以下生长;与此不同,鸦片罂粟只有在海拔900米以上才能长得好。如果果雄人单纯依赖山地旱稻和鸦片作为主要作物,他们就会被限制在海拔900到1000米的狭窄地带内。有

表3 作物的逃避特征

作物品种	可贮存性	劳动力密集程度	气候土壤（湿/干）	易感染病虫害	地理高度	单位重量利积的价值（按照货币经济计算）	是否可以长期埋在地下
芋头	低	因为灌溉条件不同，中到高	暖湿	20世纪	低和中海拔地区（0—1800米）	低	短时间
木薯	低，但可制成木薯干	低	高温，可耐干旱土壤	20世纪	低和中海拔地区（0—2000米）	低	可以
稻片	加工后可长时间贮存	高	适应性广	容易	一般在高海拔地区	加工后价值很高	不可以
玉米	中	中	高温和潮湿	20世纪	种植的海拔高度分布很广（0—3600米）	低	不可以
山药	高	中到高	非常潮湿和高温	不容易	低地生长（0—900米）	低	可以
红薯	中（比较潮湿条件下6个月）	低	喜潮湿	容易	低地生长（热带的0—1000米）	低	可以
燕麦	高	中到高	湿润气候	容易	在低地到中等高度间生长	低	不可以

续表

作物品种	可贮存性	劳动力密集程度	气候/土壤（湿/干）	易感染病虫害	地理高度	单位重量和体积的价值（按照货币经济计算）	是否可以长期埋在地下
高粱	高	中到高	品种很多，但是特别适合高温干旱天气	不容易	高地和低地都可以生长，但喜欢低地	低	不可以
白薯（white potatoes）	中	低	具有极强的适应性，特别适合夜间寒冷的天气	19和20世纪	种植的地理高度范围很广（0—4200米）	低	可以
薏苡	高	中到高	各种天气	不容易	低海拔或中海拔地区	低	不可以
大麦	高	中到高	比任何谷物适应的生态条件都更广泛，特别是寒冷地区	20世纪	高海拔和低海拔地区	中到低	不可以
棉花	高	高	炎热气候	容易	低海拔	中	不可以
荞麦	低（作为动物饲料，中）	中到高	耐土壤贫瘠，喜欢寒冷	不容易	可以在高海拔地区	低	不可以
珍珠粟	高	中到高	最能耐干旱和高温的谷物	不容易	低海拔和中海拔地区	低	不可以

续表

作物品种	可贮存性	劳动力密集程度	气候/土壤（湿/干）	易感染病虫害	地理高度	单位重量和体积的价值（按照货币经济计算）	是否可以长期埋在地下
花生	高	低到中（一般与特定农场的主要作物类似）	热带或亚热带气候	20世纪	低海拔（0—1500米）	中	不可以
香蕉	中	作为维持生存的作物，低；作为出口作物，高	热带	可以	低海拔和中海拔地区（0—1800米）	作为维持生存的作物，低；作为出口作物，中	不可以

资料来源：

D. E. Briggs, *Barley* (London: Chapman and Hall, 1978).

D. G. Coursey, *Yams: An Account of the Nature, Origins, Cultivation, and Utilisation of the Useful Members of the Dioscoreaceae* (London: Longman's, 1967).

Henry Hobhouse, *Seeds of Change: Five Plants That Transformed Mankind* (New York: Harper and Row, 1965).

L. D. Kapoor, *Opium Poppy: Botany, Chemistry, and Pharmacology* (New York: Haworth, 1995).

Franklin W. Martin, ed., *CRC Handbook of Tropical Food Crops* (Boca Raton: CRC Press, 1984).

A. N. Prentice, *Cotton, with Special Reference to Africa* (London: Longman's, 1970).

Purdue University, New Crop Online Research Program, http://www.hort.purdue.edu/newcrop/default.html.

Jonathan D. Sauer, *Historical Geography of Crop Plants: A Select Roster* (New York: Lewis, 1993).

W. Simmonds, *Bananas* (London: Longman's, 1959).

United Nations Food and Agriculture Organization. *The World Cassava Economy: Facts, Trends, and Outlook* (New York: UNFAO, 2000).

了玉米,他们可以向上增加300米的活动地带,在这个地带,玉米和鸦片罂粟都可以生长得很好,而且在这里,他们很少引起国家的注意。

木薯/树薯/丝兰

新世界中逃避作物的冠军无疑是木薯。[67]就像玉米一样,它在东南亚沿海和大陆迅速推广。它具有广泛适应性,在各种地方都可以生长。这个巨大的块根作物是如此强壮和可自我生长,很容易种植,也很容易生长。[68]它很适合新开垦的土地,耐干旱,甚至能在其他所有作物都不能生长的地方生长;与其他来自新世界的作物品种相似,它很少有天敌;与芋头和红薯比较,它不太吸引野猪。[69]如果说它还有缺点,那么就是在最高的地方,它不像玉米和马铃薯那样生长良好,但是它的好处是许多地方都可以种植,人们因此可以在任何地方定居或游动。

木薯与其他一些块根或块茎作物一样有着共同的逃避作物特征。尽管它的成熟不像红薯等作物那样快,但是它也可以成熟以后留在地里直到需要时候再挖出。由于它有多种用途且有很强的适应性,再加上其地下埋藏部分不会被火烧坏,从而使它在西班牙语世界获得了游击战争之食物(*farina de guerra*)的称号,用英语也可以说是战争主食或面粉。游击队在某种程度上代表了逃避国家的移动人群的最极端形式。木薯的另外一个优点在于它一旦被收获就可以迅速加工成木薯粉(tapioca),这些木薯粉可以存储一段时间。木薯的块根和粉都可以在市场上出售。

可能木薯最惊人的优点是它所需要的劳动力最少而回报

最大,在这方面它具有无可争议的优势。因此,它最受游牧人群的喜欢,他们可以种下它,然后离开,在第二年或第三年的任何时候回来挖出它们。在此期间,木薯叶子也可以被食用。木薯使其种植者可以在任何生态小环境中居住、按照自己的意愿游荡,且可以逃避大量的繁重劳作。由于它突出的优势,木薯已经成为最普遍种植的块根作物,代替了红薯,而红薯取代了原来的山药。

对于水稻国家来说,不管是前殖民时期还是殖民时期的,这样容易种植且节省劳动力的生存作物,尽管在饥荒时期作为救命食物很有价值,但是仍被看作国家建设的威胁。将水稻种植面积最大化能最好地服务国家利益,如果不能全部种植水稻,那么也要种植重要的经济作物和出口作物,如棉花、靛青、甘蔗和橡胶,种植这些作物经常使用奴隶劳动。新世界逃避作物被引进以后,逃避不仅在政治上具有诱惑力,而且在经济上也同样有诱惑力了。殖民官员经常将玉米和木薯污蔑为懒惰的土著作物,种植这些作物的主要目的是逃避劳作。在新世界,那些目的在于把人们都变成工资劳动力或把人都赶进种植园的人也同样谴责这些作物,因为它们使自由的小农保持了其自主。中美洲的大种植园主指出,由于有了木薯,一个农民所需要的仅是猎枪和鱼钩,他们不再为了工资而每天工作。[70]

如同其他许多块根作物一样,木薯对社会结构产生了重大影响,而这反过来又导致了从国家逃亡。这种影响使它们与一般的谷物文化,特别是水稻文化形成明显的对照。[71]水稻社区的生活只有一个韵律。种植、移栽和收割,以及与这些活动相联系的仪式,就像水利控制一样,各种活动彼此之间密切相关。在水利管理、作物看护和劳动力交换中，即使不是必须合作，合作也可以带来比单门独户更多的收益。与此不同，块根作物，像红薯和木薯，是按照各个家庭自己的决定和需要来断断续续地种植和收获的。这种作物自身的农艺特征使它们很少需要合作。一个从事块根和块茎作物耕作的社会比谷物种植者更分散和更少合作，因而其社会结构更有能力抵制被统合，以及抵制等级结构和从属关系。

逃避的社会结构

水稻国家需要并且培育了清晰的灌溉水稻景观，以及与此相联系的人口集中。这一经济及人口状况可以称为可征收的景观，可以被国家了解并征用。正像那里的经济景观使他们处于被监视和征收的状态一样，其社会结构也使他们处于被控制、征收和从属的地位。当然，反过来说也有道理。如同我们已经看到的，存在着抵制征收，因而也是反抗国家的农业技术和作物结构。同样，也存在着抵制监督和从属的社会政治组织模式。如同移动耕作和种植木薯代表了与国家的"相对位置关系"（positionality）一样，不同的社会组织形式也代表了与国家之间不同的策略位置。社会结构与农业技术一样，并非先天的东西。它实质上是人们选择的结果，随着时间推移，这种特点愈发明显。这种选择在很大程度上是政治选择。我们需要用辩证的观点来看社会组织。在东南亚大陆，边缘地区的政治结构总是在调整和适应构成其直接环境的国家制度。在某种环境下，政治结构，或者更确切地说是激发政治结构的人类行动者,会调整其结构以支持它们与附近的国家联盟,或者被附近国家统合。而在另外条件下,他们可能会建立新的模式以减弱纳贡和被统合的关系。

从这个角度看,社会结构不应该被看作特定社区的持久社会特点,而应看作一个变量,其目的之一是调整与周边权力区域的关系。雷曼(又名漆莱[Chit Hlaing])在其有关东缅甸克耶人的研究中清楚地表述了这一相对关系位置。利奇在他之前已经指出社会组织在长期历史过程的摆动,雷曼则引导人们关注有助于理解这些摆动的转型规律:"实际上,如果不从前面所说的角度考虑社会系统问题,我们就无法理解克耶人,或者任何其他东南亚山地人。看起来这些社会存在的前提就是要不断改变其社会结构,甚至有时要改变其'族群'认同,以回应与邻近文明关系的周期性变化。"[72]

一般地来说,每当社会或社会的一部分,选择逃避被统合或被征收的时候,它就会演变成更简单、更小和更分散的社会单元,也就是我们前面所说的更基本的社会组织形式。抵制征收最有效的社会结构是数个家庭无首领的聚合,尽管这种结构也妨碍他们采取集体行动。这种社会组织形式与抵制征收的农业方式和居住方式一起,经常被低地水稻"文明"不加区别地看作是"野蛮的"、"原始的"或"落后的"。衡量农业和社会组织文明化程度的指标与它们在多大程度上适合被征收和臣属高度一致,这并非偶然。

"部落性"

国家与部落的关系,尽管早就充分体现在罗马和罗马军团的关系中,但是已经从欧洲的编年史中消失很长时间了。

瑞士人、威尔士人、苏格兰人、爱尔兰人、黑山人、俄罗斯南方草原的游牧人,欧洲这些独立的部落人群一个接着一个地被强有力的国家权力,以及他们占统治地位的宗教和文化所吸收。然而部落和国家的议题至今在中东仍然还很重要。因此,我们可以从部落—国家关系的民族志学者和历史学家那里了解一些基本的东西。

他们认为,部落和国家是相互依存的社会实体。部落并非产生在国家之前,他们之间不存在进化的序列。更确切地说,部落是在与国家的关系中被定义的。"如果说中东的统治者一直关注于'部落问题'……那么也可以说部落一直有'国家问题'。"[73]

部落之所以经常看起来是稳定、持久、具有谱系和文化一致性的单元,其原因之一是国家往往希望它们这样,并且在长时间中逐渐将它们塑造成这样。一个部落的萌生可以建立在政治企业家精神的基础上,也可以通过政治认同和"交通模式"(traffic patterns)来实现,在这个过程中,国家可以施加奖励或惩罚。在任何一种情况下部落的存在都依赖于它与国家的特定关系。统治者和国家制度需要稳定、可靠、等级森严和"可以把握的"(graspable)社会结构,通过这样的社会结构,他们可以进行协商和统治。他们需要一个谈判对手、一个合作伙伴,来一起赚钱,获得其忠诚,通过这些人传达指令,靠他们来承担维护政治秩序的责任和提供谷物和纳贡的责任。因为部落人群本质上是处于国家直接的管理之外,如果彻底统治他们,必须通过代表他们的首领来实施,而且在需要的时候,首领还可以成为人质。被称为"部落"的社会实体很少像国家想象的那样存在。这种错误的想象不仅来自于国家所加工出来的官方认同,而且也是因为民族志学者和历史学家需要一个连贯一致的社会认同作为他们描述和分析的对象。一个不断变化,时而清晰时而模糊的社会有机体很难被把握,更不用说被统治了。

当非国家空间的人群(即部落)面对政治和社会压力,要被统合到国家体制内的时候,可能会出现各种各样的反应。他们的全部或一部分也许会被或紧密或松散地统合成为纳贡的社会,有被任命的首领(间接的统治)。当然,他们也可能会逃跑以保护其自主性,如果是武装的牧民就更会如此。他们也许会迁移到偏远地方。最后,他们也许会通过分裂、分散和/或改变他们的生计策略,使他们隐形或变得不再有吸引力,从而不再成为征收的对象。

后三个策略都是选择反抗或逃避。除了个别事件以外,东南亚的非国家空间很少能采用军事手段。[74]而躲避到比较偏僻的地方通常包括了采取移动耕作和采集,也是我们已经考察过的策略。我们尚未考察的只有最后一种,也就是社会重组的策略。这个策略包括了社会解体为小的社会单元,往往是家庭,以及经常同时产生的采取适合小规模分散社会组织的生存策略。欧内斯特·盖尔纳借用一句口号——"为了不被统治而分散"——来描述柏柏尔人的有意的选择。这是一个出色的警句,表明罗马的口号——"分而治之"——在超过一个限度以后无法发挥作用。马尔科姆·亚普(Malcolm Yapp)把同样的策略称为"水母部落"(*jellyfish tribes*),这恰当地指出了这样的裂变使潜在的统治者必须面对一个无组织、无结构的人群,在这个人群中没有一个可以进入或者起到支撑作用的点。[75]同样的逻辑,奥托曼帝国发现,与结构化的社区打交道比与那些没有首领和组织的混乱的社区打交道容易得多,即使这些结构化的社区是基督徒或犹太人。最可怕的就是像神秘的伊斯兰教苦行僧一样的自主和异端的宗教形式,他们似乎有意规避任何集体的居住和公认的领袖,他们实际是在奥托曼警用雷达的侦查空间之下飞行。[76]面对如此的情景,国家经常会采取办法寻找到合作者和创造出首领。因为总是有些人要抓住这个获益的机会,所以我们会看到,没有什么能够阻止把这些被忽视的人变成潜在的臣民。

部落结构的基本单元就像是建筑用砖;既可以四处散乱,或者乱堆成一堆,也可以有条理地砌在一起,从而构成大的,有时甚至是巨大的部落联盟。就像洛伊斯·贝克(Lois Beck)在精心考察伊朗卡什加人(Qashqa'i)的联合过程所描述的,"部落群体不断扩大并结成契约,比如在国家试图限制它们利用资源,或者外国势力派出军队打击他们的时候,有些部落就会加入到大的部落中。而大的部落群体可能会分裂成小的群体以逃避国家的注意和被捕获。跨部落的移动[改变族群认同]是很普遍的,而且也是部落形成和解体过程的一部分。"就像是皮埃尔·卡拉斯特(Pierre Clastres)有关拉丁美洲的观点在中东地区的翻版,贝克指出,向游牧民转变的农业生产者,以及他们的社会组织和生存策略都可以被看作政治选择的结果,很多时候就是为了利用其模糊性。"那些经常被人们看作原始和传统的形式经常是人为的产物,是对更复杂社会的反应或反射。"贝克接着补充说:"这样的地方制度或者适应并且挑战那些试图统治他们的制度,或使自己远离这些制度。"[77]换句话说,在很大程度上,社会结构既是国家的作用,也是选择的结果;而在诸多选择中,让国家建设看不到和/或看不清楚的社会结构就是其中一种。

社会模式变化(shape-shifting)的主题在游牧和采集人群中表现得很清楚。蒙古族社会结构的特征是无定形和缺少"神经中心",在拉铁摩尔看来,这对防止中国的殖民化有很大作用。[78]理查德·怀特在有关北美殖民地印第安政治学的详尽分析中特别强调部落结构和认同的极端不稳定性,地方群体的自主性,以及迁移到新的地区和快速转换生存策略的能力。[79]怀特所考察的移动和分散的族群地区与赞米亚有很多共同的特点,其中之一就是认同的多样性。与其说他们改变了认同,不如说他们只强调贯穿了许多潜在认同的文化和语言众多特征中的一个方面。认同与社会单元中的模糊性、多元性和可替代性具有政治利益;它们代表了与国家和其他人群之间联合和脱离的整套技能。[80]对草原游牧族群的研究,比如对伊朗和俄罗斯边界的土库曼或俄罗斯的卡尔梅克(Kalmyk)的研究,都强调这些群体在可以带来利益的情况下分裂成小股独立单元的能力。[81]一个研究卡尔梅克的历史学家引用了马歇尔·萨林斯(Marshall Sahlins)关于部落民的一般描述:"国家整体可能保有原始有机体的一些特征,表面看到的外部结构是被主导权威包裹起来的,而其内在的核心却是简单和分割独立的。"[82]

这样社会的许多特征看起来似乎是在培育一个既可以被解体,也可以被重新组装的社会结构,有时候可能不仅是培育,也是需要这样的社会结构。由于存在产权共有的资源,如草原、狩猎场和可能的游耕地,这些群体可以保持自己的特性,阻止财富和社会地位分化的扩大和持续,而财富和地位分化是可继承的私有产权的特征。另一个同样重要的特征是多种生存策略的混合——采集、移动耕作、狩猎、贸易、畜牧业和定居农业。每一种生计形式都有与其密切相关的特定合作形式、群体规模和居住格局。基于特定的生计、合作、群体规模和居住格局形成了特定的社会组织形式。混合的生存技术组合产生了混合的社会结构组合,这些社会结构组合带来相应的政治和经济利益。[83]

逃避国家性和持久的等级制度

任何一个国家,只要有控制赞米亚部分地区的野心,不管是云南和贵州的官员、大成的泰国宫廷、阿瓦的缅甸宫廷、掸族领袖(苏巴,Sawbwa),还是英国殖民和独立以后的民族政府,都试图找到一个可以与之打交道的领袖权威,如果找不到就会创造出一个这样的权威。利奇注意到,在缅甸的英国人都喜欢那些可以与之进行协商的、集中在一个有限区域的独裁"部落"政权;反过来,他们不喜欢那些没有明确的发言人、平等且无政府的人群。"在克钦山地……而且在其他许多人口密度低的地方也一样,有大量非常小的独立村庄;每个村庄的头领都要求成为具有完全独邦(*du baw*)地位的独立首领……这个事实在许多地方不断发生,而且引人注意的是,英国官员总是反对这样分散的小块居住点。"[84]此外,在世纪之交的一位英国官员警告观察者不要过于相信克钦小首领表面上的服从。"在这种表面上的从属之外,每一个村庄都声称是独立的,而且只承认自己的首领。"他强调说,正像利奇所预想的,甚至最小的社会单元也具有这些独立的特征;它"甚至扩展到家庭和每一个家长,如果与他的首领意见不合,他就会离开村庄,到任何一个地方盖房子生存,从而成为自己的苏巴"。⁸⁵与其他国家一样,英国人也倾向于将这些民主、无政府的人群称为"野蛮"、"生"和"粗鲁"的(*yain*—ဂျိန်:),与之相对的是更"驯化"、"熟"、"有文化"和专制的邻居,即使他们有着同样的语言和文化。对那些无政府的"水母"似的部落进行稳定和间接的统治几乎是不可能,甚至平定他们也都是困难且短暂的。1887年到1890年的英国最高专员就注意到,征服克钦和巴郎地区必须要"逐个山头"去完成,因为这里的人群"从来没有服从任何一个中央控制"。在他看来,钦族也一样。"那里唯一的政府系统就是村庄首领,或者几个小村的联盟,因而将钦族作为一个整体进行协商是完全不可能的。"⁸⁶

由于害怕钦人的顽强抵制和多变,英国开始在"民主"的钦地区创造一个首领,并强化他的统治。在殖民政权的支持下,首领举办了奢华的社区盛宴,在一个"盛宴社会"(feasting society)中,奢华的宴会强化了他与平民之间的相对地位差别。受到盛宴的刺激,出现了一个新的相反仪式,这个仪式延续了传统的个人盛宴而拒绝社区的盛宴,个人盛宴提高的是个人的地位而非首领的地位。这个被称为鲍钦豪(Pau Chin Hau)的仪式在很短时间内便在整个赞尼特地区(Zanniat,民主的部落地区)和这个地区超过四分之一的钦族人口中被采用。⁸⁷就像很多地方的情况一样,在这里可以看到,保持独立的地位,也就是保持与国家或类似国家组织的距离,"比经济繁荣有更高的价值。"⁸⁸

佤族可能是山地人群中最凶猛的,以猎头著名,他们与"民主的"钦族或贡老克钦(gumlao Kachin)一样,是高度平等的。他们强调平等地参加盛宴和地位竞争,不允许那些已经很突出或很富有的人提供更多的贡献,以避免他们觊觎首领的地位。正像马思中指出的,他们构建出平等主义作为抵制国家的策略:"被中国人或其他进化论者错误地理解为'原始'社会的佤族平等主义也可以被理解为他们在面对地平线上出现的强大权力威胁面前所采取的避免失去其自主性的途径。威胁就是等待着收取贡献或实施征税的国家,他们在中间的缓冲地区就是这样做的(从某种意义上说,中间地带起到了'抗击野蛮'的城墙作用,就像我们在中国各地都可以看到的那样)。"[89]

因为必须要制造出一种国家可以发挥作用的社会结构,所以还有另外一种反应就是假装顺从,制造一个虚幻的、完全不存在的主导权威。泰国北部的傈僳族似乎就是这样一个例子。为了让低地统治者高兴,他们指定一个首领。这个首领明显是泡特金(Potemkin)*式的,因为所指定的都是村庄中没有任何权力的人,富裕和有能力的受尊敬的老人都不会被指定。[90]据报道,在殖民地时期老挝的山村有一种类似的模式,为了满足需要而制造出假的地方官员和名人,而受尊敬的地方人物仍然继续指导地方事务,包括假造的地方官员的业绩![91]在这里,"逃避的社会结构"并非仅仅是为了逃避国家而产生的社会发明,它是一个已经存在的平等的社会结构,为精心设计的等级结构的假象所掩护。

有关赞米亚各地山地人群最著名的民族学研究是埃德蒙·利奇有关克钦的研究——《缅甸高地的政治制度》。利奇的分析差不多受到了两代学者的审查和批评,这是空前的。很明显,利奇有意忽视了大量政治和经济变迁(特别是英帝国统治

---

* 泡特金村庄是为了欺骗凯瑟琳二世而建立的虚假村庄。——译者注

和鸦片经济)对克钦社会组织的影响,来支持他有关震荡平衡(oscillating equilibrium)的结构主义观念。[92]他还严重地误解了有关克钦婚姻联盟制度的当地俗语,以及这种制度对因宗族而形成的社会地位持续存在的影响。在弗兰克斯·罗宾(François Robinne)和曼迪·萨丹(Mandy Sadan)最近编辑的一本书中,当代民族志学者对他的贡献做了彻底的批判性考察。[93]

在不同的克钦社会系统中,其开放和平等的程度很不相同,而且在上个世纪后期,这个社会某种程度上正开始出现刺杀、废黜和抛弃那些比较独裁的首领,但是上文提到的出色的批评文献对上述这些事实却没有提出任何疑问。利奇民族志的核心是分析逃避的社会结构,也就是为了防止被那些一直试图模仿掸邦王朝权力和等级结构的掸族小国或克钦小首领(duwa)捕获和征收而设计出来的一种社会组织形式。非常简单和概括地说,利奇提出了在克钦地区的三种政治组织模式:掸邦、贡萨(gumsa)和贡老(gumlao)。掸邦的模式是类似国家的财产和等级制度,有着世袭(原则上)的首领和系统的税收和劳役。与此相对的另一个极端的例子是贡老模式,贡老拒绝任何世袭权威和阶级差别——但不包括个人地位差别。不被英国人认可的贡老村庄是独立的,其仪式组织和守护神往往有着强化其平等和自主的作用。利奇认为,掸邦和贡老的模式是相对稳定的。这里要特别加以强调,这些区别不能被现象学地解释为族群间的区别,像利奇的研究那样。向着"掸邦"方向的移动就与类似国家的社会构成中的等级制度、仪式和机会联系在一起。而贡老方向的移动则意味着会保持与掸邦国家及其实践的距离。从历史上看,人们一直在这两种模式和制度间摇摆。

第三种模式贡萨则是一种中间模式,从理论上来说存在着僵硬和等级化的宗族谱系,在这种制度中,存在着平民与贵族的分野,娶进媳妇(wife-taking)的宗族在社会地位和仪式上都要高于嫁出媳妇(wife-giving)的宗族。[94]利奇认为,这个模式是特别不稳定的。[95]在贡萨制度中,最上层的宗族首领正在将自己转变成一个微型的掸族统治者。[96]同时,他保持自己地位长久和将低等级宗族变成自己奴仆的行为会激发反叛和逃跑,这又使他们向贡老的平等方向转变。[97]

对于我们的目的来说,利奇关于克钦的民族志描述表明,存在着一种平等的社会组织模式以防止国家形成或逃避国家。在利奇的描述中,在这三种模式之间摆动是克钦社会的一贯特征。当然,贡老模式在某些方面也是历史上某些革命的产物。《上缅甸志》有这样的记载,当两个人向首领(duwa)的女儿求婚被拒绝(如果被接受就可以提高他们的地位,以及他们亲属群体的地位)以后就爆发了贡老的"反叛"。[98]他们杀害了首领以及首领女儿未来的丈夫,他们继续带领其追随者废黜了许多其他首领,其中有些主动放弃了他们的称号和特权以避免被杀死或被放逐。这个故事与利奇所表达的观点是一致的,就是贡萨的结构由于是一个分层的结构,所以阻止了下层宗族提升地位的意愿,这种意愿往往是通过盛宴竞争表达出来的。[99]利奇有关反叛原因的解释更细致和详尽,但其核心还是拒绝提供劳役,而征用劳役和享用屠宰动物的大腿都是首领的特权。[100]

贡老村庄的产生有两种途径。第一种途径如同我们上面所描述的,它们是小规模要求平均的革命的结果,这些革命导致了小的平民共和国的产生。而第二种途径可能更为普遍,一些家庭或宗族从等级化的村庄中迁移出来,建立一个更平等的新村庄。有关贡老村庄起源的故事都会强调这两个中的某一个。从这点来看,利奇倾向于认为贡老本身是不稳定的,因为在不公平产生后,获益者会努力将其收益合法化,而且通过贡老的各种标志将这种利益固化。但是也有另外一种可能的解释:典型的贡老社区是由分裂而成的,当不平等发展到难以忍受的时候,具有相同地位的小家庭群体就会自己分裂出去。与小规模革命一样,分裂也受到更大世界的人口和发展状况的影响。在英国人的压力下,对商队的征税和猎奴都大幅度减少,不平等变得更加难以忍受。边疆地区因为鸦片市场的繁荣变得更具吸引力。在人口压力较小,因而有更多的土地可供游耕的条件下,分裂就比反叛更容易发生。[101]

对于国家来说,贡老是个令人讨厌的地区。一个有关克钦地区的早期英语文献中比较了两种不同的地区,一种是很容易旅行经过的村庄,那里有友好的世袭头人;与此相反的很难穿过的"贡老村庄,那里就是一个小共和国,不管头人有多好,但是很难控制那些充满敌意的村民的行为"。[102]贡老的社会组织通过多种方式抵制国家。在它的意识形态中就不鼓励,或者预先消灭了那些以封建为理由的未来世袭首领。它抵制近邻掸邦小国索要的纳贡和控制。总而言之,他代表了一种平等的、无政府的、棘手的微缩共和国,很难被平定,更不要说去控制了。

我在讨论逃避的社会结构时用了许多篇幅讨论贡老村庄,不仅因为利奇为我们提供了很多有关贡老的资料。有许多证据表明,大多数山地人群都会有两重,甚至三重社会组织模式:一种类似平等主义的贡老克钦模式,一种类似等级制的贡萨模式,有的时候还会有一种类似小型的掸族王国。利奇注意到,"近来在有关缅甸边疆地区阿萨姆邦的研究中充满了对这类政权截然不同的理论。"他援引了有关钦、西玛(Sema)、康亚克(Konyak)和那伽人(Nagas)的研究。[103]在利奇的名单上,我们还可以加上最近有关克伦和佤族的研究。[104]看起来似乎只有东南亚山地人群在他们的经济形式中才有逃避的作物和逃避农业,同样也只有他们在其政治模式中才有阻挠国家的社会模式。

在国家的阴影下,在山地的阴影下

就在缅甸独立前曾经做了一次调查,在那次调查中,部落代表被召集在一起。蒙盟族(Mongmon)是位于北方佤邦中的一个部落,其首领被询问他喜欢什么样的行政制度。他非常合情合理地回答,"我们还没有想这个问题,因为我们是野蛮人。"[105]他比那些问他问题的官员更清楚地理解,作为佤族的关键就在于完全没有什么行政管理。

这样一种诊断性的误解彰显了一个关键的事实,大多数山地社会是"阴影"或"镜像"社会。在这里我的意思是,它们的政治、文化、经济和宗教结构在形式和价值上,都经常与那些更类似国家(statelike)的邻居处于相对立的位置,而且这种对立是他们有意制造的。按照利奇的说法,对其邻居的挑战往往会付出某些经济代价。他总结说,"克钦人往往更看重独立而不是经济利益。"[106]同时,那些迁移到低地社会并被同化的人进入了谷地社会的最底层,从历史上看,这些人的数量很大。按照雷曼的解释,如果从短期的状况看,钦族人进入缅甸社会以后有两种选择,或者成为不完全合格的缅甸人,或者成为成功的钦人。[107]

山地人的认同是关于如何生活的含蓄对话和争论。对话者都带着各自完全相反的文明。像苗/果雄这样的人群,他们的口述历史记录中有着很长时间与中国/汉国家的战争记录,因而对立也是最大的。果雄人有关自己的故事都是在与汉族及其国家争论有关自己的状况、防御和相互区别的一些事情。在果雄人看来的不同点包括:他们有皇帝而我们所有人(全国的)平等;他们纳税给君主而我们不用;他们有文字和书籍而我们在逃跑的时候已经丢掉了;他们在低地中心居住拥挤,而我们自由和分散地生活在山地;他们是奴隶而我们是自由的。[108]

人们可能从这种对比中得出结论说山地的"意识形态"完全是从谷地意识形态中派生出来的。这个结论因为两个原因可以说是错误的。第一,山地意识形态不仅与谷地社会对话,而且与其他相邻的山地人群对话。此外还有其他一些重大的事情需要处理,如谱系、精神的慰藉,以及人的起源,这些都是很少受谷地中心影响的。第二,可能更重要的是,如果说山地意识形态可以被低地国家所左右,那么低地国家也同样受山地的影响,因为国家是由历史上不同的人群会聚而成的集合,却一心想要解释他们的"文明"高于他们"野蛮"的邻居。

在山地人的叙述和对自我定位的理解中,至少有三个相关的主题不断地重复出现。它们可以被称为平等、自主和移动,这三者都被理解为是相对的。当然,如果涉及实践,所有三个主题都体现于山地的物质生活——远离低地国家的地点、分散、共有产权、移动耕作和所选择的作物。雷曼已经指出,通过选择,山地族群所"实践的经济是缅甸[国家]制度很难剥夺的,因而也从来不被看作缅甸王国的一部分"。[109]就像

"在一个一般化的政体和森林覆盖的高地这样二元的区域文化中,水稻耕作意味着对政权的从属关系,而从事游耕意味着在某种程度上宣布政治上的对立"。[110]

正像我们所看到的,贡老克钦人在长期历史中通过废黜和暗杀那些有控制欲望的首领来保持其平等主义。可以想象,这样的历史和与之相伴的叙述对那些具有独裁野心的宗族首领就像令人恐惧的警示寓言一样。在整个克伦、克耶和克钦地区,他们反叛的传统广为人知。[111]即使克钦人有了首领,他们也会经常被忽视,得不到任何尊重。其他的人群也有类似的传统。傈僳族"讨厌那些独断和专制的首领",并且"在傈僳族有许多谋杀首领的故事"。[112]这些故事是否准确真实并不重要,重要的是所显示的有关权力关系的规范。[113]相似的故事也在拉祜族流传。他们的社会被一个民族学家描述为"特别平等",另外一位学者则从性别的角度说他们与世界上所有人一样平等。[114]阿卡人通过自己的神话来强化他们的平等实践。在那个故事中,他们的首领和儿子骑着用蜂蜡粘上翅膀的神马。他们飞得太高了,就像伊卡洛斯一样,翅膀融化了,他们掉下来摔死了。人们用"'绚丽'和夸张的方式来讲述这个故事,故事清楚地表明了对等级森严的领袖地位和国家构成的厌恶"。[115]

山地人群抵制自己内部稳定的等级制度和外部的国家形成,保持独立自主几乎完全依赖于地理的流动。从这个角度看,贡老的反叛是这个规律中的一个特例。逃跑,而不是反叛,成为山地自由的基础;更平等的居住点是通过逃跑而不是通过革命建立起来的。正像利奇注意到的,"在掸邦的例子中,村民被束缚在他们的[水稻]田上;稻田意味着资本投入。克钦人在轮番垦殖(*taungya*,游耕,字面意思是山地耕作)的土地上没有投入。如果克钦不喜欢他们的首领,他们可以离开到任何地方。"[116]山地人群有能力一旦需要就马上离开,他们实际上也是这样做的。他们离开的借口都是最小的问题,这让不论是殖民地当局还是东南亚独立国家都非常苦恼。尽管赞米亚的大部分地区可以被描述为一个巨大的逃避国家政权建设的地区,但是在赞米亚内部一直存在着从等级比较分明和类似国家的地区向更平等的边疆地区的迁移。

山地的克伦人提供了一个很能说明问题的例子。他们的小聚落会全部或部分地迁移到新的地点,这不仅是为了清理出新的游耕地,同时还有许多非农业原因。任何一个危险的信号,包括大量人口患病或死亡、小派别的分裂、要求他们纳贡的压力、一个富有野心的头领、一个梦、一个受尊敬宗教领袖的召唤,上述任何一个原因都足以使他们立刻迁移。克伦人的持续分裂和移动总是挫败国家使他们定居和利用他们的企图。在19世纪中期,当克伦人和他们的盟友孟人逃离缅甸并接受了泰国的统治,他们并没有像泰国官员所希望的那样长期定居。[117]英国人试图将克伦人定居在勃古山脉"林地村庄"(forest villages)中,在那里他们可以接受英国的补贴,从事受到限制的游耕,而且可以做那些昂贵的柚子树的护林员。克伦人采取逃跑来抵制这个计划。[118]就我们所知道的克伦人而言,他们历史上对奴役充满恐惧、他们将自己看作失去父母庇护的受迫害的人群,这些都表明,他们的社会结构和游耕都是设计来使他们保持安全距离以避免被捕获。安全也意味着采用适应性强的社会结构。山地克伦一般被描述为有比较自主和结构松散的社会,因为经济、社会和宗教原因很容易分裂。[119]

在民主、无国家的山地人群中,其社会结构的适应性非同一般地强。外在形式的改变、分裂、瓦解、地理迁移、重组、生存方式的转变是令人如此眼花缭乱,人类学家所热衷的研究单元,包括村庄、宗族、部落和小聚落,都受到质疑。历史学家、人类学家,此外还包括行政官员,他们应该关注什么单元可能是个形而上的问题。那些地位低的山地人群看起来更是多种多样。他们使用很多种语言,有很多文化实践,这使他们可以在很多种状况下迅速适应。[120]安东尼·沃克是研究拉祜尼(Lahu Nyi,红拉祜)的民族学家,他描写了许多村庄,这些村庄经历分裂、迁移、整体消失、分散到其他定居点、吸收新来的人,他还描写了突然出现的新定居点。[121]没什么东西会在一个地方停留足够长时间,可以坐下来画张肖像。在任何意义上来说,红拉祜族的基本单元不是村庄。"一个拉祜尼的村庄社区实质上是几个家庭组成的群体,其成员发现在一定时期居住在同一个地方,有一个他们多少能共同接受的头人会比较方便。"而在沃克看来,头人只是"由相互猜忌的独立家庭组成的集体"的一个领头人。[122]

我们在这里讨论的不仅仅是"水母"式的部落,而且还有"水母"式的宗族、村庄、头领,以及最小的单位——家庭。在移动的农业中,这种多态性非常适合他们逃避被统合到国家结构中的目的。这些山地社会很少独自挑战国家,但是它们既不会允许国家轻易进入,也不允许他们轻易产生影响。当遭遇威胁的时候,他们就像水银一样撤退、分散或分解,似乎他们的座右铭就是"分开,你就不会被统治"。

6½ 口述、书写和文本

> 诗歌是人类的母语,就像园艺早于农田、图画早于书写、唱歌早于演讲、寓言早于推理、以物易物早于商业……
>
> ——布鲁斯·查特文(Bruce Chatwin),《歌之版图》(*Songlines*),引自 J. G. 阿曼(Hamann)

> 就其根本来说,法律也就是书写。文字站在法律一边;法律存在于文字之中;要知道这其中的一个意思就是说,需要同时熟知法律和文字,缺一不可……文字被雕刻在石头上、喷涂在动物皮上,或者勾画在纸莎草上,它直接表明了法律的权力。
>
> ——皮尔·卡拉斯特(Pierre Clastres):《反抗国家的社会》(*Society against the State*)

对于低地精英来说,无文字是野蛮状态的一个具有诊断意义的特征。山地人背负的所有有关文明的污名中,最著名的就是没有文字和文本。把有文字之前的人群带入到字母和正规教育的世界当然是发展型国家存在的前提(raison d'être)。

但是如果从悠久的传统看,许多人并非是前文字时代的,而是后文字时代的,那情况又如何呢?后文字时代是雷奥·敖廷·凡格索的术语。[1]如果没有文字是因为在逃跑、社会结构和日常生存活动的变迁中丢失了文本和文字,那结果又如何?如果我们提出最极端的可能性,就是说他们放弃文本和文字的世界是主动的或出于策略性考虑,那情况又会如何?最后这种可能得到了非常完整丰富的资料支持。因为这个原因,也许还有我个人胆怯,我把这部分从前面有关逃避的农业和逃避的社会结构的讨论中独立出来。然而,"策略性"地保持(如果不是创造)无文字与逃避农业和逃避的社会结构有许多相似之处。如果说游耕和散居是为了阻止被征用的生存策略;如果说社会碎片化和没有首领是为了阻止被国家统合;那么同样,没有文字和文本也使他们可以自由操纵历史、谱系和清晰性,从而挫败国家贯彻其制度。如果说游耕、平等主义和移动居住代表了难于理解的"水母式"经济和社会构成,那么口述也可以同样被看作经常变化的"水母式"逃避文化。从这个角度看,在许多情况下,口述也是与国家结构和国家权力相对立的"关系结构"(positionality),就像日常的农业和居住方式在历史上因为要占据不同的策略位置而不断摆动一样,文字和文本也因为同样的原因被重复地拿起、放下、再拿起。

我选择使用无文字(nonliteracy)和口述(orality)两个词,而不是用文盲(illiteracy)一词来强调口述是文化生活中另外一种具有潜在积极意义的媒介,并非是缺点或不足。我们现在所说的那类"口述"与所谓的原初文盲是不同的。原初文盲状态是指社会领域(social field)第一次遇到文字。而东南亚山地的无文字人群与此不同,在2000多年的历史中,他们生活在与一个或几个国家的密切交往中,这些国家有着识字的少数民族、有文本和文字记录。是他们自己选择处于与这些国家相对的位置上。最后,如同众所周知的,直到不久之前谷地国家的识字精英只是臣民中非常少的一部分。甚至在谷地国家,大多数人口也生活在口述文化中,尽管偶尔也有一些文字和文本。

有关文字的口述史

山地人知道低地国家和殖民主义者在历史上给他们无文字状态所加的污名,他们大多数都有口头传说解释他们为什么不会写字。这些传说有着令人吃惊的相似性,不只局限在东南亚,而且在马来世界,甚至在欧洲都有类似的发现。这些故事都聚焦于一个主题:传说中的那些人过去曾经有文字,但是由于他们缺少先见之明而丢失了,或者要不是因为背叛者的欺骗,他们现在仍然有文字。这些传说就像族群认同一样,是为了建立自己相对于其他族群的策略位置。我们也有充分的理由相信,就像族群认同一样,在环境发生明显变化的时候,这些传说也发生相应的变化。这些传说的内容往往都很相似,其原因在于大多数无国家的山地人群相对于大型谷地王国有着相同的策略位置,并非是文化惯性。

对阿卡人是如何"丢失"其文字的流行解释可能是一个典型。传说在很早以前,他们是一个居住在谷地种植水稻、并被统合到国家中的人群。一般的说法是他们为了逃避泰国军方控制而分散成不同方向逃出谷地。在出逃的路上,"当他们非常饥饿的时候,他们吃掉了水牛皮做的书,因而就丢了文字。"² 拉祜族是阿卡的邻居,分布在缅甸、泰国和中国边界,他们的故事是说他们的文字是由他们的贵莎神(Gui-sha)铭刻在一个饼上,当他们吃掉了饼也就失去了他们的文字。³ 佤族故事类似。他们也说自己原来有镌刻在牛皮上的文字。当他们很饥饿,没有什么东西可吃的时候,他们吃掉了牛皮,从而失去了文字。另外一个相关的佤族故事是说,他们的祖先被一个叫格里·尼(Glieh Neh)的家伙所骗,他把所有男人都派出去参加战争,而自己留在后方与所有女人做爱。被抓住并定罪以后,格里·尼要求把他和他所有的乐器装到一个棺材中,投到水里作为惩罚。当在水中漂泊的时候,他演奏的音乐如此地富有魅力,所有下游的生物都帮助他获得自由。作为回报,他把自己所有的技能教给低地人,包括书写,而佤族就成了文盲。在佤族看来,文字是与骗子联系在一起的;佤族语言中文字与贸易是一个词,都意味着欺骗。⁴ 克伦人有许多传说的版本,基本的故事都是说有三个兄弟(克伦、缅甸和汉或欧洲人),每个人都得到了文字。缅甸和汉人保持了自己的文字,而克伦人的兄弟在游耕的时候把那些写在兽皮上的文字留在了树桩的顶上,后来被野生动物(家畜)吃掉了。这类故事几乎可以无限增加;在让-马克·拉斯多夫(Jean-Marc Rastdorfer)有关克耶和克央(Kayan)认同的著作中,对克伦尼群体中的这类故事的各种版本做了综合的研究。⁵ 拉祜族自己也说他们曾经有文字,最后也是书丢了。事实上大家早知道他们带着画有象形符号的纸张,但是他们自己不认识。⁶ 之所以觉得与外部强大群体隐含的对话对上面的传说解释有重要的作用,是因为有国家的影响,而且文字是产生在区域之外的解释也强化了文字的地位。[7]

　　背叛的故事与疏忽大意的故事一样普遍。一个族群的故事可能同时包括两种情景。每一个版本可能都是适合于特定的听众和特定环境。克伦人有种解释把文字丢失的责任归于缅甸众多国王,据说他们找到所有识字的克伦人并杀死他们,直到没有人还能教育他人。在老挝克木(拉棉)的传说中,文字的丢失与政治上被统治联系在一起。七个村庄来到同一座山上从事游耕,他们起誓共同反抗泰族君主。誓言被书写在水牛肋骨上,并被庄严地埋在山顶上。然而后来水牛肋骨被挖出偷走了,"那天我们失去了文字知识,而且我们不得不遭受拉姆(lam,泰国君主)的暴政。"[8]在世纪之交收集的钦的故事指责缅甸的欺骗导致了他们的文盲。就像其他种族一样,钦族也来源于101个卵。作为最后一个被孵化的,钦族是最受宠爱的,但是土地都被分配完了,只有剩下的山地和动物被分配给钦族。被指定保护他们的缅甸护卫却骗走他们的大象(皇家的象征),只给他们看到有字石板的空白背面,因而他们从来就不识字。[9]白果雄(White Hmong)有关文字的一系列故事既包括疏忽,也包括欺骗。在一种故事中,果雄在逃避汉族的过程中睡着了,这时他们的马吃掉了他们的文本,或者文本被错放进锅里炖着吃了。第二种,也是更恶毒的解释是说在把果雄人赶出谷地的过程中,汉族人拿走了他们的文本并烧掉了它。识字的人也到了山上,但是他们去世以后就没有文字了。[10]

　　对于一些群体来说,比如果雄和绵,他们丢失文字总是与他们曾为低地有国家人群的历史密切相关。他们的故事总是含蓄地指出,在被赶出低地之前,我们有国王、我们种植灌溉水稻,而且我们会写字;我们曾经拥有所有那些现在我们被指责没有的东西。从这点看,现在有了文字和书写的手稿并非什么新的事情;那是重新拾回了丢失或被偷去的东西。因此也就不奇怪,带着用地方语言书写的《圣经》的传教士的到来经常被认为是重新找到了原来丢失的文化财产,因为这不是缅甸语,也不是汉语而更受欢迎。

我们怎么来看这些文字丢失的神话？如果再次用长远的历史观点,那么可以看出,这些神话中蕴含着历史的真实。那些我们可以重建其移民史的人群,包括泰族、果雄/苗和瑶/绵,他们过去都曾经生活在低地,是属于水稻国家的人群,甚至许多泰族群体本身就是国家的建立者。[11]那些现在看来距离遥远的山地人群在以前并没有这么遥远,他们即使没有被统合到谷地国家,也与这些有着识字精英的谷地国家关系密切。如果是这样的话就可以推断,那些从谷地迁移到山地的人中至少包括一小部分识字的人。果雄有关识字的少数人是如何逐渐消亡的传说可能包括了某些真实的成分,尽管传说中没有解释为什么这些知识没有被传递下来。克伦人曾经与几个有文字的水稻国家联系密切,包括孟族人的勃古国、泰族人的南诏、缅甸和泰国,这种联系无疑培育了一小部分识字阶层。现在的格南族(Ganan)是生活在穆河(Mu River)上游的无文字民族,在他们逃到山上堡垒之前,几乎肯定是有文字的骠王国的一部分。就像其他许多山地人群一样,格南和果雄保存了许多他们曾经与之联系密切的低地人群的文化实践和信仰。如同我已经指出的,如果许多,即使不是绝大多数的话,当代山地人群有着"谷地"的过去,那么出现这种继承性就并不奇怪了。但是为什么在大多数情况下,他们没有把文字和文本存下来?

识字的狭隘和文字丢失的先例

在任何有关文明的标准叙述中从来没有丢失和放弃文字的叙述。掌握文字被看作单向的进化,就像从移动农业转变为水稻耕作,或从森林中的小团体转变为村庄、城镇和城市一样。当然,在前现代社会,即使在最好的情况下,识字只是被限定在一小部分人群中,一般都少于1%。在汉族国家,这只是书记员,有学问的僧人,以及数量很少的绅士阶层的社会特权。可以肯定,在这样的条件下,认为整个社会或人群都识字显然是错误的;在所有前现代社会,大多数人口都是文盲,生活在口头文化中,尽管偶尔有些文本。如果从人口角度来看,毫不夸张地说,文字很容易丢失。这不仅因为只有很小一部分精英是识字的,而且文字的社会价值反过来也完全依赖于国家科层制度、僧侣的组织和社会金字塔,在这里,识字是提升社会地位的手段,也是地位的标志。任何威胁这些制度结构的事情也都会威胁文字本身。

这一制度的崩溃在有些方面跟延续了四个世纪的"希腊黑暗时代"很相似,这个时代开始于公元前1100年左右(特洛伊战争时代),结束于公元前700年。在这之前,不管从哪个方面看都是数量很小的希腊迈锡尼人已经用非常难学的音节手写体文字(B类线形文字,Linear B)保留记录。这些文字是从米诺斯文明借用的,最初被用来保留宫廷的行政事务和税收的记录。因为一些至今仍不是完全清楚的原因,包括北方来的多利安人(Dorian)的入侵,国内战争,生态危机和饥荒,伯罗奔尼撒的宫殿和城镇被洗劫、烧毁和遗弃,从而导致长距离贸易的停止、难民逃亡,以及人口大流散。这个时代被准确地称为黑暗时代,因为这个时代没有任何文字记录留下来,其原因明显是在混乱和四散的时候,B类线形文字被遗弃了。荷马史诗《伊利亚特》和《奥德赛》是唯一记载黑暗时代的文化产品,但它们最初是通过一个接着一个的游吟诗人传递下来的口头故事,后来才被用文字记录下来。在差不多公元前750年,在比较和平的条件下,希腊才又重新获得了文字,这时的文字是从腓尼基人那里借用的真正字母文字,可以书面表达真实讲话的声音。这段故事是一个最清楚的例子,说明我们如何丢失,以后又重新获得文字。[12]

另外一个例子是公元600年左右,罗马帝国分崩离析以后的时段,那时并非失去了全部,而是大部分文字。过去在帝国从事非军事职业必须懂拉丁文而且学费很贵,但是这个时候除了作为点缀已经没有什么特别价值了。现在地方精英通向安全和权力的道路只有为各地小国王去打仗。识字的人在减少,甚至原来高度罗马化的高卢地区,也只是神职人员还识字。在比较远的英国,罗马文化和教育的成就几乎全部蒸发了。在罗马国家和其制度中,人们认为识字是"'精英素质'的核心内容",就像在古希腊,迈锡尼人的社会等级制度支持了数量有限可以使用B类线形文字的人。当与制度的联系失去了,那么文字的社会基础也就消失了。[13]

如果假设当代的许多山地人群在某一个历史时期都曾经生活在低地国家附近,或就在低地国家之中,有着某种程度的文字,而且我们还可以进一步假设,他们的一小部分精英是识字的,比如会用汉文字,那么我们如何解释后来文字的丢失?在这里,我们首先想到的是,即使在汉族社会中识字的阶层也是多么薄的一个社会阶层,更不用说那些汉国家在扩张中所遭遇的其他人群了。我们所说的识字的人可能数量很少。第二,那些懂得低地国家文字的人几乎肯定是精英,他们具有的双重文化技能使他们很容易成为低地国家的盟友和官员,而且他们做出如此选择也就意味着他们选择了被同化。进一步说,如果像许多历史学家所推论的那样,今天山地少数民族中较大的派别都是在汉族扩张中比较早被吸收的,那么可以想象,识字的少数民族更倾向于留在原地并被同化,因为这可以使他们的获得利益。按照这种假设,少数族群在迁移或逃离低地权力中心的时候,大部分或全部识字的会留下来。再进一步推测,少数参与抵制国家而迁移和逃跑的识字人一定是其同胞中有着巨大野心的人;熟知他们所逃避的国家的文字,他们可能被看作有助于,甚至自己就是潜在的"第五纵队"*。如果是后一种情况,他们可能会选择让他们的文字遗失而不传授给其他人。

另外一种解释认为,在向山地迁移的过程中,社会结构经历了碎片化、流动和分散化过程,文字丢失是一种自然的结果。离开低地中心意味着为了迁移而脱离了复杂的社会结构。在这个背景下,文字和文本几乎不再有用,在实践上已经死亡,尽管可能还留存在记忆中。[14]就像在罗马的例子中,如此多的文字活动都直接依赖于特定国家,以及国家的科层体

---

* 1936—1939年西班牙内战期间在共和国后方活动的叛徒、间谍和破坏分子等反革命分子的总称。这里指隐藏的内奸。——译者注

制的存在:对国家文献、法律条文、编年史、一般的记录、税收和经济活动,以及更重要的官员职位和等级制度结构的知识,这些使识字受欢迎并能带来声望。一旦这个结构被遗弃,文字的需求和传播的动力也会迅速地消失。

文字的劣势以及口述的优势

我们的讨论已经从文字的丢失转移到了识字人的消失和赋予识字人价值的背景的消失。我想,我们可以有充分的理由说明向口头文化转移的积极意义。这一结论的基础在于,从本质上来说,口头传统比书写传统在弹性和适应性方面有更好的优势。

为了达成这个结论,我把那些利用秘密书写和铭刻以达到其神奇效力的例子排除在外。[15]在赞米亚地区,神秘的书写很普遍。手迹和符号经常像富有魔力的咒语一样被利用,而且被希望像符号一样"在现实世界中起作用"。就像戴在身上的护身符或身体上的文身可能带有和尚和巫师的祝福一样,那些和尚或巫师都保证用自己的法力来保护被祝福者,文字经常被作为具有法力的崇拜信物。虽然这些说明了符咒文字的魔力而值得深入研究,但它已经不是我们在这里所理解的文字了。在这些地区,还发现一些完全是作为口述文化备忘录发挥作用的文字,我把这些文字也排除在外。比如,据说湖南南部瑶/绵人在汉族到达之前有一种简单的手迹,设计这种手迹是为了帮助他们记忆他们的哀悼,因而被刺绣在布上。这类秘密的文字并没有持久的文本、文献和档案,其本质仍然是口头文化,只是用了文字(好比荷马借用手本帮助他记忆并背诵《奥德赛》中难以记忆的段落),不管它们如何吸引人,在我的讨论中还是摒弃了它们。[16]

存在着特殊的、秘密的文字形式,这对我们是有益的提醒,从广泛的意义来说,文本可以采用许多种形式,而书籍和文档仅是其中的两种。我认为,所有的等级制度都希望保持这种等级制度在代际之间的稳定,因而必然会将这种要求做成"文本"以加强其权威和权力。在发明文字之前,这些文本可以采取实物的形式:王冠、军队的制服、奖品、斗篷、头饰、皇家颜色、崇拜偶像、传家宝物、匾额、石碑等。国家最希望拥有上述这类文本,大量增加文本以表明其将长久存在。早期国家将石碑与文字或象形图像结合以表明其权力持续的要求。

石碑和书写的文本最重要的缺点就是其相对持久性。一旦它们被树立起来或被书写了,在任何时候它们都可能被作为社会化石挖出来,而且没有任何变化,尽管这种事情并不经常发生。任何书写的文本都要传承某种可能的正统,不管这个文本是原初的传说、对移民的解释、宗谱和如同《圣经》和《古兰经》一样的宗教文本。[17]当然没有哪个文本是完全透明的,如果有许多不同和矛盾的文本,那么翻译解释的空间就会很大。虽然如此,文本仍然是固定的出发点;它使许多读物看起来即便不是完全错误的,也是值得怀疑的。一旦有争议的观点有文本作参考,那么文本就成为某种标尺,可以测量出偏离原点的距离。[18]当所谈及的文本被认为具有权威的时候,这个过程就显得非常突出。比如文本肯定X族来自于一个特定的地方,由于某个低地国王征收的不公平税负而逃亡,沿着某一线路、崇拜特定的保护神,按照某种既定的方式埋葬亡人。这些文本的存在有很大影响;从这些文本可以发展出正统和标准的解释。这种标准的解释可以直接从文本中学习到,从而使那些可以阅读文本的识字阶层获得了特权。基于与这种标准解释背离的程度,其他的解释被推测为存在某种程度的异端。与此相反,如果是在口头文化中争论这些解释是否可信,他们就无法参考过去权威的文字文本。

而且这些档案,像所有这类文档一样,都是在特定的历史背景下被创造出来,反映了其特定背景。它们是"带有具体利益"、属于特定历史条件的文本。一旦它们被创造出来,就可以为某一个群体的历史提供有利的解释。但是当条件发生巨大变化,文本的解释变得不合时宜的时候会发生什么情况?如果昨天的敌人变成今天的盟友,或者相反的情况,又该如何?如果文本充满歧义,就可以将其重新解释以保持一致。如果不能,这些文本只能被烧掉或遗弃,甚至如果是碑刻,某些名字和记录的事件就要被凿掉。[19]很明显,在漫长的历史过程中,被固定下来的解释可能会妨碍与外界成功地打交道,变成外交的陷阱。[20]

对于山地和无国家的人群来说,书写和文本的世界无可避免地与国家联系在一起。低地水稻国家成为文字的中心,不仅因为这是世界宗教的礼拜中心,而且也因为书写是行政管理和国家的关键技术。很难想象没有纳税土地的地籍图、劳役人员的登记名单、收据、保留的记录、皇家的指令、法律条文、特定的协议与合同,以及各种各样的名单,简单地说,也就是没有文字,水稻国家能够存在。[21]国家机器的最基本形式是人口名单和家户调查,这是征税和征兵的基础。在早期美索不达米亚的乌鲁克(Uruk)王国发现的文献,85%是有关经济的记录。[22]就像克劳德·列维-施特劳斯(Claude Lévi-Strauss)所说的,"那些集权和分等级的国家要进行自我复制,书写似乎是不可或缺的。书写是件奇怪的事情……伴随书写现象而存在的总是城市和帝国的形成:被整合到政治制度中,也就是说,大量的个人被整合到种姓制度和奴隶的等级制度中……与其说它有助于人类的启蒙,倒不如说是有助于剥削。"[23]

在关于阿卡人迁移("路途")的常见解释中,他们被描述为曾经是种植水稻的谷地人口,受到彝倮倮统治者的沉重压迫。在这些叙述中,关键人物是加百朗(Jabiolang)国王,在他们的眼里,他最大的罪恶就是开始了每年的人口普查。[24]人口普查(jajitjieu)的想法成为整个国家权力机器的象征。在早期殖民历史中充满了当地人对殖民统治者第一次人口普查的反抗;农民和部落人口完全理解人口普查是税收和徭役的前奏。

他们对文字和保存记录也采取了同样的态度,在农民反抗殖民地国家的历史中,这种态度随处可见。引起农民愤怒的第一个原因经常不是殖民地官员,而是文献档案,包括地契、税务名单、人口记录,官员通过这些东西进行统治。反叛者经常暗中认为,烧毁这些官方的记录本身就是某种解放。书写与国家压迫的密切关系也不限于殖民地世界。在英国国内战争中,由掘地派和平等派为代表的激进一方,认为法律和教士使用的拉丁语是有意故弄玄虚来欺压他们的技术。光是认识字母就足以引起怀疑。[25]

早期国家政权建设的过程基本就是给那些没有名字或曾经是流动的社会单元命名的过程,包括村庄、地区、宗族、部落、首领、家庭和地块。如果国家的行政权力被加入到命名的过程中就可以制造出原来不曾有的实体。对于汉族官员来说,"野蛮人"与众不同的特点就在于他们还没有父系名字。汉族自己的稳定命名制度来源于早期国家政权建设活动。从这个意义上说,那些需要独特谱系和历史的具有高度认同和明确地理位置的社会单元都有官方认可的稳定形式,而这种稳定的形式是国家通过书写创造出来的。

对于许多无国家、前文字或后文字时代的族群来说,文字和书写的世界不仅仅提醒他们缺少权力、知识,以及由此带来的污名。同时它也是清楚、现实的危险。书写的要求与国家权力密切相关,既可以增加能力和权力,也可以弱化它们。保留在国家势力范围之外的族群经常采用的策略之一是拒绝或放弃书写和文字。看起来依赖"那些有助于抵制被纳入官僚管理体制的知识"要稳妥得多。[26]

对于无国家的族群来说,要在强大的低地国家夹缝中生存,他们的适应性、模仿性、革新和调整都是重要的生存技能,因而口头和本地文化具有强大的吸引力。在一个口述文化中,不存在某个权威的、作为最标准和最正统的谱系或历史。在存在两个或更多解释的情况下,哪个更可信主要取决于那个"游吟诗人"的立场,以及这一解释是否符合听众的利益和口味。

至少有两个原因使口述文化本身就比书写传统在许多方面更民主。首先,讲故事的能力广泛存在,而读写能力一般只是少数人具有的。[27]第二,在复杂多样的口头历史讲述中,不存在一个简单"判定真伪"的方法。没有一个固定的文字文本供他们进行比较从而验证其真实性。口头的交流,甚至是"官方"的游吟诗人,也只能局限在聚集在一起的、数量有限的面对面听众。口头的说话就像语言本身一样,是一个集体主义者的行动,因为在传达其意义的时候,"惯例只有在由社会中各种不同大小的团体所共享之后,其意义才能被传达到社会中的个人。"[28]口述的文本(一个特定表演)通过书写的方式被冻结起来以便于保存,从这个时候起,这些文本原来所带有的特性就被抹杀了,包括韵律、语调、停顿、相伴的音乐和舞蹈、听众的反应、身体和面部的表情等,而他们之中的任何一个对于表达其最初的意义是很重要的。[29]

事实上,在口述历史和叙述中,简单的"最初"的概念没有任何意义。[30]只有在特定的时间和特定的地点,面对有兴趣的听众,口头文化才能通过特定的表演得以存在和保留。这些表演当然比所记录的演讲语言更丰富;每一个表演都包括了背景、姿势、表演者的表达、听众的反应,以及是在什么样的机会下的表演。因此口头文化有着无可替代的现场性,如果当时听众没有兴趣,如果不能满足听众的目的,那么口头文化就不再存在。而书写的记录却恰恰相反,可以不引人注意地存在上千年,突然被发掘出来并成为权威的参照。

因此口头传统与书写传统的关系就像游耕农业与灌溉水稻农业的关系,分散的小亲属群体与定居的、集中的社会关系一样。它们是"水母"式的,外形不断变化,习惯、历史和法律也采取多变的形式。它们允许其内容和重点都随时间而产生"漂移",也就是一种为了利益和策略目的而采取的调整,换句话说,就是在群体的历史中,一些事件被遗漏,而另外一些被强调,还有一些仍然"被记忆"。如果一个具有共同背景的群体分裂成两个或三个小群体,当其中任何一个发现自己处于不同的物质背景中,可以想象他们的口头文化也会相应不同。当不同的口头传统在不知不觉之间向不同方向漂移的时候,它们并没有一个参考点以判断每一个传统背离当初共同的解释有多远,以及如何背离的。而书写的文本可以提供这样一个原点。由于口头传统只有通过不断重复才能得以保存,因此在他们的传递过程中,各种翻译解释就被积累起来。每一次讲述都会反映当时的利益、当时的权力关系和当时周边社会和亲属群体的观点。巴巴拉·安迪亚(Barbara Andaya)在描写苏门答腊的口述传统(占碑和巨港)时揭示了这种调整和修正的过程。"带着社区的默许,与现在无关的细节逐渐从传说中流失,取而代之的是新的相关因素,新的因素已经被统合到有关祖先的知识中,从而使过去变得具有连续的意义。"[31]

如果背负着特定传统的群体愿意,他们有能力在很多代人中保持口头文化的忠实传承。我们通过塞尔维亚史诗的开创性研究,以及有关荷马史诗的研究而熟知了游吟诗人的传统,我们知道押韵、节奏和长时间的准备学习有助于使那些篇幅很长的史诗在传播过程中不失真。[32]在阿卡人那里,费玛(phima)是一个特殊的阶层,包括教师和朗诵者,他们已经保存了复杂的朗诵诗,其内容包括历时长久的谱系、阿卡历史上的大事件、习惯法。他们在一些仪式上演唱这些诗歌。事实上阿卡有许多使用不同方言的不同群体,但保留几乎同样的口头文本,这表明这些技术是如此有效。让人更吃惊的在于,阿卡和哈尼在800年前就已经分开了,但他们保留的口头文本至今仍然在很大程度上是可以相互理解的。[33]

在缅甸掸邦卡劳(Kalaw)以东步行两天的距离有个村庄叫帕欧,我在那里遇到了一个印象深刻的当代的详细口述史例子。在一次晚饭结束的时候,几个村民请一位老人唱吴昂达的故事。吴昂达可能是"二战"以后最著名的帕欧政治家。1948年在东枝(Taunggyi)附近被暗杀,至今凶手不知是谁。老人的唱诗有两个多小时,我做了现场录音。与我想象的那些歌颂英雄、神气活现的史诗不同,通过翻译我知道这一史诗是更世俗的,非常详细地记述了吴昂达最后的日常生活。就像一篇一丝不苟的警察报告,它详细地讲述了昂达到达村庄的时间、他的同伴、他们所穿的服装、他吉普车的颜色、他跟谁说话、什么时候洗澡、什么时候来了几个人询问在哪里可以找到他,这些人的服装、他们驾驶的吉普车、他们对昂达的妻子说了什么,在哪里发现昂达的尸体、他穿着什么衣服、验证他的手指上的戒指、尸体解剖的发现等。在唱诗的最后,唱歌的人劝告听众"以这个真实的故事为戒,防止在任何事情上遭受损失或出现差错"。在被细心严谨地口头传递半个世纪的过程中,他们做出了一切努力以保存所有的证据和完整的事实,看起来就像准备提供给一个认真的刑事调查!我同样吃惊的是,这个游吟诗人,以及整个帕欧地区的其他游吟诗人都在婚礼和葬礼上唱吴昂达被谋杀的故事。尽管表演很少,更多的是详细的事实,但这是一个很受人们喜爱和尊敬的故事。[34]

在某种情况下,口头传统似乎可以像书写文本一样,精确地逐字重复固定的文字,同时又具有潜在的弹性,可以进行策略性调整和变化。如同已经和将要发生的,它们可以左右逢源;那些实质作了很大改动的地方可以被他们声称为原始文本,而且对他们的说法很难进行评估。

口述传统的策略性和机会主义适应是由多种原因造成的。一旦我们完全意识到,任何习惯、谱系或历史的记述就都是处于某种背景和带有某些利益的记述,那么我们就会知道,随着时间流逝,变化是不可避免的。在克钦人中,讲故事是职业祭司和游吟诗人的事情,"任何一个被职业祭司和游吟诗人讲述的故事都有不同的版本,每一个都会支持不同既得利益者的要求。"克钦关于不同家族的地位高下,以及谁是贵族的说法是各不相同、相互矛盾的,每一个有关克钦人起源和他们的历史、他们所崇拜的精灵的故事都带着有意支持某个特定宗族利益的色彩。而且,就像爱德蒙·利奇所警告的,"没有有关克钦传统的'权威版本',只有一些故事,这些故事所涉及的神话人物或多或少是相同的,所使用的结构象征也是同一类的……但是在不同人的讲述中,最关键的细节会是不同的。"[35]在亲属团体和宗族中所出现的这类现象也同样出现在更大的社会单元中,比如族群。随着时间变化,条件发生变化,利益也发生改变,因而对其历史、习惯甚至神灵的叙述也都发生变化。人们可以想象到,现在克钦人生活在不同的地区,有的靠近孟人,有的靠近泰人、缅甸或掸邦,他们会发展出不同的传统,每个传统都随他们所生存的各种背景而改变。如果他们不稳定的政治地位发生了突然和剧烈的变化时,口述文化传统的适应性可以发挥积极作用。如果像罗纳德·雷纳德(Ronald Renard)所坚持的,克伦文化能像"灵活转弯"的汽车一样,可以很好地适应旅行和变迁,为此,他们的口头传统至少对他们从事移动耕作和进行地理流动有所帮助。[36]

并非是见利忘义的操纵,也不是完全的凭空捏造,口头传统的变化是不引人注意的,是由那些并没有将自己看作真理编织者的游吟诗人所带来的。变化来自于有选择的强调和省略,某些叙述看起来在目前更为重要和相关。这里可以使用"就地取材"(bricolage)一词来表述,各种不同的口头文化经常有相同的基本元素,但是元素之间的安排、哪些元素得到更多强调,以及它们所承载的道德因素都传达出了不同的含义。[37]通过传唱家族历史使山地族群建立起与其他人的联盟或敌对关系就是这样的例子。人们可以建立许多宗族联系,所以一个人的祖先也有很多。如果上溯回去8代就可能有255个父系的直系祖先。如果计算父母双方的谱系,就可能有510个祖先。在这些祖先支脉中,忽略哪些、追溯哪些和强调哪些,在某种程度上有很大随意性。根据这样那样的追溯,亚伯拉罕·林肯是许多美国人的祖先。其实很多人也同样可能有约翰·威尔克思·布思(John Wilkes Booth)这样的祖先,但他们很不愿意去发现这点,更不会强调这种联系! 简单地通过策略性的选择和强调某些特殊的祖先,他们可以建立一个真实的谱系以帮助他们表明现在联盟的合法性。从这个角度看,精心设计的族谱实际是一组可能的盟友名单,尽管多数还都隐藏在阴影下,一旦需要就可以被召集起来。社会环境越混乱,族群的分裂和重组越频繁,那么就会有更多的被阴影遮蔽的祖先出来起作用。据说柏柏尔人能够建立起与任何盟友的谱系联系,不管是为了政治需要,还是为了放牧和战争需要。[38]

与此不同,一个成文的族谱就会将不断进化的口述故事的某一个版本固定下来,使它不再随时间变化,对于后代,只能以这种形式呈现。日本第一个(712年)有文字书写的政治记录是那些大家庭的谱系历史,经过剪裁、通过记忆传承,后来被书写下来构成官方传统的基础文件。其目的完全在于将各种不同口述传统编纂成一个经过筛选并适合自己利益的成品,正式颁布为持久和神圣的历史。[39]自此以后,其他的版本就被认为是异端邪说。被创造出来的官方的王朝谱系与各地的政治集权过程直接联系起来。在孟加锡(Makassar)地区诸多小王国中,通过将胜利的统治家庭半神化,并将"记录"其半神化的谱系广为传播,达到强化正在兴起的那个小王国霸权的目的。[40]早期文字书写的谱系几乎全是为了保障他们对权力的诉求,这种诉求如果只是口头上被肯定是无法得到保证的。玛格丽特·尼克

(Margaret Nieke)通过考察早期苏格兰历史上最早有文字记录的族谱发现了口头和文字形式之间的区别:

> 在口述社会传统中……可以制造出适宜的谱系,这种谱系的证据相对容易被篡改,因为任何诉求都很少有外部验证的途径……一旦通过档案形式被记录下来,谱系就会支持特定的个人或家庭,使之成为比过去任何时候都更强有力的官位拥有者。要想挑战这些人的权力和地位就需要进入到这些业已存在的名单中,同时掌握可以制造另外替代版本的技术。[41]

人们可以看到,一个群体也同样有着多种可能的历史叙述,就像许多谱系一样。这里也存在众多的选择、强调和忽略的可能。可以引用一个老掉牙的美英关系的例子。美国与英国曾经发生两次战争(独立战争和1812年的战争),但这个事实因20世纪的世界大战和"冷战"中的美英结盟而被弱化。如果美国现在是英国的敌人,那么可以想象,流行的历史叙述就会完全是不同的了。

可以肯定地说,文字书写的历史和谱系与口述的历史和谱系同样可以是丰富多彩的。它们之间的区别在于,在口述传统中,有选择的遗忘和记忆更不引人注意和容易。在口述传统中,妨碍创新的阻力更小,而且那些看起来很新奇的想法可以作为传统的声音被流传下去而不用担心矛盾冲突。

没有历史的优势

如果口头历史和谱系比文字书写的历史和谱系有更多的操

纵空间,那么最极端的策略可能是完全不要有历史和谱系。郝力菲尔·强森从这个角度把傈僳族和鲁阿族(Lua)及绵人进行了对比。傈僳族不仅认为自己杀掉了独裁的首领,而且只有特别简短的口述史。强生指出,"傈僳人忘记了他们也像鲁阿和绵人一样有活跃的记忆。"他的意思是傈僳人实际上自己选择了不要历史,这种选择的结果就是"不给那些位于家庭之上的结构,也就是在仪式生活、社会组织和发布命令,及动员劳动力和资源中发挥作用的村庄和村庄簇,以活动和发挥作用的空间"。[42]

傈僳族的策略在两个方面极大地扩展了他们的操纵空间。首先,任何历史、谱系,甚至口述的形式都代表了与其他群体相对的策略位置:仅是许多可能的相对位置中的一种。也许一个特定的选择被证明是不方便的,但是也不可能立即调整这个位置,即使在口头叙述中也不行。除了其自治传统以外,傈僳族根本不承认自己有任何过去,这样就没有任何位置需要调整。他们的操纵空间实际上是无限的。但是从第二种意义看,傈僳族的无历史特性是非常激进的。除了对外人而言,它彻底否认"傈僳性"是一种认同。通过否认其历史,也就是丢弃建立群体认同所需要的共同历史和谱系,傈僳族实际上就拒绝了单独家庭之外的任何文化认同单元。人们可以说,傈僳族通过完全给自己不定位,从而建立了最极端的"水母"文化和认同。这一选择看起来弱化了他们集体抵制的可能性,但是使其适应纷乱喧嚣环境的能力达到最大。

我曾经指出,相对无权的山地族群可能充分地意识到不要书写传统和固定文本对他们的好处,他们甚至可能完全放弃它们从而使自己获得操纵文化的最大空间。谱系和历史越短,他们必须解释的内容就越少,越可以即兴发挥。在欧洲,吉卜赛人的例子可能是有启发的。由于四处受到迫害,他们没有固定的文字语言,但是有丰富的口头传统,在那里,讲故事的人受到高度尊重。他们没有固定的历史,没有关于其起源的故事,也没有关于他们被引导将要进入的乐土的故事。他们没有神龛、没有圣歌、没有遗址,也没有纪念碑。如果有一个族群必须谨慎地回避他们是谁和从哪里来的问题,那一定是吉卜赛人。在各国之间游动,受到严酷的蹂躏,吉卜赛人不得不为了生存而不断调整他们的历史和认同。他们是最穿梭不停的人群。

在多大程度上人们需要或希望有"历史"?这一简短的有关口头和书面历史的考察提出了一个大的根本问题,不管这些历史是口述的或书面的,承载了历史的社会单元是什么?

很明显,在存在着集权的政府和统治王朝的背景下,统治者要通过谱系、宫廷传说、诗歌、史诗和赞美诗来满足其对合法性和古老性的诉求(即使是伪造的)。很难想象如果没有历史,不管是口述的或书面的,怎么能表明他们是天生的和必然的?事实上类似的例子还有社会等级制度。一个特定宗族要比其他宗族地位高,或者一个城镇有凌驾于其他城镇之上的特权,如果要表明这种诉求并非是武断,而是建立在天然权力基础上的,那么只有参考历史和传说来证明。人们甚至可以说,只要超出一代人,就必须要由历史来证明其高于其他人的地位和不平等是合理的。这些诉求不需要被书写下来或说出来;就像在山地经常出现的那样,它们依靠拥有的那些贵重的徽章、锣鼓、印章、祖传遗物,甚至头颅,在举行仪式的时候展示这些东西可以表现出这些诉求。定居的社区,即使没有严重等级制度,往往不仅有关于他们起源和历史的故事,而且给他们的土地和居住地也赋予丰富的历史,使它们变成贵重的财产,从而表现出他们的诉求。

然而,那些生活在国家边缘地区、不分宗族等级、像游耕者一样经常移动的人通常会怎么做?很可能这些人不仅喜欢口述历史的弹性,甚至几乎根本不需要历史,难道不是这样吗?首先,那些"带有历史的社会单元",包括宗族在内,往往也是处于变化和不确定中。其次,不管"带有历史的社会单元"是什么,对于游耕者来说,他们很少有历史上的固化特权需要去保卫,反而有许多理由令其历史处于开放状态以便于即兴发挥。

在其有关口述史的经典著作中,简·范西纳(Jan Vansina)通过对比布隆迪和卢旺达两个相邻的口述传统提供了一个这方面富有说服力的例子。尽管在很多方面都相同,但是布隆迪基本没有等级和集权,范西纳指出,因此布隆迪的口述史比集权的卢旺达要少。与卢旺达不同,布隆迪没有皇家谱系、宫廷颂歌和王朝诗歌。

> 整个政治体系具有惊人的流动性。没有什么会鼓励产生详细的口述传统:没有分省的历史,因为省是不稳定的;没有重要家庭的历史,因为除了皇家(一个没有权威的篡权者)就没有重要家庭;没有官方史官因为没有集权的政府……忘掉过去对每个人都是有益的。一个早期国家的高级摄政告诉我,在官廷中没有人对历史感兴趣,因此实际上也没有历史记录。原因就在政治系统。[43]

书面和口头历史并非完全相互排斥;不存在与文本完全无关的口头文化,在以文本为基础的社会也并不缺少与文本并行,有时甚至是与文本相抵触的口头传统。就像水稻农业和游耕,或者是等级制度与相对平等的社会形式一样,在这里也可以看到摆动。当以文本为基础的社会有越来越多的优势,无国家的社会就会逐渐向读写方向转变;当这些优势不存在时候,无国家的族群就会更多地保留口头传统,或者向这个方向转变。

一个族群、一个亲属团体和一个社区与其历史的关系可以被用于诊断他们的国家性。所有的群体都有某种历史和故事,这些历史和故事可以表明他们是谁,他们是如何被置于现在的地方。这是它们共同的地方,除此之外,就没有相似之处了。边缘的、群龙无首的群体往往强调其流动的历程、战败、迁移、景观。与此不同,集权和正在形成的国家所强调的则是等级、英雄的起源及领地的诉求。在持续的政治集权和行政管理过程中,书写传统可以成为有效的工具。与之相反,对于那些福利和生存都必须依赖快速调整以适应反复无常和充满危险的政治环境的族群来说,口述传统具有巨大的优势。最后,还可以看到一个族群会选择历史的多少也是不同的。比如,傈僳和克伦人会倾向于轻装前进,在行进中尽可能地少带沉重的历史包袱。就像汽船的船长一样,从经验中得知,他们无法知道下一个停靠港口在哪里。

无国家的族群被其相邻的文化指责为"无历史的族群",因为缺少文明的基本特征,也就是历史性(historicity)。[44]这种指责有两方面的错误,首先,在这个指责中暗含的假设是,只有成文历史的叙述才是有关认同和共同历史的叙述。第二,也是更重要的,一个族群有多少历史是主动选择的结果,是为了确定自己与其强大的、有文字的邻居的位置关系,并非表明他们处于进化的低级阶段。

7 族群形成和进化
一个激进的建构主义案例

在一个世纪之前,欧内斯特·雷楠(Ernest Renan)就正确地指出:"遗忘,我甚至还会说历史的错误,是民族产生的基本因素。因此,历史研究的进步对民族性(nationality)来说经常是个威胁。"我认为历史学家的重要工作任务就是对民族的神话形成威胁。
——埃瑞克·霍布斯邦(Eric Hobsbawm),《1780年以来的民族与民族主义》

没有比传承了古老认同的人更现代的了。
——查尔斯·金(Charles King)

不同部落根本就不是自成一群,而是彼此混杂难以区分。比如,克钦族人的村子里也有德昂、"拉"("La,")、佤、汉和少数掸族。
——J. G. 斯科特:《上缅甸和掸邦诸国志》(*Gazetteer of Upper Burma and the Shan States*)

不一致的部落与族群性

就像任何得到大笔财产的继承人一样,英国人开始清点他们在缅甸得到的新财产,如同在其他地方所做的一样。如果说地籍调查是清点不动产的工具,那么人口普查则是用于清点他们通过征服而继承的族群的工具。

可是一来到山地,负责1911年以及之后的人口普查官员们就面对着巴洛克式的复杂性,从而使详细分类统计无法进行。当大多数"部落"名称是由外人赋予的而根本不为部落内的人所使用,这个过程将如何进行?况且不同的外部赋予同一部落的名称各不相同,很少统一。另外,这些外来名称或者带有贬义("奴隶"、"食狗者"),或者按照地理划分类别("山地人"、"住上游的人")。比如J. G. 斯科特在《上缅甸和掸邦诸国志》中所描述的北部掸邦中沿中国边界居住的马鲁斯人(Marus)。他们不称自己为克钦人,当局也不这么叫,只有他们的邻居坚持称之为克钦人。"他们的穿着与克钦人(景颇)相同,还和他们通婚,但他们的语言却更接近缅甸语而不是景颇。"[1]那么在人口统计中应把他们称为什么?

在1911年和1931年的人口统计中,实际是通过语言将"种族"加以操作化的。根据当时的语言学理论,"被普遍接受的定义是使用同一种语言的人们形成一个特定单元,这个单元有自己特定的文化和历史。"[2]当"部落"或"种族"(在人口普查中两个词经常交换使用)被等同于"母语"时,一些滑稽事情就开始出现。调查员的培训者不得不清楚地指出,"母语"必须是从出生就使用的语言,可能"不是在家中使用的日常语言";后者应被记录为辅助性语言。除了在水稻国家核心的缅甸人日常使用单一语言外,双语在山地的少数民族中非常普遍。那些使用克伦、掸和其他(非缅甸语)藏缅语系作为母语的人一般都使用两种到三种语言。[3]这种复杂性在单个村庄这样的微观层面也同样存在。在一个仅有130户人家的"克钦"村庄中至少有6种"母语",尽管他们日常使用的是与马来和斯瓦希里语类似的景颇(Jingpaw)语。[4]

将母语与部落和历史画等号隐含的意思是,口头语言就像稳定不变的线绳,可以将人群缝合在一起。然而普查者们却特地指出"在缅甸语言和种族区分的极端不稳定"。在一份恼火而有趣,同时又有指导意义的题为"对缅甸当地种族的注解"的人口普查附录中,J. H. 格林(Green)进一步写道:

> 缅甸的一些种族或"部落"像换衣服一样经常变换他们的语言。他们的语言因为征服、吸收、与世隔绝和采用邻居的语言而发生改变,那些邻居往往是更强大、人数众多和更先进的部落或种族……不同种族越发混杂,越来越难理清。
>
> 按语言区分种族的不可靠在这个普查中又一次得到明确体现。[5]

对爱德蒙·利奇来说非常明显但普查的设计者们却还不清楚的结论就是,使用同样语言的群体并非是遗传的,也不是稳定不变的。因此根据语言来推断历史是没有依据的。绝大多数对这个问题进行过密切研究的人都同意这个结论。[6]

普查者们要建立不同人群的清单,却总是遇到一片混乱,类似的挫折总是不断地出现。他们认为,要建立清楚、客观和系统的部落分类就必须有一个或多个稳定的特征,这些特征是部落成员所共有且为部落之外的人所没有的。如果母语满足不了这个目的,实践证明,绝大多数其他的特征也同样不行。毋庸置疑存在着克钦、克伦和钦族,但不清楚的是我们能否清晰区分这三个之间的界限在哪里,不知道他们的前辈是否就是克钦、克伦和钦,也不知道以后是否还会继续是。

被称为苗的族群(在中国就有750万)和与之相关的在泰国和老挝的果雄族是一个很好的例子。他们主要使用三种语言,而且每种语言内都有相互无法听懂的方言。除此以外,大多数苗族男子和许多苗族女子会说三种或以上的语言。既有自称为苗族的人群在谷地里种植灌溉水稻,也有在高海拔烧荒轮耕(罂粟、玉米、荞麦、燕麦、土豆)、采摘、打猎。既有大部分汉化的苗族,他们的衣着、仪式和语言都与汉族相同;也有在边远地区仍然保留着古代中国文化特征的苗,他们的文化与低海拔的谷地不同。在单个村庄的微观层面上,同样的文化蔓延也显而易见。苗和其他部族(克木、傈僳、汉、泰、克伦、瑶等)间的通婚非常普遍,就像从其他群体收养子女一样。[7]即使是许多苗族自以为独特的文化特征,如用牛作牺牲和芦笙,其实在其他群体也有。这种文化蔓延要部分归因于王朝官员在中国的许多地区用苗来称呼所有不服从汉族统治的反对人群。随着时间推移,这种称呼在国家政权的加强下保留了下来;苗是指那些被手中有权,也就是那些有能力建立分类并实施分类的人,称为苗的人群。

克伦人的多样性也同样让人畏惧。没有任何特征是大家所共享的,包括宗教、服装、葬礼,甚至通用语言。每一个克伦的分支也同样表现出让人吃惊的多样性。正像马丁·史密斯(Martin Smith)所说的,"现在'斯高克伦'(Sgaw Karen)这个词既可以指一个出生成长在三角洲城市勃生(Bassein)、讲缅甸语的仰光大学毕业生,也可以指一个多纳山脉(Dawna Range,靠近泰国边界)中不识字、信仰有灵论,甚至从来没有见过缅甸人的山地部落成员。"[8]尽管没有像苗族和瑶族那样普遍,但是克伦人跨族群的收养和异族通婚也很普遍。看起来"克伦族性"也不是完全排他的民族认同。按照查尔斯·凯斯的说法,至少在泰国,一个人可以在家庭、村庄和教堂的背景下做"克伦人",而在市场、政治和与泰族人打交道的时候做"泰族人"。他相信,在泰族与汉族、泰族和高棉、泰族和老挝族的认同之间也存在着同样经常和轻松的变换。克伦与其他少数族群一样,在族群上像两栖动物,自如地在不同认同之间转换。生活在与其他文化共生的复杂背景中,两栖族群经常很清楚地知道不同背景所要求的不同表现。凯斯同时指出,那些从事游耕并信仰万物有灵的鲁阿/拉瓦族(Lua/Lawa)人在家里使用孟/高棉语,但是他们是如此熟悉泰语言、低地耕作技术和佛教,因此只要他们迁移到谷地就可以在一夜之间变成泰族人。面对克伦族群特性中的多种文化成分,凯斯顺理成章地进一步降低共有文化特征的重要性,宣布民族特性就是自我制造的结果。用他的话说,"族群认同本身(即自我宣称)提供了族群决定性的文化特征。"那些采纳这个族群认同的人,当然是在其他克伦人也接受的情况下,就成为事实上的克伦人。[9]

毫无疑问,希望借助共同特征来分辨族群在东南亚的高地根本行不通,甚至生活在山地、游耕和散居这些特征本身也靠不住。大多数克钦、苗和克伦人无疑是居住在山地从事游耕。他们的许多仪式来自于"刀耕火种"农业,以及打猎和采集。然而同时,相当数量的自我认同为克钦、苗和克伦的人占据了完全不同的生态区位,包括固定的农田、种植灌溉水稻,并且还接受了其他谷地居民的特有方式,比如使用水稻国家核心区的语言。

基于某些特征而形成的族群和部落认同完全无法反映其实际的从属关系,其主要的原因在于作为人力系统的山地群体本身吸收了所有他们可以吸收的人。这种吸收能力导致了山地社会内的巨大文化多样性。新成员的加入、战俘社会地位的变动,以及在谱系方面所作的手脚都培育了具有文化调节能力的山地制度。甚至克钦人独特的谱系制度裂变宗族制也并不死板,被用来包括与其相邻的傈僳族和汉族。就像弗兰克斯·罗宾所说,这是一个令人吃惊的多元民族包容的例子。[10]

依靠单一特征或其组合都无法划出清晰的种族界限,这进一步反映在被赋予按林奈分类法划分当地人的任务的那些工作组的困惑上。于是殖民地官员面对那伽山地(Naga,位于现在的缅甸—印度边境)的种族多样性的挣扎可以被描述为,"试图理清他们看到的人种学方面的混乱:成百上千的小村庄看起来都差不多,却又有很大差异,习俗、政治制度、艺术还有语言都完全不同。"[11]这种困惑是真实的,它有四重含义。第一,任何一种特征都可能是不同村庄或人群之间程度不同有时还会是连续的变化。由于仪式、服装、建筑风格甚至语言都缺乏清晰、明显的变化,任何分界线都是人为的。第二,如果有人真的细致地记录每个微小变化,然后据此来认真地解释某个特征界限,另一个无法解决的问题出现了:特征A、B和C划分出来的界限彼此对不上,根据任何一个分界线划分出来的种族分类都不一致。第三也是致命的困难在于,任何一个根据特定特征划分出的种族分类和实际观察到的被分类人群自己的理解都不可能一致。殖民官员人种学分类说他们是A,但他们自己却说是B而且一直以来都是。这可怎么办呢?即使某种划分经得起上面三点的考验,第四个难题,时间,还是会给它致命的一击。明白历史变化的我们会理解不管是特征也好、自我声称也好,现在的A在不久之前还是B,而且看来正在向C转变。一个民族、部落,怎么可能这么不稳定地随时间变化,但仍然是同一群人?

这种认同的不断变化从一方面来说应该是意料之中的。赞米亚像高加索和巴尔干山脉地区一样,也是个在国家形成上可以被称为"断裂带"的地方。两千年来,这里一直有人生活,由于入侵、为掠夺奴隶而进行的突袭、疫病和强迫劳役等经历过一次又一次的人群涌入和逃离。在这个避难区域,外来移民加入到当地的山民中。这些山民居住在如此险峻和相对与世隔绝的地理条件下,这促成了方言、习惯和认同的漂移。在很大程度上由海拔高度造成的生存方式的多样性进一步助长了这一点。除此之外,在山区间的由奴役、掠夺、通婚和融合造成的人口交换,更促进了民族间的混合,这就解释了殖民者看到的像百衲被一样的格局。乔弗瑞·本杰明和辛西娅·周(Cynthia Chou)在研究了马来半岛相似的人口流动所得出的结论也同样适用于这个地方:"基因、观念和语言的流动与交换是如此密集和多方向,从而使任何企图通过完全清晰的一组地理、语言、生物或历史文化特征来区别和描述不同的'族群'成为不可能的事情。"[12]这样看来,种族划分完全行不通,我们走进了死胡同。很明显,没有"部族"这回事,没有客观的宗谱、遗传、生物或者文化的公式可以把一个部族同另一个明确地分别开来。但是,我们可以看看,到底是谁糊涂了?是历史学家和殖民地的种族分类官员糊涂了。缅甸北部混在一起的村庄对喜欢整齐划一的官僚来说是个诅咒,他们直到统治的最后一刻,还在徒劳地试着把克钦和掸族划分开来。[13]山民们可一点也不糊涂,他们完全知道自己是谁和不是谁!不像研究人员或政府官员那样非要找出一套唯一的和详尽的分类标准,他们可不会被种族的多重性和随时间的变化缚住手脚。相反,我们将会看到,这种不明确的多重性和彼此间的渗透对他们来说是政治资源。

当然在山地族群的生活经验中存在着"部落"。自我认同的克伦、克钦,果雄,以及其他族群为了认同而进行生死战斗,虽然许多人相信认同有着长远历史,但这很可能经不住仔细推敲。从这个角度看,这些有强烈影响的认同与当今世界的大多数民族认同一样是虚构和人为的。

唯一可行的分析方式是以这些自我认同作为出发点。就像约四十年前提出的,我们必须将部落的分类看作"本质上起源于政治"。在这个意义上,族群认同是个政治项目。如同麦克·莫尔曼(Michael Moerman)指出的,当泰国的山地人群,如克伦、泰、拉瓦、巴郎和丁族(T'in)在一个特定的生态情景中"可以对其主要居住地和宗教、耕作方式这样的民族符号,以及方言、饮食和服装这样的标志进行选择时",核心问题就成为是什么因素控制最终的选择。[14]

这里采用和论述的观点是激进的建构主义的：山地的民族认同是一种精心设计的政治手段来保证自己的族群在对权力和资源的竞争中占据有利地位。在一个充满了其他团体的世界里，而且大多数团体，比如现代国家，都比他们更强大，他们的选择变通余地被大大限制了。用马克思的话说，他们设计自己的身份认同，但却无法选择自己所处的客观环境。他们的定位首先是面对谷地国家和其他山地居民的。这就是山地认同的作用。那些在过去的多个世纪中选择迁居到赞米亚的人，实质上是拒绝了作为农民被低地国家同化。来到山地，他们加入的是一群从未被谷地国家同化过或者很久前就已经离开国家统治的人。这里的可能选择是无国家统治或是被国家同化。当然，在每个选择内，还存在着几种可能的变化。这个观点已被郝力菲尔·强森雄辩地加以论述。在他关于泰国北部绵人的重要研究中，他写道："人们在不同的国家统治对象和森林中脱离国家统治的族群之间流动，同时自治的高地人也分成两个社会方向，有的成为国家统治对象，有的放弃了村庄定居以小组群为单位采摘为生。这些也可以被看作一般的社会景观变迁，人们在不同的结构等级间流动，加入或解除某些关系，以此来反复重组他们自身认同、社区和历史的参数。"[15]根据这个观点，行政官员和普查员们所看到的令人恼火的混乱可以被更恰当地看成是以生存方式、社会结构和认同来表达一种面对强大的谷地国家的位置关系。

在19世纪和20世纪的大部分时间，族群和部落认同都和民族主义与国家独立的渴望（尽管经常失败）联系在一起。今天，民族国家在政权制度中完全占主导，这也激发了赞米亚的许多族群渴望成立他们自己的独立国家。然而有所不同和值得注意的是,在山地居民漫长历史进程的大部分时间,族群和部落认同不仅被用来服务于他们的自治,更用于保持无国家状态。这种"反国家的民族主义"(antistate nationalism),如果可以这么叫的话,通常被忽略。因为直到19世纪,逃避国家统治一向是认同的共同基础,甚至可能是最为共同的,只是从19世纪开始,在国家统治外生活第一次成为不切实际。E. J.霍布斯邦(Hobsbawm)在其敏锐的民族主义研究中注意到了这些不同:"你甚至可以说那些具有强烈和持久部落族群观念的人不仅仅是抗拒现代国家强加的统治,不管是民族国家还是其他形式,而且针对任何国家。阿富汗的普什图人、1745年前的苏格兰高地人、亚特拉斯山的柏柏尔人和其他能想到的人群都是证据。"[16]

这里最应该被想到的当然是赞米亚地区数不清的山民,他们逃避国家统治已经超过一千年了。很可能是因为他们抗拒国家统治的斗争和逃避是在许多不同的名字下进行的,又在许多不同的地点,而且面对的国家政权各有不同,包括传统的、殖民的和现代的,因而他们的抗争缺乏一个统一的名字让人可以一目了然。

兼收并蓄的国家建设

早期水稻国家的创始人不得不从到那时为止没有国家的人中收集臣民。很多时候当一个国家瓦解时,接下来的国家建设者必须从瓦解后的四分五裂中重新集合臣民,掠夺其他国家人口或者兼并无国家的山地居民。早期移民的"波浪"理论认为大批来自北部的缅甸和泰族人涌入适合种植灌溉水稻的冲积平原,把这里的原来土著打败或者赶走了。这种观点现在由于缺乏证据已经被推翻,它隐含的假设是缅甸和泰族人是作为整个社会来的,既有统治者也有臣民,到此建立了他们征服者的地位。现在看来更可信的是来到此地的缅甸和泰族人是具有熟练的军事和政治技能的开拓精英,很快就组织起水稻核心区并占主导地位。照此理解,他们的臣民是从周边的无国家的山地吸收过来的,被收纳在我们称之为水稻国家的政权模式下。如果我们用长远眼光看,今天大多数的掸族原本是无国家的山民,随着时间推移,逐渐被完全统合到掸邦的谷地政体中。大多数今天的缅甸人是来自山地和谷地的非缅甸人口(掸、克钦、孟、高棉、骠、钦、克伦等)的后代,有些来得早,有些来得迟。大多数泰人也一样是原本的山民。所以,从长远来看,"汉族性"的创建应该是有史以来最成功、最长期的以国家为基础的吸收兼并。早期对劳动力需求的迫切不允许国家选择他的臣民来自哪里。

对马来西亚的海上贸易中心——尼格瑞(negeri)——的研究提供了一个观察入微、描述详尽的吸收兼并的模型,这大半要归功于欧洲人16世纪前就开始对其有所记述。作为一个夹缝中的政治组织,它担负着调节山里的采集者和国际贸易的关系的作用,为保护自己的战略地位,尼格瑞通过武力和商业利润收集积累劳动力。它的水上掠夺奴隶的航线覆盖范围宽广,带回的战俘被集体统合进尼格瑞社会。被完全统合的要求并不高:做马来西亚族长的仆人,信仰伊斯兰教,说马来语,也就是在群岛间进行贸易所使用的一种混合语言。与其说尼格瑞是一个种族集团,不如说是一个会员制的政治组织更恰当。由于贸易和掠夺的不确定性,每个从事商业的马来尼格瑞因其在长时间中所统合的族群非常复杂而出现不同的文化特性:米南卡包(Minangkabau)、巴塔克(Batak)、普吉斯(Bugis)、亚齐(Acehnese)、爪哇(Javanese)、印度和阿拉伯的商人等。在最盛时期,像马六甲这样的尼格瑞能吸引来自遥远地方的贸易者,堪与威尼斯媲美。然而,过分依赖波动性大的越洋贸易使得尼格瑞非常脆弱。

小的泰族或掸族的芒(政治组织)尽管受到贸易收入波动的影响要小一些,没有那么脆弱,但是在很多方面也与尼格瑞相似。[17]它总是处在和周围邻居还有强大国家争夺劳动力的竞争中。它也在俘虏和接纳臣民上不限制背景。它也分等级但允许快速的社会地位变化。被完全接纳的条件包括皈依作为另外一种普世宗教的小乘佛教,从事水稻耕作,忠实泰的领主,能够说当地泰语。

从越南北部到印度东北部,泰族和掸族小国遍布赞米亚。因为它们是如此之多和之小,我们可以把它们看作许多水稻国家形成过程的可观察实验室,这些过程也曾在历史上作用于缅甸、泰国(最成功的泰族国家),甚至在汉族的各国。

大多数历史学家或民族志学者都在某种程度上了解,如同利奇所指出的,许多泰国和掸邦的平民,有时甚至大多数都是"山地部落民的后代,这些山地部落民是在不久之前被同化到佛教—掸文化的复杂精细方式中"。[18]乔治·孔多米纳在后来重申了这种观点,"特别是在掸邦诸国和其他泰公国,大量的人口仍然是非泰人。"[19]为了保持芒的开放性,生活在那里的非泰人既可以使用泰语,也可以使用自己的语言并保留自己的习惯。

奴隶制加上顺畅的社会流动,以及奇妙的从前山民摇身一变为谷地的掸或泰人(或者缅甸人),这些都使得历史学家要分外小心地将这种奴役形式与新世界的类似形式仔细地区别开来。[20]利奇描述了通过奴役进入一个种族的典型过程。克钦人,以个人或团体为单位,被掸族雇用成为劳动力或者战士,作为回报,娶了掸族妻子。通过在谷地安家,正式接受新地方的各种仪式(比如他掸族妻子当地的守护神或精灵),他断绝了和克钦族人的联系正式进入掸族等级的最底层。掸语中表示克钦人的词往往加上一个意为奴仆的前缀(*kha*),而且据利奇估计,"基本上所有的低等掸族"都是"奴隶(被俘虏)或者是克钦人。"[21]持续观察略长一段时间,孔多米纳发现从山民以奴隶身份加入泰族的人很快就变成和其他泰族人一样的平民了。如果能够在权力斗争中掌权,他就会被给予一个高贵的泰族名字,他的家谱也会被重写来符合他的权威。[22]所以虽然泰族有"一个泰族人和奴隶的区别就像奴隶与猴子的区别一样大"的说法,但是在这个竞争激烈的政治组织中,获得平民身份的原则是以保持人口不逃离为上。

然而普遍存在的掠夺和奴隶制可能导致一个政治团体更快地转化。1836年一个清迈游客描述他看到一位掸族首领有二十八位妻子,全部是战俘,首领的手下也有许多人抢到了女俘虏。由于大多数的妻子都是外族人,J. G. 斯科特报道说:"某一地区的居民的身体特征在几代之内就可能彻底改变,语言也是,因为孩子们是由母亲教的。"他接着指出,多年来掸族的传统是首领娶"汉族、缅甸、克伦和克钦妻子,有些是俘获的,有些是买来的,有些是作为礼物馈赠的。

偶尔,这种结合的子嗣掌权,结果就是部落的首领和他的大多数臣民不属于同一种族"。[23]

另一条通往成为掸或泰族人的路,即通往等级制度和国家的路更接近于整体批发。这就是一个成功的克钦首领把他相对平等的统治区域变为一个掸族形式的小王国。利奇的大量经典著作都是在讨论这个主题。通常做法是克钦首领从一个掸族的贵族家庭娶一位妻子,这个婚姻一夜之间就把一个克钦首领变为掸族王子,同时又限制了他不能再将子女继续给其他克钦家族做妻子,因为这样会损害他的掸族王子地位。这就阻止了他的克钦族人通过和他的家族联姻来取得地位。他的克钦追随者有几种选择,接受这个变化从而变为掸族平民,反抗杀死或者赶走这个首领,或者离开去建立一个新的社区。这个逻辑被利奇出色地加以描述。[24]每当克钦首领向生意人和谷地人收取贡品时,他都会试图把自己打扮成一位掸族苏巴,虽然不总是成功。

这个小国的创建和把山民转变为谷地人的过程看起来很容易逆转。在面对入侵、饥荒、暴君统治、劫掠和因继承而引起的国内战争等瓦解力量面前,泰/掸诸小国也像那些大型水稻国家一样脆弱,如果不是更脆弱的话。瓦解后国家的人口都去哪儿了呢?有证据表明许多人搬到附近相对友好的掸族国家去了。还有许多人,尤其是新近转为掸人的前克钦和前傈僳人,必然回到山地重新过刀耕火种的日子,重拾自己原来的身份。这是一个相对容易和熟悉的选择,同时又不妨碍将来在适当时候重返水稻核心区。至少在20世纪前,把这种种族变换看成双向是合理的,族群认同是二元或两栖的。

对许多东南亚的山地人来说,距离最近的谷地国家的认同就是泰族的芒,它们与距离更远、更高不可攀的汉族、缅甸和泰国宫室是一样的,只是级别更低。一个成功的谷地国家会吸引克钦、傈僳、阿卡、佤、克木、仂(Lue)、绵和许多其他山地居民形成新的认同,也许,这种新的认同并不比作为一个较大王国臣民的身份更肯定和持久。有些族群处在两个或多个水稻国家之间,就会有更多的风险和机会。克伦的情形就是如此,特别是位于孟、缅甸和泰等水稻国家之间的波克伦。下缅甸的多数人口无疑是来自于孟和克伦。有令人信服的论述显示克伦人在文化、战略和地理位置上都处于这三个国家之间,所以他们有能力顺利地从一种身份变换到另一种。[25]克伦人既利用这种地理位置获利也为此付出过惨痛代价。他们以泰国王室代理人的身份从其他的山地居民那里征收贡品,并以此为荣。他们征收贡品以伤感的挽歌般语调进行:"我们的政府是这样地压迫我们,赋税如此地沉重,当人们送上贡品时,篮子的吊带像吉他弦一样鸣响。"然而当缅甸对暹罗进行毁灭性入侵的时候,克伦人被怀疑是泰族人的"第五纵队",并为此付出了惨痛代价。[26]

如果如上所述,群体间的界限可以互相渗透,身份认同灵活多变,我们可以预期认同会随着时间变化,某些会越来越具有优势,有的则相反。近年来壮族就是一个例子,现在已经成为被中国官方认定的最大少数民族。可能像其他人群一样,壮族因中原扩张迁入中国西南部山区,所以他们认为自己也曾经是谷地人。他们一般生活于比游耕的彝族、苗族和瑶族低的地方。他们占据,或者更准确地说是创造了一个位于汉族和比他们居住位置更高的高地居民之间的文化生态区位。有句话是这样说的:"苗族住山头;壮族住水源头;汉族住街头。"²⁷随着时间推移,一直被污名化的壮族人为自己发明了一个神秘的汉族来源,而且,对高海拔的少数民族他们实际上以汉族的身份出现。中国政府根据斯大林的标准作的民族划定基于语言把他们标识为"壮"族。

在新的少数民族政策下,"壮族"的认同肯定可以得到大量新的好处:新的政治和行政位置,优先进入技术学校和高等教育,无须遵守"独生子女政策",因而新的认同被接受。尽管从当地的认识来看,"壮一汉"还仍然是壮—和—汉,但是在这种双向认同中的一个方面,也就是官方所认可的方面,变得越来越有价值。新的豁免政策逆转了"壮族"逐渐汉化的过程。

把谷地国家的成长看成不同程度强制兼并的产物,这个观点是非主流的。这有助于修正有关国家建设的族群偏见,在早期的历史编纂学和现在民族主义历史中,这种偏见表现很明显。利奇总结掸族的文化"不应被看作是早已在外部形成、作为一个整体被纳入现在的区域,就像许多权威所设想的那样。那是小规模军事殖民地与当地山区人口在长期历史过程中进行经济互动,从而在当地生长而成的"。²⁸殖民地时期前的缅甸和泰族国家在其全盛时期也是这样,每一个国家都是一个有效的政治结构,把有不同语言和文化起源的人口集中并保留在水稻核心区,以制造一个对国家建设有用的、集中的生产力量。就像前面已经指出的,对于被统合进来的数量巨大的各种各样的人来说,缅甸和暹罗就如同两千个诺曼征服者家庭对于英国本土人一样。

缅甸和暹罗的政体最好被看作国家建设的配方而不是族群项目。第一,似乎没有来自北方的大规模入侵以消灭或替代当地的原居民。第二,如果我们稍微换个角度看前殖民地水稻国家的文化基础,就可以清楚看出那是国家空间的框架,而不是族群的印记。当然最重要的基石是灌溉水稻耕作技术,这种技术使水稻核心区第一次成为可能。然而这并非是缅甸和暹罗独有的技术,因为在这之前,它已经构成克木、骠和孟族宫廷的基础。印加宫廷中心的宇宙论和上层建筑反映了其神圣君主制的意识形态和上层建筑,并经过改造以适应这一目标。小乘佛教也是从外传入的,它提供了一个通用的领域,把所有不同种族的神灵集合在一个新的神权下,就像不同种族的臣民被集合在水稻国家的权力统治下一样。地方精灵(nat,守护神;phi,精灵)被接纳成为一些辅助的小神灵,就像天主教在圣徒的名义下容纳的那些异教神灵。甚至国家建立者的语言,缅甸语和泰语,其书写形式(梵文、巴利语)也和促使佛教和印度国家的等级秩序合法化有联系。许多被看作掸邦、缅甸和泰族文化的族群特殊性或独有的特征,实际与国家建设的基础手段紧密地联系在一起了。换句话说,"国家性"被建立起来以成为族群性的基础。相反,在掸、缅甸和泰族看来,那些还在山里未被国家兼并的人口的族群特征正表现为他们的无国家性(statelessness)。

谷地变平

文化上谷地王国和山地人群的巨大差别在于谷地社会在宗教、语言上的一致性,随着时间推移,族群也会变得一致。当历史的聚集过程成为无处不在的事业的时候,被聚集在起的人口就会共享一套共同的文化实践和制度。人们可以在水稻国家旅行数百英里,从头至尾看到的还是非常相似的宗教实践、建筑、阶级结构、治理形式、服装、语言和仪式。与此不同,在山里即使只经过很短的距离,你所遇到的语言、仪式和认同也会五花八门。按照郝力菲尔·强森的说法,谷地的制度是向心的,而山地系统是离心的。他认为,这种"整齐划一的谷地和令人眼花缭乱的山地多样性间显著的差别"不是人口迁移的结果,而是不同制度带来的系统性的不同社会后果,一种是向心和等级封闭的制度,而另外一个是离心和等级开放的制度。[29]

这一文化的差别不仅将山民从缅甸、泰、汉和越南的谷地王国标识出来;它也同样明显地将掸邦小国与其山地邻居区别开来。利奇在半个世纪之前就强调了这种差别并指出了其原因:

> 邻近掸邦的山地人有令人吃惊的多样性文化;而掸邦国家分散在如此广的地方,且居住分散,但却保持了高度的一致性。我的观点是掸邦文化的一致性是与掸邦的政治组织的一致性密切相关的,而政治组织的一致性反过来又主要是掸邦所处位置的特定经济因素决定的。我从历史的角度假设,各地的谷地掸族人在过去的几个世纪中将其山地邻居同化了,但是这种情境下的经济因素并没有变化,这意味着各地同化的方式是相似的。掸邦文化本身几乎没有被改变。[30]

正像利奇所表明的,掸邦小王国之所以有很高的一致性,是因为他们都是国家空间的微缩版,无论在地理上、经济上还是政治上。

一个掸邦国家一般处于海拔600到900米之间的谷地或平原上,"有些长而窄,有些圆得像个杯子,有些扁平得像个茶盘,有些延伸很广,足以让人想到伊洛瓦底谷地,只是规模较小。"[31]与大面积的谷地一样,每个掸邦区域都适合种植水稻,掸民族性与水稻种植成为同义语。把人口和谷物压缩在小的核心区域从而使在一个相对小的区域中形成国家成为可能。水稻种植还有其他决定性的社会影响。像在大型谷地一样,对单一作物的依赖支配了大多数人的日常工作和社会组织。每个家庭都基本在同一时间,以同种方式种植、移栽、除草和收割同一作物。协调水的使用也需要某种程度的合作和纠纷处理。农业的高度一致反过来又促成了围绕水稻种植本身、水稻收割和对水的控制而产生的一致仪式。水稻种植社会也塑造了共同的物质文化,饮食、烹饪、农业工具、役畜和房屋建筑等。[32]

持久的稻田耕作还导致了土地财产和继承制度的出现,并进而引起社会阶级的分裂。不平等本身并非是谷地和山地的区别。在山地也同样充满了地位分化和不平等,但是与水稻国家的不平等不同,山区的不平等没有因财产继承而被强化,也不会在必要的时候由国家权力强制执行。相同的农业体制和阶级制度的均质化效果经常被不时发生的反叛所打断,结果往往在新的管理下再重新产生原有的社会秩序。所以唯一不同的结构性选择是逃入山地的共有财产体制和开放的等级制度。

谷地国家的社会和文化均质性也是为了减小地域摩擦以

更好地实施政治影响的人为产物。它使创造和维护公共的制度秩序成为可能,同时也允许集中的贸易和流通,这促进了文化融合。相比差别巨大的山区,权力在这样的地域上更容易得到体现。正是这个原因,虽然是在缩小的规模下,掸邦国家行使的各项职能和大的谷地国家是一样的。掸邦国家的王宫、仪式和宇宙观是对阿瓦、阿马拉布拉(Amarapura)和曼德勒这样的大行政区的模仿。

维克多·利伯曼认为,整个东南亚谷地均质化的过程在1600年到1840年之间由于提高国家的集中化程度而被大大加快。模仿西方的国家建设模式和因国际贸易而扩大的财政收入两个因素结合在一起,使大陆国家可以消灭宗教异端,创造一个更一致和有效的税收体制和行政体制,并推动王国范围内的经济一体化与军事化。[33]在火器、军事组织、地籍调查、档案保管和文本传播方面的进步,在某种程度上,与后来在19世纪出现的铁路、蒸汽机和电报一样,都起到了缩小距离的作用。当谷地国家忙于建造统一的缅甸人、暹罗人、越南人和掸邦人的时候,山地则在继续进一步制造差别、不均匀性和新的认同。

认同:渗透性,多重性,流动性

在殖民国家坚持要将其分类之前,东南亚大陆的多数山地人没有我们所认为的"适当"的族群认同。他们经常用一个地名来建立自己的认同,比如X山谷的人,或者Y流域的人;或者使用亲属群体或宗族。肯定地说,在对不同人诉说的时候,他们的认同是不一样的。许多名字都是含糊且处于具体关系中的,比如"高山"人、"西山"人,而且只有作为关系中的一个部分,他们的名称才有意义。与此同时,外面的人还用其他的外来名称称呼他们,比如经常提到的苗族,这种名称只有在特定背景下才有意义。让事情更复杂的是,认同有多重性,绝大多数山民有多重认同,在不同的环境中使用。同时这些认同还会变化:"在东南亚大陆,民族认同与语言差异总是流动的。一个群体会因为与其他族群的密切接触而在相对短的时间内发生变化。"[34]特定认同的可塑性是建立在前殖民时代权力关系中的。如同山地族群一样,许多谷地族群发现自己也处于两个或更多的权力中心之间,这些中心的消长直接塑造了他们的世界。在现代国家出现之前,没有现代国家所具有的地域统治,以及排他的主权和族群性,这种认同上的模糊是普遍存在的。

灵活的认同也是社会等级制度的一个特色,那些地位低的努力模仿和遵从地位高的。格兰特·埃文斯(Grant Evans)在分析越南北部泰族地区的时候注意到了双重的认同,以及这些认同是如何被使用的。[35]那些被黑泰(Black-Tai)人认为是奴仆的、社会地位低下的盛满(Sing Moon)人,除了说自己的语言以外还使用泰语,他们同时有泰族名字和本"族群"名字,各个方面都在仿效泰族人。而黑泰过去曾主动仿效越南官员的衣着并吸收越南词汇,而地位较高的白泰走得更远,他们采用越南的送葬仪式并通过通婚而融入越南社会。埃文斯的研究表明,泰族的精英一般来说在文化上都是两栖的:在对同阶层的泰族同胞和更低阶层行使权力时,他们强烈地展示了他们泰族认同的一面,而当和更高阶层打交道时用越南人的一面。他的论点是,多重认同的系统结构是由权力和地位关系决定的。强森在其对泰国北部绵(瑶)的分析中非常详细地阐述了这个问题,这些绵族人都有数个不同的自我表达,每一个都依不同背景被策略地加以运用。[36]

与殖民官员和人口调查官员的混乱不同,后来研究缅甸的民族志学者和历史学家证实了利奇早年的结论,族群之间的界限是易变、可渗透且主要是人为的。比如,不同的观察者可能会将同一个族群做不同的分类,因为分类的标准和目的不同,他们可能被认为是"克伦"、"拉瓦"或"泰"。当不同的族群长时间居住在很近的地方,他们常能不落痕迹地融入对方,将其加以区分看来既武断又无意义。[37]而且就像我们前面所指出的,游耕民族鲁阿/拉瓦(Lua/Lawa)是一个使用孟—高棉语且信仰万物有灵的族群,然而他们在语言、水稻耕作和佛教方面与泰族是如此接近,毫不夸张地说,他们能在周一作彻头彻尾的拉瓦人,周二则是令人信服的泰族人。把他们简单地归入同一个族群范畴实际没有什么意义。更恰当的描述也许应该是X有一定范围内的特征和认同,能根据不同情境需要使用或表演。从这个意义上说,一个人的族群认同是他可能的表演与对应情境的集合。[38]

另一种认识这些表演者多重认同集合的方法是像利奇一样意识到,他们同时在几个不同的社会体制里保有多种地位身份。这是如此常见,以至于F. K.雷曼相信所有的地域族群性不是"先天具有",而是一种选择。"整个社区可能都会面临有意识地选择要归属哪一个群体。"[39]这看来对构想多重认同非常有用,但我们要记住三个限制条件。第一是外来的政权,尤其是国家,对大多数表演者认同的选择范围有约束。第二点,趋向某一方向的认同并不排除当情况改变时,趋向被逆转。最后,也是最重要的,我们不能把外部观察者理解的重大改变和身在其中的人们的体验混为一谈。利奇指出"克钦"社区,不管是平等主义或分等级的,与掸社区有许多共同的仪式语言,尽管对此他们有不同的解释。当某个位于经济状况较好的克钦小政体变成掸族芒的一部分时候,对于外人来看,克钦已经变成掸族人了。这当然是真实的,但是对于行动者来说,"这个变化微乎其微。为了变得更有教养,他只需要把从前只有克钦含义的仪式赋予掸的价值就是了。"只有外部观察者"才会倾向于认为一个群体的文化和社会组织的变动一定具有令人震惊的意义"。[40]

任何对认同变化的分析理解如果和身在其中的表演者的体验相违背的话都是有问题的。我相信族群转变能够换一种方式表达来更好地顾及当地表演者的自我理解。如果我们假设许多山地族群存在多种复杂的认同,那么由此就像我们已经看到的,这多重认同集合中的不同部分能被特定的社会情境所诱发。换句话说,表现出来的认同是受到具体情境决定的。比如,一个有着广泛克伦—泰经验的人,在泰族的市场上和克伦村庄节日中,其穿着、交谈和举止表现是不同的。当然没有理由说哪一个部分比其他部分更正统或"真实"。表述或公认的认同在很大程度上是因为这种表述所适合的社会情景出现的频率更高。比如说,如果上述的克伦—泰人进入泰族占统治地位的低地,种植灌溉水稻,那么泰族的社会和文化背景就会占主导地位,于是与泰相关的部分就会成为主要的。这对外部观察者似乎是一个族群身份变化的例子却只是相对频率的变化,与泰相关部分的表现频次增高了。尽管变化可能逐步发生,但按照这种构想来看,这并不意味着表演者自我主观上有任何重大的替代或缺失。

同在谷地种植水稻的孟和缅甸人之间的历史关系不仅为身份的多重性和随情境变化提供了例子,而且还进一步体现出有多种身份可选择的战略价值。在18世纪初,孟人和缅甸人共同生活在伊洛瓦底江三角洲,孟当时略占优势。他们之间的主要区别在于文身(缅甸人在腰部以下文身),发式(孟人前面的头发剪平,而缅甸人留长发盘髻),衣着和语言。认同变化只要把这些地方改变就可以了,在三角洲地带孟和缅甸人混居,大家都会说对方的语言,这种变化是件相对容易的事。当阿瓦政权兴盛时,采用缅甸文化,也就是说缅甸语和在大腿上文身的人口比例也相应增加。当勃古政权兴起,其权力范围内的缅甸人剪去发髻改讲孟话。名义上是阿瓦或勃古附属的独立自治城市也会变换他们效忠的对象。虽然显而易见,这些相互对立使得某些文化象征明朗化和政治化,而这些象征后来被看作是族群的象征,但这些相互对立却不是因为族群而发生。

正是在这种背景下才看到特定多重认同的适应价值。[41] 有能力在情况需要的时候作为孟或缅甸人出现,一定使不少局外人或被俘的战士在勃古和阿瓦的战争中获救。对多种民族认同的掌握相当于一种文化保险政策,一种避险的社会结构。就像变色龙能随着背景变化改变颜色一样,模糊和可变的认同具有很大的保护价值,因此,那些固定族群认同有可能带来灾难的团体会积极构建这种模糊可变的族群认同。就像前面所描述的"水母"部落一样,这些可塑性使外人很难找到制度上的进入口。

激进的建构主义:部落死了,还是部落永存

如果从其极端的意义上来说,"部落"从来不曾存在。我所说的"极端的意义"就是将部落看作特殊的、界限清楚和完整的社会单元。如果要按照下面的标准测试"部落性":这个群体必须是谱系上和基因上都连贯一致的繁衍出来的人口,是有独特的语言社区,一个统一和封闭的政治单元和一个文化独特及内在一致的实体,那么事实上所有的"部落"都会在测试中失败。[42] 如同前文中提到的,文化实践、社会整合、语言和生态区域都很少有鲜明清楚的分野,而且即使这些分野存在的话,它和按另一要素划分的边界也从不相同。"部落"并非如同原来想象的那样,是某种进化系列的一部分,比如说,小群—部落—酋邦—国家,或者是部落—奴隶制—封建制—资本主义。

过去都认为国家和帝国是由部落的人所建立,包括成吉思汗、查理曼大帝、奥斯曼、清朝。然而,正确的说法应该是国家造就了部落而不是部落建立了国家。

部落是所谓的"次生形式"(second form),有两种产生方式但都是在国家或帝国的背景下。部落的反义词或者对立面是农民。不同之处在于农民是已经被整合到国家政权下的耕种者,而部落却是那些在国家周边还未被完全纳入国家统治或者是那些选择逃避国家的人。殖民帝国和现代国家制造了大批的部落,但是在早期帝国,包括罗马、唐代中国,甚至小的马来贸易国家,部落就已经普遍地被置于边缘地带。

部落也可被称为一个统治的模块。命名部落是种划分的方法,同时也是管理非农民和那些未完全成为农民的人的手段,只要有可能的话。一旦一个部落和它的区域被划定,它就可被用作进贡物品和人力的单位,可以指派一个公认的首领对这个部落的行为负责,它还可作为一个军事和平区。至少不管多么随意,它都创造了一个有名称的人群并赋予他们固定的位置,这对官僚机构的秩序至关重要,如果不是这样,这个地方就会充斥着大量无法识别的居住者和没有结构的人群。

国家和帝国制造部落就是为了解决当地流动和无固定形态的社会关系。诚然,本土社会也存在差异,比如游耕与采集、在海上和陆地生活的人、谷物生产者与园艺生产者之间的差别。这种差别和其他的特性如语言、习俗和历史交织在一起;这些差别通常是逐渐的过程,而非突然的断裂,所以很少会成为政治权威的依据。在某种程度上说,创造出的部落是否随意并不重要,重要的是通过建立可管理和谈判的制度化单位来对流动的人口进行管理。所以罗马人坚持将已经被命名的野蛮人限定在固定区域,有首领至少在理论上对这些人的行为负责。这种官僚机构的架构非常必要,"因为在社会联系和内在野蛮人政治中充满了如此多的流动性。"[43]这些部落称号对当地人来说是否合理完全无关紧要。在帝国后期和中华民国时期,在西南边陲,对频繁反抗的苗族分支的划分很不精确,只是随意地依照女性的衣着,和当地人自己的认同完全没有关系。[44]

殖民统治者面对同样的当地人身份认同的混乱,也是靠同样地随意划分行政部落来解决。依靠人种学家和社会进化论的决定论,在越南的法国殖民者不仅为他们只能模糊识别的部落划定了边界,指派了首领以便通过他们来管理,并且把当地人按社会演变的进程分了级别。[45]荷兰人在印度尼西亚也实施了类似的行政管理方法,找出当地传统法律将其编成法典,以此为基础通过指派的首领进行统治。用塔尼亚·李(Tanya Li)的话说,"'习惯法社区'(adapt community)的概念既假设、也同时在鼓励农村人口分离成有着不同族群名称和稳定的传统的族群,从而被作为有群体认同和公认领袖的集中政治结构。"[46]

这种统治技术一举达到了双重目的,不仅提出新的清晰的民族划分,而且采取了一种广泛的、等级制的、有领袖的秩序。那些信奉人人平等、在小村庄和家族之外没有首领或者稳定持久政治结构的人在这新秩序里没有位置。[47]不管愿不愿意,他们被强迫命令进入一个有首领的世界。生活在平等主义秩序中的本地人群往往没有便于统治的制度操控点。这些制度在必要的情况下是由外部强迫导入的。在后来成为东缅甸的掸邦国家那里,英国殖民者面对的一半人口是没有首领和人人平等的(贡老克钦、拉祜、帕欧、巴当和克耶邦)。为寻求已存的等级制度来作为间接统治的政治切入点,英国人自然选择依靠四十多个掸邦苏巴,这些人多是名义上声称对自己的属地有管辖权,而实质上却没有。虽然这种选择在当时和后来都引起过反抗,它却是英国人唯一可用的现存的制度传送带。

然而,一旦被创造,部落就有了自己的生命。被创造出来作为统治的政治结构的一个单位,部落成为政治论争和竞争性自我主张的惯用语。它成为一种被认可的方式来要求给予自治、资源、土地、贸易路线和其他有价值的东西,所有这些都需要有一个类似国家的主权政体。在国家内部常见的诉求是要求等级和地位——农民、商人、神职人员。在国家空间之外的常见诉求是要求部落地位得到承认和相关权利。这些在白人移民定居的北美洲殖民地最为明显。如阿尔弗雷德·克柔伯(Alfred Kroeber)恰当地写道,"我们越看原始的美洲,就越难发现任何持续发生的现象和我们传统的部落概念相符合,而这个概念更多像是白人为了方便讨论印第安人、与他们谈判或者管理他们而发明出来的,最终通过我们的优势强加到印第安人的自我思维中……也许现在是仔细检查一下这是不是生造出来的时候了。"[48]

就第二重含义来说,在那些被命名的部落中的确存在着许多有着自我认同意识的部落。部落是在与其他"部落"和国家的对话和竞争中人为建构的,是一个政治项目,而不是自然存在的。考虑到民族志的巨大差异和多样性,他们的边界一开始就是人为随意划定的。那些政治企业家们,不管是不是官员,都基于想象的文化差异来标示出不同的认同。他们实际并没有真正发现任何社会界限,而是从众多的文化差别中选出一个作为划分依据。不管哪一个差别被选中(方言、衣着、饮食、生存方式、推测的血统),都会制造出一个文化和人种学的约定界限从而把"我们"和"他们"区分开来。这就是为什么部落的发明最好被看作政治项目。[49] 被选中的边界是个策略性选择,因为它把那些差异按某种特定方式组织,而且它也是一种形成部落的政治手段。如果要确定X为X和Y为Y,我们必须从接受部落民对自己的称呼开始。

部落的造就

国家有几种方式制造部落。最明显的是把它们作为行政秩序和政治控制的模板。然而在很多时候,一个部落或民族认同在边疆生成完全是为了在政治上要求自治或索取资源,这不能不让人惊异。

哥萨克人作为有自我意识的族群完全是凭空生成的,并没有来源,这对我们理解东南亚的族群形成和进化具有很强的借鉴意义。后来成为哥萨克的人原来都是来自俄国欧洲领土上的逃奴和亡命者。大多数人在18世纪逃到了顿河草原"以逃离或躲避莫斯科俄国的社会和政治灾难"。[50]他们除了被奴役和逃离之外没有任何共同之处。在广大的俄国内陆,从西伯利亚和黑龙江到顿河盆地和亚速海,他们在地理上分散为二十二个哥萨克领主。

他们在边疆成为同一群人主要是因为新的生态环境和生存之道。在不同地方,他们在鞑靼人(Tatars)、切尔克斯人(Circassians,哥萨克人采用了其服装)和卡尔梅克人(Kalmyks)中安家,哥萨克人学会了卡尔梅克人骑马的习惯和定居模式。他们有大量的土地可供放牧或者农耕,这意味着这些早期的移民住在一片公共土地区域,每个家庭都可以独立地选择生存方式和享受完全的迁移和定居的自由。边疆生态环境下的政治经济格局保证了这些曾经被奴役的人所追求的独立和平等的民族精神。

这个阶段的哥萨克社会恰恰成为沙皇俄国的奴役和等级制度的镜像。所有三次威胁帝国的农民起义都开始于哥萨克地区。像赞米亚一样，无国家的边疆也吸引了宗教异端，其中最突出的是旧礼仪派（Old Believers），他们认为宗教改革就是奴役。[51]布拉温（Bulavin）起义（1707—1708年）被镇压后，哥萨克的自治变成了以向沙皇俄国的军队输送全副武装的骑兵为条件。在残酷地军事镇压了那些和普加乔夫反抗（1773—1774年）有密切联系的哥萨克人后，原来的哥萨克民主政体被一个有头衔、土地和农奴的哥萨克贵族所取代，他的农奴多来自乌克兰。

哥萨克在最初只是一群逃亡的人，谁能想到，今天他们成了俄国最团结的少数"族群"。诚然，他们被用作"军事少数族群"（martial minority）对其族群的形成有一定作用，就像南亚和东南亚的克伦、克钦、钦和廓尔喀族雇佣兵一样。[52]但是，他们并非由此形成。作为一个被造出来的族群，哥萨克的形成虽然让人吃惊，但却不是独一无二的。逃奴社区变得与众不同、自我意识增强，并最终形成族群的例子相当常见。苏里南的逃奴们也和哥萨克的例子相同，他们至少发展成了六个不同的"部落"，每一个都有自己的方言、饮食、居住和婚姻模式。[53]北美的塞米诺尔（Seminoles）人或欧洲的吉卜赛人/波西米亚人也是一些原来前途黯淡、不为社会所容的异类，或者是由于处在共同的生态和经济地位或者是因为被迫害而最终融合在一起形成的族群。

所有的族群和部落认同都必然是相对关系。因为每个都要维护一个边界，所以它是彼此排他的，表达了一种地位关系，或者说是与规定的族群边界之外的其他团体的相对位置。许多这样的族群都可以被看成结构上的两个对立面：农奴与自由哥萨克，文明与野蛮的，山地与谷地，上游与下游，游牧与定居,放牧与种植,湿地与旱地,生产者与贸易者,等级制度的(掸,贡萨制)与平等的(克钦,贡老制)。

"关系结构"(positionality)和农业经济区位在民族边界划分上是如此重要,所以族群性往往由表示位置或生存方式的词来表示。在赞米亚和马来世界,很多时候只是用他们的山地居住位置来表示他们的族群性,比如,巴当(Padaung)、唐祐(Taungthu)、巴克坦(Buikitan)、奥朗巴克(Orang Bukit)、奥朗忽卢(Orang Hulu)、米赞(Mizo)、台洛(Tai Loi)都成为部落的名称。很多这些名字是外来语,由谷地国家用来称呼与其交易的山民,含有粗鲁和野蛮的意思。随着时间推移,这些名字被当地人接受并自豪地用做本名。人类学家经常发现一群人所从事活动的生态位和其族群边界常常重合,以至于迈克尔·汗南(Michael Hannan)声称"在平衡状态下,族群的分界线和生态区位界线是重合的"。[54]

野蛮人和种植谷物的中原人之间的差别也许最能说明这类差别。随着早期汉族国家的扩大,那些继续留在或者逃到王国内的"成片的山地、沼泽、丛林或森林里"的人各自都有很多不同名字,但是整体上还是被叫做"内部野蛮人"。那些被逐到草原边缘,无法从事定居农业或从定居农业中无法获利的人被称为"外部野蛮人"。在每一个例子中,生态的界限也构成了不同人群的有效边界。李希霍芬(Baron von Richtofen)在1870年代生动地描述了地理和人群间界线变化的突然:"跨过几块黄土地最终来到最高点,你会吃惊地看到眼前突然出现一片巨大的波状起伏的草原……在分界处伫立着最后的汉族村庄;然后就是带有蒙古包的草地('*Tsauti*')。"[55]当弄清了蒙古人不是什么原初族群,而是有着很大多样性，包括了很多原来的汉人，拉铁摩尔看到了生态的支配地位："不同类别土壤之间、农耕和放牧之间，以及中国人和蒙古人之间的边界三者完全重合。"[56]

生态区位可以用来区分不同的生存方式、仪式和物质文化，族群的生成和进化正是围绕这些差异产生的。但是它对族群和部落的形成却既非必要也非充分条件。因为这些区分标记的产生是政治项目，那么当然也可以为了其他目的与没有任何内在重要性的标记相联系，比方为了争取对有价值资源的所有权。将克耶/克伦尼"部落"从周边的克伦人中独立出来，彰显其特性就一个这样的例子。[57]

在19世纪早期克伦尼的产生是发生不久的事情，足以让我们对"部落"的起源做些有依据的推测。看来是在1820年代，一群按掸邦模式自称是千禧年王子的克伦人来到这个原本平等、不信仰佛教的社区。下一章里我们就会看到，千禧年运动在山地新社区的生成中起到了非同寻常的作用。建立有自己苏巴的掸族形式的王国"成功地把原本仅仅是一堆克伦方言中的一种转化成一个独特的克耶社会和文化系统"。[58]这种模仿式的国家建设并不少见。特别之处是它在政治和文化上的成功。而这个成功是由于一个幸运的事实：克耶小国所在地出产国家最贵重的柚木木材。

这个具备了小型国家机器的新部落确立了其对当地柚木交易的垄断。有魅力的领袖把原本松散的克耶社区联合成一个类似于股份公司的东西，"以此来从他们一直为之工作的掸族手里争夺越来越赚钱的柚木生意。"[59]克耶族的民族企业家们借用了身边最近的掸族水稻国家管理模型，当然后者也是从缅甸的君主国那里借用的。这个管理模型有助于对柚木声称主权并且保护这个权益。作为一个创造认同和控制资源的策略,这无疑是很成功的。

很明显,许多族群认同是为了类似的目的被创造出来的:为了保护贸易路线上的重要战略地点,声明对水、矿藏或者有价值土地的唯一所有权,拥有某个商品的所有权,保护打渔和狩猎的权利,保证进入一些有利可图的职位,以及要求取得仪式上的特权。从这个意义上说,部落和族群的产生也许可以被称为无国家人民与国家打交道过程中提出诉求的通行方式。在这样社会中建立族群认同和在现代社会中建立工会、公司和手工业行会都服务于同样的目的。[60]那些以此为依据成功地获得了资源诉求的人就有很强的理由要求接受新认同。同理,他们这样做的结果就是防止了其他人利用这种资源。而那些被排挤进入更恶劣区位的人经常相应地也被族群化了。[61]

像所有殖民地一样,非洲的部落划分也是帝国官方项目。一小群专家忙着划出族群边界,把习俗整理编纂,分配领地范围和任命首领来创建帝国统治的管理单元,这经常是针对无国家的人们。为了给那些进贡、纳税和行政管理的单元以名称,不得不把某些分类坐标强加在那些令人困惑的文化多样性上。威尔姆森(Wilmsen)写道,驱动这项规划的是"强调部落必然存在的自我应验预言,如果不能发现这些部落,就会通过行政秩序创造出来"。部落一旦被认为是代表无国家人民的唯一适当社会形式,很快就会占据主导地位。不论它有多么随意和人为编造,"当地人明白他们必须将自己拖入部落"才能在殖民地框架中发挥作用。[62]把当地人分划成相互排斥、边界清晰的部落并非是笛卡尔启蒙思想所独有的,也不是盎格鲁-撒克逊或者加尔文主义对整齐的偏好。你只需读一读恺撒的《高卢战争》就会注意到同样的部落秩序,不管它实际上在当地可能是多么混乱,这种秩序也是每个罗马统治者的梦想。汉族中华帝国计划也带有同样的行政管理印记,包括纳贡的首领(土司)和赋予野蛮人以姓名。土司系统(以夷制夷)创立于元代(1271—1368),一直到18世纪在帝国的许多区域仍然盛行,这些区域或者是直接统治无法实施或者是经济上得不偿失。[63]

在国家煞费苦心的武断的分类之下,是不断变化的当地人对资源、声望和权力的争夺。这些斗争不停地制造新的社会和文化裂痕,比如有关仪式的争吵,争夺对肥沃土地的控制,为了通婚联盟而进行的宗族竞争,当地领导阶层权力继承的斗争。换句话说,形成新的和具竞争力的社会单位的潜在基础每天都被重建。

遵循麦克斯·格拉克曼(Max Gluckman)首先提出的观点,我们能大体分辨出向心和离心的两种不同冲突。[64]当他们为群体首领位置进行内讧的时候,他们的冲突就是集中的(centralizing),因为有着大家认可的争夺目标,而且群体的重要性也因为冲突而被肯定。当某个支系脱离或者退出去建立另一个群体,这个冲突就是去中心的(decentralizing),也叫离心的。在这样的背景下,赞米亚的人口和地理条件促进离心冲突。对领导权斗争中失败一方来说,离开现在的团体去开辟一片新的游耕地和新定居点是件相对简单的事。这也是相对平等主义的选择,不然留下就意味着承认隶属和固定的等级关系。距离带来的分歧也意味着分散的社区通常处于相对隔离的状态,尤其和谷地社会相比较。随着时间推移,崎岖的地形和相对隔离状态促成方言间的差别加大,这也是一种语言分支的形成过程,从这个意义上说,赞米亚的环境也鼓励文化差别的增多和定型。这些文化上的漂移和分化过程常常成为部落划分的依据。但我们一定不能把文化差异和部落或族群混为一谈。不同名称的部落和族群团体的建立是个政治项目,这个过程有时会利用文化差异。但从另一个方面,许多显著的文化差异从未被政治化,所以,这些显著的差异常常会共存在同一个部落政体内。

一旦生成,部落作为一个政治实体就会发动一系列社会进程来重建和加剧文化差异。可以说,他们能创造出他们存在的理由。身份认同的政治制度化通过改造社会生活的模式制造了这种效应。本尼迪克·安德森使用"起落模式"(traffic patterns)的概念来描述在印度尼西亚的荷兰殖民政权凭空生成一个"中国人"的族群,这个概念很好地描述了这个过程。[65]在巴达维亚(Batavia),荷兰人根据他们的成见,辨别出了一个中国人的少数群体。然而这个混合群体并不自认为是中国人,它的人群和其他巴达维亚人群完全相融没有区别,并且自由通婚。可是,一旦荷兰人识别出这个少数群体,他们自己就制度化了这个行政构想。他们划定"中国区"的地盘,选择"中国人的"官员,按照他们眼中中国人的习惯法设立法庭,建立中国学校,所有这些都适应这个分类,将这个小的殖民区域变成巴达维亚的"中国区"。原本只是荷兰帝国虚构的事物,通过机构的起落模式变为了实实在在的社会学存在。六十年后,瞧! 真的有了一个有自我意识的中国人社区。借用威尔姆森的观点来说,荷兰人通过行政秩序创造出了它所无法发现的族群。

一旦一个"部落"作为政治认同被制度化,也就是说是一个有着权力、土地和本地领袖代表的群体,这种认同的维护和巩固对它的成员就变得至关重要。乔弗瑞·本杰明的研究表明了像西诺伊人和西蛮人这样的高地人群是如何通过将促进他们分散居住和从事采集的婚姻实践加以制度化,从而使自己变得更加"部落化"以应对来自殖民和马来国家的诱惑和危险。针对犁的使用的文化禁忌更进一步阻止了定居农耕。[66]某个部落越是能成功地取得资源和声望,它的成员就越会有兴趣守护它的边界,而这边界也会变得越发清晰。[67]这里的关键在于,族群一旦被创造出来,这一制度化认同就需要自己的历史。这个历史越长和深远,就越像编造神话和遗忘民族主义。随着时间推移,这个认同无论它的起源是否虚构,会获取一些本质特征而且能够激发强烈的忠诚。

保全家族的表象

> 我认为,在通常被称为部落的平等社会里,最盛行是通过约定来确定其世系继承。
> ——莫顿·弗莱德(Morton Fried):《部落的观念》(*The Notion of Tribe*)

从某种程度上说,早期的殖民地官员在山地"发现"部落是可以原谅的。[68]因为这不只是他们的预期,同时很多山地人群的自我表现也强化了这种预期。如果没有国家存在,社会凝聚的原则是按照亲属、血统和宗族来正式排列的。当然,这些原则正是殖民地官员希望从部落地区中发现的。政治现实包括竞争、篡权、反抗、迁移、社会分裂和变化的多种认同,当这样的现实是非常复杂和处于不断变动中的时候,马克思主义者所称的意识形态上层建筑却保持着像是一个秩序良好、历史前后一致的世系集团的表象。继承、血统和优先权等所起的正式作用通过一些谱系和历史的障眼法得以保存。如果连续和象征性的秩序对于某种特定状态非常重要,那么这个过程可以给我们许多启发。无论如何,分裂和动荡的山地政治中的偶然性是不可预见的,更别说有顺序了。相对来说,调整和解释一个成功的篡权者或一桩不寻常的婚姻的结果来表明它们是完全符合规则的要容易得多。

以我的观点看,所有的山地人都对改写他们的宗谱以吸收外来人很有经验,几乎无一例外。山区社会也是劳动力系统,时刻寻求增加人口数量,通过吸收新移民、收养、通婚,以及借助购买和猎奴来统合外来人口。新劳动力受到欢迎不仅因为他们可以开垦新的游耕地,而且也因为能增强接受者的政治和军事实力。谷地社会同样需要劳动力,它们的做法是把新加入者纳入等级秩序,一般从底层开始。与之相反,山地社会一般把新加入者纳入到最有权势的家族和亲属中。

和其他的山地人口比起来,克伦人是以不愿意跨族通婚而著名的。但是事实上,生活在许多强大的邻居之间,他们吸收新成员的能力惊人。被吸收的部分新成员包括汉、掸、拉棉、傈僳、拉祜、阿卡、缅甸、孟、老挝和仫族。[69]阿卡人是一个处在山地和谷地之间的人群,在它的下面是谷地社会,而其他山地社会在它之上,它有一套约定俗成的吸收新成员的系统。阿卡社会以口头传承的悠长的宗谱闻名,一个通过婚姻进入这个社会的男人只要满足三个条件就被接受成为一个新的(相对年轻)家族的创始人。这三个条件是:遵守祭祖的规矩,有个儿子和讲阿卡人的语言。在许多相对短的宗谱(只有十五到二十代)中,人们实际上能回忆起他们祖先原有的身份:可能是云南汉族、佤族、泰族。被俘虏的奴隶被加入到他的主人的家谱或者相近的一支。据雷奥·敖廷·凡格索记载,吸收新人的传统是如此历史悠久和寻常,随着时间推移,阿卡人虽然仍叫阿卡,但很明显在基因上由于新成员的加入,已经被补充而焕然一新了。[70]从宗谱的角度说,新移民加入引起的混乱很快就会消失,因为所有的新人都会迅速地被加到已存的家族谱系的结构中。

同样的手法被用来改写首领的族谱使其权威与门第的观念相一致。一个克钦首领可能有四十代甚至更多的族谱。利奇认为这些家谱是"编出来"的、"作为历史依据没有任何价值"。一旦一个家族掌握权势,其他平民家族都会被刺激重写自己的族谱,在新的族谱中,为了自己的利益而特别强调自己与有权势家族的密切关系。克钦家族系统中真正的权力来源于满足仪式需求时的大摆宴席,这样所有欠主人情的人都感到有必要显示忠心和贡献劳力。任何成功地履行了贵族义务的人会被作为贵族接受,不论实际血统。[71]利奇利用了大量材料说明,人们可以制造家谱从而为几乎任何实际权力关系披上合法化的外衣:"社会地位提高是两个过程的产物,声望首先通过铺张地完成仪式义务而取得,这种声望反过来会通过确认其家族的地位而转化为被认可的地位。而家族地位又是操纵家族谱系传统的结果。克钦继承规则的复杂性使这种控制尤其容易。"另外,"任何有影响的贵族"都能"为了对自己有利而重建早年的宗族谱系"。尽管原则上"一个人的阶层地位是……在出生时就被确切定义了,但系统在实际应用中有几乎无穷的灵活性"。[72]

在精心的家谱改写中,通过血缘传承关系,社会中实际的权力分配被披上了合法化的外衣,这促成了山地"部落性"的形成。传奇的讲述者们是一些专门将传说与现实联系起来的人。受短视和管理方便的驱动,殖民地官员总在寻找等级制度和部落,这些精心炮制的血缘传承的传说正好迎合了他们。他们建立了掸邦国家,但那里的多数人口都是比较平等的。在克钦人中,他们最喜欢的是有贵族、首领和专制者的分支,最讨厌的是无政府的、民主的贡老克钦。[73]

对克伦尼人来说也一样,领导者的选拔很大程度上取决于魅力、盛宴,以及政治和军事技能。出身和血统的重要性所表现的途径仅在于将政治上的成功与有关血缘继承的意识形态相协调。"即使是个篡位者,"勒曼解释说,"当夺取了权力后,也会试图证明自己的祖先有皇室血统,哪怕他只是个普通的村民。"由于克伦尼和克伦社会一般都追溯双系亲属关系,父系和母系方面的传承都算,这样找到所需要的联系比克钦人要容易得多。那么如果殖民者要找有着清晰的传承秩序和漫长历史的部落,他们所遇到的这些山地人会高兴地满足他们,提供一个可追溯的家族序列,而这仅仅是覆盖在动荡政治之上的外衣。[74]

作为正式的社会制度,还有其他方面,部落看来都更像是某种意识形态的外壳而对政治现实没有实用的指导意义。历史上最著名的部落之一是奥斯曼,也就是奥斯曼帝国的创始人。这个部落实际上是不同人种和宗教为了政治目的而混合成的大杂烩。类似的还有很多。仔细研究了证据后,鲁迪·保罗·林德纳(Rudi Paul Lindner)总结说,"现代人类学家[在中东]的实地研究表明,部落、氏族甚至营地(camp)的成员身份更为开放,与部落习语或意识形态所表现的可能并不同。"[75] 对奥斯曼来说,部落是把土耳其游牧人群和拜占庭定居者团结在一起的工具。如果说需要血缘纽带以表明部落是近亲团体,那么氏族谱系可以被回顾来伪造远方的亲属关系。毫无疑问,碎片化的宗族模型在部落意识形态中是普遍存在的,但在部落实践中却不常见,除非必须为了表现出与意识形态的一致。[76]

血缘关系的主导地位和家族传承的原则,虽然在事实上并非如此,但是作为唯一合法的社会凝聚力的基础,却如此强有力地支配着他们的自我表现。对山地人来说,这是唯一的使实际权力合法化的手段。像查尔斯·狄更斯笔下的维尼翁夫妇,他们要对自己也对邻居都必须维持体面。因而他们模仿别人不再是一种愤世嫉俗的策略,而是推广社会关系的模式。我们甚至可以把它理解为一种民主机制,也就是社区成员给予那些履行了仪式责任并慷慨大方的现任首领通过编造族谱使其合法化的办法。从这个特别意义来说,部落的观念被深深嵌入到山地意识形态中,与它在殖民者的想象中一样。

考虑到我们已知的族群认同的模糊不清、边界的渗透性、各种认同的产生和消亡,以及看来相对平静的家族传承的外表之下不停的"权力政治",我们只能将高地认同看作是激进建构主义的。至少,像利奇所显示的克钦人一样,任何山地人口都有多个社会形式可以采用。然而我们看到,在这种流动性中最终被固定下来的形式多是帝国想象的产物。托马斯·科奇(Thomas Kirsch)沿着利奇的思路,特别关注社会组织的流动性本身,将其作为一个重要现象来解释。他提出,"没有一个被明文载入民族志的东南亚山地人群保持永久或不可变的族群特征。相反,他们都处在一个不停的变化过程中。"[77]

山区社会形式的不确定性、历史和宗谱的可变性与纷繁复杂的语言和人口不只对统治者、民族学家和历史学家是个难题,这也是山地社会的重要构成特征。首先,像拉丁美洲的部分地区一样,在一个充满了各种移民、逃亡者、破产佃农、造反者的避难所和已经存在甚久的杂乱山地社会,这样的现象是难以避免的。山地地形本身就鼓励和维护当地的文化和语言的多样性。但是,把这种不确定性看作一种适应外界突然的、不可预计的巨大变化的应对策略也同样是合情合理的。注意到克伦人广泛分布在许多生态区,和许多强大的谷地国家为邻,勒纳尔相信他们社会结构非凡的灵活适应性、他们的口述历史、血缘亲属关系模式、生存技能、饮食和建筑都是为了适合搬家和变化。一旦需要,大多数克伦人群体可以立刻转变。这是个有着巨大适应优势的特点,为他们带来了很多好处。[78]

因为从来无法提前知道需要扮演什么样的角色,什么样的情境需要他们去适应,山地人群为保护自己的利益准备了一份内容尽可能宽泛的文化清单。强森把这套文化清单的大部分内容看作"部落认同形成",并特别指出,"部落性"只是这份清单中的一个因素,实际上是超村庄行动中的一个习惯用语。他令人信服地把山地人群一系列的社会和经济实践置于他分析的中心位置:"人们在国家臣民和居住在森林的非国家臣民之间摇摆,如同最初自治的高地人群按照两个方向发展,有的成为国家统治对象,有的放弃了村庄生活,以小组群为单位采摘为生。这又回到一般的不断变换的社会景观问题,人们是如何在结构分类中间流动,进出某些特定关系,并重组他们自身的认同、社区和历史的变量。"[79]

我认为我们能分辨出这些选择所遵循的两个轴;这在强森的分析中已经包括,只是没有明确提出。一个轴是平等与等级制,第二个是无国家状态与国家性。采集为生的方式是平等和无国家的,而被谷地国家吸收代表着等级制和被统治。在这两者之间有许多不同的社会,有些是有首领的开放等级制度社会,有些是无首领的开放等级制社会,还有有首领的、有等级制度并偶尔向国家进贡的社会。任何一个沿着这两个轴分布的半随意(quasi-arbitrarily)确定的位置都是不稳定,也非长久的。每一个位置都代表一种被周边状况决定的或被采用或被摒弃的选择。现在我们终于要转入分析这些选择的结构。

位置关系

在解释克伦尼/克耶如何变成族群认同和小国时,漆莱[F. K. 雷曼]得出的结论是,它们只能被理解为一种相对位置和策略关系,因为他们处于众多讲克伦尼语族群和相邻的水稻国家,特别是掸族和缅甸国家之间。当周边诸多族群转变或解体时,也会导致克伦尼人相应地调整它们的社会结构甚至自身的族群认同。[80]

如果我们把雷曼总结出来的系统比作太阳系,我们可以概括地讨论组成它的不同物体的质量,它们之间的相对距离,以及每个物体对其他物体的作用力。在这个比喻里,系统中最大的星球就是水稻国家。它们经历盛衰,由于它们之间的竞争限制彼此的发展,而最小的甚至都可能成为山地邻居的人质,但总的来说,它们集中了劳动力、物质文化并作为象征中心,这些都使它们成为作用力的中心。

然而,当我们看到水稻国家既可以作为引力,也可以作为斥力,可以施加许多不同影响的时候,这个比喻就不适用了。在许多不同影响中,影响最大和辐射范围最广的是文化魅力和象征性。即使在最边远的山地居住点,我们仍能看到从谷地国家零散漂浮上来的权威象征和权力标志:长袍、帽子、仪式权杖、名册、复制宫廷建筑、特定的用语、残缺不全的宫廷仪式的碎片。在山地,任何超越村庄的权威都不得不借助世界主义的外表来强化其权威诉求。在汉政权和小乘佛教的象征势力范围重叠的山地,两个谷地系统的碎片相互混杂。这些象征性的碎片很容易就会流传到山地,因为它们大部分是装饰性的,带有某种宇宙论的自吹自擂。它们缩微再现了神圣王权的观念和象征技术是如何从印度南部流传到东南亚的古典宫廷。

水稻国家经济上的影响力也几乎同样深远。就像在马来语地区,大陆的低地宫廷在一千多年中一直是国际奢侈品贸易中心,山地产品在那里最为珍贵。正像前面所说的,因为山地和谷地是不同的生态区,所以形成相互依存的经济关系。它们之间的贸易一般是不能强迫的。即使是在以纳贡为基础的交易中,虽然在谷地的文献里认为山地贡品相对较差,但实际都是上乘物品。交纳贡品的关系是对双方都有利的交换机会,因而受到欢迎。山地和谷地经济上的融合全面深远,因为它是自愿、互利的。

但是,如果说直接的政治管理,东南亚水稻国家控制范围是很有限的。地形、军事技术、人口稀少和开放的边境线共同将国家的强权统治限制在一个相对小的核心区内。在为了将大量人口集中在这狭小区域中进行统治的猎奴远征(通过直接战争和奴隶贩子)中,的确存在着强制。但逃亡会使这些远征的成果大打折扣。

由于这些明显的限制,几乎每个谷地国家都会与一个或多个相邻的山地人群缔结同盟,有时是很正式的。对有些山地人群来说,他们也想居住在谷地核心区周边,在谷地与山地交错地区,他们试图作为中间人控制双方的贸易,从而获利。例如瑶/绵和汉族宫廷,拉瓦人和清迈还有景栋宫廷,这种同盟明显采用了书面法令和规章的形式。[81]本质上这个"合约"描述的是种交易。只要规规矩矩(不许造反)和按时纳贡,作为回报,瑶族等山地人可以寻找新的游耕地,免除赋税、徭役和过路费,而且在贵族和官员面前不必下跪。这些充满了文明描述的文献把瑶和拉瓦族排除在文明生活的魔力圈以外。强森已经敏锐地指出,它们实际上起到了命名和固定处于不断变化中的认同的作用,对于宫廷来说,这隐含着免除其协商土地和流动的权力,而且向划分"部落领土"并假设将有可靠的首领进了一大步。这些文献,至少用汉族政权的话说,可以被认为是"熟化野蛮人"的方式。

这些谷地对山区人的特许也可能看起来是违背其本来意愿的。但对谷地宫廷来说,与邻近的山地结盟是极其重要的。这些山地同盟在谷地核心区域与其深山中的敌人之间组成了一个重要的缓冲带和预警系统。[82]这些山地同盟能保卫重要的贸易路线、居间调停与其他山地人群的贸易和外交关系。最后,他们自己还能成为奴隶掠夺者,帮助补充核心区不稳定的人口。虽然这些安排可能看起来像是向谷地官员屈从臣服,但也能同样被认为是山地人的成就,坚持自己结盟的条件,包括不必在谷地国家官员面前卑躬屈膝。真正"熟"的野蛮人应该是需要鞠躬的。对于谷地官员和外来人来说,有关瑶/绵人的丰富文献应该可以按照这种方式解释。[83]

　　这样的安排很多见。身处几个谷地王国之间,克伦族的不同人群在不同的时间与他们每一个王国都曾结为同盟。对于18世纪中期孟—勃古对阿瓦的首次胜利来说,克伦人功不可没,在一个可能是孟或孟—克伦混血的伪王带领下,克伦派出了三千人的军队。这个地区的波克伦被称作孟—克伦(得楞—克伦,Talaing-Kariang),以与北部的斯高克伦相区别,后者有时被称为缅甸—克伦。当勃古王国瓦解时,国内的人口四处分散,克伦人和孟人一起逃跑寻求泰人的庇护。泰人把克伦人"种植在"边境作为预警系统和在缅甸人眼里的"第五纵队"。在泰人的清迈王国,克伦人被认为是"森林守护者",作为这块土地的原住民,以及重要的盟友和贸易伙伴,他们在仪式上很重要。于是在不同时期和不同地域,由于从属的低地国家不同,不同克伦人群有不同的认同标示。[84]

　　每一个"文明的"谷地稻作国家都需要一个或多个住在山地的野蛮人盟友,他们的关系多是彼此互利的。阿卡人与景栋和西双版纳的泰族政权结盟,成对的还有钦和缅甸宫廷,拉瓦和清迈的泰阮(Tai Yuan)人,佤族和多个掸/泰国家,波克伦与孟,拉瓦现在与兰纳和过去与南奔,加莱与京,巴郎与掸,高地泰人和老挝,克钦与掸;在西北部,那伽被认为是曼尼普尔宫廷的山地附属。[85]每个同盟中都分别发展出一种文化共生关系,山地盟友或全部或部分地变得越来越像他们的谷地伙伴。

这听起来的确像是个"熟化"野蛮人的程式。但它更是个吸收和同化的程式。如果像前面曾经讨论过的那样,少量泰人和缅甸人作为军事殖民者来到山地,那么其他的谷地人口也会采取同样的方式。[86]紧密的山地联盟会更多地被那些与谷地有联系的首领所统治,而且也会有越来越严格的等级制度。这样他们就和汉族"熟番"的过程相一致了。汉族文明的进化系列,从生番,熟番,到完全的臣民/"进入版图",在结构上与利奇勾画的掸族文明化系列相似:从平等主义/贡老制、分阶层的贡萨制,到掸。[87]利奇描画的族群进程可以被看作一个渐进过程。这种进程在所有的水稻国家和它们邻近的山地联盟间随处可见。这种进程就是山地人成为谷地统治对象的社会和文化路径:地理的接近,交换和接触,语言上的融合,仪式的借用,以及经典案例中的水稻耕作。需要强调这是个渐进过程,不是一系列突然的飞跃性的变化;在族群继替中,这个进程可能甚至没有被察觉!

如果我们能把这个进程看作一个相对流畅的渐进过程,那么如果改变方向也应该同样流畅。通向低地"文明"的道路反过来就是通向高地自治的道路,其间有无数的驿站。尽管出现战争或瘟疫的时候,道路就会突然(虽然也许熟悉)转向,但在多数情况下是个逐渐的、不易察觉的过程,比如水稻国家的衰落,贸易路径的变化或赋税的加重。通往谷地国家的路径是双向的,离开和进入应该同样容易。

274　平等主义:防御国家

> 要不用大炮把我们送上天,要不把我们一万八千人都变成穆斯林圣人(Nawabs)。
> ——普什图长老们对英国人说

> 拉棉人就是不能理解"首领"这个概念。
> ——卡尔·古斯塔夫·伊兹考维兹(Karl Gustav Izikowitz):《拉棉人》(*Lamet*)

> 由于处在野蛮时代,贝都因人是所有民族中最不愿意变成从属的,他们粗鲁、骄傲、充满野心和渴望成为首领。
> ——伊本·卡尔顿

利奇的《缅甸高地的政治体系》之所以成为持久经典的主要原因,就在于他在克钦人中发现并称为专制派和民主平等派之间的对立在其民族志情境之外也广泛存在。对住在国家边缘的无国家的人们来说,这代表了根本立场的选择。利奇仔细研习了当时的文献,尤其是关于阿萨姆邦——缅甸边界地区的文献,他发现在当地土著人中还有许多体现民主平等和君主专制对立的形式。他引用了关于钦、西玛、康亚克(Konyak)和那伽(Naga)的研究著作。[88]除此之外,如果有人做一个全面的文献检索,应该能够加上克伦、拉祜、佤、克伦尼和更多其他的例证。[89]

英国人指挥的"平定"部队在平等主义的克钦地区遭遇了巨大阻力。"我们在这里的对手是贡老克钦人,他们的主要特点就是没有任何有权威的首领,即使是在一个村庄里"。[90]这里特别提到,他们"没有任何致意或者敬礼的方式。"像贡老制这样没有首领的社区对英国的或者任何其他管理体系都是破坏性的;他们没有任何制度途径或可利用的机制来进入社区,与其达成协议或者进行治理。因此殖民当局只知道"在克钦酋长(Duwa)领导下的广袤地区",并且提醒官员们即使在这些村庄也要时刻警惕"要求独立的情绪"以将其尽早消除。[91]于是那些对自己民主传统感到自豪的方志(Gazetteer)的编纂者非常严肃地写道,"这样的共和政体和民主制的社区在缅甸的管理范围内不再被允许存在。"[92]

在克耶邦,如雷曼所展示的,民主的和专制的原则被嵌入在"两套共存的仪式和多种人事安排中"。[93]可以被称为专制异端的人使用当地所没有的象征礼节姿势,并且特别采用掸邦王国和首府在曼德勒的缅甸皇家的装饰物和符号。它的仪式中心位于村庄中心,那里有高大的柚木柱,这是克耶邦村庄的标志。克耶村庄的柚木柱相当于在掸和缅甸所看到的宝塔上的旗杆(象征地方神灵归属佛陀),柱顶有大多数佛教建筑上都有的伞状(hti)顶饰。这个异端的世袭教士向一个上神献祭,这个上神的名字来自于掸语的词汇,意思是上帝,或者是苏巴。这些教士不得与其他异端的教士来往、通婚或者接受他们的供品,其他团体膜拜的是当地的神灵(nat),尤其森林之神。

对于我们来说,似乎很重要的是克耶邦人复杂仪式的完全双重性。民主和专制的要素同时存在,但在仪式上是分开的。一个照抄低地国家的形式,支持苏巴和国家形成的意识形态与上层建筑,而另一个纯粹是本土的异端,完全不涉及任何首领权威。如果认同的流动性,也就是快速转换的能力,包含了从等级制到非等级制的转变,那么克耶邦人在仪式上就可以应对任何一种可能。

有关平等主义和等级制社会结构的最终比较指出,一些文化实践能够阻止国家和权力中持久的等级制度的发展。拉瓦是山地社会中等级结构比较严格的,而傈僳族是相对平等的,他们的对比很好地说明了这一点。拉瓦社会强调精英(*samang*)家族在仪式和宴会上的优先地位,这些优先权有时也就控制了土地的使用。[94]统治家族们有着复杂和长远的宗谱,强调他们的地位和与强大的谷地宫廷的联系,特别是与清迈的联系。最明显的联系就是和绵人类似的特许,免除徭役、征兵和提供大象和马的饲料,同时确认他们游耕的权力。与此相反,傈僳社会强调所有家族在举办豪宴上平等的竞争,土地共享,并且在等级和地位上没有根本区别。

然而,平等的傈僳族有两个特质对我们来说是值得注意的。第一,他们的家谱都很短并被剪裁了,这就等于拒绝历史的影响。毕竟,大多数家族史的目的,不论是口头还是文字的,都是为了建立对荣誉和地位的诉求,或者说是为这些诉求而建立一个家谱。那么如果家族历史被缩短或完全忽视,就等于是从文化上阻止提出对优越地位的历史诉求,甚至可能是禁止这种诉求。没有或只有很短历史隐含着把所有血缘集团放在同等地位上。我们已经详尽地考察过,对于下层人群来说,缺乏文字记录的历史和家谱具有策略和适应性的优势。口头家谱,不论怎么创作改编,也是为了这些要求,而否认口头家谱也就走向更加平等主义。基于文字的文明始终把他们掌控之外的无国家的人民看作是没有历史的,这经常是正确的。[95]但这里我们所遇到的表面上是防止等级制度以及与之相伴生的国家建设,实际上是拒绝形成地位差异的历史行动。傈僳没有历史不是因为他们没有能力,而是因为他们选择逃避历史所带来的不便。

从这个意义上说,历史缺失促成了一个事实,就是在平等的群体里,每个家族,或者说每个家庭,都有自己独特的习惯和做法。然而,还有个大多数傈僳人引以为荣的"传统":那就是,杀掉变得过于专制的头人的传统。用保罗·杜然伯格(Paul Durrenberger)的话说,"傈僳人痛恨……独断专制的头人",并且"傈僳故事里常讲到被谋杀的头人"。[96]这些传统在许多平等主义的山地人中都能看到。这些传统是多么频繁地付诸实践很难说,虽然文献中最早的贡老叛乱反对克钦头人的报道可以被看作政治运动的例证。无论如何,这些警戒性的故事都代表了某种平等主义,是对那些决心加强自己家族势力的专制头人可能后果的一种结构性警示。

在等级制的拉瓦社会,家族分为不同阶层,彼此为地位竞争;而竞争又在某种程度上取决于各种编造出来的家族起源和谱系。傈僳人与贡老克钦人一样,否认家族的阶层和按阶层安排的宴会,否认历史,而且更直接地阻止任何有野心、要向那个方向推进的头人的出现。平等主义的傈僳人实际上创造了一种相当全面的防备国家的文化。

在可识别的单一文化中包含了平等主义和等级制两种模式的社会组织并不局限于克钦和掸邦。这在东南亚很普遍。⁹⁷由此我们认为这是分布在国家边界的许多无国家人群固有的结构也许是不无道理的。所以罗伯特·蒙塔哥尼(Robert Montagne)关于摩洛哥的柏柏尔人社会的经典论文提出,"柏柏尔人的社会在两种对立竞争的社会形式之间摇摆,一面是议会或一系列议会所控制的民主或寡头共和国,另一面是短暂的部落独裁,现代的典型例证就是南部大酋长(Caids of the South)。"⁹⁸与克钦人相同,柏柏尔人也没有自己本土的国家建构模型,所以当国家首次出现在他们中时,他们采用的是相邻的希腊国家形式。再提众多例子中的一个,麦克·科达考夫斯基(Michael Khodarkovsky)对卡尔梅克游牧民和俄国政权的研究也作了类似的摇摆论述。名义上的统治家族和神职人员一起,致力于创造一个世袭制和集权的王朝。其他的部落首领更赞成权力分散和"不确定"的继承规则,即开放的等级制度。"两种结构上对立的倾向,一个推动社会顶层向权力更加集中迈进,另一个旨在强化分离的倾向,这两种倾向可以用来解释游牧社会里常见的周而复始的内战。"⁹⁹科达考夫斯基已经清楚地表明,集权倾向更容易与毗邻国家联系在一起。所以沙皇俄国政权提拔卡尔梅克的可汗作为一种联系和控制的制度。与英帝国和中华帝国一样,沙皇对部落的群龙无首也是深恶痛绝。包括所能赐予的恩惠在内的沙皇权力与卡尔梅克可汗的政治野心相结合构成了集权和专制的基础。

  国家边疆地区平等且无首领的人们是很难控制的。他们难以把握。如果你说"带我去见你们的首领",不会有人直接回答你。想要征服和吸纳这些人群只能逐步进行,一个村一个村,甚至可能要一户一户进行,而且征服和融合也不稳定。没人能对其他人负责。就像前面描述的中东地区"水母部落"一样，无首领状态自身就是一种逃避的社会结构。无首领结构的必然结果就是无法统一，除非在特殊情况下（比如，魅力型宗教领袖和暂时的军事联盟）。一个能阻止被外来国家吞并的社会结构同样也能抑制内部类似国家结构的产生。

什么样的物质条件能保证这样的平等主义社会结构呢？贡老克钦、傈僳、柏柏尔和卡尔梅克的情境能很好地说明这一点。在边疆地区存在的大量开放的公共资产看来是个关键。就像固定的可继承的土地所有权支持了稳定的阶级形成，边疆的公共资产使所有人可以均等地利用生存资源，并且允许对维持平等主义至关重要的村庄和家族的分裂。从地理阻力的角度看，距离国家中心越远，人们生存方式越是移动的，如采集、游牧和轮耕，也因此他们就越有可能保持平等和无国家的状态。在任何地方，圈占公共财产和国家入侵都将威胁这一制度安排。

高地的民族认同异常复杂且不断变动，其背后的逻辑最好被理解成面对低地国家的策略选择。相对的地理高度和农业经济区位经常是这种位置的标志。在谷地国家为便于自己管理而创造出来的民族认同上，可以很清楚地看到这点。在明朝中期的"瑶乱"之后，那些与帝国合作并定居下来的人成为"民"，或者说是臣民，而那些没有合作和定居的则被定义为"瑶"。[100]这个族群名称的含义只是不交赋税的山地人；这些人最初并没有任何文化和语言的联系。我们也看到，苗这个词同样经常被用来称呼那些居住在国家掌控之外某个区域的人。当然，生的和熟的，野蛮的和驯化的，森林里的和住在房子里的(对克伦人的分类),只要参照政治上从属的程度,所有这些词汇都可以理解。

与国家所使用的外来名称不同,族群身份、分支,甚至包括村庄,比如在贡老和贡萨克钦的村庄,其名声都是基于不同程度的等级制度以及与国家的关系。凡格索的研究表明,高地阿卡人所选择的生存方式可以使他们的自治最大化,并且他们特别选择的居住地点也是那些国家和奴隶掠夺者不易到达的地方。[101]

我们在这里应该对排斥国家和防御国家的特征加以区分。它们彼此相关但并不相同。排斥国家的特质会使国家对其难以征服和统合,而且也难于加以控制,或者难以系统性地征用其物质产品。而防御国家的特质不同,是使得一个社会难以从内部发展出一个稳定的、具有等级制度的、就像国家一样的结构。

这里可以概括总结我们在前面的分析中反复提到的排斥国家的特征。第一,一个社会如果没有固定的定居地,相对分散,而且容易分裂成新的和更小的单位,这样的社会显而易见相对不容易被国家所掌握。[102]这些特征反过来与生存方式的选择如果不是有决定的关系,那么关系也是很密切的。采摘、打猎和捕捉(gathering,陆地或海上)都鼓励移动、分散和分裂。从采集到游耕,再到固定种植作物和灌溉水稻,人们很容易看到流动性、分散和分裂的逐渐减少。像我们在第6章里看到的,对种植谷物的社会来说,与成熟期统一的地上作物相比较,成熟期交错的、多用途、不显眼的根茎植物受到国家更大的排斥。在东南亚之外,受到排斥的还包括游牧业,它也受益于移动和分散。

第三个*排斥国家的特征是高度平等的社会结构,这使得国家难以通过本地的首领和头人进行控制。一个平等结构的重要物质条件是开放和平等使用生存资源的机会,尽管这只是必要条件而非充分条件。从这个角度看,公共的土地所有制和开放的边疆是保证平等主义的物质条件。实际上,两大主要排斥国家的生存方式,即采集和游耕,都是鼓励流动和分散的,如果没有开放的公共边疆,它们的存在简直是不可想象的。开放的公共边疆的消失对自治是个致命打击。

最后一个排斥国家的策略是与国家中心的距离,用我们的话说叫远距离的地理阻力。在20世纪以前,远距离这一个因素就足够把一些人群隔在国家影响之外。作为一个以距离来分隔的策略,远距离可以代替其他排斥国家的策略。哈尼和伊富高人之所以能平安地在他们遥远的山地梯田上种植灌溉水稻,正是因为他们距离国家中心如此遥远。

某些人群由于一直表现出了排斥国家的特点,只要一提到他们的名字就会使人联想起无国家状态,因而经常被周围的国家看作"粗野"、"生"或"野蛮"。拉祜、傈僳、贡老克钦、阿卡、佤、克木和果雄都符合这样的描述,此外还有许多。假如考虑到随着时间而出现的变异,以及许多族群有各种分支,如果愿意,人们可以发明一个排斥国家特性的标尺,那么任何特定族群都可以在上面被排列到特定的位置。

这个标尺的另一端应该是适应国家的特性:密集居住、定居、种植谷物的社会,这个社会的标志是土地产权和它所带来的权力和财富分化。这些特性理所当然地通过社会工程而进

---

* 似乎前两个特征是放在一起叙述的。——译者注

入国家空间。由于具有适应国家特性从而被打上国家的烙印的族群有,掸、缅甸、泰、孟、骠、高棉、京/越南。如果使用费尔南·布罗代尔的话来说,不是所有在标尺两端之间流动的人都想把这些联系抹去。在无国家的一端,是分散和流动的采集者或者远离国家中心的聚集在山上的一些人;而另一端,则是在国家中心附近纳税和种植水稻的农民。

在相对于国家的族群定位中最重要的特征就是个体在不同位置之间的不断移动,以及随着时间推移而在比如"克伦尼"(Karenni)、"拉祜尼"(Lahu-nyi)和"克钦"等位置上的转换。在历史上的任何一个地点和时间,可选择的族群认同都可以被看作调节与国家关系的一系列可能性,也就是经过漫长时间,适应主导的经济和政治条件逐渐建立认同的过程。无可否认,当葡萄干、药材或者燕窝的价格飙升时水稻的种植者们就应该放弃其他的活动,转而从事采集,从经济角度很容易理解这个转变。但这个向采集的转变也完全可以只是作为逃避国家的策略发生。同样,在种水稻和游耕之间的选择更可能是个政治抉择而不仅仅是比较计算单位劳动力的热量产出。由于生存方式、居住高度和社会结构的选择都与特定的文化认同,以及相对低地国家的"关系位置"有关,那么民族认同的改变可能首先代表一个政治抉择,只不过这个抉择正好也带有文化认同的含义。[103]

比如,有些拉祜人搬到偏远的山区开始以采集为生,而另一些定居在村庄从事耕作。直到1973年,许多拉祜人在反抗缅甸政府强行征税和徭役的叛乱失败后离开缅甸景栋,进入山区。[104] 克木人也有类似的,但是没有如此激烈的叛乱历史;有些放弃村庄生活转为采集,有些搬到谷地成为信奉佛教的水稻种植者。[105]此外还有如利奇发现的,很多克钦人也在不同的社会形式间变动,每种形式都更多是针对掸族谷地国家和等级制度的一种关系定位,而不是什么重大的文化转变。到目前为止,应该是很明显的,但是我还想再说一次,在东南亚过去几个世纪存在的游耕和采集方式不是水稻种植之前的一个阶段,如同某些社会进化方案所表明的;事实上,它们是一种"次级适应"(secondary adaptations),主要体现的是政治抉择。[106]

强森敏锐地指出,"族群特征主要和低地从属关系有关。"从这个意义上说,他断定"族群并没有[固定的]社会组织"。他的意思是说,如果从生存方式、文化附属、内部等级制度,特别是从与低地国家的关系看,一个特定的被赋予了名字的认同会是很不同的。[107]换句话说,不仅仅个人或团体为了自己的定位而在不同族群认同间不断变动,而且这些族群认同自身也是可变的,因为这些认同的持有者们的联合决策就能够重新定位族群认同的意义。

如果山地人群有一系列的族群认同可供选择,而且每一个都对应着与谷地国家的不同关系,那么如何说其历史趋势呢?我们看到,在过去的半个世纪中发生了很大变化。直到那之前,对于那些逃离国家或选择将自己置于谷地国家掌控之外的社会或社会碎片来说,赞米亚基本是个避难所。在那里,有名称的族群认同斑驳陆离,就像马赛克一样,这见证了带有反叛、战争和文化重组印记的长期和复杂的移民和再移民历史。最初,赞米亚的大多数人口来自低地,然而,他们一般用族群名称呼自己,因为他们已经离开了国家权力的势力范围。那些保留下来没有迁移的就成为谷地文化大融合的一部分,尽管他们可能是大多数。这段历史,和当地独特的生态多样性与地理分隔一起,产生了也许是世界上相对无国家人群的最大混居马赛克。

如果说可供选择的族群认同是个逐渐变化的斜线,那么在过去的半个世纪中,这个斜线已经为了适应不同程度的国家控制而变得更加倾斜了。经典的"生"番被带入文明的叙述被发展和国家建设的叙述所替代。虽然旧的叙述由于受到国家权力不足的限制,更多的是种愿望而不是现实,但是新的叙述却影响甚大。至少有三个因素能解释这一点。第一,现代民族国家的主权完整观念,以及实现这一观念而支付的管理与军事经费意味着国家会不遗余力地将其命令贯彻到边疆地区。过去整个赞米亚都是重叠、模糊或者没有主权的地带,这种地方正在消失。第二,构成平等无首领社会的物质基础是公共土地所有权,这正在被国家赋予的土地权利或个人土地私有所代替。最后,低地人口的巨大增长推动了大规模的、不断增长的、国家赞助或者支持的山地殖民。这些殖民者带着他们的作物、社会组织,以及过去不曾有的他们的国家。其结果就是世界上最后的大圈地运动。

8 复兴的先知们

> 应该给寻求缅甸佛教救赎的人一个名称,不管他如何难于被划分类别,我们为什么不简单地称他为世界的巫师,当然这又是受到韦伯表达方式的启发。
>
> ——纪尧姆·卢森贝:《放弃与权力》
> (Guillaume Rozenberg, *Renoncement et puissance*)

> 但是这是一个总在寻求魔力的世界,而且时刻做好准备,发现那些瞬息万变的线索并对其做出反应:不仅有布莱尔的青春、能量和果断,而且有施瓦辛格在电影中的活力,以及贝卢斯科尼的企业家动力。
>
> ——约翰·邓恩:《让人民自由》
> (John Dunn, *Setting the People Free*)

即使仅仅清点一下过去两个千年中山地人发动的数不胜数的反叛就是一件很困难的事情,这些反叛都是为了抵制逐渐侵蚀山地的国家。如果要按照类似林奈分类法进行分类就更是令人生畏的事情了。

这些起义往往在那些自我打扮成(和/或者被别人打扮成)可以创造奇迹的先知领导下,他们能否在历史中占有重要的位置是由档案中是否有大量记载决定的。由于他们威胁了统治制度和进贡关系，而且也由于它们并非像文明话语所叙述的那样，是人群的和平集合，它们已经引起了特别关注。每一次起义都会产生大量军事的和警察的报告，出现大量的相互指责、审判和死刑、调查委员会、政策更新和行政改革。因此在汉人、越南、暹罗和缅甸的档案中，大多数高地人或者是作为日常的统计数字，提供贡品、劳役和税收，或者是公开反叛国家的野蛮人。与起义有关的巨量资料使那些不严谨的学者会把山地人群的历史写得似乎主要是由反叛构成的，当然这样的历史描述大都是从那些镇压者的角度书写的。

我们将会看到，有关赞米亚地区叛乱的研究会使我们对如何抵抗低地国家了解很多。对这些反叛的特别的关注在很大程度上使我们忽视了那些比较不引人关注但同等重要的山地社会的进化过程。比如它忽视了移民和逃亡的深层历史，它们有时候是反叛的余波，但更多时候是避免军事对抗的另外一种选择。它还忽视了同等重要的适应和融入低地社会和人群的过程。采取这样路线的人往往随着时间推移而变成了泰、孟、汉、缅甸和京人，而在克伦、果雄、绵、掸等族群的历史记录中，他们就消失了。但我们没有任何理由认为他们的数量比那些仍然留在山地并认同山地社会的人数少。最后，只关注反叛会忽视那些参加镇压反叛的谷地国家的山地盟友、附属和雇佣兵。假设我们没有被那些书面记录所迷惑，认为山地总是处于叛乱中，那么研究那些激发山地反抗低地国家的预言和理念就可以帮助我们理解国家与边陲人群之间的艰难对话。

作为职业的预言和叛乱：果雄、克伦和拉祜

在山地，有些人群似乎职业就是先知和反叛。从文献上来判断，苗/果雄，克伦和拉祜就是这类人。他们的叛乱被很好地记录了下来，部分原因可能是他们比其他少数民族的人口多，比如苗/果雄人的人口将近900万，克伦人口有400多万。拉祜（65万人）和克木（56.8万人）也经常发生叛乱，但是数量少多了。

果　雄

有关叛乱的最深入的历史记录无疑是关于苗/果雄族的。[1]他们将自己与汉族的冲突溯源到公元前3000年，传说中汉族的黄帝打败了苗族自己的国王蚩尤。据哈罗德·温斯的计算，在公元400年后的两个世纪中有40多起苗族叛乱，都是为了与汉族争夺黄河与长江流域之间的低地。在此之后还有许多叛乱，而且多数权威人士都认为，苗族过去2000年的历史就是一长串反叛、失败、移民和逃亡的历史。[2]直到14世纪中期，苗族历史中还包括了大量猜测成分，因为苗一词是泛指许多抵制汉族统治的无国家人群。此外，苗族与瑶/绵族还没有明显的区别。[3]

自从1413年明朝在贵州扩展统治并鼓励大规模建立军事据点，毫无疑问，反叛、镇压和逃亡就断断续续地发生。在明朝和清朝（1368—1911），"没有镇压和平定苗族和瑶族叛乱的时间是很少见的。"[4]两个研究这个时代的历史学家将这些定义为"灭绝"战役，这并非是夸张。[5]在1698年，1733—1737年，1795—1803年都发生了大规模的苗族起义，最后在1854

到1873年间发生了横扫贵州的大规模"苗民叛乱",这与太平天国运动,即中国内地历史上最大规模的农民起义相重合。苗民起义的镇压颇为费力,许多地方在起义军控制下坚持了10年以上。起义的失败反过来导致果雄和太平天国残存人口的大规模外流,他们迁移到越南北部、老挝和泰国的山地。

果雄人逃避了强制同化并跨越中国南部边境以寻求自主,但是他们发现自己面临着来自印度支那的法国人和泰国北部暹罗人的同样威胁。接下来在1904年,1911年,1917—1918年,1925年,1936年和1943年,出现了一系列反抗法国人的叛乱,并在1901—1902年和1921年发生了反对暹罗统治者的叛乱。[6] 所有这些叛乱都有两个特点值得强调,后面我们将要研究的拉祜和克伦人也有同样的特点:他们是被先知领导着走向千禧年目标,同时他们也吸引了相邻的其他高地人群。

克伦族

克伦也有同样引人关注的反叛和先知领导的历史,尽管留下的记录要少一些。他们的历史有助于展示主要是由低地国家的宇宙观所塑造的自由和尊严的文化的普遍存在。克伦人有近450万,沿着缅泰边界分布,是两个国家中人数最多的高地族群。一些克伦人是佛教徒,一些是原始自然崇拜,还有一些是基督徒。不同克伦人群的文化多样性很高,乃至一些克伦族研究者开始指出,没有一个特征是所有克伦人都具备的。然而浸会派的牧师D. L.布雷顿(D. L. Brayton)却不同意这种看法,他指出:"克伦人有一个全民族的特征,就是在他们之中产生的先知。"[7] 不管他们的宗教信仰是什么,克伦人都在不断地表明他们热爱那些创造奇迹的、具有个人魅力的异端巫师、先知和未来之王。就像1980年代后期在克伦反叛者营地做过护士的乔纳森·芙拉（Jonathan Falla）所注意到的，传统仍然有很大影响："他们是千禧年信徒，总在不断制造勇敢的领袖、秘密教派、'白人和尚'和先知，所有人都在说服自己，克伦王国将再一次来到他们眼前。自然崇拜的人谈论伊娃（Y'wa）的到来，而浸会教士则说基督到来，佛教徒在说未来佛（Arrimettaya）的降临。总之是有人正在降临，拓梅帕（Toh Meh Pah）[1]正在回来，一定会有事情发生。'乔，想想埃及的以色列人，经过40年的荒野生活，最终进入到乐土。40年以后，在克伦也会发生同样的事情。'"[8]

浸会派的牧师有幸将《圣经》带给那些很久以前就相信救世主的人。但是他们的错误在于认为浸会教派的救世主就是克伦人迫切需要的最终救世主。

每一个先知的传统都包含了巨大狂热，为了迎接盛世的到来，克伦人要建立新的世俗秩序。经常出现的情况是，一个圣人——不管是巫医，还是牧师、隐士（*yà thè*—ရသေ့)或和尚——将成为即将到来的新秩序的先行者，他也被看作"福地"，围绕他聚集了很多信众。[9]那些先行的人基于不同的背景，也许是未来之王（*min laún*—မင်း လောင်း)，或者是孕育中的佛、弥勒佛（转世王），或许是克伦王/救世主，如拓梅帕、伊娃、段高/瓦高（Duai Gaw/Gwae Gaw，过去的叛乱领袖），或者其他什么人。实际上这种充满个人魅力的宇宙观在低地也同样存在。比如缅甸自称是未来之王（Mín laún）的叛乱与暹罗的普密蓬（*phu mi bun*）"圣人"叛乱就是这样的，公正地说，是他

---

[1] 克伦族传说中的兄弟二人。——译者注

们构成了缅甸和暹罗的"永恒之王"（once-and-future-king）传统。当千禧年来临之际，克伦王国会有充满公正的白银城市和黄金宫殿。19世纪中叶传教士记录下来的传统的克伦先知的诗句反映了这些期望：

> 那个时候克伦王将出现
> 得楞（Talain，即孟）王已经过去
> 缅甸王也已经过去
> 而且所有外来王都将过去
> 但是克伦王一定出现
> 当克伦王到来
> 就只有一个君主
> 当克伦王到来
> 不再有贫富之分
> 所有的生物都会欢喜
> 狮子和猎豹都将变得温顺。[10]

这里广泛流传的观念是风水轮流转、世界上下起伏、相信克伦要转而变得有权力和财富，还有相应的宫殿和城市。这样的观念支持了他们长期的叛乱传统。

权威的资料表明，克伦的敏佬叛乱发生在18世纪中期，是缅甸南部孟人的勃古/巴过（Bago）王国和位于北部的缅甸国家阿瓦（Ava）之间纷争不断的时期。[11] 1740年在勃古北部的克伦村庄出现了一个自称未来王的人，他的名字叫塔拉（Tha Hla），尽管人们称他为威敏（Gwe Min）。[12] 他也许是克伦人，也许不是，但是肯定有许多克伦的追随者。[13] 最初他只是起义反对

缅甸统治者强加给他们的沉重赋税,最终威敏被正式宣布为汗达瓦底(Hanthawaddy,勃古地区)之王,并采用了正式的称号:思敏·道·布达克提·达玛拉贾(S'mín Dhaw Buddahekheti dammaraja),即佛教的福地。他的任期虽然不长,但他是"他们"的王。1747年他被他的第一任首相废黜,在这之后发生的一系列阿瓦—勃古战争,最终以1757年勃古被缅甸国王雍籍牙(Alaunghpaya)彻底击败而告终。在克伦口头传说中,这一段灾难时期被称为"雍籍牙饥荒"(Alaunghpaya Hunger),数千孟人和克伦人为了躲避灾难而逃亡到遥远的东部山地,将自己置于暹罗人的保护之下。

从那以后,争夺王位的战争和反叛就频频出现。另一个几乎与威敏同时代的未来王化身是绍犬仁(Saw Quai Ren),在这个朝代中不少于10个的未来王里他是第一个。[14]其后的未来王化身及追随者都期望绍犬仁带着其军队再次出现。在1825—1826年间,借助三次英缅战争中缅甸的第一次失败,一位克伦的先知声称伊娃(Y'wa)即将重返人间,在最终被镇压之前,他们成功地摆脱缅甸的统治达4年之久。阿多奈拉姆·贾德森(Adoniram Judson)是一位早期的传教士和后来仰光大学的奠基人,他在1833年遇到了带着许多随从的斯高克伦先知阿瑞玛德(Areemaday)。这位先知预测经过一场大战以后,一位新的国王将带来佛教的和平。在成功地抵制了基督教的进入之后,这位先知及其追随者在一个小地方建立了宗教秩序,并与一位克耶王子建立了联盟,在1844—1846年间与缅甸军队开展了战争。阿瑞玛德宣传自己是王位继承人,他最终与其追随者共同战死在战场上。1856年另外一位活动在萨尔温山地的克伦未来王聚集了许多掸族和克伦士兵,他们拒绝向建立不久的英国殖民地中的缅甸官员纳税。[15]此外，在靠近帕潘(Papun)的山区，1867年还出现了另一个自称是未来王的克伦人，尽管殖民地当局把他丑化为土匪。安置宝塔的塔尖是君王的特权，一个未来王的化身往往通过修建一座宝塔并升起塔顶的塔尖(t'i—ဆူ:)来宣布自己的地位。

人们可以想象，还有许多小规模的先知，因为他们在政治上是被动的，他们的追随者不多，在殖民地的档案中还不够资格被记录下来。尽管他们在克伦的佛教徒中也很活跃，但是并没有引起重视。他们已经成为20世纪克伦佛教社会中的固定宗教组织(religious fixture)。在日本入侵前不久，一个自称普威苟(Phu Gwe Gou)的克伦人在萨尔温地区建立了一个千禧年运动。在战争中，他死于英方136部队的暗杀。

迈克·格力弗斯在缅泰边界地区的克伦人中区别了两种不同的千禧年宇宙观。第一种是称呼自己为黄线运动(Yellow Thread Movement)的波克伦，他们追随着为他们制定仪式和行动准则的隐士。除了其他特征外，他们还禁止养猪和饮酒，穿七彩线编制的袖套，他们建立宝塔的时候在前面竖立旗杆以礼拜土地神(Earth Goddess, Hsong Th' Rwi)，因为土地神是在未来佛到来之前保护佛教徒福祉的人。这种传统被称为陆邦(Lu Baung)，在各地是由隐士的信徒领导的。这些信徒在特定条件下就可以宣称自己是未来王，足以制造叛乱。直到2000年，信陆邦的克伦村民与泰国边界巡逻警察的冲突还导致5个警察被杀。[16]

第二种在克伦广泛流传的千禧年佛教宇宙观由特拉克宏(Telakhoung)传统所代表。这种传统与陆邦有许多共同的特征，不同之处在于它有从最初的隐士先知绍尤(Saw Yoh)开始的独特"朝代"继承系统,以及在仪式中排除妇女参加。格力弗斯认为,特拉克宏只是一个具有更严格等级制度的"谷地"版陆邦,具有类似国家的结构,相信所有宗教在未来都会统一。就像山地人群经常具有双重社会结构一样——有些结构更平等,有些更垂直——他们的先知运动也有着类似的双重结构。

拉祜族

拉祜族属于藏缅语系,与阿卡、哈尼、傈僳和倮倮(彝)相似,在高地从事游耕,其核心地区在云南西南角。总共65万拉祜族人口的90%分布在萨尔温江(怒江)和红河上游之间的缅甸西部和云南地区。即使按照山地的标准,他们也是一个极为平等的社会,除了三五户的小村寨,基本没有其他的政治单位,而且据熟悉他们的民族学者判断,在小村寨中也没有有效的权威。[17]他们拥有最多的就是先知和长久的先知传统。他们将大乘佛教、万物有灵,以及现在的基督教因素融合到这种先知的传统中,支持他们反对各种低地的敌人:汉人、泰人、英国人和缅甸人。

这一有关拉祜人先知传统的叙述服务于三个目的:首先,尽管有些简短,但是它分析了那些拉祜的先知和其追随者所信奉的宗教宇宙观的历史和民族学基础。第二,它表明了来自于国家中心的各种宗教观念是如何被融汇合一,还有对低地国家制度形式的模仿如何被重塑用于反对低地的活动。最后,它还显示了这些观念和观念的承载者是如何提供了集体行动所需要的社会凝聚力,这些凝聚力不仅存在于原子化的拉祜社会中,而且也存在于他们与佤族、克伦、傈僳,甚至泰族等山地社会之间。

在过去四个世纪中,主要为了回应来自汉族当局和移民的压力,拉祜人不断向南方和高地运动,这是一个不争的事实。这之前的明代早期,看起来至少有一个拉祜分支(Lahu Na,黑拉祜)曾经与泰族争夺对云南西南部沿澜沧江的富庶谷地土地的控制。泰族占据了很多地方,而拉祜被赶到了山地,在那里,有许多人开始向较大的泰族政体进贡。像其他许多山地人群一样,现在已经成为游耕者和鸦片种植者的拉祜人只是在战败以后,为了避免被泰族吸收成为奴隶而变成了游耕民。

给拉祜族带来比较大威胁的是清代早期具有侵略性的扩张分子。一份早期清代的对拉祜族的叙述清楚地表现出汉族官员对拉祜人的蔑视,这一叙述也许来自更早的时期:"他们是黑皮肤、丑陋和愚蠢的。他们的食物是荞麦,还有树皮、野菜、藤、蛇、昆虫、马蜂、蚂蚁、蝉、老鼠和鸟。他们不知道如何盖房,还住在岩洞里。他们是一种野人。"[18]在汉族中有一种普遍流行的传说,拉祜人在出生的时候是带着尾巴的,一个月以后才脱落。

在明代"以夷制夷"的政策下,拉祜人被朝廷任命的泰族人统治,但是统治比较松散。这种状况到清代发生了急剧变化,朝廷采取新的政策,在拉祜地区派遣汉人的行政长官进行直接管理。为了实施直接统治,官方解除了泰族官员的权力,根据土壤肥沃程度进行耕地的地籍调查,并且开始为了建立系统的纳税制度而进行户籍登记。这一政策开始于1725年,并且从1728年开始触发了一系列的叛乱,叛乱持续了6年之久。他们都参加了由拉祜、泰、哈尼、洛庞(Lopang)

和彝族等跨族群组成的联盟进行反对新税收和汉族人口逐渐渗入,以及中央政府垄断茶叶的斗争。在这些叛乱的后期,领导拉祜的是一位泰族和尚,他宣称"有超自然的能力可以带领他们逃脱镇压"。[19]

那些创造奇迹的和尚或者被称为拉祜"上帝使者"的人在世纪之交的一系列拉祜、佤和布郎的起义中发挥了明显的核心作用,这个时候的起义是为了反对残留的泰族领主征收赋税和劳役。一位受尊敬的汉族大乘佛教和尚将拉祜人联系在一起发动了叛乱,这个和尚在当地被称为"铜金和尚"。在帝国军队镇压下,这次叛乱失败了,并导致了大规模的人口南迁进入到缅甸掸邦地区。而那些继续留在原来叛乱地区的拉祜人随后逐渐地汉化了。

从1800年开始,一种适合无休无止的拉祜叛乱的文化模式被建立起来。在这种模式中,他们几乎总是被一个圣人领导,这个圣人被拉祜人看作从神那里来的王,他可以治病、净化社区,并且构成了佛教的"福地"。感谢安东尼·沃克详细地重构了这一文化复合体,我们从中可以识别出拉祜宇宙观中组成了这个混合物的那些关键因素。

就像克钦、傈僳和阿卡等许多邻近山地社会一样,拉祜也有一个传说中的造物主,他是创造天与地的男女双性人。[20]这一佛教之前的传统最迟在19世纪中期与大乘佛教(并非泰族的小乘佛教)完全融合。一批有领袖魅力的和尚在拉祜山地前赴后继地建立寺庙(*fofang*),受到他们的影响,拉祜人改信了佛教。这些和尚中的第二个是艾沙(A-sha),在传说中他和他的姐姐打败了佤族,使他们转而信仰大乘佛教,并服从拉祜人的统治。大乘佛教将黄金乐园(Golden Land)传统带到新世界,那里平等、和平、富裕,不受外人统治压迫。除了带来千禧年的信仰以外,更重要的是大乘佛教的寺院结构也为泛拉祜的组织网络提供了借鉴,这种组织网络既可以作为解决纠纷的社会机制,同时也是反叛可以利用的超越村庄的网络。师徒关系在大乘佛教和密宗中是如此重要,一些由备受尊崇的和尚建立的寺庙成为主寺庙,遵循其教义的则成为"子"寺庙。

在此之后的拉祜先知事实上都是有影响的和尚,他们将自己看作造物神贵莎(Gui-sha)的化身,并且这也得到了大家的认可。同时他们也宣称佛陀释迦牟尼(缅甸语 *s'eq k'yà mín*—အောင်ကျပ်ဝင်း)将要回来重建一个有道德与和平的世界。两个形象在这里统一在一起,一个即将来临的神,既代表了拉祜祖先的精神,也是即将来临的征服他们的转轮王佛陀。正像沃克所理解的,它是"拉祜经验的循环现象,不时地打乱仪式程序……他是一个圣人,是贵莎神的唯一传人,他试图超越村庄层面社会组织的限制,以挑战外来政治控制的霸权"。[21] 与克伦人的先知类似,拉祜先知兴起的目的既是为了恢复传统的道德准则,也是为了避免臣服于谷地国家,也就是汉国家和泰国家。

频繁发生的拉祜先知运动使我们有可能对其"职业轨迹"有所发现,即使是像成为"神的使者"这样无规律可循的活动。一个村庄的巫师也许生过一次病,以后就具有神秘的经验,声称通过其出神和灵魂附体,具有了治疗疾病的能力。如果大家认可这种能力,而且有许多其他村庄的追随者,他就会声称(或者其追随者声称)他具有贵莎神的能力。在这之后,他就会要求进行仪式和教义的改革(饮食、祈祷、禁忌)以净化社区并为建立新秩序做准备。在最后一步,作为通神的人,他无视低地国家的意愿而要建立新的秩序,并将他的追随者组织起来,这最后一步将无可避免地将他载入低地邻居的档案中,并可能导致其最终的灭亡。

沃克叙述了许多20世纪被载入档案的通神之人。中国的记录中有关于一个拉祜先知的记载,他领导了1903年的起义,在这之前,他用了一个月时间通过葫芦笙舞蹈和咒语将起义者组织起来。这位先知死于随后的战斗。美国浸会传教士哈罗德·杨(Harold Young)的一位克伦的助手报告了他所遇到的一位景栋北部的拉祜人,"他声称自己是救世的王",他的追随者包括阿卡、掸族和拉祜人。1918年拉祜反叛者攻击了中国的衙门,其中一些反叛者带着弥勒佛的纸画像。在1920年代,基督教教义开始进入到拉祜社会,一位美国传教士报告说,一个接受了基督教的云南人号称可以预言和治病,他吸引了大量追随者,并制定了饮食戒律。尽管叙述并不完整,但是可以看出,这个信奉基督教的通神之人与之前信奉佛教的拉祜先知的所作所为是相同的。

1929年,靠近景栋的一位有着众多各族群追随者的拉祜族巫医突然在他的村庄修筑堡垒,拒绝纳税,并且准备为了拉祜族去攻击和占领泰族小国芒山特(Muang Hsat),但是英国殖民军队在这个时候介入,摧毁了他的堡垒,解散了他的武装信徒。另外一个拉祜族先知从1930年到1932年间,攻击了当地的佤族首领,然后带着他的追随人员撤退到难以进入的阿郎山(Awng Lawng)地区。在那里,他统治了一个半独立的王国。

尽管从国家角度记录的档案经常将叛乱和起义描述成为

完全无理性的,但是我们很容易看到它们的爆发是有很多原因的,比如反对谷地国家的入侵以保持独立。1973年缅甸军政府和景栋附近拉祜族的大规模冲突就是这种情况。[22]领袖正是在过去60年间广受尊敬的、天生具有贵莎神的特质、从而也成为拉祜道德秩序守护神的精神和世俗领袖的茂纳泡库(Maw Na Pau Khu)。冲突的原因可能是缅甸军队发动战争要解除拉祜人的武装,接管鸦片贸易,并对家庭、牲畜和屠宰牲畜征税。对于缅甸当局来说,先知代表了一个不能容忍的自治地区,必须要加以根除。在他们逮捕了两个拉祜商人以后,就爆发了战争。数千拉祜人参与了战争,由于他们最初坚信刀枪不入,所以有数百人被杀。缅甸军队也损失惨重,至少有50多次战役都失败了。可以看到,这次反叛与接下来1976年发生在云南的先知运动之间有着直接的联系。[23]

大量拉祜人改信基督教,特别是浸会派,这一点也不奇怪。许多拉祜人都信奉先知,他们将基督教浸会派看作通向永恒健康(general health,未来生活)之路,而且也是他们漫长的摆脱中原民族和傣族统治,争取自由的强有力盟友。开办学校、获得先知的著作,这些都使他们与那些污蔑他们落后的谷地社会获得了平等的地位。事实上,许多曾经听过威廉·杨布道的老一代改信基督教的拉祜人都把他看作与他们原来所追随的其他先知一样,可以创造奇迹,呼唤族群行为(戒酒、戒毒和戒赌)的回归,从而准备新的时代的来临。换句话说,那些改信基督教的人事实上保留了他们自己所有的宇宙观和对先知的预期,无须任何改变。在杨之后的两个长老会的观察者都敏锐地指出,将他们从泰族和汉族君主的统治下解放出来是最重要的承诺:"我们首先要提到[运动的政治阶段],因为我们判断,在接受洗礼的拉祜国家大多数人的心目中,政治因素,比如免除税负、减少强制劳役和不必再向[泰族]统治者进贡是最重要的诉求。"[24]

边缘和一无所有的自然神学

在这个世界中,一切都与他们作对,处于边缘的山地人和这个世界上那些一无所有的人只能坚信,他们的救赎即将来临。尽管他们的行动经常是以悲剧结束,但是他们固执地希望,坚信他们的目标,这就值得我们的关注,甚至尊敬。我们很难想象那些知道自己没什么机会的一无所有的人都是冷静的现实主义者。甚至在对宗教进行批评的背景下,马克思也表现出了一些尊重。下面这段文章的最后部分是经常引用的,在这里他写道,"但人并不是抽象地栖息在世界以外的东西。人就是人的世界,就是国家,社会国家,社会产生了宗教,即颠倒了的世界观,因为它们本身就是颠倒了的世界。……宗教的苦难既是现实苦难的表现,又是对这种现实苦难的抗议。宗教是被压迫生灵的叹息,是无情世界的感情,是丧失精神的状态下的精神,宗教是人民的鸦片。"[25]这么多山地人群不断坚持按照自己的喜好理解这个世界,坚信即将到来的解放,这与其他许多一无所有和被污名的人群的希望是同一类的:内战时期宗教改革的再洗礼派、美拉尼西亚在货仓成立的宗教团体(cargo cults)、相信沙皇已经颁布命令解放他们的俄国农奴、那些新世界相信救世主就在身边的奴隶,以及数以百计的期待千禧年的王或神降临(回来)的人,不仅仅限于犹太—

基督教。具有讽刺意味的是,这些对世界的错误理解有的时候是如此普遍和影响巨大,足以导致叛乱的产生并进而改变这个世界。

由于被看作神圣的力量且充满魔力,那些先知运动很容易披上外来的宗教外衣。然而我们不能简单地将之看作宗教活动。之所以不能,因为在18世纪中期以前,所有那些广为流行的、今天足以被称为"革命"的权力斗争事实上往往都采取了宗教的形式。流行的大众政治学是宗教,反过来宗教也是政治化的。按照马克·布洛赫(Marc Bloch)的看法,我们可以说,在封建领主世界中的千禧年反叛实际上与大规模资本主义世界中的罢工是同样的。[26]最早的两次公开的世俗革命是1776年的北美和1789年的法国革命,在这之前,所有的大众政治运动都通过宗教的术语来表达他们的诉求。正义和权力的观念,以及我们今天可能称之为"阶级意识"的观念,都是用宗教来表达的。如果我们对大众的愿望和底层政治感兴趣,我们会发现,它们很少完全穿着世俗的外衣。我们将会看到,这些愿望都采取了超越现实社会的形式,这点是很重要的。然而在什么时候政治不是某种程度上的有关道德秩序的神学争论呢?

作为一种影响一直很大的民间宗教,万物有灵论与佛教、基督教和伊斯兰教等救赎宗教同样表明,"真实存在"的现实宗教并不会忽视世俗的需求。万物有灵宗教的实践主要关注的是重要的世俗事务:保证好的农业收成、治疗疾病、帮助打猎、赢得爱情和战争、阻止各类敌人、通过考试和保障人口生育。救赎宗教的大部分实践并非是那些高等的教义,而是反映了这些万物有灵论者对世俗结果的关注。缅甸对地方神祇纳特和菲（nats和phi）的崇拜，以及暹罗的小乘佛教实践，都深深地嵌入到日常生活中，那些日常的实践者几乎不会感觉到民间的万物有灵与神圣的佛教有任何冲突。[27]

比比皆是的先知

很明显，先知运动经常被用其先知的名字命名，这个先知是这个运动的中心，具有个人魅力（比如1930—1931年下缅甸的萨亚森[Saya San]起义）。对于我来说，这样的命名看起来是找错了重点。首先，虽然有许多先知运动都围绕着一个具有魅力的先知人物的时候，也有许多广义上的千禧年活动没有一个领袖，或者有许多领袖人物，但没有一个看起来是关键的人物。

更重要的是第二个理由，总是有太多的先知。但只有那些活动达到一定水平能被记入档案、报纸、警察或宫廷的记录中的才引起我们的重视。就像纪尧姆·卢森贝在缅甸隐居和尚的例子中所注意到的，"我们甚至从来不去想那些数不胜数的失败者，像森林一样多的无名和尚尽管无望地，但仍然不断地向往着成为圣徒……毫无疑问，在成为圣徒的过程中有数不清的不为人所知的失败，要了解这些失败者的命运远比那些光荣胜利者的惊人成就更难。"[28]据说在1世纪早期罗马帝国的巴勒斯坦省有数量众多自称为弥赛亚的人，每一个都相信自己在完成古代犹太的预言。[29]对单一的神，也就是拿撒勒耶稣的崇拜后来才被制度化，并成为了世界的宗教。

首先，魅力是未来的先知者和他或她的潜在追随者之间特定的文化关系。因为它是关系或人之间的呼应,我们可以说某个人兜里有金币,但是却无法说某一个单独的人是否有魅力。是什么构成了魅力关系经常是难以捉摸的,在一个文化背景中有魅力的,在另一个文化背景中就可能没有,而且在某一个历史时刻被认为是有魅力的,在另外的时刻简直就是不可思议。强化某一个人的个人天赋或杰出的人格依赖于文化中长久的期望或渴望,这些期望和渴望在过去和现在都创造了适宜先知存在的某类或全部情景。从这个角度看,魅力关系可以被看作一群特定的人,他们在寻求一个他们可以信奉其信条并相信其个人的传道者。就像是这群人已经很详细清楚地知道其目标(不管这看起来是如何野心勃勃),只是在寻找可靠的到达目标的手段。在这个意义上说,先知就是交通工具。同样,比如说当50个白塔被建造完成的时候,新世界就会降临一类的预言并不吸引人,因为它总是无法实现。而更吸引人的是准备好等待着某种未来的到来。这种等待准备着的状态,因为深刻的结构和历史原因,可以超越具体预言的失败,变换一种形式表现出来。或者换句话说,为什么某些人群注定要承担千禧年的期望?为什么有如此多的山地社会是乌托邦理想的产地?看起来似乎许多高地社会的某种属性具有生产预言的能力。

  成功的先知都出现在特定的社会,这些社会事实上为先知的所有活动提供了基础。从这个角度看,我们可以对拉祜的预言家的标准职业模式做出描述。这一相互影响的过程与听众对中世纪游吟诗人的影响是一样的。让我们想象一个游吟诗人,他的生活完全是由市场上的普通人自愿供养的,为了进行这个讨论还让我们假设,喜欢听他歌唱的人都给他同样的一个小"铜币"。此外,一个游吟诗人希望让尽可能多的听众喜欢,因此再让我们想象这个游吟诗人会一千首歌曲和故事可供选择。如果他的听众有着独特的喜好,可以想象出,当游吟诗人逐渐了解了他的听众,那么他在市场上所唱的歌,甚至唱歌的顺序和风格,都会更接近他听众的各种喜好。即使我们的游吟诗人不知道如何了解群众的表情和热爱,那在市场上表演结束时候所得到铜币的多少也足以促使他调整节目。

就像所有的类比一样,这个比喻也有缺陷。这个比喻几乎没有留空间给先知的创造性,以及他增加节目和改变听众喜好的能力。利用街边唱歌这样一个显得有些陈腐的比喻,我肯定忽视了富有活力的先知运动中的巨大风险和高度热情。尽管如此,这个类比的确表明了魅力型公众的文化期望和历史理解对一个成功先知的表演脚本是如何产生决定性影响的,虽然这些公众经常被错误地看作是在先知掌握中可以任意摆布。这种逐步调整的随机过程应该很常见;这是最成功的政治家和牧师的拿手好戏。[30]

"迟早……"

一个社会的等级制度只要存在,就必然带来财富、特权和荣誉的分层。每个不同的分层规则都可能会产生不太一样的排序:儒家的学者或佛教住持可能有最高的声望,但是物质财富却比较贫穷。对于大多数社会来说,阶层之间高度相关;并且用金融的词汇来说,随时间推移不同阶层的排序是可以互换的(fungible)。这种社会等级可以通过礼节、仪式和消费模式等所谓文明产物来表现出来。某些特定的婚礼和葬礼的方式,特殊的服饰、住房风格,还有宴请、仪式、宗教行为和娱乐模式被看作是适当和有价值的。那些能够体面地达到这些标准的人把自己看作比那些无法达到标准的人更有表率作用和具有更高声望,通常别人也会这样看他们。[31]

当马克斯·韦伯写下"无特权阶级的宗教"的时候,在他的头脑中已经有了这类社会和文化的区别。在社会分层秩序中,无特权的人所经历的污名和耻辱不仅仅是食物和现金的问题,更是地位和社会尊重的问题。他们的饮食、他们的仪式、他们的丧葬,以及各种各样的事情都在提醒他们,比起那些特权阶层,他们是微不足道的。"这是很明显的,"就像韦伯所说的,"在最广泛的意义上说,对救赎的需要是无特权阶级……所关注的。"与此相对,"'富足'和特权阶层对救赎的需求微乎其微,这种需求与武士、官僚和财阀们也相去甚远。"[32]

没有特权的人不希望保持现有的地位和财富分配,希望通过激进的社会秩序重组获得利益。毫不奇怪,他们更加被那些承诺建立全新时代的运动和宗教所吸引。在一个"颠倒的世界"中,犹太人50年解放(Jubilee Year)的传统可以反映无特权阶层的真实兴趣,在那个时候,所有债务被免除,奴隶被赎回,罪犯都被释放。《旧约》中的图景,以及从埃及奴役中的逃脱和去往乐土等一直存在于北美奴隶的心中,他们完全相信50年解放和拯救。这种兴趣还可以在每年的反转仪式(annual rituals of reversal)中表现出来,如天主教国家的狂欢节,印度教中的胡里(Holi)盛宴,以及东南亚的泼水节,这些都是在一个短时间内,正常的社会秩序被打乱,甚至完全翻转过来。这些并非是为了宣泄紧张而建立的一个无害的安全阀,从而使等级制度在一年内的其他时间可以更有效,实际上举行这些仪式的地点都是充满了斗争和威胁的地区,随时会爆发实际的反叛。[33]

韦伯试图更准确地发现,在那些没有特权的人口中,是哪些人更愿意相信"迟早会出现一个大英雄或神,他们将带领其追随者到达他们应该去的地方"。比如,他相信那些处于边缘,那些"受到国内势力(金融、农业和领主)或国外某些政治势力威胁,将成为奴隶或无产阶级"的农民具有更强烈的革命宗教的诉求。也就是说,并非是贫穷导致农民参加激进的宗教团体,而是因为他们未来将要失去其独立小农的地位,并沦为可怜的,依附于人的无地劳工,或者更悲惨,成为别人的奴隶。由于本来就没有特定的宗教信仰,更没有什么正统教义,当他们的经济和社会独立性受到威胁的时候,农民(从语源学上说,pagan一词的意思是没有信仰的人,直接来源于拉丁文paganus,意思是乡下的居民)就会转向反主流的革命派别。其中,韦伯指出了罗马时期北非的多纳图派(Donatist)、15世纪早期波西米亚塔波尔派(Taborites,也称胡斯运动,Hussites)、英国国内战争时期的掘地派、俄国的农民派等农民激进主义的先知传统作为例子。[34]

当我们近距离讨论山地先知运动的时候发现,韦伯的意见是富有远见卓识的。目前,那些已经被统合到以国家为基础的秩序中的农民社区,只要他们村庄的自主秩序(地方争议的解决、管理放牧和共有地的权力,以及选择自己的领袖)受到集权国家威胁的时候,他们就会支持激进的先知运动。这再次表明,并非是收入和食物的问题,而是自主的问题。[35]

至少从历史上说,带有千禧年信仰的宗教异端和先知运动,在低地和那些成为低地国家组成部分的人口中与在山地一样流行。事实上,正像前面已经指出的,在山地广泛流传的千禧年观念在很大程度上是由从谷地国家流传来的碎片组合而成的。

如果我们将缅甸作为小乘佛教的典型,可以看到那里明显有很充分的异端活动和信仰。维克扎(*weikza*,擅长炼金术、巫术、飞行和长生不老)的传统在这里也很长久,隐居的和尚(*yà thè*)、会出神和附体的巫医、占星家(*bedin saya*)、黑巫师(*auk lan saya*)、创造奇迹的和尚都可能被看作将来能成为佛陀、察克瓦迪(Chakaveddi)或弥勒佛的人。[36]

在低地小乘佛教中,居住在森林中的隐修和尚与生存在寺院戒律下的定居僧侣之间的对立是普遍存在的,后者往往属于九个著名派系之一。[37]当一个和尚决定要作为一个隐士追寻自己的精神力量的时候,那么不仅要离开定居的农业地区和政府,而且相伴随的往往是超人的苦行、严格的斋戒,以及在墓地死尸边的冥想;这也意味着他进入到了一个有强大的神灵和不适合日常生活的危险世界。那些林居的和尚被认为获得了不可思议的能力,受到公众的尊重,也因此我们才知道他们:他们可以预测未来(包括中奖彩票的号码!),可以长生不老等待下一个佛陀的到来,可以发明有效的药物和护身符,可以掌握炼金术和会飞,而且可以给忠实信徒祈福。在定居的低地居民看来,只有离开国家空间和灌溉稻作区域,回到森林和荒野中才能获得这些能力,这个事实表明,在水稻国家之外有某种力量帮助他们形成这种能力。此外,除了缅甸族群的人以外,还有许多其他族群的林居和尚,这些都表明山地人对异端的热爱。[38]

所有这些角色都可以被看作佛教活动中有魅力和非正统的一面。由于他们依靠神灵感应和魅力关系,他们总被制度化的分等级的僧侣(sangha)看作威胁而被排斥。正像罗马当局偏爱阿波罗(他只在上流社会活动)的神谕而禁止被妇女和下层社会男人所喜欢的信奉酒神的团体的狂欢仪式,小乘佛教的掌权者也禁止这种魅力型僧人的活动。[39]这些行动已经构成了持续的危险,在佛教日常仪式的警告中就包含了这种意思:"再次强调,我们的兄弟不能有人妄称自己具有超凡的天赋或超自然的完美,或故作姿态让别人把自己看作圣人,比如退隐到远离尘世的地方,或者假装像圣者(Ariya)一样喜爱入定,并在此之后擅自教授其他人获得非凡精神力量的途径。"[40] 18世纪贡邦王朝的建立者雍籍牙非常关注这样的威胁,那些没有完成规定的宗教学习的和尚要被文身和驱逐,"从而他们的异端可以被标示出来。"[41]

我们该如何理解缅甸低地国家各种宗教混杂背后的逻辑?我想我们应该从迈克尔·门德尔松的观察开始,他看到,哪里集中了财富和水稻耕作,也就是那些适合国家建设的空间,哪里就汇集了成群的佛教僧侣。那些富有的俗人、官员和官方寺院的学问中心都恰巧集中在同样的地方。除了这种紧密的联系,门德尔松还发现,与其他本地宗教传统(比如万物有灵论)相比较,佛教的相对强大与皇室权威,也就是君主制国家的强大直接相关。如果我们阅读非正统的佛教文献,看到那些在受戒典礼中所禁止的活动、精灵崇拜,以及其他万物有灵论的活动,就可以看到国家建设历史进程中出现的断裂,并发现其背后的逻辑。这些各种各样的宗教活动和活动者的存在表明他们进行了抵抗以保持自己的差别和非正统，从另外一方面说，至少也表明国家推进的宗教统合与驯化的失败。

就像英国议会的反对党有个尽管没有执政但是模仿了实际内阁的影子内阁一样，官方的正统佛教也有一组可供替代的制度，他们既是正统佛教的影子，也是他的困扰。代替标志性僧侣派别的是位于国家之外并逃避僧侣戒律的隐士和林居和尚。代替官方佛教千禧年理想的是那些承诺其追随者可以快速进入理想国的巫医、未来王的化身、弥勒佛和世界之王（Setkyamin）。代替中心的佛塔和佛殿的是地方的神祇（nat pwes，精灵的仪式）。代替积德行善以获得救赎的是世俗的、此时此地的改善其现实世界状况的技术。代替科层制、考试选拔的僧侣的是集合了许多追随者的魅力型和尚。多数缅甸的佛教徒无意识地在他们家庭的精灵和寺庙的三藏之间轻松往返，并没有清晰的界限，因此我上面所说的区别只是为了便于分析。

另外一种崇拜形式的存在代表了国家建设的历史过程中一直断断续续存在的裂痕，这特别清楚地表现在神灵的崇拜上。大多数神灵都被认为是真实存在过的人的灵魂，这些人还在"青春"（green）或未成年就死了，因此他们留下了能力很强的灵魂，既可以保护也可以危害人。那些被人们了解得最多的神灵有着令人吃惊的特点，就是围绕着他们的许多现实生活的传说都表明了他们拒绝服从国王和进行叛乱。[42]坦格巴雍（Taungbyon Brothers）兄弟是其中最著名的，据说他们是很喜欢玩乐的穆斯林，尽管他们帮助国王取得了一个很重要的佛教遗物，但是他们玩弹珠入迷，没有时间把自己的两块砖送去建造佛塔以放置这个遗物。由于这种反国王的行为，国王捏碎了他们的睾丸，杀死了他们。在曼德勒以北20公里的坦格巴雍村每年都有纪念他们的节日，这个节日是一次名副其实的狂欢，吃、喝、赌博和公开的性活动，每次都无法控制。可以猜想，地方神灵(nats)是那些被国王征服的人群和地区的保护神，麦尔福德·斯皮罗（Melford Spiro）也注意到坦格巴雍的政治和宗教的反对声音：这个神灵"象征着反对权威。在举行崇拜仪式的时候……人们表达了对权威的反对。但是那些精灵……也同样象征着反对宗教权威。……精灵的信徒被给予机会来表达他们对佛教的敌意和满足被佛教所禁止的需要"。[43]除此之外，精灵还包括那些被国王不公正杀害的人（比如一般家庭都有神龛祭祀的马哈吉利神灵[Mahagiri nats]兄妹二人），以及至少三个弑君者和几个反对佛界行为的自由思想者。

存在着一个集中建造的中央万神殿，殿里有37个神灵（这个数字来自当地的宇宙观，提婆[devas]及其从属的纳贡王国一共有37个）。门德尔松相信，万神殿代表了一种将各种地方神祇置于君主般的佛教之伞下面的努力，就像天主教国家所信奉的圣徒都与前基督时代的神明有关系一样。其目的就在于将这些力量强大但本质上是分散的精灵置于一个集权的君主模式之下。[44]但是要实现这样的联合并非易事，因为精灵崇拜仍然代表了对权威佛教和统一国家的反抗。正像门德尔松所总结的，"有足够的证据让我们相信，只要佛教强大，那么精灵崇拜就会弱小，比如这种强弱可以用禁止地方神祇来测量。因此佛教与强大的集权君主并行，而万物有灵的信仰却与地方和反叛者的胜利相呼应。"[45]缅甸人的仪式生活同样反映了国家建设中尚未解决的冲突。

与精灵崇拜不同,在僧侣中存在着两种类型,一方是韦伯所说的领袖魅力型的程式,也就是科层制、注册和经过考试的僧侣,另一方是创造奇迹的、治病的、发放护身符的僧侣,他们之间的分歧是非常明显的。许多居于村庄中的和尚(village pongyi)为了满足世俗信众的期望,往往将上述二者混合。当民族遭遇危机的时候,就会出现许多代表世俗利益的先知。事实上,如果撰写一部令人信服的20世纪缅甸民族主义历史,就不能忽视先知这一传统。在殖民征服不久,乌·奥托玛(U Ottama)宣布自己是未来的王者(*min gyi*)并因为反英而被绞死,那里连绵不断地出现了大量号称未来佛教世界之王(*setkyamin*)的人,他们等待着佛陀的重现,这一直延续到1930年萨亚森起义。尽管这次起义以他的名字进入到了历史档案,并且他也因为核心民族主义(protonationalism)而成为国家被认可的英雄,但是仍然要记住,他只是这场叛乱中的三四个"未来王"之一。[46]当然,在当今时代,正是那些"未被驯化"的僧侣代表了世俗大众的民主期望,而那些国家制度下的僧侣则因为从军方高官获得了大量对个人和寺庙的礼物而与其保持了一致。[47]当他还在位的时候,奈温禁止所有神灵崇拜的电影。神灵崇拜和先知形式的佛教对于有组织和驯化的僧侣,可以说就像游耕和块根作物相对于灌溉水稻耕作一样。前者是模糊不清并抵制国家的统合,而后者则听从了集中化管理。

高海拔地区的先知主义

直到最近,低地的先知运动与山地一样普遍。与高地运动的区别可能在于,低地的先知运动是在一个统一的文化模式下反抗压迫和不平等。尽管这样的策略可能也同样痛苦和持续很久,但他们有些像是情侣的吵架。如果用西方的概念来说,他们是关于社会契约的条款,而不是先来确定是否需要社会契约。尽管至少从12世纪以来,作为国家艰难努力的结果,谷地社会的文化、语言和宗教的日益扁平化已经有了一定效果,但是很少有人赤裸裸地宣称进行文化和政治分离。在这一文化模式下,对于那些贫穷和被污名化的人来说,激进的行动仍然是可能的选择。可以导致现有阶级和地位差别彻底消失的大洗牌是可想象的,但是如果打个比方,这仍然是在现有的牌局中重新分配牌的问题,并非是考虑要不要坐在桌前,或者彻底推翻牌桌的问题。[48]

与先知和千禧年行动相伴随的条件是如此多样,无法对其进行简单的解释。毋庸置疑,每一个足以导致行动的条件都在某种意义上是巨大的集体风险,而预言以及实现这种预言所采取的行动构成了对风险的补偿。这里所说的风险可以是自然灾害,比如洪水、作物歉收、瘟疫、地震、旋风,尽管神灵和上帝都被看作是在制止自然灾害,就像《旧约全书》中的犹太人一样,但风险依然存在。风险也可以是人为的,比如战争、入侵、难以承受的赋税和劳役,这已经成为许多被国家统治人群历史的组成部分。

相对自主的山地人群在历史上所面对的都是不断侵入的国家权力所强加给他们的不幸选择。这种选择是被奴役还是不断战斗;是失去对自己社区的直接控制,失去自我生存活动,还是公开的反叛;是被强制的定居,还是四处的逃散。与谷地居民所面对的选择机会相比较,这些选择即使不是革命性的,也要严峻得多,而且能供山地人群做选择的相关信息也很少。举一个当今的例子,1960年代苗族人的重大选择只能是或者与美国人结盟,支持巴特寮(Pathet Lao),或者逃亡。在与谷地权力打交道的时候,山地人并不幼稚,但是他们经常面对既难于把握,同时又会对他们的生活方式构成重大影响的威胁。

从17世纪晚期开始的暹罗—老挝边界地区的各种反叛中,我们可以发现其中的差别。17世纪后期的反叛主要是因为平民对苛捐杂税、不好的收成,以及对越来越多为暹罗服务的中国税务官员的不满。尽管这些反叛也是那些"要实现地方自主和社会平等的创造奇迹的圣人"所领导的,但是这些反叛只是国家之内的人在对统合进行讨价还价。[49]然而在19世纪的却克里国王(Chakkri)却是个扩张分子,要将势力扩展到山地,奴役大量人口,屠杀那些反抗者,对山地人群进行直接管理。这导致了大量反抗暹罗统治者的先知叛乱,他们以万象为中心,并在阿诺王(Anauvong)领导的大规模叛乱中达到了顶点。这些晚期的叛乱与早期平民(phrai)的叛乱不同,可以被称为"首次叛乱",因为许多相对独立自主的人群都是第一次面临着被国家吸收的危险。因此关键的问题不是修改被统合的条款,而是这些人口将被完全管制。

这里所讨论的山地人群与16世纪新世界的土著人群不同,他们并不幼稚,也不是从来没有面对过有组织、有武器并具有更先进技术的国家。在很久之前他们就知道低地国家。回想一下,在这样的背景下,重要的一点是国家在象征、经济和政治上所达到的范围各不相同。尽管这些人群如此强烈地抵制政治统合,但很久之前他们就已经是低地宇宙观的热情拥趸者,以致他们从低地借用传统以创造自己的反叛传统。象征物品可能由于没什么重量,基本不受地理距离阻力的影响,因而流通非常迅速。由于山地和谷地在生态上是互补的,每一方都有对方所需要的产品,所以经济交换也很便捷。他们是天生的伙伴。山地人群长久以来就享受着自愿的象征物品和文化交换所带来的利益,但是只要可能就会逃避经常表现为被奴役的政治从属所带来的麻烦。他们所抵制的只是来自国家的这种强制"进口"的统治。

顺便还要说一句,先知的、圣人的反叛并非只是为了反抗低地国家的入侵。他们也同样在山地内部和同一个族群内发生以防止国家产生。这可以在爱德蒙·利奇有关叛乱的克钦人反对残暴的村庄首领的分析中看到。在托马斯·科奇(Thomas Kirsch)有关混合钦族的"民主"信徒的描述中也很清楚,他们成功地拒绝了由首领来垄断社区的盛宴,恢复了"私人"的盛宴,从而允许所有人竞争仪式地位。先知运动的文化技术既可以被用于防御国家,也可以逃避国家。

在山地所发生的圣人领导的反叛可以被看作阻止国家统合的许多技术之一。那些我们曾经详细讨论的标准的、低风险的技术包括游耕、逃避的耕作、社会分裂和分散,也许还包括口述传统,上述这些凑在一起,差不多占山地逃避国家武器的一半。武器库中的另外一半则是叛乱,以及与之一致的先知宇宙观,这也许是最后的和风险最高的技术。这正是迈克·格力弗斯所说的克伦人的状况。他指出,

> 克伦人介于谷地和山地之间的两栖策略可以被描述为双重策略,一方面是防守型的,即逃避税负、劳役和

政治压迫,以及依靠游耕农业、狩猎和采集的生存策略;另外一方面是进攻性的策略,模仿皇室权力以反抗国家的管制和高压,并构建自己政体。两种策略都寻求基于佛教伦理的道德领袖,而且同时包含了对佛教国家的模仿和对相邻的君主政体和国家的批评。[50]

对话、模仿和连接

山地社会的传说、仪式和政治可以被理解为与他们心中庞然大物般的谷地国家的对话和争论。国家距离越近和越强大,在谈话中就占更多的分量。大量山地社会原始神话都肯定了与谷地社会的混合和联系,表明他们之间的亲属关系。在许多神话中,山地人都是来自于一个外来陌生人与一个本地妇女的结合。而在另外一些神话中,山地和谷地人是从同一个血缘的不同卵中孵化出来的。这样的描述已经表明,高地和低地人在起源上是平等的。同样,在许多山地传说中,他们声称自己曾经有国王、书、文字,而且也在谷地种植水稻,这实际上是说他们最初有着平等的地位,这种平等的地位后来丢失、被谷地人背信弃义截留或被偷掉了。许多先知都有一个同样关键的承诺,就是要纠正这一不公正并恢复其平等地位,甚至将这种不公正彻底翻转过来。果雄人是一个最有力的例子。在传说中,他们的王蚩尤是被一个中原国家的建立者杀死的。未来一个新的王将会解放果雄并建立一个黄金时代。[51]

有关山地与谷地文化对话的想象至少还有两个其他的来源。首先,在一个范围广大、相互影响的银河系统(印度或中华)中,山地和谷地社会就像星球。山地人群也许在政治上不是谷地的下属,但他们积极参与了经济交换系统,甚至参与了世界性的观念、象征、宇宙观、称号、政治规则、药方和传说的循环传播。正像曾经讨论过的民俗文化一样,山地人群"不断被统合,成为复杂知识传统的重要组成部分……它们构成了超文化区域的一部分"。[52]与经济交换相比较,文化交换的阻力更小、更便宜且完全是自愿的,山地社会在文化自助餐中可以选择他们想要的,并按照他们自己的方式加以利用。

　　山地与谷地有着共同的历史,这使他们紧密结合在一起。我们不要忘记,许多山地人群就是谷地国家人口的后代,其中一些甚至是不久之前才分开的。他们带来了许多他们所离开地方所流行的文化和信仰。就像孤立的阿巴拉契亚山谷中保存了在其原生地都已经消失了很久的古老英国和苏格兰的方言、音乐和舞蹈一样,山地社会成为活的历史档案,保留了他们祖先带给他们,或者在长期迁移途中所拾到的信仰和仪式。比如果雄的占卜术看起来就是几个世纪之前汉族占卜的复制品。他们的权威形式、等级标志、称号和重要服饰可能就是谷地历史展览中的一些古老物品。说来也奇怪,谷地人认为山地人群代表"我们过去"的偏见在某种程度上是正确的,但绝不是像谷地人想象的那样。山地人本身并非社会化石,而是携带并保存了谷地的古老实践。除此之外,还有那些受到迫害而不断逃向山地的宗教异端、隐居和尚、持不同政见的派别、谋反的王室成员及其追随者、罪犯,从这些方面我们就可以看到,山地社会的确反映了谷地社会中受压迫者过去的生活。

　　如果说到特殊的宇宙观和宗教,山地异端和魅力型宗教运动与国家中的非特权阶层之间似乎有某种关系。可以注意到,高地人对东南亚国家核心区的宗教(佛教和伊斯兰教)一直很冷淡,奥斯卡·萨尔铭珂也敏锐地注意到,高地宗教"经常被贴上'万物有灵论'的标签,但是它们有许多与低地民间宗教相同的信仰和实践"。[53]如果我们注意到这个事实,当谷地宗教要进入山地的时候,比如克伦和掸族的佛教,他们往往采用非正统的、魅力型的形式,那么我们就可以看到在国家底层人口和相对独立的山地社会中的象征性异端之间有着某种连续性。正是在这些一无所有的边缘人群中,那些更加革命、"翻天覆地"的预言实现了其最大的诉求。与山地人群接触最多的是那些谷地边缘人口。到达谷地的山地人多是为了经商和打工,他们往往与谷地社会的下层人有最密切的联系。而谷地的下层人口,以及那些由和尚和隐士组成的"破落知识分子",也是最想搬到山地的人。因此无论从结构位置还是社会联系方面看,我们都可能将谷地的激进宗教运动看作本质上与山地先知运动是同样的,只是程度不同。它们都强调救赎宗教中的世俗功能;都有相同的公正的王或佛陀重现并重建公正的神话;都有充分的理由(尽管理由不同)憎恨谷地国家。最后,两者都在打碎国家宇宙观和国家实践的社会和历史档案有着各自的位置。

几乎所有先知运动的目标都是建立新的国家和新的秩序,这自然要求打破已有的秩序。从其表面上看,这些运动都是反叛。他们为了攻击谷地国家而利用某种象征性的柔术来攫取谷地国家的权力、魔法、徽章和制度上的魅力。从本质上来说,相信新的王或弥勒佛将带来理想国本身就是反对国家的压迫:所有人都应平等,没有劳役、税负和供奉,没有人贫穷,战争和杀戮应该停止,无论是缅甸或泰国的压迫者都应离开或被打退,等等类似的主张。人们可以从对一个美好未来的承诺中发现当今的问题。那些期盼一个新乌托邦的人并不消极,他们通过仪式做好准备,宣布自己不再效忠,拒绝纳税并开始攻击行动。在前现代的东南亚,围绕先知的社会动员既意味着国家的形成,也意味着反叛,统治者及其谋士都知道这是凶兆。

如果说这已经打上了如此多的国家烙印,那么占支配地位的仪式话语是否可以被利用从事颠覆活动呢,比如反对缅甸政府的克伦千禧年教派和果雄人反对汉族帝国统治者?关于这方面的讨论已经有很多。[54]仅仅从一个争论者的角度看,我认为问题其实很清楚。原有超越了村庄联盟政治秩序的话语只有君主专制的话语,不管是世俗的还是神圣的。直到18世纪晚期,欧洲的反叛情况都还是如此。[55]事实上,所有的国家都是君主专制的,对坏国王的纠正方法只能是找一个好国王。

东南亚的前殖民的、殖民的和后殖民的国家对于那些号称有法力的圣人化身及其追随者所带来的威胁,都毫不手软。不管在什么地方出现,他们都会迅速镇压这些运动,并在自己的地盘上支持那些可以从国家中心进行监督的正式和正统的宗教等级制度。正像马克斯·韦伯所预言的,他们自始至终对具有政治色彩的魅力型号召力抱有敌意。从这个意义上说,潜在的反叛者虽然借用了佛教宇宙观和帝国徽章,却根本不能让国家官员放心。[56]

我们常常可以发现一个很大的模仿链条的存在,链条的一端是吴哥和蒲甘,中间是越来越小的国家,直到另一端是那些最无权无势的村寨首领,比如拉祜和克钦村寨中的首领。

在可以称之为"帝国仪式地方化"的过程中,许多古典国家都追随东南亚国家的模式来塑造自己。[57]尽管被模仿的宫廷建筑、称号、徽章和仪式往往都来自邻近的大型政治势力,但是模仿仍然是一个弥散的过程。对于我们来说,最有意义的是发现模仿与权力实际行使范围没有关系。克里夫·格尔茨在这方面走得更远,他指出,"那些表面上的高度集中化正是制度上的高度离散化",就像象征性的高度集中是为了平衡(counterweight)"硬"权力的不足。[58]

我认为,在反叛的象征语言与地方统治地位诉求中发挥作用的是同样的过程。就像"可以自由使用的软件"一样,任何人都可以声称自己是"过去和未来之王"从而进行反叛。但是他能否聚集大量的追随者就是另外一个问题了。从结构上说,拉祜的先知成为世界君主的机会与佤族村寨小首领成为皇帝的机会同样很小,尽管他们都有着这样的宇宙观。人口和农业生产的分散,加上即使不是绝对阻止也是妨碍大规模社会流动的地理条件,都决定了他们无法成功。[59] F. K. 雷曼敏锐地注意到,"一方面是那些超地方(supra-local)政治体系按照其文明邻居提供的模式所试图达到的目标,另外一方面是其资源和组织能力所许可达到的程度,这两者之间存在着明显的差距。"[60]山地的魅力型人物可以而且已经建立了小国(比如缅甸的克耶),而谷地先知可以并且建立了较大的王国(雍籍牙),但这样的现象并不普遍。更多时候这种宇宙观中的自吹自擂是特定用语唯一能表达对超地方权威的诉求的语言。作为一个观念,这肯定是帝国的遗产,是一个即使与现实经验不符也不会改变其本质的"想象中"国家。"想象中"国家声称成为宇宙霸权中心的诉求往往是为了掩盖实际上分裂和脆弱的政治现实,这种诉求也并不仅仅局限在高地强人中。这样形式上的主权在谷地也是很典型的,在印度南部相当普遍。而实际上,东南亚谷地国家的宇宙观就是以此为模板衍生的。[61]

在"想象中"国家的祈求中,在模仿宫廷建筑、仪式规则和借用宇宙观中,无疑存在着某种发挥作用的共感巫术(sympathetic magic)。对于那些在帝国直接权力之外的大量人口来说,巨大的国家中心是作为象征性碎片进入他们世界的,这些碎片看起来是有用的。他们的情形在很大程度上与明治维新之初赴西方考察的日本官员相似,他们认为西方之所以进步是因为有宪法。他们推断,如果获得合适的宪法,进步就会或快或慢地自动到来。学来的形式制度本身被认为是有效的。如果就这一点来说,那么高地人与低地国家的创建者或篡位者几乎没有什么区别,作为国家的高级管理者,他们的宫廷、徽章、谱系和誓言都必须在每一个细节上完全正确,就像咒语一样,它们必须是"一字不差的"。

也许因为谷地国家所具有的象征性吸引力,不管是否叛乱,人们希望山地的魅力型领袖可以表现出对外部大世界的了解,并与之建立联系。事实上他们毫无例外地要成为地方上的世界主义者。也就是说,他们往往植根于地方,但是要走过很多地方,讲许多种语言,在各地都有关系和联系人,了解谷地宗教的神圣仪式,是熟练的演讲人和调节者。如果借用多种语言混杂的北美概念来说,他们要努力成为懂行的人(savvy),而且是多方面懂行的人。在太平天国叛乱中,在太平洋岛屿的数百起货仓宗教团体的起义中,在新世界反对欧洲人的先知叛乱中,那些关键人物往往是文化上的两栖翻译者,他们自由地在其所生存的不同世界中游动。斯图尔特·施瓦茨和弗兰克·所罗门关于早期南美殖民地叛乱的结论是很有代表性的:"几乎无一例外,救世主或千禧年的起义领袖是印第安生活方式的混血人(mestizos);或者在安第斯山,他们是与混血人有着类似社会环境的两栖文化印第安人。"[62]

在有着各式各样方言的山地,文化间的翻译有时候就是文字翻译。尼古拉斯·泰普描述了泰国北部一位很有权力的果雄族村庄首领,他因为可以使用克伦、拉祜、汉语、掸族语和泰国北部方言而受到广泛尊重。[63]在很多时候,所谓的世界主义就是对于低地宗教和宇宙观知识的了解。了解了这一点,我们就可以理解为什么大部分的先知是和尚、毕业的神学院学生、传教士、巫医、商人和边疆的地方神职人员。从葛兰西的意义上说,他们是前现代世界被边缘化的和一无所有的人中成长出的知识分子。这是一个很好的概括。马克·布洛赫注意到中世纪欧洲的乡村牧师在农民起义中发挥了重要作用。他们"与其教区的居民一样遭受痛苦,但他们更多地将自己的苦难归因于整体的不幸,他们非常好地起到知识分子德高望重的作用"。[64]马克斯·韦伯将这个阶级定义为"贱民知识分子"并且成为"撬动社会惯例的阿基米德支点……他们关于宇宙意义的态度具有很大影响"。[65]在高地,这些宗教人物起到同样的作用:清楚地表达社区的愿望,同时又能够自如利用国家象征技术,或者至少能够化解国家的影响。

这些领袖具有两栖身份,在两个世界中各插一脚,这给他们带来潜在的危险。从结构上说,他们也可能成为服务外来利益的"第五纵队"。埃里克·米格勒(Erik Mueggler)曾经描述的一个彝族村庄就意识到这种危险,为此他们采取了特别的仪式和行动作为防范。[66]在这里,最重要和潜在的毁灭性任务是提供官员的住宿和食物,有时还带着数百人的军队。这些责任每年由富裕家庭轮换承担。在轮到每个家庭的时候,主人夫妇的行为一定要像一个纯粹的拉祜人,避免任何带有其他民族文化色彩的东西。他们穿戴的服饰一定是那些被认为是拉祜祖先所穿戴的,他们吃喝用木碗而不是瓷碗,只喝自家酿造的小麦酒,不吃任何与低地饮食有关的肉类(狗、马和牛),而且在轮值的一整年不讲任何外族语言。人们不可能想象出比这更全面的设计来保持主人成为纯粹的拉祜人从而与异族保持最大的距离。与外族的社会联系都委托给一个"发言人",他要免费在主人家待一年。与主人不同,他与客人同吃同喝,穿着比较整齐,举止也更世界性,讲流利的汉语,他往往会让危险的客人感觉良好。人们可以说,发言人是一个村庄层面的外交部长,他们的工作是安抚客人、最小化其需求,并且扮演外界与村庄内部事务之间的某种文化障碍。因为明白强有力的和世界主义的本土媒介不仅可能是财富,也可能是祸害,因此拉祜人尽最大努力将两种角色分开以最小化其危险。

灵活的转变:极端的社会逃避结构

在接下来的部分,我要决心对东南亚高地的先知运动"去外来化"(deexoticize)。一般来说,这些运动往往被看作自成一格的现象,它们彻底打破了一般的行动逻辑,即使不是精神病,也是某种集体精神错乱。[67]这种看法是错误的,原因有两个。第一,它忽视了在西方一直到今天都存在的丰富的千禧年运动历史。第二,在这种背景下也是更密切相关的,它忽视了先知行动与传统的巫医实践,以及与村庄有关移动与分裂的决策之间的关系。我认为,先知行动就是日常的活动,只是更激烈和有更多人参与,是程度而非类别的不同。

萨满教或传统巫医往往通过出神和附体来为病人解忧治病。萨满巫师首先确认出了什么问题,然后举行仪式说服困扰病人的神灵离开。而在先知运动中,是整个社区出了问题。受到尊敬的正常文化途径,比如农民的勤奋、勇敢、丰盛欢乐的宴请、熟练的狩猎、结婚和儿童、在当地普遍受到尊敬的行为等,已经不能适应极端的环境,从而造成危机和威胁。正是在这种背景下,社区的生活世界遇到了重大危险,小的调整不足以解决问题。就像泰普所表达的,"如果萨满巫师只关注单个的病人和其家庭的健康和福祉的话……那么救世主似的先知就是在关注整个果雄社会的救赎。"[68]其角色是更重大,其病人是集体,风险和困难很大,但是先知必须是,或者应该是出现问题的整个社区的萨满。

将先知运动看作特殊的现象就会忽略那些与先知带来的变化本质上相同,但是规模比较小的变迁,也就是那些与已有村庄的分裂和迁移有关的变迁。尽管这种较小的变迁并非每天都发生,但也普遍存在,我们可以称之为文化的常规化(cultural routinization)。足以导致村庄及其土地分裂和迁移的情况有很多:土地肥力耗竭、人口增长、作物歉收或绝收、相邻人群或国家的政治压力、暴死或流产、瘟疫、派别冲突,以及恶鬼的到来等。不管背后的原因是什么,将要进行的村庄迁移有两个值得关注的方面。首先,这总伴随着巨大的不确定、担忧和社会紧张。即使他们已经选择新的地点，但是仍然会有大量潜在危险，就像历史上他们选择结盟和决定是否进行战争一样。因为这个原因，多数情况下都是通过先知的梦来做出抉择并加以宣布。比如在果雄，经常是一个有地位的女人或男人会在梦中被告知他们要迁移去的新地方，而且这个人往往就是巫师。如果是村庄分裂，"做梦者"就会与其追随者一起离开村庄，在不远的地方建立一个"子"村。[69]果雄人强烈地相信占卜，对于他们来说，每一次景观的变动本质上都是运气的变化。

克伦村庄往往也会发生类似的迁移和分裂。如果说与那些拉祜人有什么不同的话，那就是克伦村庄更脆弱，也更容易因为某些原因被打破。就像果雄人一样，村庄解体往往也是由先知的愿景、梦或手势宣布的。先知并不是或者以世界的征服者形式出现或者完全不出现。先知运动是与重大的但非惊天动地的决策相关的普通经验。从这个方面说，在档案中留下记载的先知运动并不是当时所有的先知，他们是有着更大批追随者和更高远目标的"主流"先知。

主流的千禧年运动与小规模的先知运动的区别在于他们的追随者经常在他们先知的指示下，勇往直前，不给自己留任何退路。与那些希望在更适合的条件下恢复他们所失去的日常习惯的村庄移民不同，千禧年运动的追随者在等待的同时也在建造一个新世界。他们经常完全停止他们过去的活动。他们可能会停止种植，卖掉他们的水稻和土地，丢掉他们的钱财，杀掉他们的牲畜，彻底改变他们的饮食，穿戴上全新的服饰和护身符，烧毁他们的房屋，打破神圣的禁忌。这样切断后路之后，他们就很难回到从前了。[70]接下来，这种巨大的革命性变革会彻底打破农村社区原有的社会等级制度。在新的秩序中,原有的地位和特权完全不存在了,那些在原来的秩序中处于底层的先知及其追随者的地位都得到了提升。不管这些先知运动是否带来了外部世界的革命,但毫无疑问,就革命的字面意义上来说,对于发生这些行动的社区来说,这的确是革命性的。

作为一个社会过程,这种千禧年的观念是一种较高阶段的逃避社会结构。尽管仅从其功能的角度解释千禧年运动是不够的,但是有一点我们必须思考,这样的运动是否有助于快速且大规模地适应急剧变迁的环境?雷曼表达了类似的意思:"斯高克伦本身就有突然产生千禧年运动和领袖的传统习惯,这种习惯使他们可以迅速重新定向,进入到全新的社会文化关系情境中。"他还指出,克伦人中的千禧年运动是某种族群进化运动:"这几乎是彻底地改变他们的宗教,因为族群关系的变化而改变其族群认同。"[71]

在对最近出现在缅甸东南部的宇·杜扎拉(U Thuzana)领导下克伦佛教教派的解释中,迈克·格力弗斯(Mikael Gravers)强调这些克伦人因此被带入了战争地区,并导致大规模人口迁移:"这些运动意味着对其宇宙观和族群认同的不断再评价,目的在于建立秩序和克服危机。"[72] 对于每个成功地领导其追随者到达了一个相对平安和稳定生存地方的先知来说,另外有更多人失败。然而这些运动兴起之时也正是经济、政治和军事危机发生的时候,因此可以把它们看作绝望的社会实验,就像在几乎没有赢钱机会的情况下掷骰子。

我们知道,一些魅力型运动可以而且在事实上已经建立了新的国家、新的族群和政治认同,其中最引人注目并被记录下来的就是19世纪两个克耶国家的建立,即宝喀克

(Bawkahke)和坎塔拉瓦底(Kantarawaddy),前者建立了新的疆域并重组了新的族群认同,为以后缅甸克耶/克伦尼邦奠定了基础。我们对这段历史的了解"清楚地表明,两个国家的建立者都来自南方,他们是典型的魅力型人物,对外部世界有很多了解。他们建立了新的宗教派别,这成为克耶政权的基础。他们使人回忆起信奉佛教的孟人和缅甸人,以及平原克伦人的千禧年意识形态,在这个时期,它们既是佛教的,也是万物有灵的"。[73]就像我们前面所说的,尽管不排除大量世俗的思考,比如,这个地方事实上是世界上最后一块保留了大量贵重的柚木的地方,然而,克伦尼群体内的族群重组还主要是由具有领袖魅力的先知造成的。

像许多山地人一样,拉祜也通过颜色认同被区分成许多不同的分支,比如红拉祜、黄拉祜、黑拉祜等。这些分支的起源已经丢失在时间和传说的迷雾中,但是安东尼·沃克相信,"他们之中的一些肯定起源于救世主式的领袖。"[74]在山地,历史上族群集体重组的主要模式很可能就是先知运动。如果是这样,这个过程可以被看作与村庄的裂变很类似,只是规模大了很多,其本质是同样的。

就像村庄的裂变一样,这种政治上的重组也都意味着与相邻族群和谷地国家关系的变化。作为克伦佛教宗派的领袖,宇·杜扎拉希望为其追随者创造一个和平的地区。他将他们安置在靠近缅甸国家的地方,在缅甸军事管制下,他的战士(民主克伦佛教军,DKBA)差不多成为雇佣军和投机倒把商人。而其他的分裂、其他的魅力型运动都领着人们长距离迁移,进入更远的山地,并改变他们的文化以适应新的环境。

不管怎样,如果借用马克斯·韦伯的概念来说,在赞米亚山地人群所面对的生存状况与他们的社会组织、族群联盟和宗教认同的可塑性和适应性之间,肯定有一些选择性的密切联系(elective affinity)。这样一些追求移动、平等和边缘的人群,大多数都有很长被打败和逃跑的历史,而且要面对一个强有力的、几乎没有机会改变其政策的国家,它们就像市场上的小贩,只能"接受价格"而不能制定价格,因此他们只能小心翼翼穿过不断变化、充满危险并且身陷其中的权力之网。面对猎奴、索贡和入侵的军队、瘟疫和不时的作物歉收,他们不仅要形成一个特定的生存方式以保持与国家的距离,而且要有多变的社会和宗教组织以融洽地适应混乱的环境。大多数山地社会都集中了宗教异端、隐居的和尚和篡位者,以及未来的先知,这使他们获得能动性,可以根据条件的要求而完全重新塑造自己。[75]

如果我们回过头把上述各方面放在一起思考,我们会惊异于山地人群几乎在一夜间就可以进入新领域的能力,不管这个新领域是社会的,还是宗教或文化的,那些相对边缘和无权的人所表现出的难以置信的世界主义值得钦佩。与人们假设的落后和传统的、风俗习惯一成不变的印象不同,他们好像能千变万化,甚至可以变成加州人。

族群合作的宇宙观

让所有山地社会的观察者吃惊的第一件事就是在相对短的距离内,其语言和政治都复杂得让人困惑。如果用慢速摄影将其流动的历史冻结,就可以看到与谷地社会最主要的区别就是其多样性。人们原来说巴尔干民族主义代表了对微小差异的自恋,这种说法更适合赞米亚。事实上,所有的谷地权力,从古典国家到殖民政权,再到美国特种部队、中央情报局和当今缅甸的当权派,都在有意地利用这些差别。

但是长期以来,那些打破族群界限进行群众动员的魅力型领袖是个例外,他们散布在低地的不同地方,有着千禧年信仰。在这种背景下,魅力本质上是一种社会凝聚力,是由不同于习俗、传统、亲属关系和古老仪式的力量所凝聚起来的。以帕安(Pa'an)为根据地的著名和尚萨雅德·塔曼亚(Sayadaw Thamanya)死于2007年,在其生前聚集了来自不同族群的两万多追随者。他出生在一个帕欧家庭,但是他的追随者却包括了克伦、掸族、孟族和缅甸人,所有人都热切地期望进入到他所创造的佛教福地。尽管他反对当时仰光军人政权的态度被小心地隐藏起来,但这个运动仍是继1988年大规模民主起义以来反对当局情绪的集中体现。在这个例子中,就像在档案和殖民地当局的记录中的其他数百个起义一样,只有魅力型的宗教先知才能克服山地社会数不胜数的派别分裂,吸引超越了族群、宗族和方言的众多追随者。

对于中原政权在中国西南的扩张和高地的殖民统治来说,最大的挑战就来自于这些跨族群的联盟,他们是被那些号称为真正的王和/或黄金时代就要到来的先知所鼓动起来的。有三个典型的反叛可以说明这类动员的潜在范围之大。

19世纪中期发生在贵州的所谓苗民叛乱(1854—1873年)实际是有数百万人参加的多族群起义,起义延续了差不多20年,他们号称有500万人。这个起义与另一些反对明朝[1]统治

---

〔1〕 原文如此,疑是清朝。——译者注

的大规模起义同时发生,它们都融合多样的宗教信仰而变得复杂:1851—1868年集中在江西的捻军起义;[1]以及1951—1964年[2]太平天国农民大起义。持续时间如此之长,范围如此之广,这个苗民起义无疑是分散的,融合了许多不同的成分,包括土匪、冒险家、失意的汉族官员,以及其他各色人等。有一半的参与者名义上可能是汉人,其他的则是来自山地少数族群,其中苗族是人数最多的。很明显,将这个复杂的联盟融合在一起的主要意识形态因素就是他们都相信,宗教要参与世俗世界中的救赎实践:"同样影响汉族和少数民族起义的最终因素是千禧年宗教。在某种程度上,信仰那些民间宗教的群体已经超越了族群界限。有不少的苗族从属于汉人所领导的宗派,反过来也有,尽管人数少一些。"[76]在这里我们看到,激进的先知宗教诉求既代表了国家中的下层人口(在这个事件中主要是汉族的矿工),也代表了边缘的山地人。他们的理想无疑是不同的,但他们都渴望即将到来的解放。

泛族群先知运动的第二个例子是所谓的耀蟒(Dieu-python)叛乱,这次叛乱发生在1937年,震惊了越南中部高地和柬埔寨的一部分地区。[77]将叛乱者团结在一起的是他们相信高地所共同信仰的蟒神就要重回大地并开始一个黄金时代。耀蟒将击败法国人,从而也就不再纳税和提供劳役,而且那些遵循所制定的仪式的人将进入黄金时代并分享法国人的财产。虽然这个运动也算有个先知萨姆·布拉姆(Sam Bram),他分发圣图和神水,但是运动扩展到那些从来没有先

---

〔1〕 原文如此。——译者注
〔2〕 原文如此,疑是1851—1864。——译者注

知的高原地区。许多山地人群,特别是加莱人,都曾一度停止了耕作。

让法国人非常吃惊的是起义者的多族群特点和共同的宇宙观。殖民地的民族学家曾经投入了巨大的努力将中央高地的不同"部落"加以分类登记,但是这些不同的人群(其中一些名义上还是天主教徒)实际信仰的宇宙观都是松散流动的,这给分类登记带来了惊人的困难。反叛中的先知成分并非意味着运动的追随者只有地理因素,而没有不同社会经济地位分裂的原因。暴力行为往往发生在法国人平定战争最残酷的高原地区,那里也是小乘佛教影响最明显,山地人群生计受到影响最直接的地区。然而如果从意识形态来说,萨尔铭珂表明,这只是历史悠久的"圣人"反叛传统的一部分,这个传统可以回溯到法国人到达之前。1820年就爆发了由老挝和尚领导的反对老挝王子的泛高地救世主的反叛,而且就在耀蟒起义之前不久,还有两次被粉碎的先知叛乱:一次是昂·阔曼达姆(Ong Kommodam,也是密写的发明人)所领导的佛教圣人叛乱,这也被称为波罗芬(Boloven)高原的卡叛乱(Kha Rebellion);第二次是发生在柬埔寨—克钦—安南边界上的起义,起义队伍攻击了法国人的哨所。[78]后一次起义是被焦土政策和空中轰炸所粉碎的。但是这并非是持续反叛的结束。这三次起义中的许多领袖都参加了二三十年后的老挝巴特寮和越南独立同盟。社会主义进入越南以后也不意味着千禧年运动的结束。在越南独立同盟取得奠边府大败法军(在高地军队支持下)的巨大军事胜利以后,高地少数民族在1956年爆发了广泛的千禧年运动,历经两年才被越南独立同盟镇压。那时所有村庄都不再劳动,卖掉耕牛,攻击政府官员,集体迁移到老挝,等待即将来临的王。[79]

最后,数量众多的克伦先知运动中,每一个被记录下来的都有着多族群的追随者。在前殖民时代的1740年发生在勃古/巴过(Pegu/Bago)附近的克伦/孟人起义就是一个这样的例子,起义包括了缅甸、掸族、帕欧人。而在殖民地时代的1867年,发生在帕潘附近的反叛就把克耶、掸族、孟人和帕欧人集结起来;还有1970年代反对泰国的多族群"白和尚"运动;而最近的就是帕欧附近的萨雅德·塔曼亚(Hsayadaw Thamanya)运动,运动的领导者是帕欧人,但是吸引了许多山地和谷地的人群。当他们聚集成圣人运动的时候,那些吸引人类学家和官员注意的标示不同人群的族群特征和不同语言对他们的合作没有构成任何障碍。

值得注意的是,先知运动的领袖往往会超越一般的亲属秩序,或至少是在这种秩序之外。萨满巫师与和尚因为其特殊的禀赋和地位,实际上是被提升到家庭和宗族政治之上。与其他人不同,人们并不认为他们只是为了一个自己社会群体的小集团利益而工作。[80]在一些例子中,特别是果雄和克伦人,那些先成为英雄并最终成为国王的孤儿扮演了类似的角色。孤儿在成长中没有家庭,完全依靠自己的智慧,他们被置于跨越宗族和族群性的统一者位置上。

在赞米亚或其他的山地,人们不断遇到跨族群的圣人反叛,这成为当地最有特色的反抗形式。尽管我没有做系统的调查,但是还是可以看到无国家的边疆地区与这类运动之间的密切联系。在南美洲,我们看到边疆地区的难民反叛往往有着双重文化的领袖和救世主的形式。在中东,历史学家伊拉·拉普德斯(Ira Lapidus)发现,对于那些征服运动来说,"亲属关系是次要的。"拉普德斯写道:"这些运动并非建立在家族基础上,而是多种单元的集合,包括个人、被庇护者、宗教信徒和部族分支……最普遍的形式是在一个魅力型的宗教—政治领袖之下,依托宗教形成集合。"[81]同样关注由圣人领导的跨族群的叛乱,托马斯·巴菲尔德也说:"在阿富汗和巴基斯坦西北边疆省份的那些族群破碎的地区,起义往往是由一个具有宗教远见的人领导,他自称是上帝的使者,将带来一些鼓舞人心的变化……魅力型的牧师激发部落进行抵抗,宣称他们的胜利是神授的,从而成为政治领袖。"[82]

不论是佛教、基督教,还是万物有灵的崇拜,都普遍存在着救世主式的圣人反叛。这里值得提出的一个论题是,这类抵抗运动是那些小的、分裂和无首领社会中特有的抵抗形式,这样的社会没有集中的制度,无法进行协调共同的行动。越集中的社会越是刻意利用已有的制度组织抵抗和反叛。[83]无首领的社会,特别是那些平等、可渗透和分散的社会,或者可能因为大家的地位都比较平等,所以不能采取集体抵制行动,或者即使采取抵制行动,也会比较短暂,而且各自不同,属个人魅力型的。

如果换个方式,那么可以说,在比较平等的群体内,便于逃避的易变和简单的社会结构形式使他们无法借助结构工具采取协调的行动。流动是可能的,但是必须借助于亲属和宗族对手之上或之外的先知。而且暂时协作所能依赖的唯一宇宙观格局,或者说唯一的概念架构也是从低地救赎宗教中借用的普遍君主体制。

与此不同,精灵崇拜是无法随便移动的;一旦从一个熟悉的地方离开,那么精灵就会变成异己和危险的。只有普世的谷地宗教才声称可以提供无处不在的避难所,可以随处搬动。[84]大部分山地社会都是被逃避所塑造的:分散、游耕、采集和分裂。但是普遍潜在的暴力先知运动却说明,当他们一般的逃避模式被"逼上绝路"的时候,他们就会从其他地方借用足够的其他宇宙观来服务于他们的跨族群叛乱。但是他们利用这些"想象中"国家一样的东西,其目的仍然是异端和反抗,也就是抵制被统合进低地政体中,这让我们很难想象他们真会被低地宇宙观所控制。

基督教精神:保持距离和现代性的资源

随着世纪之交基督教传教士来到山地,高地人群有机会接受新的救赎宗教。大量人口成为基督徒。这个宗教有两大优势,首先它有自己特有的千禧年宇宙观,其次它与山地社会希望保持距离的低地国家没有任何关系。它是一个有效的替代物,在很大程度上与谷地宇宙观相反,基督教具有现代性。基督教精神在转变赞米亚山地人群方面很有成就,除了在越南有部分例外,它在谷地人群中取得了空前的成功。

很久以来,对于南亚和东南亚的山地人群、下等种姓和边缘及少数族群人口来说,保持或采用与国家核心区域人口不同的宗教认同是很普遍的,他们被污名化往往与这些人的文化有关。因此当我们发现谷地的宗教是印度教的时候,在山地就会看到万物有灵、伊斯兰和基督教,或者佛教。但在爪哇这样的地方,也许我们在谷地会发现伊斯兰教,而在山地是基督教、万物有灵论和印度教。在马来西亚,统治者是穆斯林而许多山地少数民族人群信奉基督教、万物有灵或巴哈伊（Baha'i）教。即使山地人群接受低地流行的宗教时，所接受的往往也不是正统宗教，而是低地宗教的异端。在很多时候，当高地人群为了自己的目的借用低地的宇宙观时候，他们会有意通过不同宗教表明与低地的区别。

对于我们特定的目的来说，基督教在两个方面反映了山地—谷地的关系。首先，它代表了现代认同，有着"外界所不承认的独一性和神圣性"。[85]我们将会看到，这种新的认同承诺要实现识字、教育、现代医疗和物质繁荣。此外，它内在的千禧年宇宙观中有着对将要到来的国王的设想，他会消除邪恶并提升美德。第二，基督教的出现既是作为制度也是作为意识形态，这可以被看作群体形成的额外媒介和资源。这使群体或群体的一部分可以在支离破碎的族群马赛克中重新定位自己。就像村庄分裂或政党、革命的细胞、族群运动等现代社会认同技术一样，基督教精神提供了一个有效途径，从而使新的精英和社会动员的制度之网具有容身之处。这些工具的每一个既可以被用于保持和强调山地—谷地之间的差别，这种差别有时就是山地民族主义，也可以被用来将差别最小化，尽管这种事情很少发生。

直到基督教传教士进入以后，果雄先知叛乱所利用的都是他们自己丰富的传说，传说中总有一天伟大的国王要回来拯救其人民。有些流行的（大乘）佛教和道教因素与它们有着相似的预期内容，也补充了这些传说。随着数不清的果雄人熟悉了基督教的经文，耶稣·基督、玛利亚和三位一体等基督教内容很容易被同化到果雄有关解放就要来临的观点中。在许多地区，先知声称自己是耶稣、玛利亚、圣灵或同时三者的与声称是古代果雄王（Huab Tais）的同样常见。[86]依据《圣经》所阐释的基督教精神中的末世预言与果雄千禧年信仰非常相似，几乎不需要做任何调整。

扫盲的承诺和圣书（《圣经》）的回归对于果雄人有着巨大的吸引力。按照其传说，他们的圣书被外族人偷走了，也可能是丢了，他们希望圣书的重新发现将改变低地人群，包括汉人和泰人对其所持的蔑视态度。在很大程度上正是这个原因，那个发明了至今仍然在使用的苗文的美国浸会派传教士伯格理（Samuel Pollard）本身就被看作救世主。现在的果雄人不仅有文字，而且是自己的文字。当果雄的认同被理解为一系列与汉族相反的东西的时候，伯格理的成就在于使他们原则上与汉族一样识字，而且是非汉字的文字。过去要到达现代性、世界主义和识字的世俗（不是圣）三位一体要经过中国和泰国的低地。现在基督教使他们在成为现代、世界性和识字的时候，仍然是果雄人。

从任何一个方面看，从明清发动的战争，到混乱的大规模移民，直到与美国中央情报局密战部门（American CIA's Secret War）所结成的悲惨联盟，果雄人悲惨的遭遇持续了太长的时间。在过去的5个世纪中，就像我们所了解的这个地区其他人群一样，早逝和/或强制的逃亡非常严重。[87]考虑到这一历史，也许他们如此擅长快速的流动，重组他们的社会组织和在各种形式的千禧年梦想和反叛之间变换就并不吃惊了。从某种意义上说，那些想改变命运的人在进行高风险的社会认同实验。由于他们的境况在不断恶化，他们已经将逃避的社会结构发展成一种艺术。

在20世纪之初，云南、缅甸和泰国的大量拉祜人已经改信基督教。按照拉祜的传说,在第一个传教士威廉·杨到来之前差不多10年,佤—拉祜的宗教首领就已经预言了他的到来。他们很快就将上帝和耶稣与被预言将要重现的拉祜的创世上帝贵莎神融合。将前基督教的神和《圣经》中的人物混合起来,这既是因为拉祜借用了基督教的描述,也是因为传教士努力将他们的神纳入到他们所知道的拉祜传说中。就像新世界中的非洲奴隶一样,拉祜人发现自己的境况与当年以色列人一样,他们无家可归、被镇压,当然还有后来同样的解放。[88]

此外,耶稣的降临也被看作拉祜人即将解放的先兆。传教士首先在缅甸和泰国取得传教胜利不久,受到基督教启示和大乘佛教预言的激发,拉祜先知就宣布,1907年是拉祜人向景栋的掸族头人纳贡的最后一年,因为拉祜有了新的主。他将把许多拉祜人带入到教会,但是当他自称是上帝并娶了几个妻子以后,他被教会当局"免职"了,最终组织了反基督教精神的反抗运动。[89]因此作为借用的文化,那些从基督教精神中得到并服务于山地需求的信仰和制度,经常是与谷地相对立的,甚至与传教士本身也相对立,这在拉祜、果雄和克伦中都很明显。下面是一个拉祜(或拉祜—佤)小册子中的有关基督诞生的简单故事,我们从中可以看到这种相互借用:

> 耶稣·基督……是一个寡妇的孩子。在他出生之前,一些算命先生就告诉他妈妈,她将有一个足以征服整个世界的儿子。当地方首领听到了这些,他非常生气,决定杀掉耶稣的妈妈。在村民的帮助下,玛利亚逃到了马厩并在马槽中生产了耶稣。他的妈妈将他带回家,他立刻

从妈妈的怀抱里跳出来,他刚在地上行走……那里就出现了一把供他坐的黄金椅子。[90]

如果我们的眼光从这种千禧年活动的深远历史和广泛分布收回到近处,作为现实主义者,我们会把所有记录都看作那些利用魔力解决问题的失败记录。毕竟所承诺的千禧年从来没有到来过,而且那些回应这些召唤的人不是被屠杀就是被打败、毁灭和四处逃散。从这一制高点来看,在数个世纪中连绵不断的先知运动本身就足以表明这些运动是徒劳无功的。然而在考察这些希望不断破灭的意识形态景观并试图从中得出一些积极意义的时候,许多历史学家和人类学家发现,其中的核心民族主义(protonationalism),甚至核心共产主义(protocommunism)为后来的世俗运动铺平了道路,这些世俗运动的目标与以前一样,只是没有那么多神秘的魔力,因而也就有更多的承诺和实现承诺的做法。埃瑞克·霍布斯邦在其经典著作《原始叛乱》中也作出了同样的评价。在那里,他注意到,基督教千禧年运动的革命模式中恰恰缺乏这种现实主义因素。[91]用工人阶级先锋队取代了贵莎、上帝、弥勒佛、佛陀、果雄皇帝和马哈迪(Mahdi),你就看到了运动的真实一面。

如果我们将对千禧年的热情看作只是逃避社会结构中最广泛和热烈的形式,就可以看到另一面。它代表着对低地意识形态结构的毫无顾忌的窃取,而窃取正是为了形成运动以抵制或打击那些被窃取的国家。肯定地说,千禧年从来没有实现。然而这样的运动创造了新的社会群体,重组和聚合了族群性,促进了新的村庄和新国家的建立,引起了长距离的移动,而且更重要的是,在几乎没有可能成功的情况下,保持了很多对尊严、和平和富饶生活的期望。

　　在某种意义上说,山地人已经掌握了所有那些可以利用的意识形态原材料,从而表达自己的诉求和保持与低地国家的距离。首先,原材料一方面来自于他们自己的传说和神灵,另一方面是他们可以从低地宗教中获得的有关解放的信息,特别是大乘和小乘佛教。当基督教成为可以构建他们梦想基础的时候,同样的先知观念也被灌输进去。在不同时期,社会主义和民族主义也提供了同样的承诺。当今,由各种国际宣言、条约和富有的非政府组织所支持的"土著民族主义"(indigenism)提供了同样乐观的认同和诉求前景。[92]目的地大致相同,但是运输工具已经改变。所有的这些想象中的社区都充满了乌托邦的预期。绝大多数都无法实现,其中一些像千禧年起义一样惨败。并不是只有高地才会有模仿、拜物主义和乌托邦理想。

9 结语

> 野性已经成为他们的特征和本质。他们享受野性，因为这意味着无视权威的自由和无须奉承领袖。这种自然的状态是对文明的拒绝，也是文明的对照。
>
> ——伊本·卡尔顿论游牧

> 当离奇的风俗和异域的山地部落在博物馆被兴高采烈地展示的时候，媒体和旅游者、公众，或者只有城市中产阶级，才开始通过认识他们曾经是什么，以及不是什么来了解自身。
>
> ——理查德·奥康纳

我在这里试图描述和理解的世界正在迅速消失。对于我所有的读者来说，他们所生活的世界看起来距离非常遥远。在当今世界，我们未来的自由依赖于驯化利维坦式国家，而非逃避它，这个任务让人望而生畏。生活在一个被完全控制、一个具有日益标准化制度模块的世界，在这个世界中，北大西洋个人永久产权和民族国家分别是占最高支配地位的两个模块，我们在同时反抗前者所带来的财富和权力的巨大不平等，以及后者带来的对我们相互依存的生活制度的越来越严重的干扰。就像约翰·邓恩（John Dunn）清楚指明的，人们从未像现在这样"把他们的安全和繁荣如此悲惨地维系在统治他们的那些人的技能和良好意愿上"。[1]他还补充说,我们所有的唯一且脆弱的驯化工具就是来自希腊的另外一个北大西洋模块:代议制民主。

我在这里所讨论的世界与此不同,国家还没有如此逼近,像现在这样横扫它面前的一切。如果从长远历史观点来看,直到不久以前,大多数人还是生存在这样的世界中。简单地说,我们可以区别4个时代:1)无国家的时代(到目前为止最长的时代), 2)小国时代,这些小国被巨大和容易进入的无国家边疆所包围, 3)国家权力扩张并压缩和围困边疆的时代以及最后, 4)整个地球都是"行政空间"的时代,在这个时代,边疆仅仅在传说中存在。从一个时代向下一个时代的前进在地理(比如,中国和欧洲比东南亚和非洲更早熟)和时间(边疆地区的消长取决于国家政权建设的强弱变化)上并不平衡,但是从长期趋势来看,毫无疑问,过程肯定是这样的。

非常巧的是,我们选择的被称为赞米亚的高地边疆地区是世界上存在时间最长、面积最大的人口避难区,这些人生活在国家的阴影之下,但是并没有完全被国家统合。在过去大约半个世纪的时间里,技术能力的提高和统治者的野心共同削弱了我在这里的分析。赞米亚人的相对自主性对第二次世界大战以后的情况的适用性大为降低。在整个赞米亚有大量低地人口迁移到山地,包括汉、京、泰和缅甸人,他们或者是有计划,或者是自发的。这样的迁移同时满足了两个目标,首先是用原来被认为是忠于皇家的人口充实了边疆地区,并生产供出口的经济作物,同时又减少了谷地的人口压力。从人口学角度看,这是一个深思熟虑的策略,先是吞并,

然后是完全吸收。²

直到最近,大多数人面对民族国家霸权时的基本政治选择还是到山地。这一选择不是如何驯化无可避免的利维坦式国家,而是如何对应于谷地国家的位置来摆放自己。存在着两个极端,一个极端是遥远的、平等的和位于山顶,从事游耕和采集的社会,也就是尽可能地远离国家中心;另一个极端是建立接近谷地国家的等级群体,获得可能的纳贡、贸易和劫掠的利益。在这两个极端之间有一系列选择,而且选择也是可逆的。一个群体可以通过变更其居住地点、社会结构、习惯和生存模式来调整与国家的距离。甚至其实践和习惯没有改变,与其相邻国家的距离也会因为王朝的兴衰、战争和人口压力而悄悄地发生改变。

谁是赞米亚人?当然最初所有东南亚大陆的人都是赞米亚人,不管是在高地还是低地,因为他们不是任何国家的臣民。当第一批印度化的曼陀罗小国形成的时候,数量众多的尚未被统合为臣民的人就成了最早的自我管理的人群,他们的生存环境中已经包括了那些小国。考古研究使我们对这些非国家人口有所了解。这些发现表明,尽管存在着专业化和复杂的手艺,但其政治背景看上去却似乎是去中心化和相对平等的(大体上比较平等"随葬物品"可以表明这一点)。这些发现与考古学家所称的"多元分层结构"(heterarchy)相一致:没有统一等级制度的社会经济复杂体。³我们的证据表明,山地的人口稀少,而且那些非国家的人口大部分生活在可耕种的高原或低地,但很少在不稳定的洪泛平原。

早期国家,特别是中原国家,在向适宜稻作的谷地扩张中,他们至少制造了两类"难民",这些难民构成了后来山地的主要人口。第一类是迄今为止的平原地区无国家人群（其中的大部分已经变成了游耕民），他们处于水稻国家水平扩张的道路上。从他们之中产生了最初的水稻国家的臣民。那些因各种原因不希望被统合为国家臣民的人一定会将自己置于国家的势力范围之外，或者在远离核心区的平原，或者在难于进入的山地。从这个意义上说，有一部分非国家臣民的人口从来没有被直接统合到国家的结构中，包括那些早已经在山上的人和那些逃避早期国家的人。在很长时期内，随着逃避谷地王国的原国家臣民的一拨又一拨移民，山地的人口在明显增加。移民的原因很多，包括逃避劳役、纳税、征兵、战争和王位竞争、宗教异端，所有这些都与形成国家密切相关。当出现战争、作物绝收或瘟疫使国家灭亡或迫使人们为了生存而逃命时，人们会突然发现自己处于无国家的状态。如果有慢速摄影，那么这些移民潮看起来就像是疯狂的碰碰车游戏，每一个新的移民潮都会推动原有的迁移，反过来，原有的移民或者会进行抵制，或者会迁移到更早的移民地区。正是这个过程创造了"破碎区"（shatter zones），并有效地解释了为什么山地的认同和居住地点会像百衲衣一样不断变化和重建。

从各种意义上来说，赞米亚都是"国家作用的结果"，或者更精确地说，是国家建设和国家扩张的结果。难民的破碎地带和破碎区域不可避免地成为谷地国家建设的"黑暗双生子"。国家及受其影响而产生的破碎地带完全体现了这个已经用滥了的词的意思；每一方都处于另外一方的阴影下，因为有了对方才有自己的文化特征。谷地国家的精英是通过与他们控制范围之外的那些人的比较来确定自己作为文明人的地位，同时也依靠他们来进行贸易和增加其臣民的数量

327 （通过捕获和诱惑）。反过来，山地的人口也依赖谷地国家获得重要的贸易物资，他们居住在距离谷地王国很近的地方以利于赚钱和打劫，同时又保持与王国的距离，不让自己在政治上处于直接控制之下。另外一类山地人群居住得更加遥远，内部也更加平等，他们的社会结构看来完全是谷地等级制度和权威的对立面。谷地人群和山地人群代表了两个截然相反的政治领域（political spheres），一方是集中和均质的，另一方则是分散和异质的，但是每一方都在变化，而且每一方的人口构成中都有在不同时间陆续从对方拉过来的人力资源（human material）。

高地社会并非是产生国家和文明的原始"物料"（stuff）；高地社会是国家建设的反身物（reflexive product），是被设计出来逃避国家征收的。草原游牧业现在已经被普遍地看作那些要逃离农业国家，同时又希望获得国家所能提供的贸易和抢劫机会的次级适应（secondary adaptation），同样游耕也主要是次级适应。就像游牧一样，它也是人口分散，没有国家容易捕获的"神经中枢"。其生产过程中的逃避特征总是挫败国家的征收。由于其自我选择的偏远位置、复杂混合语言和文化认同、可以自己支配的生存策略、像中东地区"水母"部落一样的分裂和分散的能力，以及由国家宇宙观所带来的可以很快形成新的抵制国家认同的能力，所有这些都使他们只要愿意，就可以成为国家的制造者和殖民地官员最恐怖的噩梦。事实上他们也的确是这样做的。

从分析的角度说，我们必须回到山地社会最基本的单元：小村寨、分裂的宗族、核心家庭、游耕团体。山地家庭和社会单元的独一性、多元性和可替代性都不适合作为国家建设的原材料。有时候为了战争和贸易的目的,这些基本的社会单元组合成小的联盟,聚集在具有个人魅力的先知下,但是它们会很快分裂为其基本构成单元。如果说那些试图成为国家创造者的人对此感到失望,历史学家和人类学家也会同样备受打击。注意到这种流动性,特别是其主要族群认同中的空想特征,弗兰克斯·罗宾和曼迪·萨丹最近指出,从民族志的角度看,将分析关注在村庄、家庭和交换网络可能更正确。今后不要将族群性尊崇为"某种超级物品,涵盖着其他文化符号;它只能在族群外具有文化符号的作用"。[4]族群之间的边界是相互渗透的,任何一个特定的认同都有着让人眼花缭乱的变异体,在历史的不同时期,克钦和克伦的意义都不尽相同,因此对于人群分类本身怀有某种程度的不可知论可能是应该的。如果我们接受罗宾和萨丹的明智建议,我猜想,一旦我们将山地的社会秩序和不断更新的认同看作策略,其目的在于将各种村庄、群体和网络相对于距离最近的谷地国家的引力作用重新定位,那么无论在政治上、经济上还是在象征意义上,上述的流动和明显的无序就都可以解释了。

逃避国家、防御国家:全球—地方性

我已经逐渐地将有关赞米亚,或者说山地的研究看作大量人口试图逃避国家,或被国家所驱逐的全球历史的一部分,而不是单纯的有关山地人群的研究。无疑,这样的任务是我个人所无法完成的,最好是由许多学者协作进行研究。即使单就东南亚来说,那也包含了许多超出我这里所能考察的内

容。至少它应该包括海上吉卜赛(orang laut),他们逃避国家的办法就是驾船出海。分散在广大水域中,他们隐身于群岛的复杂水域中以逃避猎奴者和国家,同时,抢劫、奴役和偶尔打点零工。他们曾经是马六甲的马来苏丹的水上哥萨克。他们的历史与那些居住在红树林海岸和东南亚众多河流的不停变化的三角洲的人的历史纠结在一起。每一个这种地方都成为国家行政管理的巨大障碍,从而也成为避难所。

我们在这里也顺便列举一些其他的例子以说明那些在全球历史上同样属于超国家(extrastate)空间的人群和地形。吉卜赛、哥萨克、柏柏尔、蒙古和另外一些游牧民族都是国家边陲历史中最核心的内容。同样,如同在新世界、俄国、罗马和伊斯兰世界一样,当强制劳动力构成国家建设的一个组成部分的时候,逃奴社区也就成为这类全球历史中的另外一部分。此外还包括那些像多贡族(Dogon)一类从开始就逃避被捕获的非洲人。当然,所有殖民地区,面临灭绝威胁的或被赶出家园驱逐到新地方的本土人会构成这一历史中的很大部分。[5]尽管他们在地理上、文化上和时间段上都很分散,但是关于这些避难区域的比较研究还是可以发现有许多共同之处。如果进行深入的历史考察,就像许多不同群体已经在修复的那些极为破碎的地区一样,他们都表现出我们在赞米亚所看到的族群和语言的复杂和多变。除了位于难于进入的遥远和边缘地区之外,这些人群还易于发展出尽可能分散、流动并抵制征收的生存策略。他们的社会结构也适合分散、裂变和重组,他们展现给外部世界的印象是杂乱无章,没有固定的形式,要对其进行统一的管制,在制度上没有明显的进入途径。最后,大部分位于超国家空间的群体在村庄和家庭层面都表现出很强的,有时甚至可能是非常强烈的平等主义和自治传统,这种传统有效地抵制了暴政和等级制度。当然只是大部分,而不是全部。

在山地居住人群的文化中看起来已经聚集了大量复杂的技术使他们既可以逃避国家的统合,同时又可以从邻居那里获得经济和文化机会。在长期历史中他们认同的流动和模糊性构成了这些复杂技术的一部分。这一特征是如此显著,使国家的管理者如此苦恼,正像奥康纳所指出的,我们往往假设一个群体有着族群认同,而在东南亚,"人们经常改变其族群性和地方性,因此更恰当地说,应该是每个认同都有一个成员群体。"[6]处于不稳定国家缝隙之间的破碎区域可能有一个特征,就是他们提倡认同适应性。山地文化就像已经准备好用于旅行的背包,这些背包中被填充了各种有助于跨越空间、跨越认同或者同时跨越两者的物质。他们广泛多样的语言和族群联盟、他们不断再造预言的能力、他们口头传承的短暂的代际谱系,以及不断分裂的能力,所有这些都成为他们跨越空间和认同的旅行装备。有鉴于此,我们也许会重新考察费尔南·布罗代尔有关山地人群的结论,即"他们的历史一片空白,总是处于文明化巨大浪潮的边缘"。[7]至少对于赞米亚来说,人们将彻底改变这一结论。正确的说法应该是,他们有着多重的历史,可根据环境的不同任选一种或者组合使用。他们既可以像阿卡和克钦人一样创造出悠久和精细的谱系,也可以像傈僳和克伦人一样,只有最短的谱系和移民的历史。如果看来他们没有确定的历史,那是因为他们学会了在不知道下一个目的地在哪里时便轻装前进。他们并非处于时间之外,也不是没有历史。他们更像是不定期的航船和吉卜赛人,独自忙碌于主要通商道路和国家之间,是否成功完全取决于如何使他们的灵活性最大化。他们渴望保留尽可能多的机会和选择,他们所传承的历史只是诸多选择中的一种。他们有许多不同版本的历史,需要多少就有多少。

可以肯定地说,文化上的对立和地理上的偏僻遥远、流动、所选择的作物和耕作技术,以及"无法操控"的群龙无首般的社会结构都是逃避的手段。但是有一点我们一定要理解,他们所逃避的并非是与国家发生关系,而是逃避处于臣民的地位。国家边陲地区的山地人群所要逃避的是财政国家(fiscal state)的严酷权力,以及国家从臣民直接征税和劳役的能力。然而他们事实上也在试图建立,有时甚至是很迫切地寻求建立与谷地国家的关系,但是这种关系必须允许他们保留某种程度的政治自主。甚至大量的政治冲突也只是为了谋求成为某个低地市场最优惠的贸易伙伴。正像我们所看到的,山地与谷地处在互补的农业生态区位上,这意味着,相邻的谷地国家事实上都会为了获得山地产品和人口而展开竞争。

一种对各方有利的关系一旦被稳定下来,就可能正式形成进贡的关系。不管在仪式上或谷地的记录中进贡关系是如何不对等,但实际上都是有利于山地的伙伴。这里要强调的是我们不能从表面上看谷地的地位。在国家表面上强大的征税和征用人力的权力光环之外,处于阴影中的是通过纳贡的形式所表现出来的经常的经济交换。这个阴影区域代表了持久的互利贸易,多数情况下,这种互利贸易并不代表永久的政治上被统治。商品越小、越轻且价值越昂贵,那么这个阴影区域就越大,比如宝石、稀有药材和鸦片等,这类物品还有很多。[8]

至于谷地大国的象征和宇宙观的范围，它们的影响范围很大，但很肤浅。不管是中国或印度的，或者有时候是外来的混合物，实际上所有的支持村庄之上的权威合法化的观念都是从低地借用的。这些观念从低地起程，并在山地被重组，以服务当地的目的。低地的宇宙观碎片、徽章、服饰、建筑和称号都被先知、巫医和野心勃勃的首领加以重组并装配成新的混合物，这个过程特别适合称为就地取材（bricolage）。象征物的原材料虽然从低地进口，但这并不妨碍高地的先知将其加工成千年期望，并进而被用来反对低地的文化和政治霸权。[9]

在促成集体行动，以及克服社会碎片化所带来的、社会科学家所称的交易成本方面，从理论上说，低地的宇宙观所起的作用很可能与关于逃避国家的整体观点密切相关。那些有助于山地社会逃避国家的独有特征，包括分散、移动、族群复杂、人数不多的游耕群体，以及平等主义，都鼓励分裂，在团体组织和集体行动之路上设置了许多障碍。具有讽刺意味的是，合作的唯一社会资源还是来自低地，那里的社会等级制度和宇宙观也自然而然地随着他们进入高地。

事实上所有山地社会都有一套逃避国家的行为。在有些社会中，这些特征可以与某种程度的内部等级制度共存，他们不时地模仿国家。而另外一些群体在逃避国家的同时往往伴随着可以被称为防止内部国家建设的实践。阿卡、拉祜、傈僳和佤族看起来属于这一类，他们群龙无首、有着很强的平等和反对固定等级制度的传统。那些抵制国家的社会都有一些共同的特征，他们往往防备通过联姻造成任何固定的家族等级地位，在他们的许多传说中都有权力膨胀的头人被暗杀和驱逐的故事,而且在面临可能形成永久的不平等的时候,他们的村庄和家族往往会分裂成更小且平等的碎片。

脱离和适应的梯度过程

在试图描述像赞米亚这样的碎片区和避难所时会遇到一个悖论。为了描绘山地社会的流动和可塑性,我们必须有个出发点,即使"这个出发点"本身也是处于变化中的。我在谈到"克伦"、"掸族"和"果雄"的时候,是把它们作为一个坚实和稳定的社会组织单位进行描述的,然而他们不是这样,特别是在一个比较长的时段内观察的时候。尽管有可能使读者和我自己都更加困惑和眼花缭乱,但是我们仍然应该想到这种流动是如此之快。有史以来,逃亡的低地人就在充实山地人口。同样,山地人群也在被同化到谷地国家的社会中。区分谷地和山地人群的本质"分界线"仍然存在,尽管大量跨越分界线的往来早已经存在。认同的梯度使任何固定的"认同边界"显得过于武断。当山地社会自身进行重组的时候,山地的个人、亲属群体和整个社区也在进行重组。而且因为山地的人群如此复杂地聚集在一起,当山地社会将自己置于与谷地国家相对应的位置的时候,他们也同时将自己置于与其他山地邻居相对应的位置。[10]这并没有什么特殊之处;相对定位和相互适应在很大程度上是山地政治学的主旋律。如果这使我们头晕,那么值得自我安慰的是殖民者和国家官员也会头晕,而那些行动者自己对他们是谁和要做什么没有任何困惑或感到神秘。

对于国家边陲地区的人群来说,适应周边的国家所带来的危险和诱惑是很困难的实践活动。核心区的农民也已经发展出了日常生活策略,从而可以从政治中心地区的发展中获益,并保护自己以避免骚乱所带来的坏影响。施坚雅的作品详细叙述了明清时期中国农民用于应对王朝覆灭和稳定繁荣时期的各种行动。[11]对于我们的分析来说,这些行动的独特之处在于它们代表了那些留在原地继续从事定居农业的人所采取的防护措施。它显示了一种在被严格控制环境下的自我保护模式。观察核心区域农民如何采用这种方式适应有助于我们领会在国家边陲地方的人群有广阔得多的选择。

施坚雅认为,在王朝巩固、和平与贸易繁荣时期,地方社区会适应这个时期的各种机会,比较开放。经济活动专业化、贸易、行政和政治联系都很活跃,从而使社区可以从更大范围内的各种机会中获益。而在王朝覆灭、经济不景气、民间反抗和盗匪横行的时期则相反,社区就会退缩到自己的壳中以实现自我保护。按照施坚雅的描述,这种退缩会遵循如下的模式:首先是表面的退缩,然后是经济上的封闭,最后是自我保护的军事封闭。专业人员和商人都各自回家,经济的专业化消失,谨慎地守卫本地的食品供应,外来者被驱赶出去,从而形成了守护作物(crop-watching)的社会,并修建围栏、建立地方民兵组织。[12]当逃跑和反叛都不可行的时候,面对外部环境的威胁,地方社区所能做的就是名义上、经济上和军事上脱离国家。他们毫不妥协地创造出一个自主和自给自足的空间,也就是在危险没有解除之前,完全切断与更大社会之间的依附关系。等威胁解除以后,地方社区会按照相反的程序开放:首先是军事、其次是经济、最后是名义(normative)上的开放。

赞米亚山地社会以类似但更为海阔天空的方式,在大量的结构中既可以选择移近与相邻政体形成紧密的结合,也可以远离他们。与施坚雅所讨论的固定在水稻田上的中国农民不同,高地人具有地理流动性,有能力搬到很远的地方。他们掌握着一系列的生存技术,因地制宜地或单一或混合地配置这些技术。高地社会本身毕竟主要是由一系列分离主义者所创造的,这些分离主义者完全有能力在某个方向上调整其分离活动的程度。这种调整可以在一个或多个维度上进行,而这对于核心区的农民是不可能的。第一个维度是地点:他们居住得越高越遥远,他们距离国家中心、猎奴和纳税就越遥远。第二个维度是规模和分散程度:他们的聚居点越小越分散,就越不会成为抢劫者和国家的目标。最后,他们可以,而且在调整其生存技术,每一技术都体现了与国家、等级制度和政治统合的对立。

在这种情况下,郝力菲尔·强森对比了三种生存策略:1)狩猎和采集;2)游耕;3)固定农耕。[13]采集完全不怕征收,基本不允许社会不平等的存在;游耕抵制征收,尽管也可能创造剩余并不时地产生,通常是暂时的、内部的等级制度。[14]定居农业,特别是水稻,是便于征收和抢劫的,它们往往与大规模定居点和持久的等级制度联系在一起。这些技术可以按照不同比例进行调配并随着时间而进行调整,但是对于瑶/绵族来说,通过这些调整所表达出的选择实际上都是政治选择。对于那些从事采集和游耕的人来说,采集和游耕都是为了在政治上脱离低地国家,而且采集比游耕更极端,距离国家也更远。[15]

无论是居住地点还是社会或农业生态结构,高地群体都有很宽广的范围可以进行选择。他们分布在两个极端之间,一端是平原地区种植水稻并像农民一样被统合到谷地国家中,另外一端是则是采集和游耕,居住在遥远的山梁上有守卫的居住点,并以消灭外来敌人而著名。在这两个完全相反的极端之间,他们有着大量的混合选择机会。在这些机会中,人们在特定的时间会做出什么选择,就像施坚雅所阐述的中国农民一样,在很大程度上依赖当时的外部条件。在和平、经济扩张和国家鼓励定居的时候,山地群体会更多地接受定居耕作,搬到邻近国家核心的地方,建立纳贡和贸易关系,在文化和语言上变得更接近谷地文化。而在战争、动乱、苛捐杂税和猎奴时期,山地群体就会反方向运动,而且十有八九会有逃离国家核心区域的难民加入他们。

任何一个山地人群在某个特定时候都会具有某种特定的身份,如山顶的游耕民和鸦片种植者。他们的文化似乎也是将他们界定为这种身份。但是随着时间的流逝,这些身份会发生很大变化,同样的族群会分成许多不同的碎片,他们处于完全不同的背景下。没有任何理由能够支持这些族群向单一方向发展。[16]与此相反,从长远角度来看,我们有一切理由相信历史会充满重组和调整,他们有时进入,有时离开谷地国家,所有这些都作为"传统"被成功地包括到具有包容性的口头文化中。

值得提请注意的是,大多数采集者和游牧民,可能还包括游耕民,都不是原始人的遗留,而是在国家的阴影中所产生的适应的产物。正像皮尔·卡拉斯特所设想的,群龙无首的采集者和游耕民的社会是精心设计的,从其特有的农业生态区位和与周边贸易中获益,同时又避免成为被统治的臣民。如果你是社会达尔文主义者,你可能会发现山地人群的移动性,人口稀少分散的社区,没有可继承的等级制度,他们的口头文化和丰富多样的生存与认同策略,可能还有他们热衷的预言等都特别适应混乱动荡的环境。比起创立自己的国家,他们更适合作为有国家的政治环境中的非臣民而存在。

文明及其不满

英国和法国殖民地的官员在证明向其属民征收的苛捐杂税的合理性的时候,经常将纳税解释为生活在"文明社会"中必须支付的价格。通过这种不着边际的理论,他们巧妙地设置了三个圈套:他们实际上将其属民描述为是"前文明的";他们将殖民地描述为理想的帝国;更重要的是,他们将"文明"与实际上的政权建立混为一谈。

有关文明的假想故事(just-so story)需要一个野蛮的未经驯化的对应物,它们往往处于其势力范围之外,并最终被驯服和统合。我们所说的被假设出来的文明都是通过这种对立被界定的,不管是法国、缅甸、英国还是暹罗。这也是为什么实际上在部落和族群性开始的地方也就是统治和纳税停止的地方。

人们可以立刻看出,为什么这些主要是为了增强统治者的信心和凝聚力的假想故事在帝国的边疆没什么说服力。比如我们可以想象,如果把儒家的古典教育,包括孝悌、守礼、忠君、爱民、知耻、清廉,放到19世纪中期云南和贵州的边疆地区,结果会如何。人们怎么可能不吃惊于帝国的想象与明清时期边疆地区现实的巨大差别。"生活中"的边疆与话语中的边疆完全不同,这里充斥着以权谋私的腐败官吏,军事冒险家和土匪,被放逐的官员和罪犯,土地侵吞者,走私犯和被迫的汉族移民。[17]难怪汉族的文明理想在此没有任何基础。相反,无论对当地人还是反思的地方官员来说,理想与现实之间的冲突都足以使他们相信,文明的话语仅仅是谎言。[18]

中国与东南亚的小乘佛教政体对理想和"文明化"的臣民的理解略有不同。在中国那里不存在用宗教来验证文明,尽管父权制家庭、祖先牌位和文字知识就已经意味着族群的同化。在缅甸或泰国,佛教和对僧侣(sangha)的崇拜已经构成了宗教的验证,尽管由于人力缺乏,东南亚大陆的国家也无法对其臣民挑挑拣拣。而印度式的古典王国像中国一样有着等级制度,但是有很高的族群包容性。

然而无论多么不同,因为强有力的财政和军事原因,这些国家都是水稻国家。实践中水稻国家尽最大的努力鼓励人口集中和从事灌溉水稻种植,这是它形成的基础。既然国家的臣民按照差不多相同的方式、在差不多相同的社区耕种同样的谷物,这使得土地评估、征税和管理都相对容易得多。在中原地区,父权制家庭作为基本的财产和管理单元还有助于进一步的社会控制。水稻国家的理想臣民也代表了国家景观和人类定居的愿景,在这些愿景中,被开垦的灌溉水稻平原以及在此居住的人类社区代表了有文化教养的理想社会。

另外,水稻国家的官员肯定会试图反对一切代表了不可征收景观的居住、生存和社会结构形式。他们反对,如果可能还会禁止分散的定居、采集、游耕和从核心区迁移。如果稻田意味着由被适当地组织起来的臣民和他们的产品所形成的文明景观,那么由此引申说,那些居住在遥远的山地和森林、不断轮换耕地并不断改变自己、不断组成并重新组成小的平等村寨的人,就是不文明的。当然,在这里最引人注意的是,文明景观和人口的理想与国家建设的景观和人口状况是如此地相似,而不适合国家征收的景观和人口状况都被认为是不文明和野蛮的。从这个角度看,用于判断文明与不文明的有效坐标完全就是适合国家征收的农业生态特征。

按照谷地精英的观点,毫无疑问,生活在国家边缘地区与原始和落后是紧密相关的。人们将国家可控制范围之外的那些突出特点罗列出来就可以同时制作出一个不文明的特征清单。居住在无法进入的森林和山顶被认为是不文明。采集、包括为了商业利益而进行的林中捡拾、游耕都被定义为落后的。按照这种定义,分散和小规模定居都是落后的。地理上的流动和变换以及可变通的认同,既是原始的,也是危险的。如果不信谷地的宗教,或者不支付君主的赋税和宗教的什一税,那么这个人就被划在文明之外了。

在谷地的想象中,所有这些特征都是社会进化早期阶段的产物,而高居进化顶端的就是精英。山地人群处于早期阶段:他们几乎在所有方面都是原始的,在水稻耕作之前,在城镇产生之前,在宗教之前,在文字之前,在成为谷地臣民之前。就像我们已经详细讨论过的,山地人群被污名化的那些特征正是那些逃避国家的人群所提倡和完善的特征,这些特征使他们可以避免放弃自主权。谷地对于历史的想象是错误的。山地人群不在任何事情之前。事实上,他们应该被理解为之后,后灌溉水稻、后定居、后臣民,甚至可能是后文字的。在历史的长河中,他们代表了那些既要适应这个有国家的世界,同时又要保留在国家控制之外的人群所刻意形成的无国家状态,这也是对国家的反应。

　　谷地人对逃避他们的人群的农业生态、社会组织和流动性的理解并没有什么特别的错误。他们可以说一直在将这些人正确分类。除了他们对历史顺序的理解大错特错之外,他们所贴的标签也错了。如果用"国家臣民"来代替"文明的",用"非国家臣民"来替代"不文明的",那么就差不多对了。

注 释

1 山地、谷地和国家

1 *Guiyang Prefectural Gazetteer*, 引自 Mark Elvin, *The Retreat of the Elephants: Environmental History of China* (New Haven: Yale University Press, 2004), 236–237.

2 *Gazetteer of Upper Burma and the Shan States*, compiled from official papers by J. George Scott, assisted by J. P. Hardiman, vol. 1, part 1 (Rangoon: Government Printing Office, 1893), 1: 154.

3 Elizabeth R. Hooker, *Religion in the Highlands: Native Churches and Missionary Enterprises in the Southern Appalachian Area* (New York: Home Missions Council, 1933), 64-65.

4 谷地的居民和国家还可以进一步做个通俗的分类,有在村庄中定居生存的人口和生活在森林中、被认为是游动的人口。

5 在14世纪伟大的阿拉伯历史学家和哲学家伊本·卡尔顿(Ibn Khaldun)的著作中有大量关于贝都因游牧民与城镇阿拉伯人关系的内容,这种关系与国家的形成和文明密切相关。

6 最近的考古学发现表明,在泰国东北部,普遍的铜矿开采和产业规模的冶炼并没有表现为集中的国家中心,而这在其他地方都与国家的形成密切相关。在这里只是工匠在农闲季节大规模地集中在一起。见 Vincent Pigott, "Prehistoric Copper Mining in Northeast Thailand in the Context of Emerging Community Craft Specialization," in *Social Approaches to an Industrial Past: The Archaeology and Anthropology of Mining*, ed. A. B. Knapp, V. Pigott, and Herbert (London:

Routledge, 1998), 205-225. 我要感谢Magnus Fiskesjö 让我注意到这部著作。

7   Anthony Reid, *Southeast Asia in the Age of Commerce, 1450-1680*, vol. I, *The Lands Below the Winds*(New Haven: Yale University Press, 1988), 15.

8   Richard A. O'Connor, "Founders' Cults in Regional and Historical Perspective," in *Founders' Cults in Southeast Asia: Polity, and Identity*, ed. Nicola Tannenbaum ans Cornelia Ann Kammerer, Yale Southeast Asia Monograph Series no.52(New Haven: yale University Press, 2003), 269-311, 引文在281-282页。与此不同,按照线性模式解释国家兴起的著作见Allen W. Johnson and Timothy Early, *The Evolution of Human Societies: From Foraging Group to Agrarian State*, 2nd ed. (Stanford: Stanford University Press, 2000).

9   Richard A. O'Connor, "Agricultural Change and Ethnic Succession in Southeast Asian States: A case for Regional Anthropology," *Journal of Asian Studies* 54 (1995): 968-996.

10   这方面见Michael Mann, *The Sources of Social Power* (Cambridge: Cambridge University Press, 1986), 63-70.

11   Charles Tilly, *Coercion, Capital, and European States, AD 990–1992* (Cambridge, Mass.: Blackwell, 1990), 162.

12   鼓励定居可能是最古老的"国家项目",与作为第二古老的国家项目——纳税密切相关。数千年中,中国国家机器的核心始终是促进定居,直到毛泽东时代,数万的人民解放军开垦梯田以便种植水稻。

13   Hugh Brody, *The Other Side of Eden: Hunters, Farmers, and the Shaping of the World* (Vancouver: Douglas and McIntyre, 2000).

14   Sanjay Subramanyum, "Connected Histories: Notes toward a Reconfiguration of Early Modern Eurasia," *Modern Asian Studies* 31 (1997): 735-762.

15   有关越南和印度尼西亚强制移民过程的解释,见Rodolphe de Koninck, "On the Geopolitics of Land Colonization: Order and Disorder on the Frontier of Vietnam and Indonesia," *Moussons* 9 (2006): 33–59.

16   在殖民统治或早期后殖民统治时期的政权机构,就像古典国家一样,把这些地区看作无主地(terra nullius)或无用地(inutile),如同传统上区别对法国有用(*La France utile*)或没用(*La France inutile*)的一样,无用就是无法用谷物或岁入来偿还管理费用。尽管林间和山地的出产可能是有价值的,当地的人民也可以被抓作奴隶,但是它们仍然是在被直接管理和有收益的谷物核心(grain core)之外,而这个核心是国家权力和岁入赖以维持的基础。在殖民主义下,这些地区是所谓间接控制的典型,当地传统的权威受到监督,成为附属纳贡关系而不是被废除。从元代到明代,我们可以看到,在中原政权管理下,这些地区被土司制度所统治,这是中国式的间接统治。

17 山地居民很少因为自己的原因将低地的宗教作为自己的宗教。低地的宗教象征地进入山地并不一定意味着低地国家的征服。参见Nigel Brailey, "A Reinvestigation of the Gwe of Eighteenth Century Burma," *Journal of Southeast Asian Studies* 1, no. 2 (1970): 33–47. 还可参见第8章的讨论。

18 Patricia M. Pelley, *Post-Colonial Vietnam: New Histories of the National Past* (Durham: Duke University Press, 2002), 96–97.

19 Keith Taylor在 "Surface Orientations in Vietnam: Beyond Histories of Nation and Region," *Journal of Asian Studies* 57 (1998): 949–978有力地反驳了这一官方的解释。

20 这四个群体现在由4个民族国家来代表,它们已经吸收了这一地区除了柬埔寨和老挝以外的所有早期国家。老挝和柬埔寨在自己的区域内将无国家的空间统合起来。

21 Geoff Wade, "The Bai-Yi Zhuan: A Chinese Account of Tai Society in the 14th century," paper presented at the 14th IAHA Conference, Bangkok, May, 1996, appendix 2, 8. 引自Barbara Andaya, *The Flaming Womb: Repositioning Women in Early Modern Southeast Asia* (Honolulu: University of Hawai'i Press, 2006), 12.

22 Willem van Schendel, "Geographies of Knowing, Geographies of Ignorance: Southeast Asia from the Fringes," a paper for the workshop Locating Southeast Asia: Genealogies, Concepts, Comparisons and Prospects, Amsterdam, March 29–31, 2001.

23 Jean Michaud, *Historical Dictionary of the Peoples of the Southeast Asian Massif* (Lan-ham, Md.: Scarecrow, 2006), 5. See also Jean Michaud, ed.,

Turbulent Times and Enduring Peoples: Mountain Minorities in the Southeast Asian Massif (Richmond, England: Curzon, 2000).

24 Michaud, *Historical Dictionary*, 2.如果加上现在山地中的低地人口,这个数字可能会再增加5000万,而且每天都在增加。

25 Ernest Gellner, "Tribalism and the State in the Middle East," in *Tribes and State Formation in the Middle East*, ed. Philip Khoury and Joseph Kostiner (Berkeley: University of California Press, 1990), 109–126, 引自124页。将普什图人(Pashtuns)、库尔德人和柏柏尔人进行类比并不很恰当,因为所讨论的这三个例子中的人都有共同的文化,或者更正确地说是被认为有共同的文化。但是这里所讨论的山地王国的人民却没有这样的文化内聚力,尽管其中一些人群(比如傣族、果雄族和阿卡/哈尼族)广泛地分布在这一区域。如果想看关于山地伊斯兰教宗派主义的深刻解释,参见Robert LeRoy Canfield, *Faction and Conversion in a Plural Society: Religious Alignments in the Hindu-Kush*, Anthropological Papers, Museum of Anthropology, University of Michigan, 50 (Ann Arbor: University of Michigan, 1973).

26 老挝是目前为止的一个特例,就像瑞士一样,老挝是一个"山地国家"。它的沿湄公河的谷地平原很少,而湄公河是泰国与老挝的界河。

27 有关这方面的联系,见Sidney Pollard富有启发性的著作*Marginal Europe: The Contribution of Marginal Lands since the Middle Ages* (Oxford: Clarendon, 1997).

28 其他清楚、系统地对边远地区的研究还包括:Michaud, *Turbulent Times and Enduring Peoples*, 特别是Michaud and John McKinnon写的导言,1–25, 和Hjorleifur Jonsson, *Mien Relations: Mountain Peoples, Ethnography, and State Control* (Ithaca: Cornell University Press, 2005).

29 F. K. L. Chit Hlaing [F. K. Lehman], "Some Remarks upon Ethnicity Theory and Southeast Asia, with Special Reference to the Kayah and Kachin," in *Exploring Ethnic Diversity in Burma,* ed. Mikael Gravers (Copenhagen: NIAS Press, 2007), 107–122, esp. 109–110.

30 Fernand Braudel, *The Mediterranean and the Mediterranean World in the Age of Philip II*, vol. 1, 翻译:Sian Reynolds (New York: Harper and Row, 1966).

31 Reid, *Southeast Asia in the Age of Commerce*, vol. 1.

32 Van Schendel, "Geographies of Knowing," 10, 清楚地指出:"如果海洋能够激发学者构建起布罗代尔式的地区世界,巨大的山脉为什么不行？"但的确没有。尽管关于赞米亚不同地区的出色研究还在不断出现,但是并没有呈现给读者一个"赞米亚学派",他们甚至也没有野心去构建一个赞米亚的视角从而给社会科学提供新的问题和研究问题的方法论。

33 当然只是从旁观者的角度他们才看来是"混乱的",山民肯定清楚地知道自己是谁,即使对于殖民官员来说,他们难以区分。

34 E. R. Leach, "The Frontiers of Burma," *Comparative Studies in Society and History* 3 (1960): 49–68.

35 关于拉祜族中性别的出色分析,见Shanshan Du, *Chopsticks Only Work in Pairs: Gender Unity and Gender Equality among the Lahu of Southwest China* (New York: Columbia University Press, 2002).

36 南诏,及其继承者大理国,大约在9世纪到13世纪,位于云南南部。景栋横跨萨尔温江/怒江,大约在14世纪宣布独立,直到17世纪被缅甸人征服。南是泰国北部南河(Nan River)河谷中的一个小国。兰纳,靠近现在的泰国清迈,大约在13世纪到18世纪保持了独立。值得研究的是,这些小国都是被种植水稻并讲泰语的人群所统治,经常与山地建立的国家有密切联系。

37 Janet Sturgeon, "Border Practices, Boundaries, and the Control of Resource Access: A Case from China, Thailand, and Burma," *Development and Change* 35 (2004): 463–484.

38 Van Schendel, "Geographies of Knowing," 12.

39 Braudel, *The Mediterranean*, 1: 32, 33. 我认为布罗代尔在这里犯了个错误,忽视了那些四处流浪但仍然背负其文明的人,比如罗姆人(Roma,吉卜赛人)和犹太人。

40 Ibn Khaldun, *The Muqaddimah: An Introduction to History*, 3 vols., 翻译 Franz Rosenthal, Bollinger Series 43 (New York: Pantheon, 1958), 1: 302.

41 O. W. Wolters, *History, Culture, and Region in Southeast Asian Perspectives* (Singapore: Institute for Southeast Asian Studies, 1982), 32. Wolters的引文来自

Paul Wheatley, "Satyanrta in Suvarnadvipa: From Reciprocity to Redistribution in Ancient Southeast Asia," in *Ancient Trade and Civilization*, ed. J. A. Sabloff et al. (Albuquerque: University of New Mexico Press, 1975), 251.

42　引自Andrew Hardy, *Red Hills: Migrants and the State in the Highlands of Vietnam* (Honolulu: University of Hawai'i Press, 2003), 4.

43　Owen Lattimore, "The Frontier in History," in *Studies in Frontier History: Collected Papers, 1928–1958* (Oxford: Oxford University Press, 1962), 469–491, 引自475.

44　Edmund Leach, *The Political Systems of Highland Burma: A Study of Kachin Social Structure* (Cambridge: Harvard University Press, 1954).

45　Thomas Barfield, "The Shadow Empires: Imperial State Formation along the Chinese-Nomad Frontier," in *Empires: Perspectives from Archaeology and History*, ed. Susan E. Alcock, Terrance N. D'Altroy, et al. (Cambridge: Cambridge University Press, 2001), 11–41. 卡尔·马克思将在罗马帝国边缘从事猎奴和抢劫的寄生和军事化的边疆地区称为"德国的生产方式"(the Germanic mode of production)。"对佤族这样次级国家形成的最好解释，见Magnus Fiskesj, "The Fate of Sacrifice and the Making of Wa History," Ph.D. thesis, University of Chicago, 2000.

46　我从贡萨洛·阿吉雷·贝尔特兰处借用了这个术语。他指出，在讲西班牙语的拉美地区的土著人被征服以后可以看到："有些地区特别敌视或无法进行人口迁徙"，他们处于殖民经济的边缘。他所指的大部分是陡峭的山区，尽管也包括了热带丛林地区和沙漠。阿吉雷·贝尔特兰倾向于认为这些地方是前殖民地时代人口的"遗留"，而非逃亡或被迁移人口的居留环境。*Regions of Refuge*, Society of Applied Anthropology Monograph Series, 12 (Washington, D.C., 1979), 23页，以及散见各处。

47　Michaud, *Historical Dictionary*, 180, 引言摘自199页。每当写到关于越南高地居民(montagnards)的时候，他都会重复这个主题。"从某种程度上说，山民可以被看作难民，战争迫使他们迁移，他们主动选择处于国家权威之外。国家权威试图控制劳动力、提供税负的生产资源、保障对人口的利用，从而可以征募

427

士兵、奴仆、婢妾和奴隶。这意味着山民总处于逃亡中。" Michaud, *Turbulent Times and Enduring Peoples*, 11.

48 见Christine Ward Gailey and Thomas C. Patterson, "State Formation and Uneven Development," in *State and Society: The Emergence and Development of Social Hierarchy and Political Centralization*, ed. J. Gledhill, B. Bender, and M. T. Larsen (London: Routledge, 1988), 77–90.

49 Fiskesjö , "Fate of Sacrifice," 56.

50 详细阐明这一论点的经典著作包括Pierre Clastres, *Society against the State: Essays in Political Anthropology*, 翻译：Robert Hurley (New York: Zone, 1987); Aguirre Beltrán, *Regions of Refuge*; Stuart Schwartz and Frank Salomon, "New Peoples and New Kinds of People: Adaptation, Adjustment, and Ethnogenesis in South American Indigenous Societies (Colonial Era)," in *The Cambridge History of Native Peoples of the Americas*, ed. Stuart Schwartz and Frank Salomon (Cambridge: Cambridge University Press, 1999), 443–502. 有关最近资料的回顾，见 Charles C. Mann, *1491: New Revelations of the Americas before Columbus* (New York: Knopf, 2005).

51 Felix M. Keesing, *The Ethno-history of Northern Luzon* (Stanford: Stanford University Press, 1976); William Henry Scott, *The Discovery of the Igorots: Spanish Contacts with the Pagans of Northern Luzon*, rev. ed. (Quezon City: New Day, 1974).

52 比如见Bruce W. Menning, "The Emergence of a Military-Administrative Elite in the Don Cossack Land, 1708–1836," in *Russian Officialdom: The Bureaucratization of Russian Society from the Seventeenth to the Twentieth Century*, ed. Walter MacKenzie Pinter and Don Karl Rowney (Chapel Hill: University of North Carolina Press, 1980), 130–161.

53 Leo Lucassen, Wim Willems, and Annemarie Cottaar, *Gypsies and Other Itinerant Groups: A Socio-historical Approach* (London: Macmillan, 1998).

54 Martin A. Klein, 在"The Slave Trade and Decentralized Societies", *Journal of African History* 42 (2001): 49–65, 观察到，那些集权的非洲社会经常自己就是

奴隶的捕猎者(反过来也强化了集权的倾向),而只要可能,那些分权的社会就会退居到山地和森林的避难所,而且会加固他们的居住点以逃过猎奴者的攻击。同时参见J. F. Searing,"'No Kings, No Lords, No Slaves': Ethnicity and Religion among the Sereer-Safèn of Western Bawol (Senegal), 1700–1914," *Journal of African History* 43 (2002): 407–429; Dennis D.Cordell, "The Myth of Inevitability and Invincibility: Resistance to Slavers and the Slave Trade in Central Africa, 1850–1910," in *Fighting the Slave Trade: West African Strategies*, ed. Sylviane A. Diouf (Athens: Ohio University Press, 2003), 50–61; 有关统计分析的尝试,见 Nathan Nunn and Diego Puga, "Ruggedness: The Blessing of Bad Geography," special section of the *American Historical Review* devoted to "Geography, History, and Institutional Change: The Causes and Consequences of Africa's Slave Trade," March 2007.

55 曼陀罗是从印度南部借用的一个词,用于描述一种王国中心的权力通过联盟和感召力而向外辐射,但是没有固定的边界的政治景观。这个词本身就是复数,因为它总是由许多相互竞争的曼陀罗呈现出来的,曼陀罗相互竞争和联合,在不同情景下,每一个曼陀罗都处于盈亏的变化中,或者完全消失。See I. W. Mabbett, "Kingship at Angkor, *Journal of the Siam Society* 66 (1978): 1058, and, especially, Wolters, *History, Culture, and Region*.

56 作为一个整体,研究东南亚的学者并不比其他学者,比如研究印度和中国的学者,应该受到更多指责。作为一个各种文化和社会交汇和联络的地方,在其他任何地方都可以看到的宗教信仰、权威符号和政治组织形式的借用和适应是无法被忽视的。曼陀罗的精英自身炫耀这些标志。但是山地对谷地的文化和社会组织的影响经常被忽视。

57 苏门答腊的米南卡包(Minagkabau)和巴塔克(Batak)早已经开始从事灌溉稻作农业,创造了精致的文化,但是一直没有发展出国家,这提示我们,灌溉稻作农业是国家形成的先决条件,但还不够。

58 以我们的理解,在最初汉族国家体系形成的时候,差不多也是同样的过程。

59 Gilles Deleuze and Felix Guattari, *A Thousand Plateaus: Capitalism and Schizophrenia*, 翻译:Brian Massum (Minneapolis: University of Minnesota

Press, 1987), 360.

60 Clastres, *Society against the State*.在非洲有许多这类的破碎带,在受到奴隶贸易威胁的大量人口逃到这些相对安全的地区以后,这些地区才得以发展。现在几内亚-利比里亚边界地区的说拉米语(Lamé-speaking)的地区就是其中一个, Michael McGovern,个人交流,2007年11月。

61 M. P. Griaznov, *The Ancient Civilization of Southern Siberia*, 翻译: James Hogarth (New York: Cowles, 1969), 97–98, 131–133, cited in Deleuze and Guattari, *A Thousand Plateaus*, 430.

62 Lattimore, "Frontier in History," 472.

63 Ernest Gellner, *Saints of the Atlas* (London: Weidenfeld and Nicolson, 1969), 1–2.

64 同上, 1–2, 14, 31.

65 引自Richard Tapper, "Anthropologists, Historians, and Tribespeople on Tribe and State Formation in the Middle East," in *Tribes and State Formation in the Middle East*, ed. Philip Khoury and Joseph Kostiner (Berkeley: University of California Press, 1990), 48–73,引自66页。

66 有证据表明,剥掉复杂的社会结构,采取简单和最小的形式可以提高对多变的自然和政治环境的适应能力,就像采取多样和移动的生存方式,以及变化的认同一样。有关这方面见Robert E.Ehrenreich, Carole L. Crumley, and Janet E. Levy, eds., *Heterarchy and the Analysis of Complex Societies*, Archeological Papers of the American Anthropological Society, no. 6 (1995).

67 我认为,在关于东南亚古典国家更依赖于贸易还是人力的持续不断争论中,这一点被忽略了。河流交汇处、山口、玉或红宝石矿等有利的位置都需要军事上的保护。

68 Georges Coedès, *The Indianized States of Southeast Asia* (Honolulu: East-West Center Press, 1968), 最初于1948年发表在法国。

69 J. C. van Leur, *Indonesian Trade and Society* (The Hague: V. van Hoeve, 1955), 261.

70 John Smail, "On the Possibility of an Autonomous History of Modern Southeast

Asia," *Journal of Southeast Asian History* 2 (1961): 72–102.

71 Peter Bellwood, "Southeast Asia before History," chapter 2 of *The Cambridge History of Southeast Asia*, ed. Nicholas Tarling, vol. 1, *From Early Times to 1800* (Cambridge: Cambridge University Press, 1992), 90.

72 与其他文化区域相比较,靠近河流三角洲的东南亚沿海国家所遗留下来的物质遗产比较少。长期寻找Srivijaya遗址可能是最特殊的一个例子。见Jean Michaud, *Historical Dictionary*, 9。他注意到,山地居民留下来的建筑遗产和墓葬活动被考古发现的很少。有关这方面还需要指出,甚至在低地区域,一般都禁止平民使用砖、石,甚至柚木建筑房屋,以避免成为潜在的反叛堡垒。与Hjorleifur Jonsson 的个人交流,2007年6月6日。

73 看到的事实是,没有留下书面记录的王国可能就完全没有记录。Georges Condominas 注意到,高地的鲁阿(Lua)王国和东南亚的高棉,尽管通过一位拉瓦(Lawa)王与带来佛教的孟族王后结婚而留下了有关其起源的遗迹和传说,但是因为没有文字系统,所以几乎没有留下什么痕迹。*From Lawa to Mon, from Saa' to Thai:Historical and Anthropological Aspects of Southeast Asian Social Spaces*, 翻译Stephanie Anderson et al., an Occasional Paper of Anthropology in Association with the Thai-Yunnan Project, Research School of Pacific Studies (Canberra: Australian National University, 1990).

74 这些编年史只是为了国家而作的象征性作品。我感谢Indrani Chatterjee为我指出了这点。

75 在缅甸的*Sit-tans*发现了一个重要的例外,那里的行政档案主要是有关纳税财产、经济活动和按照纳税地位而形成的目录。见Frank N. Trager and William J. Koenig, with the assistance of Yi Yi, *Burmese Sit-tàns, 1784–1826: Records of Rural Life and Administration,* Association of Asian Studies monograph no. 36 (Tucson: University of Arizona Press, 1979).

76 Richard A. O'Connor, "Review of Thongchai Winichakul, *Siam Mapped: A History of the Geo-body of a Nation*" (Honolulu: University of Hawai'i Press, 1994), *Journal of Asian Studies* 56 (1997): 280. 一个生动的例子是缅甸宫廷保存的来自中国皇帝的一封正式外交文书。在信中作为东方皇帝的中国皇帝把

345

缅甸国王作为西方皇帝平等对待,他们二人共同支配了文明世界。正像Than Tun所说:"这封缅甸版本的来自中国的信多半与原信大有出入。然而这是缅甸国王唯一可以接受的可能,他不承认任何君主在他之上。" *Royal Orders of Burma, A.D. 1598–1885*, part 1, *A.D. 1598–1648*, ed. Than Tun (Kyoto: Center for Southeast Asian Studies, 1983), 3: 1. 宫廷官方的历史使我想起来我中学时候的报纸——*The Sun Dial*——上的格言,"我们只记录那些闪光的时刻"。

77　在Taylor "表面定位" (Surface Orientations)概念下,我们可以发现最早纠正这些目光短浅错误的努力。应当指出的是,对民族国家历史揭秘的重要工作在东南亚早已开始了。

78　Walter Benjamin, "Theses on the Philosophy of History," in *Illuminations,* ed. Hannah Arendt (New York: Schocken, 1968), 255–256.我感谢Charles Lesch的未发表论文使我注意到这点:"Anarchist Dialectics and Primitive Utopias: Walter Benjamin, Pierre Clastres, and the Violence of Historical Progress," 2008.

79　见Herman Kulke, "The Early and Imperial Kingdom in Southeast Asian History," in *Southeast Asia in the 9th to 14th Centuries*, ed. David G. Marr and A. C. Milner (Singapore: Institute for Southeast Asian Studies, 1986), 1–22. Bronson也有类似的观点,南亚北部2/3的地方在过去的三个千年中产生了"两个比较持续和跨地区的国家,笈多(Gupta)和莫卧儿(Mughal)。不管是这两个朝代还是其他小国,延续都不曾超过两个世纪,而期间无政府状态的间隔却普遍漫长和随处可见"。Bennett Bronson, "The Role of Barbarians in the Fall of States," in *The Collapse of Ancient States and Civilizations*, ed. Norman Yoffee and George L. Cowgill (Tucson: University of Arizona Press, 1988), 196–218.

80　Anthony Day, "Ties That (Un)Bind: Families and States in Pre-modern Southeast Asia," *Journal of Asian Studies* 55 (1996): 398. Day 在这里批评Anthony Reid and Victor Lieberman的重要史学著作中国家中心的观点。

81　见Taylor, "Surface Orientations." Taylor小心翼翼地避免重复无据可查的对现代民族国家和地区的描述,他充满想象力地考察现在被称为越南的那个地区早期历史上的几个阶段。

82　See in this connection Sara (Meg) Davis's critique of Condominas, "Premodern

Flows and Postmodern China: Globalization and the Sipsongpanna Tai," *Modern China* 29 (2003): 187. "村民在村庄和城镇之间流动,村庄与国家的同盟不断解体和重新结成,上层为了保持联盟的联系,有时候不得不走很远、在更大的范围内搜寻才能保有支持者……这样持续不断的移动和变化使得概括这个区域的特点变得很困难,我们可以确认不变的定数只有三个:村庄的密切关系,强烈的独立传统和自由的移动。"

83 Anthony Reid, "'Tradition' in Indonesia: The One and the Many," *Asian Studies Review* 22 (1998): 32.

84 Akin Rabibhadana, "The Organization of Thai Society in the Early Bangkok Period, 1782–1873," Cornell University, Thailand Project, Interim Report Series, no. 12 (July 1969),27.

85 Richard White, *The Middle Ground: Indians, Empires, and Republics in the Great Lakes Region, 1650–1815* (Cambridge: Cambridge University Press, 1991).

86 Thucydides, *The Peloponnesian War*, trans. Rex Warner (New York: Penguin, 1972).

87 Basile Nikitina, quoted, in French, by Tapper in "Anthropologists, Historians, and Tribespeople," 55; 作者翻译。

88 Sir Stamford Raffles, cited by Reid in "'Tradition' in Indonesia," 31.

2 国家空间 *346*

1 引自Yong Xue, "Agrarian Urbanization: Social and Economic Changes in Jiangnan from the 8th to the 19th Century," Ph.D. diss., Yale University, 2006, 102. 这里所包含的逻辑直接来自于对"中心区域理论"(central-place theory)的标准阐述,这一理论为Johann Heinrich von Thünen, Walter Christaller, and G. W. Skinner所发展。这一逻辑恰恰因为过于公式化,也有出现错误的时候。比如如果在运输途中有足够的春季草场会怎样? 在这个例子中,路途上的役畜可能不用吃所驮运的粮食而长肥,如果在到达目的地时被出售,就可以说它们也是被运送的物资的一部分。

2 正像Peter Bellwood所看到的,水稻种植区域的人口密度是游耕/刀耕火种、雨浇地和山地稻作的10倍。我们看到,这对国家是至关重要的。"Southeast Asia before History," in *The Cambridge History of Southeast Asia*, ed. Nicholas

Tarling, vol. 1, *From Early Times to 1800* (Cambridge: Cambridge University Press, 1992), 1: 90.

3 当然,如果官员要惩罚那些农夫或整个村庄,也可以把地里已经成熟且干燥的作物全部烧掉。

4 同时由于谷物便于储藏,军队可以在长距离出征中供养自己(比如尤利乌斯·恺撒的军团),反过来,国家中心的要塞一旦被包围,也可以抵御更长的时间。前现代的入侵经常被安排在谷物收割的时候,这样军队在沿途就可以自己提供保障,而无须驮运大量给养。

5 一般的论述见Jonathan Rigg, *The Gift of Water: Water Management, Cosmology, and the State in Southeast Asia* (London: School of Oriental and African Studies, 1992), 特别是其中Philip Stott, "Ankor: Shifting the Hydraulic Paradigm," 47–58, 和Janice Staargardt, "Water for Courts or Countryside: Archeological Evidence from Burma and Thailand Revisited," 59–72。这一卷主要的观点至少在东南亚彻底铲除了卡尔·魏特夫在《东方专制主义》(Karl Wittfogel in *Oriental Despotism: A Comparative Study of Total Power* [New Haven: Yale University Press, 1976, 9th ed])一书中关于水利社会的观点。在许多事实中,人口的现实和逃跑的可能都阻止了大规模迁移强制劳动力。克里弗德·吉尔茨有关巴厘岛复杂的梯田和灌溉系统的考察很好地表达了知识界的共识,"在建设中,国家最多是个小角色,首先,农田灌溉(subak)系统的成长是逐渐和缓慢的,并非是由权威来协调大量人力所进行的集体劳动的结果。在19世纪,这一系统已经完成,但甚至在19世纪之前,他们的扩张也是缓慢、稳定,甚至不被觉察的。之所以会有灌溉工作需要高度集权的国家来修建的概念是因为他们忽视了这类工作是不可能一蹴而就的"。(*Negara: The Theatre State in Nineteenth-Century Bali* (Princeton: Princeton University Press, 1980, 197.) 还可以参看吉尔茨引用的文献。有关巴厘岛,见Stephen Lansing, *Priests and Programmers: Technologies of Power and the Engineered Landscape of Bali* (Princeton: Princeton University Press, 1991).

6 Barbara Watson Andaya, "Political Development between the Sixteenth and Eighteenth Centuries," in Tarling, Cambridge History, 1: 402–459,引自426页。

7 Jan Wisseman Christie, "Water from the Ancestors: Irrigation in Early Java and

Bali," in Rigg, Gift of Water, 7–25, 引自12页。

8　Andaya, "Political Development," 426.

9　这些见解要归功于Edward Whiting Fox, History in Geographical Perspective: The Other France (New York: Norton, 1971), 25.

10　有人认为，战争中大象所造成的"震惊和恐惧"效应要远远大于它们的运输功用。我要感谢Katherine Bowie让我注意到在战争中使用大象。

11　The Man Shu (Book of the Southern Barbarians), trans. Gordon H. Luce, ed. G. P. Oey, data paper no. 44, Southeast Asia Program, Cornell University, December 1961, 4–11.

12　见表1。感谢Alexander Lee收集和整理这些信息。C. Ainslie, Report on a Tour through the Trans-Salween Shan States, Season 1892–1893 (Rangoon: Superintendent, Government Printing, 1893).

在盘央和孟盘之间，我选择了埃斯利所调查的两条平行的道路，他指出，"还有一条路是经过Long Lawk，但是需要爬上很高的山，据说路况更坏，甚至负重的人也很难走。"

埃斯利还标注是否有宿营地。许多好的宿营地（平坦的露天区域又靠近水源）在雨季都会被淹。表上的标准单位是"驿站间距"（stage）或一天的行程。

13　徒步旅行和背夫及牛车负载能力的数据来自Anthony Reid, Southeast Asia in the Age of Commerce, 1450–1680, vol. 2, Expansion and Crisis (New Haven: Yale University Press, 1993), 57. 在Jeremy Black关于17世纪欧洲行军的著作中，当时最高的行军速度是每天15英里（24公里）。European Warfare, 1660–1815 (New Haven:Yale University Press, 1994), 37. 需要行李车的大部队平均每天是10英里（16公里，这凸显了快速移动的骑兵部队的战略意义）。John A. Lynn, ed., Feeding Mars: Logistics in Western Warfare from the Middle Ages to the Present (Boulder: Westview, 1993), 21.

14　有关四匹马拉的车的计算见Lynn, Feeding Mars, 19. 可能因为罗马帝国的道路非常好，Peter Heather的计算结果是，牛车每天可以走40公里（差不多25英里）。戴克里先价格法令却记载着每多运50英里（80公里），每车小麦的价格

表1 1892–1893年掸邦东部的行走时间

行程	距离(公里)	经过河流数量	高度变化	说明
Pang Yang 到 Nam Nge Lam	11.25	1	760米下坡 215米上坡 365米下坡	由于高度变化,"下雨天行走困难"
Nam Nge Lam 到 Man Kat	15.25	3(其中一条需要摆渡)	550米上坡 "陡峭"下降	因为必须渡河,所以"在雨天行军非常困难"
Man Kat 到 Lau Kiu	14.5	3	120米上坡 120米下坡 1200米上 1200米下 ? 上坡 275米"陡峭上坡" "非常平缓的下坡"	河流"湍急,洪水季节无法渡河"
Lau Kiu 到 Ta Pong	19.25	2	沿河没有大的起伏,但有几条深沟	
Ta Pong到 Man Pan	7.25	1	上升很少,大部分下坡	进入一个掸邦小国首都的通道

续表

行程	距离（公里）	经过河流数量	高度变化	说明
Ta Mat Long到Pang Wo	13.25	1	"平缓"的850米上坡（90米下坡，须攀爬才到水边）	"在萨尔温江涨水的时候没有道路"
Pang Wo到Pak Long	13.25	0	150米下坡 150米"缓慢"上坡 2400米"有几处相当陡"的下坡	村庄中储存了大量稻谷
Pak Long到Nam Wa	10.5	1	350米下坡 245米上坡	
Nam Wa到Nam Nge Lam	14.5	2	335米下坡，"很陡峭" 455上坡，"开始很陡峭" 610米下坡	

就会翻倍。见Peter Heather, *The Fall of the Roman Empire: A New History of Rome and the Barbarians* (Oxford: Oxford University Press, 2006),107, 111.

15　Fox, *History in Geographical Perspective,* 25.

16　F. K. Lehman [Chit Hlaing], "Burma: Kayah Society as a Function of the Shan-Burma-Karen Context," in *Contemporary Change in Traditional Society,* 3 vols., ed. Julian Steward (Urbana: University of Illinois Press, 1967), 1: 1–104, 引自13页。

17　Reid, *Southeast Asia in the Age of Commerce,* 2: 54.

18　Charles Tilly, "War Making and State Making as Organized Crime," in *Bringing the State Back In*, ed. Peter Evans, Dietrich Rueschmeyer, and Theda Skocpol (Cambridge: Cambridge University Press, 1985), 178.

19　George Fitzherbert, review of Melvyn C. Goldstein, *A History of Modern Tibet,* vol. 2, *The Calm before the Storm, 1951–1955* (Berkeley: University of California Press, 2008), *Times Literary Supplement,* March 28, 2008, 24.

20　这里"成直线"(as the crow flies)的比喻是一个近乎完美的表达,指在没有摩擦力的空中飞行,但是空气中有风暴、气流和盛行风,它不可能是完全没有摩擦力的媒介。

21　Thongchai Winichakul, *Siam Mapped: A History of the Geo-Body of a Nation* (Honolulu: University of Hawai'i Press, 1994), 31.

22　Fernand Braudel, *The Mediterranean and the Mediterranean World in the Age of Philip II,* 2 vols., trans. Sian Reynolds (New York: Harper and Row, 1966).

23　大不列颠的威廉入侵是这一规律的例外,因为大不列颠的大部地区都靠近可以通航的海路。

24　Andaya, "Political Development," 427. 安迪亚还引述了玛塔兰(爪哇)和阿瓦(缅甸)的军队数据,这些数据也同样很惊人。

25　沿着这些河流,过去和现在都存在洪消农业,但是它们不像灌溉和常年河流那样稳定可靠。见Staargardt, "Water for Courts or Countryside."这对于魏特夫被普遍质疑的观点,无疑是一个具有讽刺意味的批评。虽然大规模的灌溉可以,而且已经在不依赖国家的情况下被建设起来,但是在三角洲低地为了耕作而进行大规模排水的时候,却与灌溉不同,需要一个"水利国家"(hydraulic-state)以及为拓荒者提供信贷支持。

26　E. R. Leach, "The Frontiers of Burma," *Comparative Studies in Society and History* 3(1960): 49–68, quotation from 58.

27　同上。

28　同上。

29　与此相关的是施坚雅将来自图能(von Thünen)和克里斯塔勒(Christaller)标准市场区域的概念发展为社会和文化整合单位。见"Chinese Peasants and the Closed Community: An Open and Shut Case," Comparative Studies in Society and History 13 (1971): 270–281. 因为施坚雅的模型是建立在标准平原基础上,不同河流的影响,或者沼泽和山地的影响,都需要被加以修正。顺流而下的宗教传播比绕过山要容易得多,这里形象的例子可以看查尔斯·凯斯(Charles F. Keyes)关于毛淡棉(Moulmein/Mawlemyain)山地特拉克宏(Telakhon)的描述。特拉克宏是克伦人的一种先知运动。见Keyes, ed., Ethnic Adaptation and Identity: The Karen on the Thai Frontier with Burma (Philadelphia: ISHII, 1979), 66–67.

30　Leach, "Frontiers of Burma," 58.

31　Benedict Anderson, "The Idea of Power in Javanese Culture," in Culture and Politics in Indonesia, ed. Claire Holt et al. (Ithaca: Cornell University Press, 1972).

32　Royal Orders of Burma, A.D. 1598–1885, part 1, A.D. 1598–1648, ed. Than Tun (Kyoto: Center for Southeast Asian Studies, 1983), 72.

33　O. W. Wolters, History, Culture, and Region in Southeast Asian Perspectives, rev. ed. (Ithaca: Cornell University Press, in cooperation with the Institute of Southeast Asian Studies, Singapore, 1999), 28.

34　Thongchai, *Siam Mapped*.

35　颂差在上面的书中指出,19世纪柬埔寨的策略是同时向暹罗和越南进贡。

36　同上73和86页。颂差也提出,作为小王国,莱(Lai)同时向中国、东京(Tonkin)和琅勃拉邦(Luang Prabang)进贡(第100页)。Richard White, *The Middle*

Ground: Empires and Republics in the Great Lakes Region, 1650–1815 (Cambridge: Cambridge University Press, 1991)是当今一部经典著作,研究这样地区中分裂的主权和他们所显现的认同在社会和政治上的流动性。

37　See *Royal Orders of Burma*, 3: vii.

38　人们也许会把顺河的旅行看作一个例外,但是在暴雨的季节,河流会洪水泛滥,很难通航,更不用说返航时候在激流中航行的困难了。

39　Desawarnana (Nagarakartagama), quoted in Wolters, *History, Culture, and Region*, 36.

40　比如见"Glass Palace Chronicle: Excerpts Translated on Burmese Invasions of Siam," compiled and annotated by Nai Thein, *Journal of the Siam Society* 5 (1908): 1–82 and 8 (1911): 1–119.

41　*Gazetteer of Upper Burma and the Shan States*, compiled from official papers by J. George Scott, assisted by J. P. Hardiman, vol. 1, part 1 (Rangoon: Government Printing Office, 1893), 136.

42　可能最惊人的例子是北越军队在山地居民支持下攻陷法国奠边府要塞。但是更有代表性的例子见 William Henry Scott 对吕宋北部Igorot人抵制西班牙人策略的解释, *The Discovery of the Igorots: Spanish Contacts with the Pagans of Northern Luzon*, rev. ed. (Quezon City: New Day, 1974), 31–36, 225–226.

3　人口和粮食的集中

题词出自Nicholas Gervaise, *The Natural and Political History of the Kingdom of Siam*, 翻译:John Villiers (Bangkok, 1987), 27, 引自Victor B. Lieberman, *Strange Parallels: Southeast Asia in Global Context, c. 800–1830*, vol. 1, *Integration on the Mainland* (Cambridge: Cambridge University Press, 2003), 27.

1　Anthony Reid, *Southeast Asia in the Age of Commerce, 1450–1680*, vol. 1, *The Lands Below the Winds* (New Haven: Yale University Press, 1988), 20. 在讨论国家中心和边疆地区的时候,欧文·拉铁摩尔描述了分成不同等级的生存模式系列,从最粗放的到最集约的:狩猎-采集、游牧、雨养农业,到灌溉农业。他相信,最后一种因为代表了人力和谷物的集中,最有利于国家建设。

"The Frontier in History," in *Studies in Frontier History: Collected Papers, 1928–1958* (Oxford: Oxford University Press, 1962),469–491, esp. 474.

2 Richard A. O'Connor, "Agricultural Change and Ethnic Succession in Southeast Asian States: A Case for Regional Anthropology," *Journal of Asian Studies* 54 (1995): 988n11. O' Connor credits F. K. Lehman [Chit Hlaing], "Empiricist Method and Intentional Analysis in Burmese Historiography: William Koenig's *The Burmese Polity, 1752–1819*, a Review Article," *Crossroads: An Interdisciplinary Journal of Southeast Asian Studies* 6 (1991): 77–120.

3 实际上,稻农有灌溉的水稻田,也有旱地和刀耕火种。对于农夫来说,这种基于生存法则形成的混合耕作提供了弹性。他们可以通过少种重税的水稻而种其他轻税的作物来减少或完全逃避纳税。

4 Georges Condominas, *From Lawa to Mon, from Saa' to Thai: Historical and Anthropological Aspects of Southeast Asian Social Spaces*, 翻译:Stephanie Anderson et al., an Occasional Paper of the Department of Anthropology in Association with the Thai-Yunnan Project, Research School of Pacific Studies (Canberra: Australian National University, 1990). Michael Mann, in *The Sources of Social Power*,使用了一个意思惊人相似的比喻"社会囚笼"(social cageing)来描述最早的国家圈禁人口的努力。(Cambridge: Cambridge University Press, 1986, 54–58.)

5 引自 Mark Elvin, *The Retreat of the Elephants: An Environmental History of China* (New Haven: Yale University Press, 2004), 104.

6 见 Frank N. Trager and William J. Koenig, with the assistance of Yi Yi, *Burmese Sit-tàns, 1784–1826: Records of Rural Life and Administration,* Association of Asian Studies monograph no. 36 (Tucson: University of Arizona Press, 1979). Trager and Koenig 指出,甚至前殖民时代的缅甸地方历史都关注着他们所说的"王权的阴影",在那里,"内陆似乎主要是为了服务于王朝中心的目的"(1)。地方岁入报告(*sit-tàns*,一般译为"查询"["inquests"])是个例外,它是管辖区域内的首领对地方情况的报告,包括播种的土地和作物,以及最重要的是每年提供给国王的岁入来源。岁入清单特别关注那些高盈利的土地,也就是可以一年有两到三次收获的灌溉稻田。

441

7 引文同上，77-78。

8 这个词来自 Robert Elson's in "International Commerce, the State, and Society: Eco-Notes to pages 63– 67 351 nomic and Social Change," chapter 3 of *The Cambridge History of Southeast Asia,* ed. Nicholas Tarling, vol. 2, *The Nineteenth and Twentieth Centuries* (Cambridge: Cambridge University Press, 1992), 131.

9 R. L. Carniero, "A Theory of the Origin of the State," *Science* 169 (1970): 733–738.

10 Clifford Geertz, *Negara: The Theatre State in Nineteenth-Century Bali* (Princeton: Princeton University Press, 1980), 24.

11 Thongchai Winichakul, *Siam Mapped: A History of the Geo-Body of a Nation* (Honolulu: University of Hawai'i Press, 1994), 164.

12 Barbara Watson Andaya, "Political Development between the Sixteenth and the Eighteenth Centuries" in Tarling, *Cambridge History*, vol. 1, *From Early Times to 1800*, 402–459, esp. 422–423. 马来语中 *Dato/Datu* 的意思是"奴隶的主人"。村以上的缅甸官员往往被指定为地方的财政收入受益人（常被称为镇吃客[town-eater/*myó-sà*]）。这与统治一个地区不同，这些财政收入经常被许多权贵所分享。同时这种身份一般也不可继承。并且看来，那些作为统治一个地方或地方财政收入获益者的官员，在其所统治的人口搬迁到其他地方以后，仍然有权利向他们征收赋税。英国人的迷惑在于，一个地方的臣民会从属于若干的主人，都要向他们交税。

13 J. Kathirithamby-Wells, "The Age of Transition: The Mid-eighteenth Century to Early Nineteenth Centuries," in Tarling, *Cambridge History*, 1: 883–884.

14 Reid, *Southeast Asia in the Age of Commerce,* vol. 2, *Expansion and Crisis* (New Haven: Yale University Press, 1993), 108.

15 引文同上，1: 129。

16 有关这点，参见Kenichi Kirigaya所搜集的大量证据，见"The Age of Commerce and the Tai Encroachments on the Irrawaddy Basin," draft paper, June 2008, 有关中心和边陲的关系模式，见Noboru Ishikawa's "Centering Peripheries: Flows and Interfaces in Southeast Asia," Kyoto Working Papers on Area

Studies no. 10, JSPS Global COE Program, Series 7, *In Search of Sustainable Humanosphere in Asia and Africa,* Subseries 8, Center for Southeast Asian Studies, Kyoto University, December 2008。

17　Lieberman, *Strange Parallels,* 1: 88.

18　Amar Siamwalla, "Land, Labour, and Capital in Three Rice-growing Deltas of Southeast Asia, 1800–1840," Yale Economic Growth Center, discussion paper 150 (July 1972), 这篇文章强调以曼德勒、曼谷和河内为核心的国家防止向它们控制范围之外的南部三角洲地区移民的努力。在其最原始的意义上,"运输经济"总是要将人口迁居到肥沃的地区,而不是将肥沃土地上的产出搬到首都。人口比谷物容易转移;他们可以行走,而且被定居以后,就可以生产出不便远途运输的剩余产品。

19　比如Charles Tilly, *Coercion, Capital, and European States, AD 990–1992* (Cambridge, Mass.: Blackwell, 1990), chapter 5; Jeremy Black, *European Warfare, 1660–1815* (New Haven: Yale University Press, 1994), 9–15; and Richard Whiting Fox, *History in Geographical Perspective: The Other France* (New York: Norton, 1971), chapter 2. 英格兰是一个显著的例外,如同布莱克指出的,作为一个依赖海上力量成功的国家,它从贸易中获得大量财富,这些财富使它可以补贴其他人为它去打仗。

20　引自Akin Rabibhadana, "The Organization of Society in the Early Bangkok Period, 1782–1873," Cornell University Thailand Project, Interim Report Series, no. 12 (July,1969), 16–18.

21　*The Glass Palace Chronicle of the Kings of Burma,* 翻译：Pe Maung Tin and G. H. Luce, issued by the Text Publication Fund of the Burma Research Society (Oxford: Oxford University Press, Humphrey Milford, 1923), 177.

22　引自 Rabibhadana, "Organization of Society," 16–18.

23　*Glass Palace Chronicle,* 177, 150.

24　比如, Queen Thirusandevi的长长的下属名单。同上 95.

25　1747年巨港(Palembang)的一位统治者说,"每个臣民要找个领主很容易,但是领主要找臣民就困难多了"。更多的相关格言可以看Anthony Reid,

"'Closed' and 'Open' Slave Systems in Precolonial Southeast Asia," in *Slavery, Bondage, and Dependency in Southeast Asia,* ed. Anthony Reid (New York: St. Martin's, 1983), 156–181, esp. 157–160.

26 Thucydides, *The Peloponnesian War,* trans. Rex Warner (New York: Penguin Books, 1972), e.g., 67, 96, 221, 513, and 535. 修昔底德高度赞扬斯巴达的伯拉西达将军, 他总是劝说其他城邦和平投降, 这样既不损失斯巴达人的生命, 也可以增加其税基和人力。

27 Elvin, *Retreat of the Elephants,* 104, quoting the late-fourth-century BCE Guanzi jiping.

28 同上, 104, 引自 *The Book of the Lord of Shang.*

29 Jeffrey Herbst, *States and Power in Africa: Comparative Lessons in Authority and Control* (Princeton: Princeton University Press, 2000), 18.

30 Igor Kopytoff, *The African Frontier: The Reproduction of Traditional African Societies* (Bloomington: Indiana University Press, 1987), 40. Kopytoff 的杰出论文非常有助于理解渴望人力的政治制度。

31 出处同上, 62, 53.

32 同上, 62.

33 Richard A. O'Connor, "Rice, Rule, and the Tai State," in *State Power and Culture in Thailand,* ed. E. Paul Durrenberger, Yale Southeast Asia monograph no. 44 (New Haven,1996), 68–99, 引自 81.

34 Thant Myint U, "The Crisis of the Burmese State and the Foundations of British Colonial Rule in Upper Burma," Ph.D. diss., Cambridge University, 1995, 46–47.

35 有关这个主题的更多内容, 见 *Seeing Like a State: How Certain Schemes for Improving the Human Condition Have Failed* (New Haven: Yale University Press, 1998), 特别是 chapters 1 and 2.

36 地区财务报告(sit-tàns)提供了许多证据表明不同族群的农业生态专业化。汗达瓦底/勃古(Hanthawaddy/Pegu)的克伦人主要是游耕民和采集者, 因为农业份额很小, 征税的对象主要是他们的蜂蜜、银器。见 Toshikatsu Ito, "Karens

and the Kon-baung Polity in Myanmar," *Acta Asiatica* 92 (2007): 89–108.

37 John S. Furnivall, *The Fashioning of Leviathan: The Beginnings of British Rule in Burma,* ed. Gehan Wijeyewardene (1939; Canberra: Department of Anthropology, Research School of Pacific Studies, Australian National University, 1991), 116.

38 一个日常的养蜂类比可能会帮助理解。差不多1个世纪以前,抽取蜂蜜还是很困难的事情。即使捕获的蜂群养在麦草的蜂巢中,抽取蜂蜜也必须用烟火将蜂群赶走,这经常会损害蜂群。由于育幼箱和蜂箱的结构都很复杂,而且个个不同,这造成了收蜜的复杂和浪费。现代的蜂巢则不同,在设计上解决了养蜂人的问题。一个被称为隔王板的装置把下面的育幼箱与上面的蜂蜜部分隔离开来,从而可以防止蜂王进入上层产卵。此外,蜂房被设计成垂直的框架,很整洁,一个盒子包括了9-10个框架,从而使人们可以很容易地逐个框架地抽取蜂蜜、蜂蜡和蜂胶。通过观察"蜜蜂空间"就可以决定取蜜的时间。蜜蜂空间是蜂框之间的精确距离(3/8英寸),蜜蜂会把这个距离空出来而不用蜂巢将其连接。从养蜂人的角度看,现代的蜂房是有序和"清晰"的,他们可以观察蜂群和蜂王的情况,判断蜂蜜的生产(通常按重量),按照标准单位扩大和缩小蜂房的体积,转移到新的地方,而且更重要的是(在温暖气候里)抽取适量的蜂蜜,从而保障蜂群安全过冬。就好比蜂蜜过多的时候,养蜂人就会抢劫蜂巢,同样入侵总是在旱季开始,且作物已经成熟,可以被抢劫或补充军需品的时候发生。(修昔底德注意到,入侵发生在沿途谷物成熟的时候,如果过早,当谷物还是绿色的时候入侵,那可能是致命的潜在错误。如果是惩罚性的入侵,成熟的谷物可以被烧毁[块根的作物就不行了],从而可以驱散敌对人口,或使他们陷入贫穷。*Peloponnesian War,* 173, 265, 267.)无须牵强附会,对于税务征收和军队招募来说,水稻生产中单一农业的集中和整齐划一正像养蜂人所使用的现代蜂房。

39 Andrew Hardy, *Red Hills: Migrants and the State in the Highlands of Vietnam* (Honolulu: University of Hawai'i Press, 2003), 288. Hardy同时引用了Mai Khac Ung 和 Masaya Shiraishi有关越南人的著作, "State, Villagers, and Vagabonds: Vietnamese Rural Society and the Phan Ba Vanh Rebellion," Senri

Ethnological Studies 13 (1984): 345–400.

40 引自Hardy, *Red Hills,* 240–255. Hardy还有关于法国政策的讨论也很出色，就像Oscar Salemink, *The Ethnography of Vietnam's Central Highlanders: A Historical Contextualization, 1850–1990* (London: Routledge-Curzon, 2003). 另见Jean Michaud, ed., *Turbulent Times and Enduring Peoples: Mountain Minorities in the Southeast Asian Masssif* (Richmond, England: Curzon, 2000), and Pamela McElwee, "Becoming Socialist or Becoming Kinh: Government Policies for Ethnic Minorities in the Socialist Republic of Vietnam," in *Civilizing the Margins: Southeast Asian Government Policies for the Development of Minorities,* ed. Christopher R. Duncan (Ithaca: Cornell University Press, 2004), 182–121. 有关西贡政权运气不佳的移民政策的讨论，见Stan B-H Tan, "Dust beneath the Mist: State and Frontier Formation in the Central Highlands of Vietnam, the 1955–1961 Period," Ph.D. diss., Australian National University, 2006.

41 Pamela Kyle Crossley, Helen Siu, and Donald Sutton, eds., *Empire at the Margins: Culture and Frontier in Early Modern China* (Charlottesville: University of Virginia Press, 2006). 特别见John E. Herman, David Faure, Donald Sutton, Anne Csete, Wing-hoi Chan, and Helen Siu and Lui Zhiwei.

42 Grant Evans, "Central Highlands of Vietnam," chapter 2 of *Indigenous Peoples of Asia,* ed. R. H. Barnes, Andrew Gray, and Benedict Kingsbury, Association of Asian Studies monograph no. 48 (Ann Arbor: University of Michigan Press, 1995).

43 Nicholas Tapp, *Sovereignty and Rebellion: The White Hmong of Northern Thailand* (Singapore: Oxford University Press, 1990), 38. 另见William Robert Geddes, *Migrants of the Mountains: The Cultural Ecology of the Blue Miao (Hmong Njua) of Thailand* (Oxford: Clarendon, 1976), 259.

44 Tapp, *Sovereignty and Rebellion,* 31, 34.

45 南部的马来世界也重复了东南亚大陆的模式。马来西亚霹雳州的苏丹一直坚持要住在低地但不断流动的Semai人形成固定的居住点。在Sarawak，马来西亚政府一直试图"使Punan遵循农业人口的规范"。"进步和发展意味着农民模式的标准化：从水稻耕作到自给自足。"见Geoffrey Benjamin and Cynthia Chou,

eds.,*Tribal Communities in the Malay World: Historical, Cultural, and Social Perspectives* (Singapore: Institute of Southeast Asian Studies, 2002), 47. 还可见 Robert Knox Denton, Kirk Endicott, Alberto Gomes, and M. B. Hooker, *Malaysia and the Original People: A Case Study of the Impact of Development on Indigenous Peoples, Cultural Survival Studies in Ethnicity and Change* (Boston: Allyn and Bacon, 1997); John D. Leary, *Violence and the Dream People: The Orang Asli and the Malayan Emergency, 1948–1960*, Ohio University Center for International Studies, Monographs in International Studies, Southeast Asian Studies no. 95 (Athens: Center for International Studies, Ohio University, 1995); and Bernard Sellato, *Nomads of the Borneo Rainforest: The Economics, Politics, and Ideology of Settling Down,* 翻译：Stephanie Morgan (Honolulu: University of Hawai'i Press, 1994), 171–173.

46　Kevin Malseed, "'We Have Hands the Same as Them': Struggles for Local Sovereignty and Livelihoods by Internally Displaced Karen Villagers in Burma," unpublished research paper, Karen Human Rights Group, 2006, 9.

47　O. W. Wolters, *History, Culture, and Region in Southeast Asian Perspectives,* rev. ed.(Ithaca: Cornell University Press, in cooperation with the Institute of Southeast Asian Studies,Singapore, 1999), passim, esp. 58–67.

48　Crossley, Siu, and Sutton, *Empire at the Margins,* especially Helen Siu and Liu Zhiwei, "Lineage, Market, Pirate, and Dan: Ethnicity in the Pearl River Delta," 285–331. 作者指出，"但族"(Dan)变成"汉族"的途径也是早期国家政权建设的典型过程。

49　Wolters, *History, Culture, and Region,* 86.

50　讲泰语的人群包括了从越南北部到印度东北部的许多人群。在缅甸东部(掸邦)、泰国北部的大部和云南南部，人们一般种植水稻、有国家和信奉佛教。这里所说的泰族就是指这些人。在整个地区还有许多不信奉佛教、生活在国家结构之外的游耕泰族，他们有时被称为"山地泰"(hill Tai)。

51　David Wyatt, quoted in Wolters, *History, Culture, and Region,* 128n10.

52　Lieberman, *Strange Parallels,* 1: 271–273, 318–319.

53 同上,1: 319。我认为Lieberman过于关注民族和宗教意识。实际上认同可能更富有流动性,那些人可能并没有一个固定的语言和民族认同,更可能是熟练使用两种以上语言,有多重认同,认同其来源地,也认同其居住地。

54 Peter Heather, *The Fall of the Roman Empire: A New History of Rome and the Barbarians* (Oxford: Oxford University Press, 2006), 201. Heather用他的例子努力证明,罗马人在其帝国边缘的凯尔特区域仍然无法普及其文化,尽管凯尔特人数很少。

55 Condominas, *From Lawa to Mon,* 65-72.

56 同上, 41。

57 被顺便提及,见 Mandy Sadan in "Translating *gumlau:* History, the 'Kachin,' and Edmund Leach," in *Social Dynamics in the Highlands of Southeast Asia: Reconsidering Political Systems of Highland Burma by E. R. Leach,* ed. François Robinne and Mandy Sadan, Handbook of Oriental Studies, section 3, Southeast Asia (Leiden: Brill, 2007), 76.

58 Edmund Leach, *The Political Systems of Highland Burma: A Study of Kachin Social Structure* (1954; Boston: Beacon Press, 1968), 39.

59 "在泰(Tay,Tai)族的社会结构中,只有首领和自由农才有水田,非泰族是没有的。" Condominas, *From Lawa to Mon,* 83.

60 见Jonathan Friedman深刻的分析, "Dynamique et transformations du système tribal, l'example des Katchins," *L'homme* 15 (1975): 63-98. 在中国西南部,那些泰族小国的兴起都源于肥沃的高原,它们可能在很高的地方。在中文中这些高原被称为坝子,意思是"谷地"或"平坦的多山高原"。我感谢杜姗姗(Shanshan Du)为我解释这些词汇。

61 如果从渴求人力的角度比较前殖民时代的东南亚国家,马来国家可以被看作极端的例子。它非常开放、多元化和具有同化力,其同化形式更像是国家的联合,而非深厚的文化认同。只要讲马来语(就像斯瓦西里语一样是贸易专用语言),自称伊斯兰教徒,同时是马来国家的臣民就可以了。在这个人力超强的国家中的包容并不妨碍强制。马六甲等马来国家承担了这个地区大量昂贵的奴隶贸易。尽管古典马来国家一般都是林产品贸易和国际贸易的中转港口,但商船上最有价值的货物却是或者要被卖掉,或者留下来做奴隶的俘虏。

Tome Pires说,在16世纪初(正好在葡萄牙征服之前)的马六甲街道上可以听到84种不同的语言,这反映了马来国家是多么世界化。在多样性方面它不仅可以匹敌,甚至超过威尼斯和君士坦丁堡,而且是一个对有才之士开放的社会和政治系统。马六甲最伟大的君主苏丹满速(Sultan Mansur)从印度指定了"异教之王"来管理其金融,而"异教之王"改变了他们的信仰,并创建了拥有众多宫廷顾问的朝代。同样是这个苏丹从巨港提升了一个非穆斯林的奴隶,后者建立了强大的拉沙玛(Laksamana)王朝。正像Reid所强调的,外来者可以很快被统合,并上升到重要地位。"许多有共同宗教和语言的外来商人可以跨越边界,很快进入地方统治者中,任何可以接受占统治地位的宗教和文化的人都可以在一代人内达到这个目标。"

就像泰族的水稻国家,马来国家(negeri)是一个高效的人口集中机器。成功地集中人口的结果,如果用现代的说法,就是"用连接符号表示的马来人":孟加拉-马来人,爪哇-马来人,中国-马来人,米南卡包-马来人(Minagkabau-Malays)等等。甚至那些在马来世界最早定居的人也显示出多样的民族来源,他们定居下来以获得贸易机会。每一个马来小国都有各自的文化品位,这些品位在很大程度上是由它所吸收的当地人口,以及被统合的奴隶和商人决定的。在这种条件下,马来性(Malayness)是一种后天形成的状态而非天生的地位,是一种表现(有时是被强制的!):与其说是族群认同,还不如说是在贸易国家及其等级结构下的小的文化和宗教成员身份。如果说有什么不同,就是马来的认同比泰族认同更加流动,但是其核心仍然是成为国家的臣民,国家的目标都是吸收更多的臣民。

62 见 Michael Aung-Thwin, "Irrigation in the Heartland of Burma: Foundations of the Precolonial Burmese State," Center for Southeast Asian Studies, Northern Illinois University occasional paper 15 (1990), and Reid, *Southeast Asia in the Age of Commerce,* 1: 20, 22.

63 Lieberman, *Strange Parallels,* 1: 90.

64 同上。在这里,我不知是否Lieberman返回去重新划分了认同,但是由于同时存在双重或三重语言和地理上的流动,认同可能远没有这张族群单那样清楚。

在讨论18世纪缅族和孟族认同的时候，他也同样设定很多，"Ethnic Politics in Eighteenth-Century Burma," *Modern Asian Studies* 12 (1978): 455–482.

65　Lieberman, *Strange Parallels,* 1: 114.

66　比如，见Thant Myint-U, "Crisis of the Burmese State," 35.

67　Reverend Father Sangermano, *A Description of the Burmese Empire,* trans. William Tandy (Rome: John Murray, 1883).

68　Lieberman, "Ethnic Politics in Eighteenth-Century Burma."

69　这个例子可以，而且已经说明文化差异的起源。而当今文化差异起源往往既被看作是本质的，也是自古就有的。Ernest Gellner 证明，北非阿拉伯语地区也包括了"大量阿拉伯化的柏柏尔人"。*Saints of the Atlas* (London: Weidenfeld and Nicolson, 1969), 13. Nicholas Tapp在讨论中国西南地区时说，"汉化的过程并非是来自北方的汉族侵入西南的结果，而是低海拔地区的当地人变成汉人的结果"。他写道："这些地区的许多'汉人'并非生物学意义上北方汉人的后代，相反，是当地人在对其有利的情况下采用了汉人的角色。" *Sovereignty and Rebellion,* 172.

70　Richard A. O'Connor, "Agricultural Change and Ethnic Succession," passim.

71　Reid, Introduction to *Slavery, Bondage, and Dependency,* 27.

72　Thomas Gibson, "Raiding, Trading, and Tribal Autonomy in Insular Southeast Asia," in *An Anthropology of War,* ed. Jonathan Hess (New York: Cambridge University Press, 1990),125–145.

73　这个讨论来自于Katherine Bowie's fine article "Slavery in Nineteenth-Century Northern Thailand: Archival Anecdotes and Village Voices," in Durrenberger, *State Power and Culture,* 100–138。

74　同上，110。

75　1500年到1800年间，有大量非洲的奴隶，其中许多是有技术的工匠和水手，被贩卖到印度洋以东。不同于跨大西洋的奴隶贸易，这一贸易过去很少人知道，只是最近才开始研究。

76　Bowie, "Slavery in Nineteenth-Century Northern Thailand," quoting Archibald Ross Colquhoun, *Amongst the Shans* (London: Field and Tuer, 1885), 257–258.

77 东南亚岛屿与此很相似,只是有两点不同。第一,沿海的猎奴行动横扫了小的岛屿和海滨,清除了战俘,强迫他们退向内地,经常是逆流直上进入山地。第二,穆斯林禁止将其他穆斯林作为奴隶,尽管这个严格的限制经常被违反。就我所知,还没有人研究这个禁令在鼓励人们信奉伊斯兰教方面起了多大作用;这肯定是一个强有力的激励。17世纪早期,Mataram重复了大陆的故事,毁灭了反叛的附属国(比如, Pajang, Surabaya),并将其人口迁移到Mataram。它洗劫了山地。"作为非伊斯兰人口,Tengger山地成为猎奴的角逐场······在1617到1650年间,Mataram的军队多次进入山区······去抓捕奴隶。"Hefner, *Political Economy,* 37.

78 *Gazetteer of Upper Burma and the Shan States,* compiled from official papers by J. George Scott, assisted by J. P. Hardiman, vol. 1, part 1 (Rangoon: Government Printing Office, 1893), 432.

79 Gibson, "Raiding, Trading, and Tribal Autonomy,"对东南亚海岛做了细致的研究。将Buid (Philippines)作为被掠夺的社会实例进行描述,而Iban则是有组织的猎奴者。有关海上奴隶制的最好研究,见James Francis Warren, *The Sulu Zone, 1768–1898: The Dynamics of External Trade, Slavery, and Ethnicity in the Transformation of a Southeast Asian Maritime State* (Singapore: Singapore University Press, 1981).

80 Charles Crosthwaite, *The Pacification of Burma* (London: Edward Arnold, 1912), 318.

81 Condominas, *From Lawa to Mon,* 53.

82 Salemink, *Ethnography of Vietnam's Central Highlanders,* 28; Grant Evans, "Tai-ization: Ethnic Change in Northern Indochina," in *Civility and Savagery: Social Identity in Tai States,* ed. Andrew Turton (Richmond, England: Curzon, 2000), 263–289, 引自 4. See also Karl Gustav Izikowitz, *Lamet: Hill Peasants in French Indochina* (Gothenburg: Ethnografiska Museet, 1951), 29.

83 Peter Kunstadter, "Ethnic Group, Category, and Identity: Karen in North Thailand," in *Ethnic Adaptation and Identity: The Karen and the Thai Frontier with Burma,* ed. Charles F. Keyes (Philadelphia: ISHI, 1979), 154.

84 Izikowitz, *Lamet,* 24.

85 Leo Alting von Geusau, "Akha Internal History: Marginalization and the Ethnic Alliance System," chapter 6 in Turton, *Civility and Savagery,* 122–158. 在东南亚海岛地区,如果说不是全部,至少那些今天被称为"山地部落"人群的大部分带有强烈的恐惧有关被绑架和猎奴的文化记忆。我们对普南(Penan/Punan)和孟肯(Moken,船民,也被称为缅甸西部沿海的"海上吉卜赛")的了解表明,他们生计模式的核心问题是如何避免被捕获。大量文献表明,一般所称的奥朗·阿斯利(*Orang Asli*)(Semai, Semang, Jakun, Batek, Senoi, Temuan)直到20世纪20年代仍然被大量猎捕。在第二次世界大战期间,他们又面临着被捕获的危险,抓他们去做预备役、纤夫、搬运工,或者,正是他们所害怕的,被强制定居在有看守的营盘内。这些族群早期发明了无需语言的以货易货机制,在与低地人交易的时候,他们特别小心隐蔽其回到林中营地的道路,从而避免被猎奴者跟踪。

86 "Glass Palace Chronicle: Excerpts Translated on Burmese Invasions of Siam," compiled and annotated by Nai Thein, *Journal of the Siam Society* 8 (1911): 1–119, esp. 15.

87 我们很难知道所报告的数字是如何出来的,比如《玻璃宫廷编年史》中的数字。其中记载了16世纪晚期暹罗的一次入侵,有50万军队从汉沙瓦底(Hanthawaddy)出发。就我们所知道的前现代的战争,这些数字至少表面上是荒谬可笑的。这也许就是我们后面要考察的"宇宙观的自吹自擂"(cosmological bluster)。早年曾经报告清迈的一次入侵军队有63万人,其中12万来自阿瓦和掸族的附属国,12万来自汗达瓦底,12万来自卑谬(Prome),15万来自阿奴律陀(Anawrata)的军队,还有12万来自其他不知道什么地方的。我猜想,这些如此巧合的数字肯定是夸大了,这有双重原因,一方面是编年史写作中的外交辞令和习惯,同时也是占星术中的幸运数字。*Journal of the Siam Society* 5 (1908): 1–82, esp. 20, 32.

88 Ronald Duane Renard, "Kariang: History of Karen-Tai Relations from the Beginnings to 1923," Ph.D. diss., University of Hawai'i, 1979, 143–144.

89 见 Trager and Koenig, *Burmese Sit-tàns,* and Victor B. Lieberman, *Burmese*

452

Administrative Cycles: Anarchy and Conquest, 1580–1760 (Princeton: Princeton University Press,1984).

90　James Z. Lee, *The Political Economy of a Frontier Region: Southwest China, 1250–1800* (Cambridge: Harvard University Press, 2000).

91　William J. Koenig, *The Burmese Polity, 1752–1819: Politics, Administration, and Social Organization in the Early Kon-baung Period,* Center for South and Southeast Asian Studies, University of Michigan Papers on South and Southeast Asian Studies, no. 34 (Ann Arbor,1990), 160.

92　丰富的档案材料可以看 Lieberman, *Burmese Administrative Cycles,* esp.152–177.

93　Koenig, *Burmese Polity,* 224.

94　引自 A. Thomas Kirsch, "Cosmology and Ecology as Factors in Interpreting Early Thai Social Organization," *Journal of Southeast Asian Studies* 15 (1984): 253–265.

95　R. R. Langham-Carter, "The Burmese Army," *Journal of the Burma Research Society* 27 (1937): 254–276.

96　King Taksin (1768–1782)在王室的臣民中引入了文身制度以防止臣民被诸侯和贵族重新占有,成为"私有财产"。有关泰国社会背景下的身份识别技术,参见Pingkaew Laungaramsri的出色文章, "Contested Citizenship: Cards, Colours, and the Culture of Identification," manuscript, 2008.

97　Koenig, *Burmese Polity,* 特别是第5章, "The Officials."

98　Lieberman, *Strange Parallels,* 1: 61; Wolters, *History, Culture, and Region,* 141.

99　引自Malseed, "'We Have Hands the Same as Them,'" 14.

100　同上, 14。

101　在Lieberman's *Burmese Administrative Cycles.*和 Koenig, *Burmese Polity,* and Rabibhadana, "Organization of Society."中有仔细和可信的讨论。

102　Lieberman, *Strange Parallels,* 1: 156.

103　Thant Myint-U, "Crisis of the Burmese State," 5.

104　Andaya, "Political Development," 447.

105　在早期人口比较少,人们容易去往边疆的时候,中国也面临同样的国家困境。

有关汉朝人口控制的讨论见 Patricia Buckley Ebery, *The Cambridge Illustrated History of China* (Cambridge: Cambridge University Press, 1996), 73–75.

106 更详细的见James Scott, *The Moral Economy of the Peasant: Subsistence and Rebellion in Southeast Asia* (New Haven: Yale University Press, 1976),特别是第4章。

107 丹瑞将军(General Than Shwe)粗率地决定将缅甸首都从仰光迁移到内比都（Nay Pyi Daw）也很难给以理性的解释。

4 文明与化外之民

题词来自 Charles Richard, "Etude sur l'insurrection du Dahra (1845–1846)," in *Recognizing Islam: Religion and Society in the Modern Arab World,* ed. Michael Gilsenen (New York: Pantheon, 1982), 142, 引自Timothy Mitchell, *Colonizing Egypt* (Berkeley: University of California Press, 1988), 95; Mann to superintendent of Indian Affairs, September 28, 1865, rpt. in Dale Morgan, "Washakie and the Shoshone: A Selection of Documents from the Records of the Utah Superintendency of Indian Affairs," *Annals of Wyoming* 29 (1957): 215; Karl Jacoby, *Crimes against Nature: Squatters, Poachers, Thieves, and the Hidden History of American Conservation* (Berkeley: University of California Press, 2001), 87.

1 这些诉求尤其是宇宙论的；它们构成了表达君王权力诉求的习语。因此就出现了可笑的情况,两个自称宇宙君王的人统治了两个相邻的王国,王国的范围只是为数不多的,处于他自己宫殿的围墙之外的几个村庄。

在缅甸和泰国,婆罗门艺术的影响,特别是占星术,至今在普通阶层和精英中还普遍流传,包括缅甸的军事首领。见A. Thomas Kirsch, "Complexity in the Thai Religious System: An Interpretation," *Journal of Asian Studies* 36 (1972): 241–266. Kirsch认为流行的婆罗门教和精灵(*nat/phi*)逐渐代表了小乘佛教的"现世",这是主张绝对救赎的小乘佛教的世俗一面。见Ni Ni Hlaing, "History of the Myanmar Ponna," M.A. thesis, University of Mandalay, 1999.

2 F. K. Lehman (Chit Hlaing)指出,泰国和老挝的国家是"银河"式的,一般的情况下,大国王下面还有许多小国王,如同因陀罗有32个飞天女神（小的神明）,而

454

缅甸是更为统一的帝国。个人交流，2008年1月。

3 中国模式是一个特例,中国人对其成员身份没有宗教的要求,除非将儒教看作一种国家的宗教。

4 Patricia M. Pelley, *Post-Colonial Vietnam: New Histories of the National Past* (Durham: Duke University Press, 2002), 89. Durong继续解释说,生活在最高地方的苗族是最未开化的。

5 Leo Alting von Geusau, "Akha Internal History: Marginalization and the Ethnic Alli- ance System," chapter 6 in *Civility and Savagery: Social Identity in Tai States,* ed. Andrew Turton (Richmond, England: Routledge-Curzon, 2000), 122–158, quotation from 141–142.

6 比如在不列颠学生会说"上"牛津或剑桥,即使他是从威尔士或苏格兰高地来的。

7 当然这个词最初的意思是指穆罕默德从麦地那逃出至麦加,以后又指移民和采取新的生活方式,最终在柏柏尔人的背景下,开始指长期的定居。

8 Eric A. Havelock, *The Muse Learns to Write: Reflections on Orality and Literacy from Antiquity to the Present* (New Haven: Yale University Press, 1986), 105.

9 这使人们想到Robert Frost在"The Death of the Hired Man"中将家描述为"任何地点和任何时候你要想进去,都会接受你的地方"。

10 Andrew Hardy, *Red Hills: Migrants and the State in the Highlands of Vietnam* (Honolulu: University of Hawai'i Press, 2003), 25.

11 在贡邦王朝,这些人的流浪与从宫廷奴仆(*ahmudan*)转出为私人奴仆密切相关。因而在开始的时候,这些流浪的背后是财政和管制的原因。Lehman (Chit Hlaing),个人交流,2008年1月。

12 Pascal Khoo Thwe, *From the Land of the Green Ghosts* (London: HarperCollins, 2002), 184–185.

13 引自Charles Patterson Giersch, "Qing China's Reluctant Subjects: Indigenous Communities and Empire along the Yunnan Frontier," Ph.D. thesis, Yale University, 1998,75.

14 很可能就是因为水稻国家核心区都是被采集者和游耕者所包围,缅甸小国王们才会说他们的疆域被"一圈火"所包围。Barbara Andaya, *The Flaming*

Womb: Repositioning Women in Early Modern Southeast Asia (Honolulu: University of Hawai'i Press, 2006), 25.

15 引自Anthony R. Walker, *Merit and the Millennium: Routine and Crisis in the Ritual Lives of the Lahu People* (Delhi: Hindustan Publishing, 2003), 69–71, 88, et seq. 还见Richard von Glahn, *The Country of Streams and Grottoes: Expansion, Settlement, and the Civilizing of the Sichuan Frontier in Song Times* (Cambridge: Harvard University Press, 1987).

16 缅甸语中对应"生"的词是*lu sein*，对应"熟"的词是*lu c'eq*。前面一个词包含了没有经验的生手和陌生的意思，而后者包括了煮熟或成熟的意思。

17 Gonzalo Aguirre Beltrán在新世界也观察到人们同样逃离西班牙的殖民地，逃到边远的山地。*Regions of Refuge,* Society of Applied Anthropology Monograph Series, 12 (Washington, D.C., 1979), 87.

18 不管是作为私人宗族核心仪式的父系祖先崇拜，还是公开的儒家提倡的行为方式都与此完全不同。

19 Giersch, "Q'ing China's Reluctant Subjects," 125–130.

20 Susan D. Blum, *Portraits of "Primitives": Ordering Human Kinds in the Chinese Nation* (Oxford: Rowman and Littlefield, 2001). Blum在昆明汉族的调查表明，游牧、山地生活、赤脚走路，以及地理距离上的遥远等既是少数族群标志，也表明文明程度或发展水平低，这反过来又被看作在追赶汉族。还有一些"民间的"少数民族，比如傣族，他们被看作正在变成汉族，与此相对的是佤族，他们被看作表现不好的生蛮中最生蛮的。最难归类的是回族（穆斯林）和藏族，与早期现代欧洲的犹太人不同，他们明显是识字和文明的，但是却拒绝被同化。

21 Richard A. O'Connor, "Agricultural Change and Ethnic Succession in Southeast Asian States: A Case for Regional Anthropology," *Journal of Asian Studies* 54 (1995): 968–996, quotation from 986.

22 就像我们看到的，水稻国家需要大量人口，在选择统合哪些人成为臣民的时候不能过于挑剔。人们假设，山地臣民会逐渐被同化为缅甸的低地人群。在宫廷层面，国王一定会欢迎印度人、葡萄牙人、美国人和汉人，因为他们是文明的外国人,无须再努力转变他们。

23 有关这方面的文献十分丰富且很复杂。有关模式的概括描述,见Bennet Bronson, "Exchange at the Upstream and Downstream Ends: Notes toward a Functional Model of the Coastal State in Southeast Asia," in *Economic Exchange and Social Interaction in Southeast Asia: Perspectives from Prehistory, History, and Ethnography,* ed. Karl Hutterer (Ann Arbor: Center for Southeast Asian Studies, University of Michigan,1977). 我们这里集中讨论上游和下游的关系是因为这个模式与海岛-大陆的交换模式具有可比性。不过值得注意的是,沿海国家(*pasisir*)经常只是产品收集点,既收集航海族群(其中最著名的是海上番人[*orang laut*]或海上吉卜赛[sea gypsies])采集的产品,也收集山地来的产品。

24 Ronald Duane Renard, "The Role of the Karens in Thai Society during the Early Bangkok Period, 1782–1873," *Contributions to Asian Studies* 15 (1980): 15–28.

25 Oscar Salemink, *The Ethnography of Vietnam's Central Highlanders: A Historical Contextualization, 1850–1990* (London: Routledge-Curzon, 2003), 259–260.

26 F. K. Lehman [Chit Hlaing], "Burma: Kayah Society as a Function of the Shan-Burma-Karen Context," in *Contemporary Change in Traditional Society,* 3 vols., ed. Julian Haynes Steward (Urbana: University of Illinois Press, 1967), 1: 1–104, esp. 22–24.

27 J. G. Scott提供了更详尽的有关在世纪之交缅甸东部的景栋邦从各相邻国家进口货物的清单。从缅甸来的有:来自曼彻斯特和印度的廉价服装,还有地毯、丝绒、缎子、苯胺燃料、镜子、火柴、煤油、炼乳、彩纸、蜡烛、肥皂、铅笔和珐琅器皿。从掸邦西部小国来的有:各种铁制工具、漆盒、鱼膏、裹雪茄的叶子。从中国来的:盐、草帽、铜锅和铁锅、丝绸、缎子、鸦片用具、燃料、茶叶、铅和雷管。*Gazetteer of Upper Burma and the Shan States,* compiled from official papers by J. George Scott, assisted by J. P. Hardiman, vol. 1, part 2 (Rangoon: Government Printing Office, 1893), 424.

28 过去20年中大部分的马来历史著作都回到这一解释,见 Bernard Sellato, *Nomads of the Borneo Rainforest: The Economics, Politics, and Ideology of Settling Down,* trans. Stephanie Morgan (Honolulu: University of Hawai'i Press, 1994); Jane Drakard, *A Malay Frontier: Unity and Duality in a Sumatran Kingdom,* Studies on Southeast Asia (Ithaca: Cornell Southeast Asia Program, 1990); J. Peter Brosius, "Prior Transcripts: Resistance and Acquiescence to Logging in Sarawak," *Comparative Studies in Society and History* 39 (1997): 468–510; Carl L. Hoffman, "Punan Foragers in the Trading Networks of Southeast Asia," in *Past and Present in Hunter Gatherer Studies,* ed. Carmel Shrire (Orlando: Academic Press, 1984), 123–149. 我想Hoffman的意见是比较有说服力的。他认为*Punan* 是一个混合概念,包括了许多人群,他们与其下游各自的贸易伙伴紧密地联系在一起,而非内部互相联系。他进一步指出,这些人的生存活动主要是将商品集中起来,其他活动并不重要。换句话说,他们是商业投机家,不断发现利益所在。

29 Ronald Duane Renard, "Kariang: History of Karen-Tai Relations from the Beginnings to 1923," Ph.D. diss., University of Hawai'i, 1979, 22.

30 遍及地区大部的"创始人迷信"的传统,承认这块土地最初的定居者,或清理者在仪式(而非政治)中的重要作用,他与决定这块地方兴盛和繁荣的精灵有密切关系。见 F. K. Lehman [Chit Hlaing]'s "The Relevance of the Founders' Cults for Understanding the Political Systems of the Peoples of Northern Southeast Asia and its Chinese Borderlands," in *Founders' Cults in Southeast Asia: Ancestors, Polity, and Identity,* ed. Nicola Tannenbaum and Cornelia Ann Kammerer, monograph no. 52 (New Haven: Council on Southeast Asian Studies, 2003), 15–39.

31 比如见 Geoffrey Benjamin and Cynthia Chou, eds., *Tribal Communities in the Malay World: Historical, Cultural, and Social Perspectives* (Singapore: Institute of Southeast Asian Studies, 2002), 50; Sellato, *Nomads of the Borneo Rainforest,* 29, 39; William Henry Scott, *The Discovery of the Igorots: Spanish Contacts with the Pagans of Northern Luzon,* rev. ed. (Quezon City: New Day, 1974),

204.

32 一个现在仍被提及的陈旧例子:汽车尾部的贴纸上说"作为美国人很值得骄傲"。如果不知道这是为了回答一个虽然没有明说,但是四处都可以感觉到的论断——"作为美国人应感到耻辱"——就无法理解这句话,没有后者,前者就没有任何存在的理由。

33 Owen Lattimore, "The Frontier in History," in *Studies in Frontier History: Collected Papers, 1928–1958*, 469–491, quotations from 472–475. 拉铁摩尔在解释中没有注意到有大量非国家空间的人口从黄河以南向西部和西南部迁移。其中最引人注意的可能是苗族的迁移,当然不仅仅是苗族。见Herold J. Wiens, *China's March toward the Tropics: A Discussion of the Southward Penetration of China's Culture, Peoples, and Political Control in Relation to the Non-Han-Chinese Peoples of South China in the Perspective of Historical and Cultural Geography* (Hamden, Conn.: Shoe String, 1954).

34 人们注意到,拉铁摩尔在有关北方长城的研究中得出这一结论。对于苗长城,见Magnus Fiskesjö富有灵性的文章,"On the 'Raw' and the 'Cooked' Barbarians of Imperial China," *Inner Asia* 1 (1999): 139–168. 我要重申,一定要记住,汉文化是多种文化因素调和锻造出来的。人们习惯上认为汉族改变自然而蛮夷"生活在自然中"。孟子说过,吾闻用夏变夷者,未闻变于夷者也。Fiskesjö令人信服地驳斥了这一结论(140)。

35 Hjorleifur Jonsson, "Shifting Social Landscape: Mien (Yao) Upland Communities and Histories in State-Client Settings," Ph.D. diss., Cornell University, 1996, 231.

36 Michael Dove, "On the Agro-Ecological Mythology of the Javanese and the Political Economy of Indonesia," *Indonesia* 39 (1985): 11–36, quotation from 35.

37 Benjamin and Chou, *Tribal Communities in the Malay World*, 44.

38 Paul Wheatley, *The Golden Khersonese: Studies in the Historical Geography of the Malay Peninsula before A.D. 1500* (Kuala Lumpur: University of Malaya Press, 1961), 186.

39 Georges Coedès, *The Indianized States of Southeast Asia*, trans. Susan Brown

Cowing (Honolulu: East-West Center, 1968), 33.在流行的占卜以及《罗摩衍那》和《摩诃婆罗多》等史诗故事中流传甚广的是婆罗门的仪式和占星术。与此相反，F. K. Lehman (Chit Hlaing)相信，通过印度的商人，佛教的宇宙论早期权威已经很流行，那些渴望王位的人发现，采用佛教或印度王室的仪式对他们有好处。资料来源：个人交流，2008年1月。另外有些人，像Wolters 和Wheatley相信，对于野心勃勃的统治者来说，最初宇宙论扩展他们的权威诉求，其方式有些类似自我催眠。只是到了后来才扎根于大众文化。

40 Oliver Wolters, *History, Culture, and Region in Southeast Asian Perspective* (Singapore: Institute for Southeast Asian Studies, 1982), 64.

41 M. C. Ricklefs, *Jogjakarta under Sultan Mangkubumi, 1749–1792* (London: Oxford University Press, 1974).

42 Sheldon Pollack, "India in the Vernacular Millennium: Literature, Culture, Polity," *Daedalus* 197 (1998): 41–75.

43 Wolters, *History, Culture, and Region,* rev. ed. (Ithaca: Cornell University Press, in cooperation with the Institute of Southeast Asian Studies, Singapore, 1999), 161.

44 同上，引自Ian Mabbett in Ian Mabbett and David Chandler, *The Khmers* (Oxford: Blackwell, 1995), 26.

45 Wolters, *History, Culture, and Region* (1999), 12*n*45, quoting David Chandler, *A History of Cambodia* (Boulder: Westview, 1992), 103.

46 要看沿海平原的现象，见Wheatley, *Golden Kheronese,* 294.

47 Jonsson, "Shifting Social Landscape," 133.

48 G. E. Mitton [Lady Scott], *Scott of the Shan Hills: Orders and Impressions* (London: John Murray, 1936), 246. 由于防水和强度大，竹子也同样普遍地被低地官员用来作为容器储存委任状。

49 Jonsson, "Shifting Social Landscape," 133.

50 Maurice Collis, *Lords of the Sunset* (London: Faber and Faber, 1938), 83. 还可以看到在Mong Mit (203) and Kengtung (277)的掸族宫殿也同样。

51 Leach, *Political Systems of Highland Burma,* 286.

52 Lehman [Chit Hliang], "Burma," 1: 15–18.
53 Leach, *Political Systems of Highland Burma,* 112–114.
54 Von Geusau, "Akha Internal History," 151.
55 Patricia Buckley Ebrey, *The Cambridge Illustrated History of China* (Cambridge: Cambridge University Press, 1999), 67.
56 引自Pelley, *Post-Colonial Vietnam,* 92. See also Keith Taylor, "On Being Muonged," *Asian Ethnicity* 1 (2001): 25–34. Taylor注意到,早期法国的民族学家将芒族看作京族的一种原型。见 Salemink, *Ethnography of Vietnam's Central Highlanders,* 285.
57 Pelley, *Post-Colonial Vietnam,* 92. 如果大家觉得这样的解释很让人吃惊,我们可以回想在20世纪之交的时候,阿巴拉契亚的山地人口普遍被美国学者看作是"我们当代的活祖先"。Dwight Billings and Kathleen Blee, *The Road to Poverty: The Making of Wealth and Hardship in Appalachia* (Cambridge: Cambridge University Press, 2000), 8.
58 引自Ebrey, *Cambridge Illustrated History,* 57.
59 引自"Autonomy, Coalition, and Coerced Coordination: Themes in Highland-Lowland Relations up through the Vietnamese American War," mimeo; 重点是作者后加的.
60 引自Victor B. Lieberman, S*trange Parallels: Southeast Asia in Global Context,c. 800–1830,* vol. 1, *Integration on the Mainland* (Cambridge: Cambridge University Press,2003), 431, 转引自 Chandler, *History of Cambodia,* 126, 130. 羽绒床垫的比喻可能可以对应充满山地机智的克钦人俗语:"石头不能做枕头;汉人不能做朋友。"引自Zhushent Wang, *The Jingpo Kachin of the Yunnan Plateau,* Program for Southeast Asian Studies, Monograph Series (Tempe: Arizona State University Press, 1997), 241.
61 See David Faure, "The Yao Wars in the Mid-Ming and Their Impact on Yao Ethnicity," in *Empire at the Margins: Culture and Frontier in Early Modern China,* ed. Pamela Kyle Crossley, Helen Siu, and Donald Sutton (Charlottesville: University of Virginia Press, 2006),171–189, and Ebrey, *Cambridge Illustrated History,* 195–197.

62 Alexander Woodside, "Territorial Order and Collective-Identity Tensions in Confucian Asia: China, Vietnam, Korea," *Daedalus* 127 (1998): 206–207. 可以与John Stuart Mill有关Basque或Breton的论述相比较。他们希望作为公民加入法兰西文明,而不是"气愤地对着一堆自己的石头,也就是过去时代留下来的野蛮痕迹,在自己的精神小圈子里转悠:既不参与也不感兴趣外部世界的一般运动"。*Utilitarianism, Liberty, and Representative Government* (London: Everyman, 1910), 363–364, quoted in E. J. Hobsbawm, *Nations and Nationalism since 1780*, 2nd ed. (Cambridge: Cambridge University Press, 1990), 34.

我特别感谢Shanshan Du为我详细地解释了中国西南土司制度的历史和作用。资料来源:个人交流,2008年7月。

63 Quoted in Wiens, *China's March toward the Tropics*, 219.

64 Quoted ibid., 251–252.

65 正是这种虚伪成为George Orwell小说*Burmese Days* (New York: Harcourt-Brace, 1962)中筋疲力尽的主人公Flory最反对的:"装得像个正人君子……虚伪的白人不得不说谎……它是如此简单,官员扣留缅甸人,而商人翻他的口袋。"(39–40)

66 Nicholas Tapp, *Sovereignty and Rebellion: The White Hmong of Northern Thailand* (Singapore: Oxford University Press, 1990), 38.

67 社会化石的说法来自Magnus Fiskesjö, "Rescuing the Empire: Chinese Nation-Building in the 20th Century," *European Journal of East Asian Studies* 5 (2006): 15–44. Fiskesjö观察到,由于大量汉族在高原地区定居,形成对少数民族的人口包围,从而加速了少数民族社会的被吸收过程。

68 我相信人们都可以发现,赞米亚有点像一个粗陋的文化流域,有数量众多讲不同语言的民族分散各地,其北部和东部受到汉族文化圈的影响,南部和西部受到小乘佛教梵文化的影响。就像王朝的兴衰演替一样,两个文化圈的分界线也在不断变化,但是当两个文化圈相互重叠的时候或在重叠的地方,山地民族的纵横捭阖就有了比较大的文化和政治空间。

69 Leach, *Political Systems of Highland Burma*, 39, and O'Connor, "Agricultural Change and Ethnic Succession," 974–975.

70 Lieberman, *Strange Parallels,* 1: 114.
71 Fiskesjö, "On the 'Raw' and the 'Cooked' Barbarians," 143, 145, 148. 我非常感谢Fiskesjö 对汉族中国的国家机器中这些词汇清楚和精细的分析。
72 Ebrey, *Cambridge Illustrated History,* 56.
73 Anne Csete, "Ethnicity, Conflict, and the State in the Early to Mid-Qing: The Hainan Highlands, 1644–1800," in Crossley, Siu, and Sutton, *Empire at the Margins,* 229–252, 引自235。
74 比如15世纪的一份有关滇缅边界彝族的文件指出,这些蛮夷"欢庆这一地区的州县数量被清点并最终被朝廷统治的日子。"引自John E. Herman, "The Cant of Conquest: Tusi Offices and China's Political Incorporation of the Southwest Frontier," in Crossley, Siu, and Sutton, *Empire at the Margins,* 135–168, 引自145;重点符号是作者后加的。
75 Fiskesjö, "On the 'Raw' and the 'Cooked' Barbarians," 153.
76 Faure, "Yao Wars in the Mid-Ming." 还见David Faure, "The Lineage as a Cultural Invention: The Case of the Pearl River Delta," *Modern China* 15 (1989): 4–36. 在他们保存的法令中记载了瑶族向中国的皇帝要求特殊的豁免,豁免他们的劳役和税负,而且给予他们在自己的区域中自由移动的权利。
77 Norma Diamond, "Defining the Miao: Ming, Qing, and Contemporary Views," in *Cultural Encounters on China's Ethnic Frontiers,* ed. Steven Harrell (Seattle: University of Washington Press, 1995), 92–119.
78 Gordon H. Luce, trans., *The Man Shu (Book of the Southern Barbarians),* 37.
79 Wing-hoi Chan, "Ethnic Labels in a Mountainous Region: The Case of the *She* Bandits," in Crossley, Siu, and Sutton, *Empire at the Margins,* 255–284. Chan 对著名的游动族群客家族(Hakka)的人种进化做了类似的解释。畲(*She*)族包含了山地旱稻田的意思。 因此,"族群"的名字里面也包括了对其生存方式和山地栖居的描述。
80 Benjamin and Chou, *Tribal Communities in the Malay World,* 36.
81 Anna Lowenhaupt Tsing, *In the Realm of the Diamond Queen: Marginality in an Out-of-the-Way Place* (Princeton: Princeton University Press, 1993), 28.

Meratus的山地游耕也被描述为农业,但是还没有形成秩序的农业(*pertanian yang tidak terator*)。

82 Felix M. Keesing, *The Ethno-history of Northern Luzon* (Stanford: Stanford University Press, 1962), 224–225.

83 Ernest Gellner, *Saints of the Atlas* (London: Weidenfeld and Nicolson, 1969), chapter 1.

84 Lois Beck, "Tribes and the State in 19th- and 20th-Century Iran," in *Tribes and State Formation in the Middle East,* ed. Philip Khoury and Joseph Kostiner (Berkeley: University of California Press, 1990), 185–222.

85 Bennet Bronson, "The Role of Barbarians in the Fall of States," in *The Collapse of Ancient States and Civilizations,* ed. Norman Yoffee and George L. Cowgill (Tucson: University of Arizona Press, 1991), 203–210, 引自200。这一段主要是详细阐述布朗森的观点。

86 这段和下面的两段叙述都来自于Thomas S. Burns出色的著作, *Rome and the Barbarians, 100 BC–AD 400* (Baltimore: Johns Hopkins University Press, 2003)。

87 Stephen T. Driscoll, "Power and Authority in Early Historic Scotland: Pictish Symbol Stones and other Documents," in *State and Society: The Emergence and Development of Social Hierarchy and Political Centralization*, ed. J. Gledhill, B. Bender, and M. T. Larsen (London: Routledge, 1988), 215.

88 Burns, *Rome and the Barbarians,* 182. 塔西佗(Tacitus)通过战败的英国首领Calgacus说:"他们谎称帝国,以帝国的名义盗窃、屠杀和劫掠;他们制造了荒野并称之为和平。"这些话清楚地表明罗马扩张可能对蛮族来说是极其黑暗的一面。引自上书, 169。

89 引自Charles Patterson Giersch, "Q'ing China's Reluctant Subjects: Indigenous Communities and Empire along the Yunnan Frontier," Ph.D. diss., Yale University, 1998, 97.

90 Crossley, Siu, and Sutton, Introduction to *Empire at the Margins,* 6.

91 Wing-hoi Chan, "Ethnic Labels in a Mountainous Region," 278.

92　Donald S. Sutton, "Ethnicity and the Miao Frontier in the Eighteenth Century," in Crossley, Siu, and Sutton, *Empire at the Margins,* 469–508, 引自493。

93　在珠江三角洲也可以看到汉族的直接统治与文明化状况之间的密切联系。户籍制度(进入版图)完成了"从外来人(彝)到公民(民)的认同转变, ……在王朝危机的时候,经常可以发现放弃户籍地位以逃避纳税和兵役的家庭。在官方的记录中,他们成为土匪、强盗和外国人"。Helen F. Siu and Liu Zhiwei, "Lineage, Marketing, Pirate, and Dan," in Crossley, Siu, and Sutton, *Empire at the Margins,* 285–310, quotation from 293.

94　Quoted in Woodside, "Territorial Order and Collective Identity Tensions," 213. 有关越南人经常迁移到高地,并被当地文化所同化的资料,见Taylor, "On Being Muonged," 28。

5　远离国家,进驻山地　　*366*

第一段引文来自Mark R. Woodward and Susan D. Russell, "Transformations in Ritual and Economy in Upland Southeast Asia," in *Ritual, Power, and Economy: Upland-Lowland Contrasts in Mainland Southeast Asia,* ed. Susan D. Russell, Monograph Series on Southeast Asia, Center for Southeast Asian Studies, Northern Illinois University, occasional paper no. 14 (1989), 1–26, 引自9. 下面所引的是老子的话,可以进行相互比较:大道甚夷,而人好径。朝甚除,田甚芜,仓甚虚;第二段引文来自Owen Lattimore, "The Frontier in History," *Studies in Frontier History: Collected Papers, 1928–58* (London: Oxford University Press, 1962), 469–491, 引自 469–470。接下来Lattimore还写道:"[被边疆分割的两个不同的社会]间的最大区别要在其各自的中心区去探寻, ……而非在他们接壤的边疆地区。边疆地区的人口是未完全同化的……他们必然建立他们自己的社会联系纽带和共同的利益。双边的边境居民……形成了'我们'的群体,对于他们来说,那些自己民族的人,特别是统治者,反而成为'他们'……将边境居民描述成共同的社区经常是可能的,尽管这不是由制度所规定的,而是因功能而被认知的。"(470)

1　See *New York Times,* July 23, 2004, and the *Final Report of the National*

Commission on Terrorist Attacks upon the United States (Washington, D.C.: Government Printing Office, 2004),340, 368, http://www.gpoaccess.gov/911/index.html.

2 Jean Michaud, ed., *Turbulent Times and Enduring Peoples: Mountain Minorities in the Southeast Asian Massif* (Richmond Surrey: Curzon, 2000), 11. Michaud 进一步指出,山地人口有时也会启动自己的国家建设项目。

3 从长远来看,在国家直接扩张的地区,游击队的反抗鲜有成功,除非游击队与其他国家结成强有力的联盟。比如,由于法国的军事支持才使许多美国土著在一段时间内抵制了英国殖民主义者的扩张。

4 Gonzalo Aguirre Beltrán, *Regions of Refuge,* Society of Applied Anthropology Monograph Series, no. 12 (Washington, D.C., 1979), 23, 25. 如果多山的地区有贵重资源,如Potosí的白银矿,它们就会被占领。

5 同上,39。

6 Stuart Schwartz and Frank Salomon, "New Peoples and New Kinds of People: Adaptation, Adjustment, and Ethnogenesis in South America Indigenous Societies (Colonial Era)," in *The Cambridge History of Native Peoples of the Americas,* ed. Stuart Schwartz and Frank Salomon (Cambridge: Cambridge University Press, 1999), 443–502, 引自448。我们如何理解征服所引起的人口变动,以及由此直接导致的移民和社会结构的变动,近期的研究见Charles C. Mann, *1491: New Revelations of the Americas before Columbus* (New York: Knopf, 2005).尽管人口情况已经引起了广泛的争论,但新世界的人口数量看来比原先预想的明显多出许多。那里完全不是空白的大陆,很可能是被"完全占据"的。值得注意的是,如果当时瘟疫导致的死亡像现在这么严重,那么采集和游耕就会成为收益很高的农业生态策略,可以保证比固定的农业有更高的单位劳动力回报,因为有如此多的土地荒芜着。Jared Diamond对澳大利亚的"土著"人口做出了类似的结论,他们原来生活在这个国家更高产的地区(比如东南部的Darlington River水系地区),人口密度也更大,后来被强迫进入欧洲人不想要的干旱地区。*Guns, Germs, and Steel: The Fate of Human Societies* (New York: Norton, 1997), 310.

7 Schwartz and Salomon, "New Peoples," 452.
8 Ibid., 452. 有关逃避西班牙定居计划而向安第斯山的逃亡,更详细的解释见 Ann M. Wightman, *Indigenous Migration and Social Change: The Forasteros of Cuzco, 1570–1720* (Durham: Duke University Press, 1990), and John Howland Rowe, "The Incas under Spanish Colonial Institutions," *Hispanic American Historical Review* 37 (1957):155–199。
9 Mann, *1491*, 225.
10 Schwartz and Salomon, "New Peoples," 460.
11 Richard White, *The Middle Ground: Indians, Empires, and Republics in the Great Lakes Region, 1650–1815* (Cambridge: Cambridge University Press, 1991), 1, 14. 在这里,与国家权力建设中的战争一起,瘟疫在迁移人口中也起了关键作用。
12 See the remarkable study by Leo Lucassen, Wim Willems, and Annemarie Cottaar, *Gypsies and Other Itinerant Groups: A Socio-historical Approach*, Centre for the History of Migrants, University of Amsterdam (London: Macmillan, 1998).
13 同上,63。并不奇怪,当越来越多的逃难者涌入以后,那些被捕猎的人群经常团结起来去袭击这个地区的定居点。地方首领的回应就是猎获和杀害吉卜赛和其他流浪人口。作者记录了吉卜赛人(波西米亚人)在法国所受到的类似压迫,在那里,他们被集中起来做船工。
14 在"逃亡"走廊和被称为"佤走廊",也就是湄公河和萨尔温江/怒江上游间的中心区域之间有很多有趣的相似之处,深入的碎片化有进一步的好处。Magnus Fiskesö, "The Fate of Sacrifice and the Making of Wa History," Ph.D. thesis, University of Chicago,2000, 51.
15 这里我完全依赖Robert W. Hefner的解释,见*The Political Economy of Mountain Java: An Interpretive History* (Berkeley: University of California Press, 1990).有关文化的详细分析,见其早期著作*Hindu Javanese: Tengger Tradition and Islam* (Princeton: Princeton University Press, 1985)。
16 Hefner, *Political Economy*, 9.

17 Quoted ibid., 182; *ngoko* 的意思是"低等"爪哇人,讲话完全不用那些精美和象征权力的词汇。

18 与赞米亚不同,腾格尔高地的这群人没有按照族群分类。正像赫夫纳所指出的,如果腾格尔更与世隔绝,而且存在更长时间之后,那些区别可能被"族群化"。与此不同,腾格尔高地的人将自己看作爪哇人;他们的服装与爪哇人相似(虽然有意地没有那么花哨),他们讲爪哇语(但是在村里讲话时避免使用表明地位身份的词汇)。他们将自己看作山地爪哇人(*wong gunung*),因此是爪哇人中一个特殊的群体。赫夫纳指出(个人交流,2008年2月),那些新近被统合进东南亚海岛国家的自主民族仍然强烈地认为自己是个特殊的、通常也更平等的社会,但是这种特殊的意识并没有反映为族群特征。有关这方面的关系,见 Sven Cederroth, *The Spell of the Ancestors and the Power of Mekkah: A Sasak Community on Lombok* (Göteborg: Acta Universitatis Gothoburgensis, 1981), and Martin Rössler, *Striving for Modesty: Fundamentals of Religion and Social Organization of the Makassarese Patuntung* (Dordrecht: Floris, 1990).

19 Felix M. Keesing, *The Ethnohistory of Northern Luzon* (Stanford: Stanford University Press, 1976), 4. 这一段及接下来的段落主要源于基辛的观点。

20 William Henry Scott, *The Discovery of the Igorots: Spanish Contacts with the Pagans of Northern Luzon,* rev. ed. (Quezon City: New Day, 1974), 75, 也是同样的思路:"这些归化区自然会要求将分散的部落和半定居的农民定居到固定的社区中,从而僧侣、收集供品人及修路的领班都可以到达这些社区。"

21 Keesing, *Ethnohistory of Northern Luzon,* 2, 304. 这个观点与Scott在*Discovery of the Igorots,* 69–70中的历史解释,总体上来说是一致的。

22 基辛认为还有其他原因,如寻找黄金、收集和交换山地产品的欲望、逃避低地的纠纷和战争,以及瘟疫,都导致人们向山上撤退,并以此来证实其观点。当然他很清楚,逃逸的主要原因是西班牙的殖民劳动制度。这个观点支持了斯科特的*Discovery of the Igorots*,在这本书中,他试图将这种观点扩大到吕宋北部之外的整个菲律宾。见69–70页。

23 Keesing, *Ethnohistory of Northern Luzon,* 3.

24 瑶/苗反抗的高潮是1465年在贵州大藤峡(Great Vine Gorge)战役中的战败。战胜者把8000名战俘送到北京去砍头。在此之后不久的1512年,儒将王阳明便计划恢复元代"以夷制夷"的政策,也就是后来著名的间接统治的土司制度。

25 C. Pat Giersch, "A Motley Throng: Social Change on Southwest China's Early Modern Frontier, 1700–1880," *Journal of Asian Studies* 60 (2001): 67–94, 引自74。

26 Richard von Glahn 令人信服地指出,群龙无首的人群比那些权力集中的"部落",如傣族或彝族,更少发生叛乱。后者可以动员起大规模的抵抗。这并不意味着前者更容易被吸收,只是说他们更分散和更容易逃亡,而不是固守其土地。事实上,人群的社会结构越集中和等级化,他们也就越接近低地的规范,也就更容易被全体同化。*The Country of Streams and Grottoes: Expansion Settlement, and the Civilizing of the Sichuan Frontier in Song Times,* Council on East Asian Studies, Harvard University (Cambridge: Harvard University Press, 1987), 213. See also Mark Elvin, *The Retreat of the Elephants: An Environmental History of China* (New Haven: Yale University Press, 2004), 88, 他指出,"移民"经常成为逃避劳役和统治的唯一手段。

27 Wiens, *China's March toward the Tropics,* 186. 我相信更可能与Wiens的假设相反,更可信的是相信当今山地人口是早年的谷地居民,他们之所以成为山地农夫是其适应的结果。有必要指出,大部分时间汉族地区向南方和西南施压,反过来,他们又受到来自北方蒙古军队的压力。

28 同上,69页。

29 同上,81-88, 90页。这与他平常在调查中的温和语调完全相反。

30 同上,317页。

31 那些选择留下来的则被吸收到新来的社会之中,其方式与汉族吸收周边的人群一样。

32 C. Backus, *The Nan-chao Kingdom and Tang China's Southwestern Frontier* (Cambridge: Cambridge University Press, 1981).自从这部著作发表以后,引起了关于南诏"泰族特性"的广泛争论。Jean Michaud,个人交流,2008年4月。

33 G. E. Harvey, cited in David Wyatt, *Thailand: A Short History* (New Haven:

Yale University Press, 1986), 90.

34 有时也会产生另外的结果,水稻国家在山地的军事扩张迫使其他山地族群进入到谷地。从13世纪开始泰族的一支Ahom迫使敌对的Dimasa王国进入到谷地,他们在这里最终被合并到孟加拉的主要人群中。而Ahom自己后来征服了Brahmaputra Valley谷地,并最终适应了印度-阿萨姆文化。见Philippe Ramirez's fine article "Politico-Ritual Variation on the Assamese Fringes: Do Social Systems Exist?" in *Social Dynamics in the Highlands of Southeast Asia: Reconsidering Political Systems of Highland Burma by E. R. Leach,* ed. François Robinne and Mandy Sadan, Handbook of Oriental Studies, section 3, Southeast Asia (Leiden: Brill, 2007), 91–107.

35 *Gazetteer of Upper Burma and the Shan States,* J. George Scott所编辑的官方文献, J. P. Hardiman提供了帮助, 5 vols. (Rangoon: Government Printing Office, 1893).这章前面的引文就来自Sangermano神父的*A Description of the Burmese Empire,* 翻译: William Tandy (Rome: John Murray, 1883), 81, 重点是作者加的。

36 在17世纪的法令中警告那些战士在行军中不要"捕食鸟类和野兽","不要盗窃和抢劫""不要骚扰女孩和年轻的已婚妇女"。这些法令可以提供充分的证据。*Royal Orders of Burma, A.D. 1598–1885,* part 1, *A.D. 1598–1648,* ed. Than Tun(Kyoto: Center for Southeast Asian Studies, 1983), 1: 87.

37 Robert E. Elson, "International Commerce, the State, and Society: Economic and Social Change," chapter 3 of *The Cambridge History of Southeast Asia,* ed. Nicholas Tarling, vol. 2, *The Nineteenth and Twentieth Centuries* (Cambridge: Cambridge University Press, 1992),164.

38 Michael Adas是第一个将这种移动看作一种广泛存在的政治抗议形式的历史学家。其开创性的研究见"From Avoidance to Confrontation: Peasant Protest in Pre-colonial and Colonial Southeast Asia," *Comparative Studies in Society and History* 23 (1981): 217–247.

39 Scott, *Gazetteer of Upper Burma,* vol. 1, part 2, 241.

40 J. G. Scott [Shway Yoe], *The Burman: His Life and Notions* (1882; New York:

Norton, 1963), 243.

41 Scott, *Gazetteer of Upper Burma,* vol. 1, part 1, 483.

42 在历史上,与这里所描述的情景可以进行比较的是作为避难区的19世纪北美大湖区, Richard White在*The Middle Ground* 一书中对此进行了富有启发和详尽的描述。

43 Paul Wheatley, *The Golden Kheronese: Studies in the Historical Geography of the Malay Peninsula before A.D. 1500* (Kuala Lumpur: University of Malaya Press, 1961), xxiv.

44 但是还有其他的权力形式,如交战各方、土匪和猎奴者会借权力真空而扫荡毫无保护的人群。

45 Scott, *Gazetteer of Upper Burma,* vol. 1, part 2, 508.本节首页的引文来自*The Glass Palace Chronicle of the Kings of Burma,* 翻译:Pe Maung Tin and G. H. Luce, 出版:Text Publication Fund of the Burma Research Society (Oxford: Oxford University Press, London: Humphrey Milford, 1923), 177.

46 或者换个说法,缅甸、泰国和中国的民族性特征核心就是纳税,而且是持续的纳税。我认为,只有在这样的背景下才能理解,在传说中苗族和瑶族保存的皇帝诏书中,他们是永久豁免税收和劳役负担的,而汉族臣民还要缴纳税收和劳役,并且只要愿意,他们就可以在山间移动。严格地说,苗/瑶的民族性就是非臣民的特征。优秀的研究成果见 Hjorleifur Jonsson, *Mien Relations: Mountain People and State Control in Thailand* (Ithaca: Cornell University Press, 2005). Jean Michaud深思熟虑地指出,苗/瑶可能是很久以前被沿海民族从湖南挤压向西迁移的。*Historical Dictionary of the Peoples of the Southeast Asian Massif* (Latham, Maryland: Scarecrow Press, 2006), 264.

47 Hjorleifur Jonsson, "Shifting Social Landscape: Mien (Yao) Upland Communities and Histories in State-Client Settings," Ph.D. diss., Cornell University, 1996, 274.

48 Oscar Salemink, *The Ethnography of Vietnam's Central Highlanders: A Historical Contextualization, 1850–1990* (London: Routledge-Curzon, 2003), 298. See also his "Sedentarization and Selective Preservation among the

Montagnards in the Vietnamese Central Highlands," in Michaud, *Turbulent Times and Enduring Peoples,* 138–139.

49 尹绍亭所描述的云南德昂游耕农是这种转移的例子。*People and Forests: Yunnan Swidden Agriculture in Human-Ecological Perspective,* trans. Magnus Fiskesjö (Kunming: Yunnan Educational Publishing, 2001), 68.

50 Charles Tilly, *Coercion, Capital, and European States, AD 990–1992* (Cambridge, Mass.: Blackwell, 1990), 14页和第3章。本节开始的第一段引文来自Hazel J.Lang, *Fear and Sanctuary: Burmese Refugees in Thailand,* Studies in Southeast Asia no. 32 (Ithaca: Cornell Southeast Asia Program Publications, 2002), 79.可以与Sulawesi的Bugis人的格言相比较："我们就像鸟站在树上。当树倒下，我们就离开它，寻找另外可以寄居的大树。"引自Leonard Andaya, "Interactions with the Outside World and Adaptation in Southeast Asia Society, 1500–1800," Tarling, *Cambridge History of Southeast Asia,* 1: 417. 第二段引文来自Scott [Shway Yoe], *The Burman,* 533.

51 Anthony Reid, "Economic and Social Change, 1400–1800, in Tarling, *Cambridge History of Southeast Asia,* 1: 460–507, esp. 462.

52 Charles Keeton III, *King Thibaw and the Ecological Rape of Burma: The Political and Commercial Struggle between British India and French Indo-China in Burma, 1878–1886* (Delhi: Mahar Book Service, 1974), 3.

53 Jeremy Black, *European Warfare, 1600–1815* (New Haven: Yale University Press,1994), 99, and Martin van Crevald, *Supplying War: Logistics from Wallenstein to Patton* (Cambridge:Cambridge University Press, 1977), cited in Charles Tilly, *Coercion, Capital, and European States,* 81. See also John A. Lynn, ed., *Feeding Mars: Logistics in Western Warfare from the Middle Ages to the Present* (Boulder: Westview, 1993).

54 Lynn, *Feeding Mars,* 21.

55 William J. Koenig, *The Burmese Polity, 1752–1819: Politics, Administration, and Social Organization in the Early Kon-baung Period,* Center for South and Southeast Asian Studies, University of Michigan Papers on South and Southeast

Asian Studies, no. 34 (Ann Arbor, 1990), 34.

56 Scott, *Gazetteer of Upper Burma,* vol. 1, part 2, 231, part 1, 281.

57 Ronald Duane Renard, "Kariang: History of Karen-Tai Relations from the Beginnings to 1923," Ph.D. diss., University of Hawai'i, 1979, 78, 130 et seq.

58 Pierre du Jarric, *Histoire des choses plus memorables advenues tant ez Indes Orientales que autres païde la descouverte des Portugois, en l'etablissement et progrez de la foy crestienne et catholique* (Bordeaux, 1608–14), 1: 620–621, cited in Reid, "Economic and Social Change," 462.

59 "Glass Palace Chronicle: Excerpts Translated on Burmese Invasions of Siam," compiled and annotated by Nai Thein, *Journal of the Siam Society* 8 (1911): 1–119, quotation from 43.

60 Scott [Shway Yoe], *The Burman,* 494. 暴动比开小差更危险,因而不普遍,尽管肯定有暴动。Koenig, 在 *Burmese Polity,* 19,中对1772年攻打泰国的缅甸军队中孟族军人的暴动做了简短的解释。在我看来,这件事情很好地表明,那些已经得到足够战利品的军队不再希望继续战争并且逃散。美国南北战争中南部联盟解体的主要原因是开小差。我看到的最富有启发意义的是一个纸浆做的逃跑样的雕像,那是柏林墙倒塌不久德国建筑师装配出来的"纪念两次世界大战开小差的纪念碑"。这个雕像被放在平板车上,到前德国民主共和国的各个城市巡游。各个城市的统治者不断追踪这个雕像,直到最后在波恩被短暂展出。

61 这些军队的大多数开始都是被强制征募的,他们会抓住任何一个机会开小差。Jeremy Black报告说在1717-1728年间,萨克森步兵团开小差的达到42%。*European Warfare,* 219.

62 当军队远离家乡的时候更是如此。修昔底德有关雅典领导的军队在西西里岛瓦解的解释富有启发意义。"由于现在敌人与我们力量相当,我们的奴隶开始逃跑。而在我们部队中服役的外国人,那些被招募的人会尽可能快地回到他们的城市;那些被高薪所吸引,认为自己可以挣许多钱而不是为了打仗而来的人……或者想开小差的人也一样开始溜走,或者通过这种或那种方式消失——如果考虑到西西里的面积,这样做并不困难。" *The Peloponnesian War,* trans. Rex Warner (New York: Penguin, 1972), 485.

63 Khin Mar Swe, "Ganan: Their History and Culture," M.A. thesis, University of Mandalay, 1999。

64 Scott, *Gazetteer of Upper Burma,* vol. 1, part 1, 205–207.

65 Charles F. Keyes, ed., *Ethnic Adaptation and Identity: The Karen on the Thai Frontier with Burma* (Philadelphia: ISHI, 1979), 44.

66 F. K. Lehman [Chit Hlaing], "Empiricist Method and Intensional Analysis in Burmese Historiography: William Koenig's *The Burmese Polity, 1752–1819,* a Review Article," *Crossroads: An Interdisciplinary Journal of Southeast Asian Studies* 6 (1991): 77–120, esp. 86.

67 Renard, "Kariang," 44.

68 Leo Alting von Geusau, "Akha Internal History: Marginalization and the Ethnic Alliance System," chapter 6 in *Civility and Savagery: Social Identity in Tai States,* ed. Andrew Turton (Richmond, England: Curzon, 2000), 130.

69 Scott, *Gazetteer of Upper Burma,* vol. 1, part 2, 282–286.

70 同上，49。

71 正像19世纪晚期访问掸邦诸国的旅行者所观察到的，"就我们所知，毫无疑问，清迈附近山地部落物质匮乏的主要原因是他们过去被系统地捕获以供应奴隶市场，就像猎捕野牛一样。" Archibald Ross Colquhoun, *Amongst the Shans* (London: Field and Tuer, 1885), 257.

72 在印度西部，山地抢劫平原是如此普遍，到19世纪早期，原来的3492个村庄，只有1836个还有人居住，有97个村庄甚至完全不知道在什么地方了。Ajay Skaria, *Hybrid Histories: Forests, Frontiers, and Wildness in Western India* (Delhi: Oxford University Press, 1999), 130. 我还没有在缅甸的文献中发现抢劫的清单，但是这份印度西部山地抢劫战利品的清单还是很有说服力的：77头小公牛，106头奶牛，55头牛犊，11头母水牛，54件铜锅，50件衣服，9条毯子，19件铁犁，65件斧子，还有装饰品和粮食。同上132页。

73 有关整个巽他大陆架(Sunda Shelf)整个地区强制奴役的考察，见Eric Tagliacozzo, "Ambiguous Commodities, Unstable Frontiers: The Case of Burma, Siam, and Imperial Britain,1800–1900," *Comparative Studies in Society and*

History 46 (2004): 354–377.

74 Scott, *Gazetteer of Upper Burma,* vol. 1, part 2, 315.

75 佤族最著名的是他们在山顶上建筑的用于防御猎获"人头"和奴隶的城堡。Fiskesjö, "Fate of Sacrifice," 329. 这种捕获和买卖人口的事情也发生在东南亚海岛上。包括著名的马来人、伊拉怒(Illanu)人、普吉斯人和巴礁人(Bajau)在内的许多族群在整个群岛扫荡临海的居民点,捕获奴隶,并将他们统合到自己的社会或把他们卖掉。其结果就是那些脆弱的沿海社区为了逃避被捕获,或者撤退到内地,或者到河流流域的高处,甚至索性驾驶他们的船,成为海上游牧人。海上人(*orang laut*)大部分居住在船上,擅长捕捞(海上采集),他们相当于从山地到山脊的群体的海上版本。事实上,贾昆(Jakun,从语言上与"海上游牧"人很接近的林居民族)被怀疑是从同样一支人群来的,一些人逃到了山上,一些人则驾起了小船。有关这方面的关系,可以看一本富有启发的书,David E. Sopher, *The Sea Nomads: A Study Based on the Literature of the Maritime Boat People of Southeast Asia,* Memoirs of the National Museum, no. 5 (1965), Government of Singapore; and Charles O. Frake, "The Genesis of Kinds of People in the Sulu Archipelago," in *Language and Cultural Description: Essays by Charles O. Frake* (Stanford: Stanford University Press, 1980), 311–332.

76 Andrew Hardy, *Red Hills: Migrants and the State in the Highlands of Vietnam* (Honolulu: University of Hawai'i Press, 2003), 29.

77 Salemink, *Ethnography of North Vietnam's Central Highlanders,* 37.

78 Thongchai Winichakul, *Siam Mapped: A History of the Geo-Body of a Nation* (Honolulu: University of Hawai'i Press, 1994), 102.

79 See Christian Culas and Jean Michaud, "A Contribution to the Study of Hmong (Miao) Migration and History," in *Hmong/Miao in Asia,* ed. N. Tapp, J. Michaud, C. Culas, and G. Y. Lee (Chiang Mai: Silkworm, 2004), 61–96; and Jean Michaud, "From Southwest China to Upper Indochina: An Overview of Hmong (Miao) Migrations," *Asia-Pacific Viewpoint,* 38 (1997): 119–130. 事实上,有关19世纪和20世纪从中国西南迁移到东南亚大陆的最综合的资料是

Jean Michaud编辑的*Turbulent Times and Enduring Peoples*, 特别是Christian Culas and Michaud写作的几章。

80 可以参见下面深入的分析:"small border powers" in Janet Sturgeon, *Border Landscapes: The Politics of Akha Land Use in China and Thailand* (Seattle: University of Washington Press, 2005)。

81 Fiskesjö, "The Fate of Sacrifice," 370.

82 Charles Crosthwaite描述了英国征服上缅甸不久的一个反叛和王位争夺者相互融合的例子。一个由英国认可的在其领地上有统治权的掸族统治者因为抢占了周边相邻的许多地区而被罢免。在这之后有新的力量加入到他的队伍中,他们是"Hmethaya王子的两个儿子,Mindon国王的诸多后裔。……但是一个著名的游击队领袖Shwe Yan 取代了他们的事业,他在Ava地区打起了大旗。……大儿子(Saw Naing)逃到了Hsen-wi,在那里没有得到任何帮助,终老于Tawnpeng和Mong-mit交界处的多山和贫瘠的国度中。" Charles Crosthwaite, *The Pacification of Burma* (London: Edward Arnold, 1912), 270.

83 See E. Michael Mendelson, "The Uses of Religious Skepticism in Burma," *Diogenes* 41 (1963): 94–116, and Victor B. Lieberman, "Local Integration and Eurasian Analogies: Structuring Southeast Asian History, c. 1350–c. 1830," *Modern Asian Studies* 27 (1993): 513.

84 对比法国天主教的谷地富裕修道院与法国革命时期博卡日(bocage)的贫穷神职人员是很有意思的。由于贪婪和没有用什一税支持穷人,前者成为普遍不满(纵火和抢劫)的对象,博卡日的贫穷和被边缘化的神职人员则积极地参与旺代的反革命起义,并最终成为关键人物。见Charles Tilly, *The Vendée* (Cambridge: Harvard University Press, 1964)。

85 有关文献很丰富,比如,Stanley Tambiah, *Buddhist Saints of the Forest and the Cult of Amulets* (New York: Cambridge University Press, 1984), and Kamala Tiyavanich, *Forest Recollections: Wandering Monks in Twentieth-Century Thailand* (Honolulu: University of Hawai'i Press, 1997). 森林教派和隐士是"早期佛教'前进'(going forth)实践的延伸……为了取得八正道(eightfold path)所要求的精神和身体的严格戒律而将一个人从社会中分隔开

来"。Reynaldo Ileto, "Religion and Anti-colonial Movements," in Tarling, *Cambridge History of Southeast Asia*, 2: 199. 有关最近缅甸充满魅力的森林和尚的高质量研究,还见Guillaume Rozenberg, *Renoncement et puissance: La quête de la sainteté dans la Birmanie contemporaine* (Geneva: Editions Olizane, 2005)。

86 E. Michael Mendelson, *Sangha and State in Burma: A Study of Monastic Sectarianism and Leadership*, ed. John P. Ferguson (Ithaca: Cornell University Press, 1975), 233. 有关"圣徒"(sainthood),林中的和尚及其追随者的当代杰出分析,见Rozenberg, *Renoncement et puissance*。

87 Mendelson, *Sangha and State in Burma,* 233. See also Lehman [Chit Hlaing], "Empiricist Method and Intensional Analysis," 90, 他描写了一些和尚及其僧侣不再得到恩宠,因而逃避到"遥远的小镇和村庄"。

88 Edmund Leach, *The Political Systems of Highland Burma: A Study of Kachin Social Structure* (Cambridge: Harvard University Press, 1954), 30.

89 这是说萨尔温江的东岸,不是说萨尔温江的西岸。Scott, *Gazetteer of Upper Burma*, vol. 1, part 1, 320.

90 Bertil Lindner, *Land of Jade: A Journey through Insurgent Burma* (Edinburgh: Kiscadale and White Lotus, 1990), 279. 如果希望与一个世纪之前掸邦地区的佛教异端相比较,见Archibald Ross Colquhoun, *Amongst the Shans* (London: Field and Tuer,1885), p. 103。

91 Charles Tilly, *Contention and Democracy in Europe, 1650–2000* (Cambridge: Cambridge University Press, 2004), 168, et seq.

92 Robert LeRoy Canfield, *Faction and Conversion in a Plural Society: Religious Alignments in the Hindu—Kush,* Museum of Anthropology, University of Michigan, no. 50 (Ann Arbor: University of Michigan, 1973), quotation from 13. 我特别感谢Thomas Barfield带我注意到这篇论文中所提供的深入和精细的民族学细节。

93 这些疾病逐渐将那些抵抗力低的人杀死以后,变成了这些民族的本土疾病。当在新世界遇到了缺少抵抗力的质朴民族(他们原本是很健康的)时,它们带来的死亡率是毁灭性的。此外还要注意大城市的另外一个灾难:火灾。前现代城市是由可燃物建筑的,他们的照明和烹饪所用燃料都是明火。城市火灾是经常性的,在东南亚历史记录中充满了灾难性的火灾。可以见Anthony Reid, *Southeast Asia in the Age of Commerce, 1450–1680,* vol. 2, *Expansion and Crisis* (New Haven: Yale University Press, 1993), 91; Scott, *Gazetteer of Upper Burma,* vol. 1, part 2, 1, on Amarapura; Koenig, *Burmese Polity,* 34–35, on fires in Amarapura and Rangoon. 本节开始的引文来自Jared Diamond, *Guns, Germs, and Steel* (New York: Norton, 1997), 195, 第一段主要来自Diamond关于流行病的讨论。

94　Reid, *Southeast Asia in the Age of Commerce,* 2: 291–298. Reid here汇集了干旱的影响,以及由此引发的疾病和饥荒。干旱和饥荒的联系是显而易见的,但是传染病经常与饥荒没有直接的联系。

95　David Henley, *Fertility, Food, and Fever: Population, Economy, and Environment in North and Central Sulawesi, 1600–1930* (Leiden: Kitlv, 2005), chapter 7 and p. 286.

96　Scott, *Discovery of the Igorots,* 90. 斯科特并没有告诉我们逃离的伊哥洛特是多么频繁地带来传染病,或者他们多么经常地到达道路的关口却发现他们已经被阻止了。

97　Michael Aung-Thwin在另外一个有关勃古时期缅甸核心区域灌溉的出色研究中强调了如何减少拥挤和单一种植所带来的脆弱性。*Irrigation in the Heartland of Burma: Foundations of the Precolonial Burmese State,* occasional paper no. 15 (DeKalb: Council of Southeast Asian Studies of Northern Illinois University, 1990), 54.

98　Nai Thein, "Glass Palace Chronicle," 53.

99　Thant Myint-U, *The Making of Modern Burma* (Cambridge: Cambridge University Press, 2001), 43.

100　Koenig, *Burmese Polity,* 43.

101　Keeton, *King Thibaw and the Ecological Rape of Burma.*

102　Lieberman, *Strange Parallels,* 1: 163, 174, 318–319.

103　大量人口被集中在国家核心地区,或者被称为"政府"的地区,被普遍认为是饥荒、火灾和瘟疫,特别是战争的主要原因。所有这些都是国家作用的结果。皇家的法令规定了一系列措施以要求首都的所有居民必须采取措施防止火灾,当火灾发生,必须扑灭它们。这些法令表明了皇家对这类事情的关注。见Than Tun, *Royal Orders of Burma,* 3:xiv, 49–50.

104 比如想象一下新奥尔良每20年或30年就会出现像卡特里娜飓风一样的导致空城的危机。在这种情况下,经常出现的大量危机就会深深地嵌入到大众的记忆中。

105 Lieberman, *Strange Parallels,* 1: 369, 394, 312.

106 Aung-Thwin, *Irrigation in the Heartland of Burma,* 34.

107 G. William Skinner对中国农村的这种模式进行了比较详细的描述。见 "Chinese Peasants and the Closed Community: An Open and Shut Case," *Comparative Studies in Society and History* 13 (1971): 270–281.

108 再次强调,无论从字面的意思,或者其实际的内容,山地都意味着是抵制国家的空间。

109 Nai Thein, "Glass Palace Chronicle," 17. The epigraph for this section is quoted in Scott, *Discovery of the Igorots,* 141.

110 Scott, *Gazetteer of Upper Burma,* vol. 1, part 1, 148.

111 Hardy, *Red Hills,* 134.

112 G. E. Mitton [Lady Scott], *Scott of the Shan Hills: Orders and Impressions* (London: John Murray, 1930), 182. 斯科特停止了正常战争,而专注于佤族的猎头活动。

113 Martin Smith, *Burma: Insurgency and the Politics of Ethnicity* (London: Zed, 1991),349.

114 社会语言学家将把这看作类似于移民保留原有语言的习惯。那些孤立的移民,特别是远离他们原生地的移民,会在失去了其所离开的文化很久以后仍然保留其独特的方言。魁北克的法语、布尔人德语和阿巴拉契亚的英语就是这类例子。

115 Crosthwaite, *Pacification of Burma,* 116.

116 Smith, *Burma,* 231.

117 2006年3月,我曾经试图与朋友一起骑摩托车进入勃古山地南部边缘的特洛瓦底(Tharawaddy)城东部。刚出发不久,道路就开始成为沙地,我们的摩托车万不能行进。我们只好徒步前进。我们遇到一些装载了木柴和木炭的牛车,经过半天的步行,我们到了一个有8-9户人家的小居住点,从远处看,就像是他们的树都被罩上了白纱。很快我们知道了,看起来像是白纱的效果是蚊帐造成的。由于山上寻找食物的大象下山破坏了他们的小谷仓,吃掉了他们的香蕉树苗,所以村民都睡在树林中。就像反叛者一样,大象也发现这个地方便于袭击。

118 Scott, *Gazetteer of Upper Burma,* vol. 1, part 1, 133.

119 Elvin, *Retreat of the Elephants,* 190.

120 施耐庵,翻译:J. H. Jackson (Cambridge: C&T, 1976),原书由上海出版。

121 Wilfred Thesiger, *The Marsh Arabs* (Harmondsworth: Penguin, 1967), 99. Arash Khazeni在其有关19世纪伊朗Qajar的论文中指出,那些被击败的Bakhitari军事领袖就带着其家人逃到靠近Shatt-al-Arab的沼泽地。见"Opening the Land: Tribes, States, and Ethnicity in Qajar Iran, 1800–1911," Ph.D. diss., Yale University, 2005.

122 比如我们可以想想普里佩特沼泽(Pripet Marshes,面积有数百平方公里,延伸到波兰、白俄罗斯和乌克兰西北部)。纳粹曾有一个宏大的计划要把这个沼泽抽干;还可以想想最终被墨索里尼抽干的靠近罗马的彭甸沼地(Pontine Marshes)。这不仅仅是巧合。我认为,被用于描述无国家的沼泽居民和无国家的山地居民的文明话语都是相似的,他们被看作是原始,甚至退化的人口,只有通过剧烈的变迁来改变其环境才能拯救他们,或者只能将其完全消灭。

123 参见Robert Rimini, "The Second Seminole War," chapter 16 of *Andrew Jackson and His Indian Wars* (New York: Viking, 2001), 272–276. 有许多让人感兴趣的相似事情:马来半岛上的许多人群为了逃避马来国家、避免成为奴隶而上山,而另外一些人则利用船来逃跑。北美的彻罗基人(Cherokee)逃到了沼泽里面,而另外一个很小的团体在北卡罗来纳州"山的最高处"隐藏。

124 Bland Simpson, *The Great Dismal: A Carolinians Swamp Memoir* (Chapel

Hill: University of North Carolina Press, 1990), 69–73.

125 Mariana Upmeyer, "Swamped: Refuge and Subsistence on the Margin of the Solid Earth," term paper for graduate seminar, The Comparative Study of Agrarian Societies, Yale University, 2000.

126 Stan B-H Tan, "Dust beneath the Mist: State and Frontier Formation in the Central Highlands of Vietnam, the 1955–1961 Period," Ph.D. diss., Australian National University, 2006,191.

127 Smith, *Burma,* 262.

128 Sopher, *Sea Nomads,* 42–43.

129 有关海盗的精彩描述,见James Warren, *Sulu Zone, 1768–1868: The Dynamics of External Trade, Slavery, and Ethnicity in the Transformation of a Southeast Asian Maritime State* (Kent Ridge: Singapore University Press, 1981),和Nicholas Tarling, *Piracy and Politics in the Malay World: A Study of British Imperialism in Nineteenth-Century Southeast Asia* (Melbourne: F. W. Cheshire, 1963). 有关沿海的非法贸易、走私和作为抵制国家地区的海洋的更广泛的研究,见Eric Tagliacozzo, *Secret Trades, Porous Borders: Smuggling and States along a Southeast Asian Frontier, 1865–1915* (New Haven: Yale University Press, 2005).

130 Owen Lattimore, *Nomads and Commissars: Mongolia Revisited* (Oxford: Oxford University Press, 1962), 35.

131 Magnus Fiskesjö, "Rescuing the Empire: Chinese Nation-Building in the 20th Century," *European Journal of East Asian Studies* 5 (2006), 15–44, quotations from 38.

132 在其有关"苗族反叛"的研究中,Robert D. Jenks得出的结论是,汉族的抗议比少数民族抗议数量更多。但是让人感兴趣的是,当局从来没有承认过这一点,因为人们预期,不管统治的好坏,野蛮人都是要叛乱的,但是汉人的叛乱只能被解释为统治问题,而且省级的当局要对此负责。*Insurgency and Social Disorder in Guizhou: The " Miao" Rebellion, 1854–1873* (Honolulu: University of Hawai'i Press, 1994), 4. 有关汉人参与18世纪末期苗人叛乱的敏锐的解释,见Daniel McMahon, "Identity and Conflict in a Chinese

Borderland: Yan Ruyi and Recruitmentof the Gelao during the 1795–97 Miao Revolt," *Late Imperial China* 23 (2002): 53–86.

133 Geoffrey Benjamin and Cynthia Chou, eds., *Tribal Communities in the Malay World: Historical, Cultural, and Social Perspectives* (Singapore: Institute of Southeast Asian Studies,2002), 34. 更清楚准确的描述，见Geoffrey Benjamin, "The Malay World as a Regional Array," paper presented to the International Workshop on Scholarship in Malay Studies, Looking Back, Striding Forward, Leiden, August 26–28, 2004.

134 Nicholas Tapp, *Sovereignty and Rebellion: The White Hmong of Northern Thailand* (Singapore: Oxford University Press, 1990), 173–177.

135 Michaud, *Turbulent Times and Enduring Peoples,* 41.

136 Shanshan Du, *Chopsticks Only Work in Pairs: Gender Unity and Gender Equality among the Lahu of Southwest China* (New York: Columbia University Press, 2002), 115.

137 Charles F. Keyes, ed., *Ethnic Adaptation and Identity: The Karen on the Thai Frontier with Burma* (Philadelphia: ISHI, 1979), 30–62. 这一简单的解释无法涵盖Keyes所解释的分散流浪的克伦人的复杂性。Karenni (Red Karen)/Kayah 可能是一个重要的例外，他们曾经试图形成自己的国家，接受了掸邦国家的一些特征，并以恐怖的猎奴者著称。

138 一个更复杂和准确的历史解释会表明，由于政治和经济条件不同而出现在进入国家与逃避国家之间的摇摆。无国家的人群在最有利的条件下，可能会寻求与低地的更紧密联盟，同样，国家内的人口可能在不利的条件下，寻求离开谷地国家。我们前面所叙述的选择并非"一劳永逸"的选择。在整个海上东南亚有许多社会是因为他们逃避低地国家而存在的。在马来西亚分散的土著居民中(*orang asli*)，Senoi和Semang已经改变了他们的生存实践从而可以避免成为农民。在苏拉威西，Wana人逃到海岛深处以逃避荷兰人的强制定居。受到反砍伐森林的环保主义者喜爱的沙捞越的Penand人在历史上曾经从事采集，从而在与低地国家进行赚钱的贸易时候仍然可以远离低地国家。可能是长期的猎奴征讨造成的结果，这些族群多数都以逃避与低地居民的往来著称。正像明代的《百夷传》(*Description of the Hundred Barbarians*) 中有关佤族的报告:"他们本质上是软弱的,惧怕政府。"见Robert Knox Denton, Kirk Endicott, Alberto Gomes, and M. B. Hooker, *Malaysia and the Original People: A Case Study of the Impact of Development on Indigenous Peoples, Cultural Survival Studies in Ethnicity and Change* (Boston: Allyn and Bacon, 1997); Jane Monnic Atkinson, *The Art and Politics of Wana Shamanship* (Berkeley: University of California Press, 1989); Peter Brosius, "Prior Transcripts, Divergent Paths: Resistance and Acquiescence to Logging in Sarawak East Malaysia," *Comparative Studies in Society and History* 39 (1997): 468–510; and Yin, *People and Forests,* 65.

139 Von Geusau, "Akha Internal History," 134.

140 同上,135。

6 逃避国家和防御国家

1 本节的资料来自克伦人权小组的详细报告(KHRG),见 "Peace Villages and Hiding Villages: Roads, Relocations, and the Campaign for Control of Toungoo District," October 15, 2000, KHRG report 2000–2005.

2 同上24。做军队的民夫特别可怕。民夫经常在军事行动中被累得筋疲力尽,完了就会被杀死,从而使他们无法回家。在可疑的地方他们被强迫走在缅甸军队的前面,而且有时候被强迫穿上军装,走在队伍前面吸引叛乱者的火力。民夫总是在人口集中的地方被抓获,移民点、村庄、市场、放映厅、公共汽车站和渡口等地。

3 KHRG, "Free Fire Zones in Southern Tenasserim," August 20, 1997, KHRG report 97-09, 7.

4 毫不奇怪,在移民区中所提供的厕所和用水条件是如此之差,这也成为健康的重要威胁。从这点看,与国家核心区域一样,这里也成为传染病流行的地区。

5 KHRG, "Free Fire Zones," 7, 10.

6 在*Human Ecology* 19 (1991)中,各种专家探讨了在热带雨林中,单纯的采集是否可以作为可行的生存策略问题。这一辑完全用来讨论这一个问题。各种回答平衡之后看来是肯定的。

7 KHRG, "Abuses and Relocations in the Pa'an District," August 1, 1997, KHRG report97-08, 8. 这些村民也希望可以返回到他们田里种植新作物。

8 早期殖民时代把隐蔽村庄解释为"一般都是狡猾地隐藏起来,像盘羊一样难于发现",见*Gazetteer of Upper Burma and the Shan States*, compiled from official papers by J. George Scott, assisted by J. P. Hardiman, vol. 1, part 2 (Rangoon: Government Printing Office, 1893), 195, 416。20世纪早期英国平定克钦山地的战役与当今缅甸在少数民族地区军事统治的措施很像。英国军队烧毁敌对的村庄、破坏他们所有的谷物供给和作物,索要供奉和强制的劳役,并坚持要有正式的投降行动和没收所有武器。同上,vol. 1, part 1, 336.

9 Nai Thein编辑和注释, "Glass Palace Chronicle: Excerpts Translated on Burmese Invasions of Siam," *Journal of the Siam Society* 5 (1908): 1–82 and 8 (1911): 1–119, 引自5: 74–75。上述的描述是17世纪Anawhrata对Linzin (Vientiane)征讨的情形。

10 Clifford Geertz, *Negara: The Theatre State in Nineteenth-Century Bali* (Princeton: Princeton University Press, 1980), 23.

11 Robert D. Jenks, *Insurgency and Social Disorder in Guizhou: The "Miao" Rebellion, 1854–1873* (Honolulu: University of Hawai'i Press, 1994), 11, 21, 131.

12 比如可以见Geoffrey Benjamin and Cynthia Chou, eds., *Tribal Communities and the Malay World: Historical, Cultural, and Social Perspectives* (Singapore: Institute for Southeast Asian Studies, 2002), 特别是第二章, "On Being Tribal in the Malay World," 7–76。

13 同上。本杰明有关"部落性"观点的核心是,部落事实上是由国家创造的。这个观点在人类学家和历史学家中越来越流行。他写道,"按照这个观点,所有被在历史学和民族学中加以研究的部落社会都是次生的,其特征形成于他们保持自己不被国家机器(或在边远地方的国家机器的触角)统合所采取的措施。他们的生活方式因国家的出现,或者国家的复杂化影响而改变,但他们往往试图隐瞒这一点"。同上, 9。还可参见Leonard Y. Andaya, "Orang Asli and Malayu in the History of the Malay Peninsula," *Journal of the Malaysian*

Branch of the Royal Asiatic Society 75 (2002): 23–48.

14 有关游牧模式概括性的高质量研究,见 Thomas J. Barfield, *The Nomadic Alternative* (Englewood Cliffs, N.J.: Prentice-Hall, 1993)。

15 William Irons, "Nomadism as a Political Adaptation: The Case of the Yomut Turkmen," *American Ethnologist* 1 (1974): 635–658, 引自647。

16 A. Terry Rambo, "Why Are the Semang? Ecology and Ethnogenesis of Aboriginal Groups in Peninsular Malaysia," in *Ethnic Diversity and the Control of Natural Resources in Southeast Asia,* ed., A. T. Rambo, K. Gillogly, and K. Hutterer (Ann Arbor: Center for South and Southeast Asia, 1988), 19–58, 引自25。有关Punan/ Penan of Sarawak类似的分析, 见 Carl L. Hoffman, "Punan Foragers in the Trading Networks of Southeast Asia," in *Past and Present in Hunter-Gatherer Studies,* ed. Carmel Shrire (Orlando: Academic Press, 1984), 123–149.

17 *The Man Shu (Book of the Southern Barbarians),* trans. Gordon H. Luce, ed. G. P. Oey, data paper no. 44, Southeast Asia Program, Cornell University, December 1961, 35.

18 David Christian, *Maps of Time: An Introduction to Big History* (Berkeley: University of California Press, 2004), 186. 考古材料很清楚。"John Coatesworth 写道,'在有些区域遗留下来的骸骨可以用来比较农业转型前后人类福利的变化情况,生物考古学家已经发现农业转型与营养水平的明显降低和疾病增加,以及过度工作和暴力行为之间的联系。'采集植物和狩猎是很容易的,且收获更多样、个体更大,并且更容易加工,在这种情况下,人们怎么会喜欢从事痛苦的耕作、收获和加工不多几样的草籽呢。"(223)这个分析为Ester Boserup的论文 *The Conditions of Agricultural Growth* (Chicago: Aldine-Atherton, 1972)提供了进一步支持,他认为,定居生产粮食的农业是对人口拥挤和土地稀缺的痛苦适应。这也为Marshall Sahlins将采集社会描述为"原初的富裕社会"提供了证据。见 *Stone Age Economics* (London: Tavistock, 1974), 1.

19 William Henry Scott, *The Discovery of the Igorots: Spanish Contacts with the Pagans of Northern Luzon,* rev. ed. (Quezon City: New Day, 1974), 90.

20 Graeme Barker, "Footsteps and Marks: Transitions to Farming in the Rainforests of Island Southeast Asia," paper prepared for the Program in Agrarian Studies, Yale University, September 26, 2008, 3. 这一节的节前引文来自Arash Khazeni, "Opening the Land: Tribes, States, and Ethnicity in Qajar Iran, 1800–1911," Ph.D. diss., Yale University, 2005, 377.尽管那首诗的结尾是梦见国家征服了军事化的游牧民（就像伊朗的Bakhtiari），但却是固定农耕与压迫的结合，而这正是我希望大家关注的。感谢Khazeni在我的研究中的助理工作，以及他在论文中的许多真知灼见。

21 Pierre Clastres, *Society against the State: Essays in Political Anthropology*, trans. Robert Hurley (New York: Zone, 1987). Originally published as *La société contre l'état* (Paris: Editions de Minuit, 1974).

22 现在有资料表明，在被征服之前，新世界的人口密度要远远高于我们以前所想象的。我们现在通过大量考古资料知道，只要可以从事农业的地方，大多都有农业的实践，而且新世界的人口数量要远远大于西欧。相关更多材料的回顾，见Charles C. Mann, *1491: New Revelations of the Americas before Columbus* (New York: Knopf, 2005)。

23 A. R. Holmberg, *Nomads of the Longbow: The Siriono of Eastern Bolivia* (New York: Natural History, 1950).

24 在对紧密关联群体的近距离研究基础上对西里奥诺人的历史进行重建，见Allyn Mclean Stearman, "The Yukui Connection: Another Look at Siriono Deculturation," *American Anthropologist* 83 (1984): 630–650。

25 Clastres, "Elements of Amerindian Demography," in *Society against the State*, 79–99.在北美也可以看到从农业向狩猎和采集的变化，在那里，同样的人口减少使采集地区更丰富，而且欧洲人带来的金属工具、火枪和马使这里的采集和狩猎更容易。见See Richard White, *The Middle Ground: Indians, Empires, and Republics in the Great Lakes Region, 1650–1815* (Cambridge: Cambridge University Press, 1991), passim.

26 有关这方面的出色调查，见Richard Price编辑的文集：*Maroon Societies: Rebel Slave Communities in the Americas*, 2nd ed. (Baltimore: Johns Hopkins

University Press, 1979)。

27 Yin Shao-ting, *People and Forests: Yunnan Swidden Agriculture in Human-Ecological Perspective,* trans. Magnus Fiskesjö (Kunming: Yunnan Education Publishing House, 2001), 351.

28 Richard A. O'Connor, "A Regional Explanation of the Tai Müang as a City-State," in *A Comparative Study of Thirty City-States,* ed. Magnus Herman Hansen (Copenhagen: Royal Danish Academy of Sciences and Letters, 2000), 431–447, 引自434。O'Connor还引用了Georges Condominas's *From Lawa to Mon, from Saa' to Thai: Historical and Anthropological Aspects of Southeast Asian Social Spaces,* trans. Stephanie Anderson et al., an Occasional Paper of Anthropology in Association with the Thai-Yunnan Project, Research School of Pacific Studies (Canberra: Australian National University, 1990), 60, and E. P. Durrenberger and N. Tannenbaum, *Analytical Perspectives on Shan Agriculture and Village Economics* (New Haven: Yale University Southeast Asian Monographs, 1990), 4–5, 以支持他的观点。

29 Jean Michaud, *Historical Dictionary of the Peoples of the Southeast Asian Massif* (Lanham, Md.: Scarecrow, 2006), 180.

30 相关成果见Herold J. Wiens, *China's March toward the Tropics: A Discussion of the Southward Penetration of China's Culture, Peoples, and Political Control in Relation to the Non-Han-Chinese Peoples of South China in the Perspective of Historical and Cultural Geography* (Hamden, Conn.: Shoe String, 1954), 215, and Jan Breman, "The VOC's Intrusion into the Hinterland: Mataram," 未发表论文。除了逃避政治控制和税收的优势之外,我们还要增加一点,游耕的相对灵活性使他们方便地抓住贸易和交换的新机会。Bernard Sellato基于婆罗洲(Bornean)的研究有力地表明游耕不仅安全,而且更灵活和适应当地环境。它提供了更可靠和多样的食物,同样也很容易地适应了盈利林产品的"商业采伐"。总之,Sellato相信"最终,系统的灵活性使他们可以有效地回应现代世界带来的机会(比如短期雇佣工),而稻农则全部被束缚在田里的活上"。*Nomads of the Borneo Rainforest: The Economics, Politics, and Ideology of*

Settling Down, trans. Stephanie Morgan (Honolulu: University of Hawai'i Press, 1994), 186.

31 在中国著名的农学家尹绍亭的著作中可以看到有关这个事实最可信和精细的展示。英语读者可以看*People and Forests;* 特别是351–352。

32 Jan Wisseman Christie, "Water from the Ancestors: Irrigation in Early Java and Bali," in *The Gift of Water: Water Management, Cosmology, and the State in Southeast Asia,* ed. Jonathan Rigg (London: School of Oriental and African Studies, 1992), 7–25. 还可以见J. Steven Lansing, *Priests and Programmers: Technologies of Power in the Engineered Landscape of Bali,* rev. ed. (Princeton: Princeton University Press, 1991, 2007).

33 Edmund Leach, *The Political Systems of Highland Burma: A Study of Kachin Social Structure* (Cambridge: Harvard University Press, 1954), 236–237.

34 贝宁地区著名的多贡人(Dogon)就是这个类型。他们逃到山地,通过一筐又一筐地运土,在石地上建起了永久的农田并从事农业。其效率肯定不高,但是这对他们意味着与被捕获相区别的自由。一旦他们不再受到攻击的威胁,他们立刻散开,并恢复游耕。

35 Michaud, *Historical Dictionary,* 100.

36 从这个角度看,在盗匪猖獗的时候,游耕事实上是比种植谷物在地点上更稳定的生存方式。对于谷物生产者来说,一旦他们的作物或粮仓被抢劫或毁坏,他们就必须迁移去寻找食物。而游耕者则不同,他们仍然在地下埋藏了足够的块根作物,同时他们各种地上作物成熟期不同,当直接的实际危险过去以后,他们可以很容易地回去并维持其生活。

37 如果反过来,这句话就不一定成立了。前面我们已经说过,在国家和非国家的背景下都可能从事灌溉稻作。

38 Michael Dove, "On the Agro-Ecological Mythology of the Javanese and the Political Economy of Indonesia," *Indonesia,* 39 (1985): 11–36, quotation from 14.

39 Hjorleifur Jonsson, "Yao Minority Identity and the Location of Difference in the South China Borderlands," *Ethnos* 65 (2000): 56–82, 引自67. In his thesis, "Shifting Social Landscape: Mien (Yao) Upland Communities and Histories in State-Client

Settings," Cornell University, 1996, Jonsson表达了其文化脉络:"我认为高地特性存在的前提是国家接管了低地领域……那些明显处于国家之外,与国家人口有着截然不同世界观的高地人,其行为是建立在低地与森林的生态状况不同的基础上,而他们的行为又强化这种区别。在此基础上我提出了适应森林的高地农业。这不是未受干预的自然,而是国家预设的环境。"(195)

40 Nicholas Tapp, *Sovereignty and Rebellion: The White Hmong of Northern Thailand* (Singapore: Singapore University Press, 1990), 20, 引自F. M. Savina, *Histoire des Miao* (Hong Kong: Imprimerie de la Société des Missions-Etrangères de Paris, 1930), 216.

41 近距离地描述如此复杂的生存活动需要极为聪慧且一丝不苟的民族学工作。有关东南亚第一个这样的例子是Harold Conklin的著名研究:*Hanunoo Agriculture: A Report on an Integral System of Shifting Cultivation in the Philippines* (Rome: Food and Agriculture Organization of the United Nations, 1957). 很难弄清应该在多大程度上把我们对这个报告的敬畏归功于Hanunoo的知识和技能,在多大程度上要归功于研究他们的民族志学者的观察功力。

42 Scott, *Gazetteer of Upper Burma,* vol. 1, part 2, 416. Scott观察到,如果山地人真的纳税或"种植那些掸族人懒得自己种植的作物",就很值得关注。但是接下来他写道,"在消极抵制面前,强制征税很难实现,而且总是存在着大批人口逃亡的危险。"(416)

43 因此在任何"文明化"的中心地区,往往只有单一的谷物,经常只是小麦、玉米、水稻或黑麦,这是中心地区的象征性标志。对于罗马来说,野蛮人最令人惊奇的地方在于他们的日常饮食中谷物的相对缺少,比起肉和奶制品来说。Thomas Burns, *Rome and the Barbarians, 100 BC–AD 400* (Baltimore: Johns Hopkins University Press, 2003), 129.

44 另外的一种替代方案需要更高水平的国家权力,就是强制村庄种植国家指令的作物,不允许种植多样的作物,从而使国家可以征收。荷兰人强加给爪哇殖民地的"耕作制度"的核心就在于此。

45 Mya Than and Nobuyoshi Nishizawa, "Agricultural Policy Reforms and Agricultural Development," in *Myanmar Dilemmas and Options: The Challenge*

of Economic Transition in the 1990s, ed. Mya Than and Joseph L. H. Tan (Singapore: Institute of Southeast Asian Studies),89–116, 引自102。此外可以参考中国大跃进时期一个村干部的令人吃惊的记录。他建议他的村民种植萝卜,与谷物不同,萝卜不用征税和充公,因此在周边村里都出现饥荒的时候,他们得以避免。Peter J. Seybolt, *Throwing the Emperor from His Horse: Portrait of a Village Leader in China, 1923–1995* (Boulder: Westview, 1996), 57.

46 由于不断受到搜寻给养的强盗和军队威胁,种植谷物的农民经常将谷物分成小份埋藏;而块根作物的优点在于他们已经是小份被埋藏的了！William McNeill, "Frederick the Great and the Propagation of Potatoes" in *I Wish I'd Been There: Twenty Historians Revisit Key Moments in History,* ed. Byron Hollinshead and Theodore K. Rabb (London: Pan Macmillan, 2007). 176–189.

47 Geoffrey Benjamin注意到,马来西亚的原住民喜欢那些不需要太多劳动的作物(粟、块茎类、西米、椰子、香蕉),因为这些有利于他们的移动性。见他的"Consciousness and Polity in Southeast Asia: The Long View," in *Local and Global: Social Transformation in Southeast Asia, Essays in Honour of Professor Syed Hussein Alatas,* ed. Riaz Hassan (Leiden: Brill, 2005), 261–289.

48 在马来亚紧急状态时期,丛林中的共产党武装的战略错误之一就是清理了林地而种植水稻。从空中可以很容易发现水稻田。感谢Michael Dove告诉我这一点。

49 有关新世界的相关争论被摘要概括在Mann的 *1491* 一书中。有关东南亚的,见Sellato, *Nomads of the Borneo Rainforest,* 119 et seq. 有关更概括的观点 见Michael R. Dove, "The Transition from Stone to Steel in the Prehistoric Swidden Agricultural Technology of the Kantu' of Kalimantan, Indonesia," in *Foraging and Farming,* ed. David Harris and Gordon C. Hillman (London: Allen and Unwin, 1989), 667–677.

50 Hoffman, "Punan Foragers."

51 同上, 34, 143。

52 见 Michael Adas, "Imperialist Rhetoric and Modern Historiography: The Case of Lower Burma Before the Conquest," *Journal of Southeast Asian Studies* 3

(1972): 172–92, and Ronald Duane Renard, "The Role of the Karens in Thai Society during the Early Bangkok Period, 1782–1873," *Contributions to Asian Studies* 15 (1980): 15–28.

53 Condominas, *From Lawa to Mon,* 63.
54 Sellato, *Nomads of the Borneo Rainforest,* 174–180.
55 John D. Leary, *Violence and the Dream People: The Orang Asli in the Malayan Emergency, 1848–1960,* Monographs in International Studies, Southeast Asian Studies, no. 95 (Athens, Ohio: Center for International Studies, 1995), 63.
56 见 David Sweet, "Native Resistance in Eighteenth-Century Amazonia: The 'Abominable Muras,' in War and Peace," *Radical History Review* 53 (1992): 49–80. Muras是25000平方公里土地的主人,这块土地上河网纵横交错,每年的洪水过后都会发生变化。这里吸引了大批从葡萄牙强制劳动制度中逃跑出来的人。事实上,Mura已经主要不是民族认同,而是表达多种"犯法者"意思的一个词语。在旱季,他们在洪消土地上种植一些生长期短的作物,比如玉米和树薯。
57 有关块根和块茎作物的大量讨论,我要感谢Peter Boomgaard出色的历史研究,"In the Shadow of Rice: Roots and Tubers in Indonesian History, 1500–1950," *Agricultural History* 77 (2003): 582–610, and "Maize and Tobacco in Upland Indonesia, 1600–1940," in *Transforming the Indonesian Uplands: Marginality, Power, and Production,* ed. Tania Murray Li (Singapore: Harwood, 1999), 45–78.
58 西米主要占据的是地下的空间,像其他一些植物一样,处于完全驯化和自然"野生"物种之间。很明显,它是从印度尼西亚东部传来的,在适宜繁殖的地方迅速传播,在那里,它们的传播受到了人们的鼓励和照料。如果从单位劳动力所生产的能量来说,西米甚至超过了木薯。
59 Boomgaard, "In the Shadow of Rice," 590.
60 Scott, *Discovery of the Igorots,* 45.
61 我特别感谢Alexander Lee整理了散乱的数据,从而使这个比较成为可能。
62 这一节的内容,我完全依靠Peter Boomgaard的基础性著作"Maize and Tobacco"。

63 同上，24。

64 Boomgaard, "Maize and Tobacco," 65.

65 Robert W. Hefner, *The Political Economy of Mountain Java* (Berkeley: University of California Press, 1990), 57.如果Hefner的结论具有更普遍的意义，而且如果钢制工具的确改变了游耕，那么就不能用现代的游耕来解释早期游耕活动，除非做了大量论证。

66 玉米和马铃薯同样可以使占统治地位的族群从谷地中迁移出来，到山地殖民。在中国西南部，接受了玉米和马铃薯种植的中原人口进一步扩张到坡地上，而中原统治者紧随其后。其结果是强制大量边疆的人口向更远的山地和更高的流域迁移。有关这个方面，见Norma Diamond, "Defining the Miao: Ming, Qing, and Contemporary Views," in *Cultural Encounters on China's Ethnic Frontier,* ed. Steven Harrell (Seattle: University of Washington Press, 1995), 92–119, 引自 95, and Magnus Fiskesjö, "On the 'Raw' and the 'Cooked' Barbarians of Imperial China," *Inner Asia* 1 (1999):139–168, esp. 142.

67 在这一章中，Boomgaard的"In the Shadow of Rice,"仍然是我最有价值的向导。

68 Mann讲了一个故事。他遇到一个从Santarém来的巴西妇女，这个妇女告诉他，一条沥青路在使用几年以后坏掉了，在坏掉的沥青路下发现了树薯还活着。*1491,* 298.

69 James Hagen (个人访问，2008年2月) 提醒我，至少在Maluku，野猪并不挑剔拱出并吃掉什么块茎，这些东西也许没有多少区别。

70 Marc Edelman, "A Central American Genocide: Rubber, Slavery, Nationalism, and the Destruction of the Guatusos-Malekus," *Comparative Studies in Society and History* 40 (1998): 356–390, quotation from 365. 美国南北战争以后，原来依赖共有财产的奴隶被解放，形成自由的小农经济。有关这种小农经济发展及后来缩减的解释，见 Steven Hahn, "Hunting, Fishing, and Foraging: Common Rights and Class Relations in the Postbellum South," *Radical History Review* 26 (1982): 37–64.

71 这个观点被Richard O'Connor进行了详细的阐述，见"Rice, Rule, and the Tai State," in *State Power and Culture in Thailand,* ed. E. Paul Durrenberger,

Southeast Asia Monograph no. 44 (New Haven: Yale Southeast Asian Council, 1996), 68–99.

72 F. K. Lehman [Chit Hlaing], "Burma: Kayah Society as a Function of the Shan-Burma-Karen Context," in *Contemporary Change in Traditional Society,* ed. Julian Steward (Urbana: University of Illinois Press, 1967), 1: 1–104, 引自59。值得注意的是，Lehman将Kayah人所在的政治环境看作一个太阳系，在这个系统中，缅甸、掸和克伦社会都同时在发挥吸引和抵制的双重作用。

73 Ira Lapidus, "Tribes and State Formation in Islamic History," in *Tribes and State Formation in the Middle East,* ed. Philip S. Khoury and Joseph Kostiner (Berkeley: University of California Press, 1990), 48–73, 引自52。

74 最明显的例外要包括果雄、克伦和克钦：后面两个在英国统治下就已经军事化和基督教化了。一个最引人注目的事件是1854-1973年（疑为1873年。——译者注）中国西南贵州"苗/果雄叛乱"。当然，撤退也经常伴以防守的军事行动。

75 Ernest Gellner, *Saints of the Atlas* (London: Weidenfeld and Nicholson, 1969), 41–49; Malcolm Yapp, *Tribes and States in the Khyber, 1838–1842* (Oxford; Clarendon, 1980), 引自Richard Tapper, "Anthropologists, Historians, and Tribespeople on the Tribe and State Formation in the Middle East," in Khoury and Kostiner, *Tribes and State Formation,* 48–73, 引自66–67。

76 见Karen Barkey的出色研究：*Empire of Difference: The Ottomans in Comparative Perspective* (Cambridge: Cambridge University Press, 2008), 155–67. 她指出，奥斯曼在对付伊斯兰苦行者时所遇到的困难与俄国沙皇政权对付旧信徒和希腊天主教徒（Uniates）时所遇到的类似。

77 Lois Beck, "Tribes and the State in 19th- and 20th-Century Iran," in Khoury and Kostiner, *Tribes and State Formation,* 185–222, 引自191, 192。

78 Owen Lattimore, "On the Wickedness of Being Nomads," *Studies in Frontier History: Collected Papers, 1928–1958* (London: Oxford University Press, 1962), 415–426, 引自415。

79 White, *Middle Ground,* writes, "很清楚，从社会和政治角度看，这是一个村庄世界……那些被称为部落、民族和联盟的单元只是松散的村庄结盟……在

pays d'en haut, 没有任何东西与国家相似。"(16)

80　Stuart Schwartz and Frank Salomon, "New Peoples and New Kinds of People: Adaptation, Adjustment, and Ethnogenesis in South American Indigenous Societies (Colonial Era)," in *The Cambridge History of Native Peoples of the Americas,* ed. Stuart Schwartz and Frank Salomon (Cambridge: Cambridge University Press, 1999), 443–502, esp. 460.

81　Irons, "Nomadism as a Political Adaptation," and Michael Khodarkovsky, *When Two Worlds Met: The Russian State and the Kalmyk Nomads, 1600–1771* (Ithaca: Cornell University Press, 1992).

82　Marshall Sahlins, *Tribesmen* (Englewood Cliffs, N.J.: Prentice-Hall, 1968), 45–46, 同上，引自64。

83　有关安第斯山前殖民时期农业集约化和去集约化是政治选择的富有说服力的解释，见Clark Erickson, "Archeological Approaches to Ancient Agrarian Landscapes: Prehistoric Raised-Field Agriculture in the Andes and the Intensification of Agricultural Systems," paper presented to the Program in Agrarian Studies, Yale University, February 14, 1997.

84　Leach, *Political Systems of Highland Burma,* 171.

85　Scott, *Gazetteer of Upper Burma,* vol. 1, part 2, 246.

86　Charles Crosthwaite, *The Pacification of Burma* (London: Edward Arnold, 1912), 236, 287.

87　A. Thomas Kirsch, "Feasting and Society Oscillation, a Working Paper on Religion and Society in Upland Southeast Asia," data paper no. 92 (Ithaca: Southeast Asia Program, 1973), 32.

88　Leach, *Political Systems of Highland Burma,* 171. 在大多数情况下，进行政治选择从而使自己与国家臣民和低地社会有所区别也往往同时包括了文化活动。有关这个方面的研究，见 Geoffrey Benjamin有关Semang and Senoi平等主义的描述。在这里，平等主义被描述为是"消除"(abreaction)对马来族的认同，促进与其文化符号的"逆同化"(dis-assimilation)。Benjamin and Chou, *Tribal Communities in the Malay World,* 24, 36.

89　Magnus Fiskesjö, "The Fate of Sacrifice and the Making of Wa History," Ph.D. thesis, University of Chicago, 2000, 217.

90　Alain Dessaint, "Lisu World View," *Contributions to Southeast Asian Ethnography,* no. 2 (1998): 27–50, 引自 29, and Alain Dessaint, "Anarchy without Chaos: Judicial Process in an Atomistic Society, the Lisu of Northern Thailand," *Contributions to Southeast Asian Ethnography,* no. 12, special issue *Leadership, Justice, and Politics at the Grassroots,* ed. Anthony R. Walker (Columbus, Ohio: Anthony R. Walker, 2004), 15–34.

91　Jacques Dournes, "Sous couvert des maîtres," *Archive Européen de Sociologie* 14 (1973): 185–209.

92　Jonathan Friedman, "Dynamics and Transformation of a Tribal System: The Kachin Example," *L'Homme* 15 (1975): 63–98; Jonathan Friedman, *System, Structure, and Contradiction: The Evolution of Asiatic Social Formations* (Walnut Creek, Calif.: Altimira, 1979); David Nugent, "Closed Systems and Contradiction: The Kachin in and out of History," *Man* 17 (1982): 508–527.

93　François Robinne and Mandy Sadan, eds., *Social Dynamics in the Highlands of Southeast Asia: Reconsidering the Political Systems of Highland Burma by E. R. Leach,* Handbook of Oriental Studies, section 3, Southeast Asia (Leiden: Brill, 2007). 有关Leach对*gumsa*和*gumlao*两个词误解的透彻批评，La Raw Maran 做了特殊的贡献，见 "On the Continuing Relevance of E. R. Leach's *Political Systems of Highland Burma* to Kachin Studies," 31–66, and F. K. L. Chit Hlaing [F. K. Lehman], Introduction, "Notes on Edmund Leach's Analysis of Kachin Society and Its Further Applications," xxi–lii.

94　Maran, "Continuing Relevance," 表明有许多不同的贡萨制度安排，但其中只有一个(*gumshem magma* variant of *gumchying gumsa*)比较接近被利奇简单叙述的、有着金字塔一样严格等级制度的贡萨制度。他进一步认为，并不存在"真实的"贡老(gumlau)制度，而是有着更多或更少民主的贡萨制度的变体。严格地说，最平等的贡萨-贡老制度实际上是一种竞争的盛宴寡头政治，他的盛宴向所有可以带来巨量追随者的人开放。很明显，由于其结构主义的趋向,利奇犯了个错误。他假设分支世袭制度和不对称的婚姻联盟必然会带来固定的等级和等级权威制度。Maran表明,实际情况并非如此,就像Chit Hlaing [Lehman]在其导言中所说的。Cornelia Ann Kammerer, "Spirit Cults among Akha Highlanders of Northern Thailand," in *Founders' Cults in Southeast Asia: Ancestors, Polity, and Identity,* ed. Nicola Tannenbaum and Cornelia Ann Kammerer, monograph no. 52 (New Haven: Council on Southeast Asian Studies, 2003), 40–68, 它还表明,主要仪式的垄断和不对称的婚姻联盟制度与高度的平等是可以共存的。

95 正像Nugent等人所强调的,克钦的等级制度中比较独裁的形式不只局限于它所制造的下层宗族和非继承儿子中存在的内在紧张。鸦片的大量种植,以及接下来争夺新的鸦片种植土地,还有英国人减少对流动商队的主要税收(税收是为了代替抢劫)、停止把奴隶作为克钦的岁入和劳役的来源,都在削弱克钦社会组织中那些等级更明显的变体中起到了至关重要的作用。有关这方面,见Vanina Bouté, "Political Hierarchical Processes among Some Highlanders of Laos," in Robinne and Sadan, *Social Dynamics in the Highlands,* 187–208.

96 利奇系统地高估了贡萨制度中的独裁特征,其原因之一是那些贡萨首领在向掸邦展示自己的时候,都会采用他们的贵族头衔,行为也很像掸邦的贵族。但同一个贡萨的首领,回到其自己人民中的时候,可能只有很少随从,甚至可能没有,而且表面上也不像世袭的独裁首领;利奇可能错误地把表面咆哮当成了真实的内容。见Chit Hlaing [Lehman], Introduction.

97 在东南亚的背景下,贡老和贡萨村庄的意识形态令人联想起宗教改革和英国内战时期的最平等的派别(再洗礼派)。他们同样坚持仪式上的平等,拒绝纳贡,拒绝劳役,与此相关,讲话时使用恭顺的用语,以及存在于其中的个人自主和个人等级观念。在这里,上述这些都是通过盛宴获得的。

98 Scott, *Gazetteer of Upper Burma,* vol. 1, part 2, 414.

99 对盛宴制度最有洞察力的分析来自Thomas Kirsch, 在"Feasting and Social Oscillation",他比较了贡老/民主和贡萨/独裁制度下的盛宴,前者强调宴请中的仪式性自主,而后者则强调盛宴中的世袭等级。有关鸦片农业对盛宴民主化(至少在最初)的影响,见Hjorleifur Jonsson, "Rhetorics and Relations:

Tai States, Forests, and Upland Groups," in Durrenberger, *State Power and Culture,* 166–200。

100 Leach, *Political Systems of Highland Burma,* 198–207.

101 E. Paul Durrenberger在有关傈僳族的作品中,更多从唯物主义的角度去解释社会组织形式是否更平等,我认为也是更可信的:"在东南亚高地存在着特定的条件下可以被翻译为等级和特权的荣誉和财富观念。当财富,以及可以利用的贵重物品稀缺的时候,就会发展出等级制度;当它们普遍存在的时候,就会发展出平等主义。" "Lisu Ritual: Economics and Ideology," in *Ritual, Power, and Economy: Upland- Lowland Contrasts in Mainland Southeast Asia,* ed. Susan D. Russell, Monograph Series on Southeast Asia, Center for Southeast Asian Studies, Northern Illinois University, occasional paper no. 14 (1989), 63–120, quotation from 114.

102 Leach, *Political Systems of Highland Burma,* 199, 引自"Expeditions among the Kachin Tribes of the North East Frontier of Upper Burma," compiled by General J. J. Walker from the reports of Lieutenant Eliot, Assistant Commissioner, Proceedings R.G.S. XIV.

103 Leach, *Political Systems of Highland Burma,* 197–198, cites H. N. C. Stevenson, *The Economics of the Central Chin Tribes* (Bombay, [c. 1943]); two works by J. H. Hutton, *The Agami Nagas* (London, 1921) and *The Sema Nagas* (London, 1921); and T. P. Dewar, "Naga Tribes and Their Customs: A General Description of the Naga Tribes Inhabiting the Burma Side of the Paktoi Range," *Census* 11 (1931): report, appendixes.

104 有关克伦人,见Lehman [Chit Hlaing], "Burma."

105 Quoted in Martin Smith, *Burma: Insurgency and the Politics of Ethnicity* (London: Zed, 1991),84.

106 Leach, *Political Systems of Highland Burma,* 234. 我有些怀疑获得独立的代价中如果包括了纳贡、劳役和谷物的数字,结论还会如此吗?不管如何,利奇为他的结论没有提供数据支持。

107 F. K. Lehman [Chit Hlaing], *The Structure of Chin Society: A Tribal*

People of Burma Adapted to a Non-Western Civilization, Illinois Studies in Anthropology no. 3 (Urbana: University Illinois Press, 1963), 215–220.

108 我压缩了我所理解的Nicholas Tapp的观点, *Sovereignty and Rebellion,* especially chapter 2. 还可见Kenneth George, *Showing Signs of Violence: The Cultural Politics of a Twentieth-Century Headhunting Ritual* (Berkeley: University of California Press,1996). George的高地人赠送给他们低地邻居椰子以提醒对方他们原来是猎头者,但现在已经放弃了这种实践。

109 Lehman [Chit Hlaing], "Burma," 1: 19.

110 Jonsson, "Shifting Social Landscape," 384.

111 比如见Vicky Banforth, Steven Lanjuow, and Graham Mortimer, Burma Ethnic Research Group, *Conflict and Displacement in Karenni: The Need for Considered Responses* (Chiang Mai: Nopburee, 2000), and Zusheng Wang, *The Jingpo Kachin of the Yunnan Plateau,* Program for Southeast Asian Studies Monograph Series (Tempe: Arizona State University, 1992).

112 E. Paul Durrenberger, "Lisu: Political Form, Ideology, and Economic Action," in *Highlanders of Thailand,* ed. John McKinnon and Wanat Bhruksasri (Kuala Lumpur: Oxford University Press, 1983), 215–226, 引自218。

113 人们被提醒注意,山地人群有时宣传,有时小心谨慎地不让他们猎头和食人的故事传播,这都是为了给低地入侵者设置困境。

114 Anthony R. Walker, *Merit and the Millennium: Routine and Crisis in the Ritual Lives of the Lahu People* (Delhi: Hindustani Publishing, 2003), 106, and Shanshan Du, *Chopsticks Only Work in Pairs: Gender Unity and Gender Equality among the Lahu of Southwestern China* (New York: Columbia University Press, 2002).

115 Leo Alting von Geusau, "Akha Internal History: Marginalization and the Ethnic Alliance System," chapter 6 in *Civility and Savagery: Social Identity in Tai States,* ed. Andrew Turton (Richmond, England: Curzon, 2000), 122–158, quotation from 140. 同时,位于山坡中部的阿卡人急于表明他们的文化高于佤族、巴郎和克木(Khmu)等群体。

116 Leach在 *Political Systems of Highland Burma,* 255. Eugene Thaike [Chao Tzang Yawnghwe], *The Shan of Burma: Memoirs of a Shan Exile,* Local History and Memoirs Series (Singapore: Institute of Southeast Asian Studies, 1984), 82页中指出,掸族人也是自由流动的。毫无疑问,他们过去也经常离开对他们压迫沉重的苏巴。利奇只是简单地指出,对于游耕民来说,移动成本比较低。

117 Ronald Duane Renard, "Kariang: History of Karen-Tai Relations from the Beginning to 1933," Ph.D. diss., University of Hawai'i, 1979, 78. Charles F. Keyes报告了一个19世纪克伦人把纳贡关系与当地自治分开的努力的例子。尽管克伦的村庄依附于清迈王国,"但是从来不允许地方权威进入村庄,尽管可以在村庄之外的地方与村庄长老共享仪式宴席。" Keyes, ed., *Ethnic Adaptation and Identity: The Karen on the Thai Frontier with Burma* (Philadelphia: ISHI, 1979), 49.

118 Raymond L. Bryant, *The Political Ecology of Forestry in Burma, 1824–1994* (Honolulu: University of Hawai'i Press, 1996), 112–117.

119 Anthony R. Walker, "North Thailand as a Geo-ethnic Mosaic: An Introductory Essay," in *The Highland Heritage: Collected Essays on Upland Northern Thailand,* ed. Anthony R. Walker (Singapore: Suvarnabhumi, 1992), 1–93,引自50。

120 Keyes, *Ethnic Adaptation and Identity,* 143.

121 Walker, *Merit and the Millennium.* "永远自由"的果雄人也具有同样的特点。见William Robert Geddes, *Migrants of the Mountains: The Cultural Ecology of the Blue Miao [Hmong Njua] of Thailand* (Oxford: Clarendon, 1976), 230.

122 Walker, *Merit and the Millennium,* 44. 为了跟上其文化的迅速转变,拉祜尼人似乎特别忽视他们的谱系,"甚至不能回忆起来他们祖父的名字。"这使他们比较容易地建立和放弃亲属网络关系。见Walker, "North Thailand as a Geo-ethnic Mosaic," 58.这种短浅的谱系和小而灵活的家庭单元被称为"新式的",而且成为许多(并非全部)边缘被污名人口的特点。见See Rebecca B.Bateman, "African and Indian: A Comparative Study of Black Carib and

Black Seminole," *Ethnohistory* 37 (1990): 1–24。

6 1/2 口述、书写和文本

1 Leo Alting von Geusau, "Akha Internal History: Marginalization and the Ethnic Alliance System," chapter 6 in *Civility and Savagery: Social Identity in Tai States*, ed. Andrew Turton (Richmond, England: Curzon, 2000), 122–158, 引自131。Nicholas Tapp建议用*alliterate*一词来描述那些缺乏书写技能,但熟知文字和文本的人。在人们可以想象的长期历史中,这正是东南亚山地族群的真实状况。*Sovereignty and Rebellion: The White Hmong of Northern Thailand* (Singapore: Singapore University Press, 1990), 124.

2 Von Geusau, "Akha Internal History," 131, 引自 Paul Lewis, *Ethnographic Notes on the Akha of Burma,* 4 vols. (New Haven: HRA Flexbooks, 1969–70), 1: 35.

3 Anthony R. Walker, *Merit and the Millennium: Routine and Crisis in the Ritual Lives of the Lahu People* (Delhi: Hindustan Publishing, 2003), 568.Walker认为,在拉祜族传教士能取得成功是因为他们承诺要恢复拉祜人认为不幸丢失的文字和文本。

4 Magnus Fiskesjö, "The Fate of Sacrifice and the Making of Wa History," Ph.D. thesis, University of Chicago, 2000, 105–106.

5 Jean-Marc Rastdorfer, *On the Development of Kayah and Kayan National Identity: A Study and a Bibliography* (Bangkok: Southeast Asian Publishing, 1994).

6 Fiskesjö, "Fate of Sacrifice," 129.

7 Isabel Fonseca在其有关吉卜赛(Roma/Sinti)的研究中讲述了一个保加利亚的故事。在这个故事中,他们把上帝赐予的宗教书写在甘蓝叶子上,叶子被驴吃掉了,他们也就失去了他们继承来的文字和基督教。另外还有一个罗马尼亚的版本,吉卜赛人建立了石头教堂,而罗马尼亚人用熏肉和火腿建立了教堂。经过讨价还价,吉卜赛人与罗马尼亚人交换了教堂,而且进而吃掉了教堂。这里除了其他富有解释力的可能性以外(圣餐变体论),这个故事讲了一个聪明的骗局,它同时包含了贪婪、无知、文盲、无宗教、交易和工匠技能! *Bury Me*

Standing: The Gypsies and Their Journey (New York: Knopf, 1995),88–89.

8　Olivier Evrard, "Interethnic Systems and Localized Identities: The Khmu subgroups (*Tmoy*) in Northwest Laos," in *Social Dynamics in the Highlands of Southeast Asia: Reconsidering the Political Systems of Highland Burma by E. R. Leach,* ed. François Robinne and Mandy Sadan, Handbook of Oriental Studies, section 3, Southeast Asia (Leiden: Brill, 2007), 127–160, 引自151。

9　J. G. Scott [Shway Yoe], *The Burman: His Life and Notions* (1882; New York: Norton, 1963), 443–444.

10　Tapp, *Sovereignty and Rebellion,* 124–172. Tapp还提供了许多其他山地族群丢失文字的传说。

11　即使长江谷地的一些泰族人在很久以前是识字并建立了国家的人，那时的文字也是另外一种不同的文字，与现在大多数泰族人使用的与小乘佛教相关的、受到梵文影响的书写文字不同。

12　在这里，从这个时代缺少文字记载的事实也不能得出结论说所有的书写都停止了，尽管在这4个世纪的大多数时间里，原来使用文字的所有目的事实上都不存在了。

13　Peter Heather, *The Fall of the Roman Empire: A New History of Rome and the Barbarians* (Oxford: Oxford University Press, 2006), 441.

14　文盲的族群保护文献的事情是如此普遍，这些文献被认为可以保护他们的土地和自由：比如一个著名帝国的指令允许缅人在山地自由流动从事他们的游耕；还有俄国的农民复制了沙皇的指令，因为他们相信指令是要释放农奴；原住民萨帕塔（Zapatistas）人带到墨西哥城以支持他们反对大庄园要求的西班牙的土地契约。

15　因此瑶/绵有了与中国皇帝签署的神圣条约，还有限的中国文字用于他们所热衷的风水占卜，这是从中国占卜而来的。睢（Sui）是贵州的一个少数群体，他们也有用于预测和占卜的象形文字。Jean Michaud, *Historical Dictionary of the Peoples of the Southeast Asian Massif* (Lanham, Md.: Scarecrow, 2006), 224.

16　17世纪早期，葡萄牙人在菲律宾南部、苏门答腊和苏拉威西发现了很高的识字率，但男女分布不均。令人吃惊的不仅是这些人群的识字率要远远高于当时的葡萄牙，而且他们识字的目的与宫廷、文本、纳税、商贸记录、正式学校教育、法律纠纷或文字记载的历史毫无关系。这些文字看起来是完全服务于口头传统。比如人们可能在棕榈叶上写下一个咒语、一首情诗（本质上相同的东西），目的在于记忆和朗读，也可能把这些手迹献给所爱的人，作为求偶仪式的一部分。一般文字都是与国家建设的技术密切相关的，但在这个吸引人的例子中，文字似乎与国家建设完全分离。见Anthony Reid, *Southeast Asia in the Age of Commerce, 1450–1680*, vol. 1, The Lands Below the Winds (New Haven: Yale University Press, 1988), 215–229。

17 Roy Harris令人信服地指出，书写不是简单地将讲话"记录下来"，而是完全不同的东西。有关的争论见*The Origin of Writing* (London: Duckworth, 1986) and *Rethinking Writing* (London: Athlone, 2000). 我感谢Geoffrey Benjamin提供这条参考。

18 甚至英国北部的Pict符号石群也具有同样的特征，尽管符号尚未破译。它们的作用在于清楚地确认对于这块地区的持久权威。它们传达给同时代人的是什么，我们并不清楚，但是要对符号石含义进行争论，就必须能拿出一个不同的文本，一个不同的符号石，从而可以进行不同的解读。

19 James Collins and Richard Blot, *Literacy and Literacies: Text, Power, and Identity* (Cambridge: Cambridge University Press, 2003), 50 et seq. 近年来最惊人的抹杀历史的举动是塔利班炸毁阿富汗巴米扬具有2000年历史的佛像。

20 复辟需要消除那些不合时宜的书写和碑刻记录，罗马的记忆消除（*damnatio memoriae*）传统就是这样的，元老院将消除所有那些被认为是叛逆者或使共和国蒙羞的人的文字和碑刻痕迹。然而记忆消除本身就是官方的、文字的和规范记录的行为！埃及人毁掉了椭圆形装饰，因为使人们回忆起法老，而这种回忆是他们希望消除的。还有人提醒我们，在1930年代斯大林清洗时候的苏联，所有那些与之相冲突的同志的照片也被用喷枪销毁。

21 有关这些记录的普遍保存方式，见Frank N. Trager and William J. Koenig, with the assistance of Yi Yi, *Burmese Sit-tàns, 1764–1826: Records of Rural Life*

and Administration, Association of Asian Studies monograph no. 36 (Tucson: University of Arizona Press, 1979).

22 Mogens Trolle Larsen, Introduction, "Literacy and Social Complexity," in *State and Society: The Emergence and Development of Social Hierarchy and Political Centralization,* ed.J. Gledhill, B. Bender, and M. T. Larsen (London: Routledge, 1988), 180. 另外的15%看起来像是按照一些分类原则排列的符号，一般认为这些符号是辅助学习这些手写体文字的。

23 Claude Lévi-Strauss, *Tristes Tropiques*, trans. John Weightman and Doreen Weightman (New York: Atheneum, 1968), 291. 对于我来说，书写和国家形成之间的关系看起来主要不是因果关系，而是选择关系。就像在灌溉水稻中，人们可以发现没有国家的书写，或者更少见的没有书写的国家，但是在一般情况下，这二者是密切相关的。感谢Thongchai Winichakul向我强调这个问题的重要。

24 Von Geusau, "Akha Internal History," 133.

25 相关的经典解释，见Christopher Hill, *The World Turned Upside Down: Radical Ideas during the English Revolution* (Harmondsworth: Penguin, 1975)。另见 Patricia Buckley Ebery, *The Cambridge Illustrated History* (Cambridge: Cambridge University Press, 1996), chapter 9。

26 Mandy Joanne Sadan, *History and Ethnicity in Burma: Cultural Contexts of the Ethnic Category "Kachin" in the Colonial and Postcolonial State, 1824–2004* ([Bangkok], 2005), 38, quoting T. Richards, "Archive and Utopia," *Representations* 37 (1992), special issue: *Imperial Fantasies and Post-Colonial Histories,* 104–135, quotations from 108, 111.

27 讲述历史、传说和谱系的往往仅限于一小部分专业的人，但是下面我们要考察的明显是个例外。

28 Eric A. Havelock, *The Muse Learns to Write: Reflections on Orality and Literacy from Antiquity to the Present* (New Haven: Yale University Press, 1986), 54. Havelock补充说："听众控制着艺术家，因为艺术家在构想其讲话的时候必须要想到，不仅要使听众能够记住他所讲的，而且在日常说话中会模仿……希腊古典戏剧的语言不仅要愉悦社会，还要支持社会……语言的用途

是为了雄辩地说服以达到目的,它是提供共享交流的手段,这种交流不是偶尔的交流,而是具有重要历史、民族和政治意义的交流。"(93)。

29 这就是为什么苏格拉底相信把他的授课记录下来就会极大损害其意义及价值,也正是其随意性、自发性和即席发表的讲话使柏拉图对戏剧和诗歌都持怀疑态度。

30 Jan Vansina, *Oral History as Tradition* (London: James Currey, 1985), 51–52. 我们从塞尔维亚的古典史诗中学习到了有关口头史诗表演的大量知识,包括我们有关古希腊史诗的一些猜想。这些史诗的来源是Alfred Lord's *The Singer of Tales* (New York: Atheneum, 1960)。

31 Barbara Watson Andaya, *To Live as Brothers: Southeast Sumatra in the Seventeenth and Eighteenth Centuries* (Honolulu: University of Hawai'i Press, 1993), 8.

32 Richard Janko注意到"没有文字的波斯尼亚游吟诗人"在1950年代仍然在吟唱16世纪50年代伟大的苏莱曼的丰功伟绩,而Keos岛的游吟诗人仍然记得公元前1627年在邻近的圣托里尼岛上的火山大喷发(这次火山喷发并未影响到他们)。"Born of Rhubarb," review of M. L. West, *Indo-European Poetry and Myth* (Oxford: Oxford University Press, 2008), *Times Literary Supplement*, February 22, 2008,10.

33 Von Geusau, "Akha Internal History," 132.

34 当然,这个故事是使用帕欧方言(克伦语支的一种)唱的,然后被翻译成缅甸语,再翻译成英语。我们无法知道,这个故事比起1948年的版本已有多大变化了。但是总的来说,可以与在帕欧山地今天吟唱的版本进行比较,从而确认地区间的变化。

35 Edmund Leach, *The Political Systems of Highland Burma: A Study of Kachin Social Structure* (Cambridge: Harvard University Press, 1954), 265–266.

36 Ronald Duane Renard, "Kariang: History of Karen-Tai Relations from the Beginnings to 1923," Ph.D. diss., University of Hawai'i, 1979.

37 对于那些熟悉马来世界的人来说,从讲述马来两兄弟Hang Tuah和Hang Jebator的经典故事中可以看到同样的变化。这个故事对于现代马来国家有着完全不同的政治含义。

38　游耕民在长期的农业生产历史过程中也认识了许多游耕邻居。这也是某种影子社区,一旦有必要或有用时,这个社区就会被动员以建立有利的贸易和政治联盟。

390

39　Vansina, *Oral History as Tradition,* 58. Igor Kopytoff注意到,在非洲"没有文字记录的社会中,许多不同的群体都自称有宫廷血统……正像非洲人所说的,'奴隶可以成为君主,而君主也可以成为奴隶'。" *The African Frontier: The Reproduction of Traditional African Societies* (Bloomington: Indiana University Press, 1987), 47.

40　William Cummings, *Making Blood White: Historical Transformations in Early Modern Makassar* (Honolulu: University of Hawai'i Press, 2002).

41　Margaret R. Nieke, "Literacy and Power: The Introduction and Use of Writing in Early Historic Scotland," in Gledhill, Bender, and Larsen, *State and Society,* 237–252, quotation from 245.

42　Hjorleifur Jonsson, "Shifting Social Landscape: Mien (Yao) Upland Communities and Histories in State-Client Settings," Ph.D. diss., Cornell University, 1996, 136. Renato Rosaldo, *Ilongot Headhunting, 1883–1974: A Study in Society and History* (Stanford: Stanford University Press, 1980), 20,关于Ilongot缩略的口头历史,他也有类似的结论。

43　Vansina, *Oral History as Tradition,* 115. 如果按照这种解释,在这方面可能会引起争论的一个一般性的问题就是,一个分散、边缘、去中心和平等族群的历史是否就是一个被打败、牺牲、背叛和移民的悲伤史,就像许多山地族群已经表现出来的那样? 一些现代民族的历史本质上也采取了这个形式,比如爱尔兰、波兰、以色列和亚美尼亚。

44　在这个背景下,见Reinhart Kosseleck, *The Practice of Conceptual History: Timing, History, Spacing Concepts* (Stanford: Stanford University Press, 2002),在这里,作者指出,历史意识完全是启蒙运动的独特产物。

7 族群形成和进化

1 *Gazetteer of Upper Burma and the Shan States,* 编纂自官方文献, 主编: J. George Scott, 助理: J. P. Hardiman, vol. 1, part 1 (Rangoon: Government Printing Office, 1893), 387.

2 Edmund Leach, *The Political Systems of Highland Burma: A Study of Kachin Social Structure* (Cambridge: Harvard University Press, 1954), 48.

3 *Census of India, 1931,* vol. 11, *Burma,* part 1, Report (Rangoon: Government Printing and Stationery, 1933), 173, 196.

4 Leach, *Political Systems of Highland Burma,* 46.

5 *Census of India, 1931,* vol. 11, part 1, 174, and J. H. Green, "A Note on Indigenous Races in Burma," appendix C, ibid., 245–47,引自245。Green进一步建议采用身体测量和文化清单的方式,他认为这可以有助于建立"文化进化的各个阶段"。

6 Leach, *Political Systems of Highland Burma,* 49. 类似的论点可参见David E. Sopher, *The Sea Nomads: A Study Based on the Literature of the Maritime Boat People of Southeast Asia,* Memoirs of the National Museum, no. 5 (1965), Government of Singapore, 176–183.

7 这一段,我引用了Norma Diamond, "Defining the Miao: Ming, Qing, and Contemporary Views," in *Cultural Encounters on China's Ethnic Frontier,* ed. Steve Harrel (Seattle: University of Washington Press, 1995), 92–116; Nicolas Tapp, *The Hmong of China: Context, Agency, and the Imaginary* (Leiden: Brill, 2003); and Jean Michaud, ed., *Turbulent Times and Enduring Peoples: Mountain Minorities in the Southeast Asian Massif* (Richmond, England: Curzon, 2000). *Nicholas Tapp* 引用了一个山地人口交换的例子:在一个瑶寨中,大部分壮年男子都是从其他族群中收养的。见*Sovereignty and Rebellion: The White Hmong of Northern Thailand* (Singapore: Oxford University Press, 1990), 169.

8 Martin Smith, *Burma: Insurgency and the Politics of Ethnicity* (London: Zed, 1991), 143. Smith同时指出,从事水稻种植和讲单一缅甸语,自称为克伦人的人

与克伦国家联盟(KNU)进行战斗,而且为了这一认同,愿意赴死。(35)

9 Charles F. Keyes, ed., *Ethnic Adaptation and Identity: The Karen on the Thai Frontier with Burma* (Philadelphia: ISHI, 1979), 6, 4.

10 François Robinne, "Transethnic Social Space of Clans and Lineages: A Discussion of Leach's Concept of Common Ritual Language," in *Social Dynamics in the Highlands of Southeast Asia: Reconsidering the Political Systems of Highland Burma by E. R. Leach*, ed. François Robinne and Mandy Sadan (Amsterdam: Brill, 2008), 283–297. 这里提出了吸收极限的问题。由于任何时候被吸收的人仅仅是"接收"社会中的一小部分,因此可以设想这会是一个很顺利的过程。当战争或饥荒发生的时候,出现大规模移民潮,可以想象,这些移民群体在移动的过程中会保持其独特性。在掸邦的Inlay湖边生活的Intha似乎就是这样的例子,在传说中,他们来自南方,是一大群逃兵。

11 Sanjib Baruah, "Confronting Constructionism: Ending India's Naga War," *Journal of Peace Research* 40 (2003): 321–338, 引文见324页, 原文引用的是Julian Jacobs et al., *The Nagas: The Hill People of Northeast India: Society, Culture, and the Colonial Encounter* (London: Thames and Hudson, 2003), 23.

12 Geoffrey Benjamin and Cynthia Chou, eds., *Tribal Communities in the Malay World: Historical, Cultural, and Social Perspectives* (Singapore: Institute of Southeast Asian Studies, 2002), 21.

13 Leach, *Political Systems of Highland Burma*, 244.在21世纪初和中国官员商讨边界划分时, J. G. Scott曾试图解决复杂的部落问题, "与刘将军骑马出去在平原上确定边界线,却找不到可以分隔克钦和掸族耕地的界线。两群人的耕地完全混杂在一起,就像玩乱了的儿童字谜游戏玩具箱中的字块。" G. E. Mitton [Lady Scott], *Scott of the Shan Hills: Orders and Impressions* (London: John Murray, 1936), 262.

14 Michael Moerman, "Ethnic Identity in a Complex Civilization: Who Are the Lue," *American Anthropologist* 67 (1965): 1215–1230, 引文见1219, 1223。

15 Hjorleifur Jonsson, "Shifting Social Landscape: Mien (Yao) Upland

Communities and Histories in State-Client Settings," Ph.D. diss., Cornell University, 1996, 44, subsequently published as *Mien Relations: Mountain People and State Control in Thailand* (Ithaca: Cornell University Press, 2005).

16 E. J. Hobsbawm, *Nations and Nationalism since 1780*, 2nd ed. (Cambridge: Cambridge University Press, 1990), 64.

17 在这里,这些与水稻核心区密不可分的泰族的芒,或者说是小国,必须要与所谓的高地或"部落"的泰族区别开,后者尽管也是佛教徒,但是他们是山地人群,主要生活在国家结构之外。

18 Leach, *Political Systems of Highland Burma*, 32.

19 Georges Condominas, *From Lawa to Mon, from Saa' to Thai: Historical and Anthropological Aspects of Southeast Asian Social Spaces*, 翻译: Stephanie Anderson et al., an Occasional Paper of Anthropology in Association with the Thai-Yunnan Project, Research School of Pacific Studies (Canberra: Australian National University, 1990), 41.

20 这方面最好的调查和分析见 Anthony Reid, ed., *Slavery, Bondage, and Dependency in Southeast Asia* (New York: St. Martin's, 1983)。

21 Leach, *Political Systems of Highland Burma*, 221-222.

22 Condominas, *From Lawa to Mon*, 69-72.

23 Scott, *Gazetteer of Upper Burma*, vol. 1, part 1, 478. 很多这类婚姻也代表着那些保护统治者制衡其宫廷对手的联盟。

24 Leach, *Political Systems of Highland Burma*, chapter 7, 213-226. 类似的傈僳族向掸族的转变可见 E. Paul Durrenberger, "Lisu Ritual, Economics, and Ideology," in *Ritual, Power, and Economy: Upland-Lowland Contrasts in Mainland Southeast Asia*, ed. Susan D. Russell, Monograph Series on Southeast Asia, Northern Illinois University, occasional paper no. 14 (1989), 63-120; 基于政治经济学的更正式的分析见 Jonathan Friedman, "Tribes, States, and Transformations," in *Marxist Analyses and Social Anthropology*, ed. Maurice Bloch (New York: Wiley, 1975), 161-200。

25 比如,见 David Marlowe, "In the Mosaic: The Cognitive and Structural Aspects

of Karen-Other Relationships," in Keyes, *Ethnic Adaptation and Identity*, 165–214, and Peter Kunstadter, "Ethnic Groups, Categories, and Identities: Karen in Northern Thailand," ibid., 119–163。

26 Kunstadter, "Ethnic Groups, Categories, and Identities," 162.
27 Katherine Palmer Kaup, *Creating the Zhuang: Ethnic Politics in China* (Boulder: Lynne Rienner, 2000), 45.
28 Leach, *Political Systems of Highland Burma*, 39.
29 Jonsson, "Shifting Social Landscape," 218.
30 Leach, *Political Systems of Highland Burma*, 40–41.
31 Scott, *Gazetteer of Upper Burma*, vol. 1, part 1, 274.
32 有关这方面的文献,见 Richard A. O'Connor, "Agricultural Change and Ethnic Succession in Southeast Asian States: A Case for Regional Anthropology," *Journal of Asian Studies* 54 (1995): 968–996。
33 See Victor B. Lieberman, *Strange Parallels: Southeast Asia in Global Context, c. 800– 1830*, vol. 1, *Integration on the Mainland* (Cambridge: Cambridge University Press, 2003); and his "Reinterpreting Burmese History," *Comparative Studies in Society and History* 29 (1987): 162–194; and his "Local Integration and Eurasian Analogies: Structuring Southeast Asian History, c. 1350–1830," *Modern Asian Studies* 27 (1993): 475–572.
34 O. W. Wolters, *History, Culture, and Region in Southeast Asian Perspectives*, rev. ed. (Ithaca: Cornell University Press, in cooperation with the Institute of Southeast Asian Studies, Singapore, 1999), 52. Wolters在其概括中特意将越南排除在外。
35 Grant Evans, "Tai-ization: Ethnic Change in Northern Indochina," in *Civility and Savagery: Social Identity in Tai States*, ed. Andrew Turton (Richmond, England: Curzon, 2000), 263–289.
36 Jonsson, *Mien Relations*, 158–159. 还见他的"Yao Minority Identity and the Location of Difference in South China Borderlands," *Ethnos* 65 (2000): 56–82.
37 Ronald Duane Renard, "Kariang: History of Karen-Tai Relations from the

Beginning to 1933," Ph.D. diss., University of Hawai'i, 1979, 18, 将这个分析应用到泰国Ratburi省的Karen and Thai族。

38 我们在这里没有涉及掌权者是否接受这些表演的问题。许多祖先是犹太人的德国人在20世纪30年代已被完全同化到德国的世俗文化中,觉得自己就是德国人。结果却发现纳粹"种族科学"分类占了上风,并引来杀身大祸。

39 F. K. Lehman [Chit Hllaing] "Ethnic Categories in Burma and the Theory of Social Systems," in *Southeast Asian Tribes, Minorities, and Nations,* ed. Peter Kunstadter (Princeton: Princeton University Press, 1967), 75–92, 引自Tapp, *Sovereignty and Rebellion,* 172.

40 Leach, *Political Systems of Highland Burma,* 287.

41 有关马来世界中多重认同的适应性的令人信服的解释,可以见 Anna Lowenhaupt Tsing, *In the Realm of the Diamond Queen: Marginality in an Out-of-the-Way Place* (Princeton: Princeton University Press, 1993); Jane Drakard, *A Malay Frontier: Unity and Duality in a Sumatran Kingdom,* Studies on Southeast Asia (Ithaca: Cornell University Press, 1990); Victor T. King, "The Question of Identity: Names, Societies, and Ethnic Groups in Interior Kalimantan and Brunei Darussalam," *Sojourn* 16 (2001): 1–36.

42 在这种意义上最可信,也是最广泛地反对部落一词,见Morton H. Fried比较经典的著作: *The Notion of Tribe* (Menlo Park: Cummings, 1975)。

43 Thomas S. Burns, *Rome and the Barbarians, 100 BC–AD 400* (Baltimore: Johns Hopkins University Press, 2003), 103.

44 Diamond, "Defining the Miao," 100–102.

45 Oscar Salemink, *The Ethnography of Vietnam's Central Highlanders: A Historical Contextualization, 1850–1990* (London: Routledge-Curzon, 2003), 21–29.

46 Tania Murray Li, ed., *Transforming the Indonesian Uplands: Marginality, Power, and Production* (Singapore: Harwood, 1999), 10.

47 有关中东地区同一过程的研究,见Richard Tapper, *Frontier History of Iran: The Political and Social History of Shahsevan* (Cambridge: Cambridge

University Press,1998), and Eugene Regan, *Frontiers of the State in the Late Ottoman Empire* (Cambridge: Cambridge University Press, 1999)。

48 引自Fried, *Notion of Tribe,* 59。

49 这个观点被透彻地论述在Fredrik Barth, ed., *Ethnic Groups and Boundaries: The Social Organization of Cultural Difference* (1969; Long Grove, Ill.: Waveland, 1998), 9–38,同样还有 Leach, *Political Systems of Highland Burma;* F. K. Lehman [Chit Hlaing], "Burma: Kayah Society as a Function of the Shan-Burma-Karen Context," in *Contemporary Change in Traditional Society,* 3 vols., ed. Julian Steward (Urbana: University of Illinois Press, 1967), 1: 1–104; and Keyes, *Ethnic Adaptation and Identity,* 虽然Keyes想 (4) 强调一旦建立,这些团体的确在一定程度上逐渐养成了更独特的文化,这种文化在结构上与其他团体是相对立的。

50 Bruce W. Menning, "The Emergence of a Military-Administrative Elite in the Don Cossack Land, 1708–1836," in *Russian Officialdom: The Bureaucratization of Russian Society from the Seventeenth to the Twentieth Century,* ed. Walter McKenzie Pinter and Don Karl Rowney (Chapel Hill: University of North Carolina Press, 1980), 130–161,引自133。

51 见列夫·托尔斯泰的出色短篇 *The Cossacks,* in *The Cossacks and Other Stories* (Harmondsworth: Penguin, 1960), 163–334. 书中托尔斯泰特别写了被称为Greben哥萨克的Tarek River哥萨克,他们生活在车臣人中。

52 哥萨克也为奥斯曼提供军队,见Avigador Levy, "The Contribution of the Zaporozhian Cossacks to Ottoman Military Reform: Documents and Notes," *Harvard Ukrainian Studies* 6 (1982): 372–413.

53 See Richard Price, Introduction to part 4, *Maroon Societies: Rebel Slave Communities in the Americas,* 2nd ed. (Baltimore: Johns Hopkins University Press, 1979), 292–297.

54 Fredrik Barth, "Ecological Relationships of Ethnic Groups in Swat, North Pakistan," *American Anthropologist* 58 (1956): 1079–1089, and Michael T. Hannan, "The Ethnic Boundaries in Modern States," in *National Development and the World System: Educational, Economical, and Political Change,*

1950-1970, ed. John W. Meyer and Michael T. Hannan (Chicago: University of Chicago Press, 1979), 253-275, 引自260。

55 Manfred von Richtofen, *Letters* [to the Shanghai General Chamber of Commerce], 2nd ed. (Shanghai, 1903; Peking reprint, 1914), 119-120, quoted in Owen Lattimore, "The Frontier in History," in *Studies in Frontier History: Collected Papers, 1928-1958* (Oxford: Oxford University Press, 1962), 469-491, 引自473n2。

56 Lattimore, "Frontier in History," 473n2.

57 克耶和克伦尼(波克伦)的区分是政治命名的人为产物,就像缅甸整个国家既叫Myanmar也叫Burma一样。自从克伦尼这个词被与反抗仰光政权联系起来后,克耶就被用来替代原有名称,因为它不会让人想到这种联系。克耶实际是克伦尼里占优势的一个分支。今天这个国家的官方称呼是克耶邦,虽然它更应该被叫做克伦尼。我这里将克伦尼作为一个缩略语用,在我引用的F. K. 雷曼(Chit Hlaing)的分析中,他一直使用"缅甸"的克耶一词。

58 同上,35。

59 F. K. L. Chit Hlaing [F. K. Lehman], "Some Remarks on Ethnicity Theory and Southeast Asia, with Special Reference to the Kayah and Kachin," in *Exploring Ethnic Diversity in Burma,* ed. Michael Gravers (Copenhagen: NIAS Press, 2007), 112.

60 族群化主要为了控制贸易特权和土地,这方面的解释见Lois Beck, "Tribes and the State in 19th and 20th-Century Iran," in *Tribes and State Formation in the Middle East,* ed. Philip Khoury and Joseph Kostiner (Berkeley: University of California Press, 1990), 185-222;有关Sulu群岛的Tausug海盗,见James Francis Warren, *The Sulu Zone, 1768-1898: The Dynamics of External Trade, Slavery, and Ethnicity in the Transformation of a Southeast Asian Maritime State* (Singapore: Singapore University Press, 1981), 和Charles O. Frake, "The Genesis of Kinds of People in the Sulu Archipelago," in *Language and Cultural Description: Essays by Charles O. Frake* (Stanford: Stanford University Press, 1980), 311-332. 有关20世纪后期土著发明的敏锐分析见Courtney Jung, *The*

Moral Force of Indigenous Politics: Critical Liberalism and the Zapatistas (Cambridge: Cambridge University Press, 2008).

61 这个过程最显著的例子是Kalahari的布什曼人,也经常被称为sanKhoi,他们经常被描述成生活在边境的、野蛮的、人类早期石器时代的遗留。虽然有些历史事实仍在争论中,但是现在已经可以确认这种理解是大错特错了。在Edwin Wilmsen的重新讲述中,Kalahari的布什曼人由来源不同的被放逐的人们组成,后来逐渐成为奴隶似的劳力并在贫瘠的沙化疏林草原上分裂为小群从事采集。他们中的许多人原来是Tswana游牧民,在牲畜抢劫、牲畜疫病、战争、逃奴和逃兵(很多是欧洲人)的破坏下无法生存,他们加入到讲San语的采集者人群中,这些人曾经靠象牙、鸵鸟羽毛和毛皮生意发达过。Wilmsen's classic *Land Filled with Flies: A Political Economy of the Kalahari* (Chicago: University of Chicago Press, 1989). 围绕这个解释的一些相反观点,见Jacqueline S. Solway's review of Wilmsen's book in *American Ethnologist* 18 (1991): 816–817.

生存区位(niche)对于族群性是十分重要的,这点很有启发性。被认为是San—布什曼的人是那些不讲San语、没有牲口、从事采集(或作为奴仆)的人。相反,讲San语、有牲口和经济富裕的被认为是Tswana的族群特性。用Wilmsen的话说,这两群人是"互相交叉错杂"(interdigitated)的。会讲San语的和其他语种的人很容易被"当作"Tswana人。而San—布什曼人是个被蔑视的阶级或种姓,他们的生存区位只能从事采集,这是没人愿意做的事情。他们的认同也被看作与其生存区位一样低下。从关系上看,正确的说法应该是,Tswana是依靠对San—布什曼的污名化来形成自我族群建设。用同质和贬低的词来标示实际上是多样化的人口,其最终效应就是使他们"土著化"(aboriginalized)。Wilmsen, *Land Filled with Flies*, 85, 108, 133.

62 同上, 275, 324, 后一引言摘自 John Iliffe, *A Modern History of Tanganyika* (Cambridge: Cambridge University Press, 1979).

63 我要感谢杜姗姗对土司制度发展的详细阐述,这个制度任命世袭的首领来管理一定的地域,这在中国西南部广泛实行,尤其在贫困、难以到达的高海拔区域。从18世纪中叶的明代[疑为清代。——译者注]开始,这个制度被直接管理所取代(改土归流,用流动的官员代替土司),开始户籍登记和征税。个人交流, August 2008.

64 Max Gluckman, *Order and Rebellion in Tribal Africa* (London: Cohen and West, 1963).

65 Benedict R. O' G. Anderson, *Imagined Communities: Reflections on the Origin and Spread of Nationalism,* 2nd ed. (London: Verso, 1991), 167–169.

66 Geoffrey Benjamin, "The Malay World as a Regional Array," paper presented to the International Workshop on Scholarship in Malay Studies, Looking Back, Striding Forward, Leiden, August 26–28, 2004; and Benjamin and Chou, *Tribal Communities in the Malay World.* See Salemink, *Ethnography of Vietnam's Central Highlanders,* 284, 其中有关与Jarai族对犁的禁用。

67 比如,如果你要发明一套禁忌来阻止人们混居和共同生活,那么没有比印度高级种姓传统的污染观念和严格的正统犹太人饮食规则更合适了。

68 这节前面的引文来自Fried, *Notion of Tribe,* 77.

69 Charles F. Keyes, "A People Between: The Pwo Karen of Western Thailand," in Keyes, *Ethnic Adaptation and Identity,* 63–80, and Renard, "Kariang," 散见各处。在这个背景下,我们要特别记起,从克伦人变为孟、缅甸、泰、掸人等等至少同样常见,而且在过去的半个世纪更加普遍。

70 Leo Alting von Geusau, "Akha Internal History: Marginalization and the Ethnic Alliance System," chapter 6 in Turton, *Civility and Savagery,* 122–158, esp. 133–134, 147–150. 我相信, von Geusau自己就是通过婚姻进入阿卡社会,他被吸收的方式正是他所描述的。还可以看E. Paul Durrenberger对瑶/缅家庭争相依附外来者以达到经济和社会的成功的解释:"The Economy of Sufficiency," in *Highlanders of Thailand,* ed. John McKinnon and Wanat Bhruksasri (Kuala Lumpur: Oxford University Press, 1983), 87–100, esp. 92–93.

71 Leach, *Political Systems of Highland Burma,* 127–130. 社会交易(social transaction),如果可以这么叫的话,在社区中重新分配食品和财产以达到物质平等的同时却加剧了地位的不平等。

按照官方制度,最小的儿子继承父亲的首领头衔(幼子继承制)。然而其他的儿子们也能通过成功地建立新的社区、从幼子那里买到仪式权力,或者通过征服而成为首领,只要他总能成功地使其诉求被接受,同上,157。

72 同上,164, 166, 167。还见Robinne, "Transethnic Social Space of Clans and Lineages"。

73 A. Thomas Kirsch对山地人群盛宴背后的逻辑和在民主(贡老)与专制(贡萨)之间的摇摆进行了出色的分析:"Feasting and Social Oscillation, a Working Paper on Religion and Society in Upland Southeast Asia," data paper no. 92 (Ithaca: Southeast Asia Program, 1973).

74 Lehman [Chit Hlaing], "Burma," 1: 17. Lehman还指出在谷地国家思想意识观念形成的中国和印度,"存在着一种常规的篡位观念,要求篡位者和他的后代最终建立一个真实或者想象的家谱,好把他们和皇室祖先或者神联系起来。"(17)Clifford Geertz对于巴厘岛也有类似论述。虽然确定直系后代的原则很严格,"家谱……不断地被改写以使现有权力格局合理化。" *Negara: The Theatre State in NineteenthCentury Bali* (Princeton: Princeton University Press, 1980), 31.

75 Rudi Paul Lindner, *Nomads and Ottomans in Medieval Anatolia,* Indiana University Uralic and Altaic Series, ed. Stephen Halkovic, vol. 144 (Bloomington: Research Institute of Inner Asian Studies, Indiana University, 1983), 33.

76 举最后一个例子,Robert Harms在他对刚果纽埃岛(Nunu)的研究中表明,"家族模型的有机统一与大人物个人的操纵能力"在结构上是彼此矛盾的。他们在实践中通过篡改家谱使大人物看起来是合法继承人来解决这个矛盾,即使事实上他的地位并非依靠家谱传承,而是建立在个人财富和政治手段的基础上。*Games against Nature: An Eco-Cultural History of the Nunu of Equatorial Africa* (Cambridge: Cambridge University Press, 1987), 21.

77 Kirsch,"Feasting and Social Oscillation,"35.

78 Renard,"Kariang,"chapter 2, esp. 3–32. 很多情况下适应意味着被吸收进谷地社会。我们可以认为大部分的"克伦人"在过去的一个千年中逐渐被谷地社会同化,在过去半个世纪中,这个进程被大大加快了。

79 Jonsson, "Shifting Social Landscape," 238. 本杰明在对马来人的研究中,也指出人们在不同时间会加入或退出部落。*Tribal Communities in the Malay World,* 31–34. 对半定居人群(the Chewong)重回部落习俗的最近的研究,见Signe Howell, "'We People Belong in the Forest': Chewong Recreations of Uniqueness and Separateness," ibid. 254–272.

80 Lehman [Chit Hlaing], "Burma," 1: 254, 272.

81 Jonsson, *Mien Relations,* 19–34.

82 对南亚背景下这一动态的详细分析,见Sumit Guha's fine *Environment and Ethnicity in India, 1200–1991* (Cambridge: Cambridge University Press, 1999).

83 我们也可以用同样的方式理解现在的缅甸独裁军事政府和周边许多山地反抗武装达成的停火协议:准许他们军事自治和给予经济机会来换取结束敌对行动。

在马来世界,上游人口对马来沿海国家来说是如此至关重要,这个关系必须管理好,这已经成为历史常识。有关这一关系,见Bernard Sellato, *Nomads of the Borneo Rainforest: The Economics, Politics, and Ideology of Settling Down,* trans. Stephanie Morgan (Honolulu: University of Hawaii Press, 1994). 从更广的意义上论述山地/草原和相邻谷地中心的共生关系,见David A. Chapell, "Ethnogenesis and Frontiers," *Journal of World History* 4 (1993): 267–275.

84 克伦人最后的谷地盟友当然是英国殖民政权,在英国军队里,与克钦和钦人一样,克伦人占了很大比例。他们把自己描述成一群孤儿,他们被英国人抛弃也为这种传说添枝加叶。关于克伦人和谷地王国结盟的更多研究,见Keyes, *Ethnic Adaptation,* chapter 3, 63–80; Mikael Gravers, "Cosmology, Prophets, and Rebellion among the Buddhist Karen in Burma and Thailand," *Moussons* 4 (2001): 3–31; and E. Walter Coward Jr., "Tai Politics and the Uplands," draft paper (March 2001).

85 Baruah, "Confronting Constructionism." 马来海上王国有着水上的野蛮人盟友。马六甲有它的*orang laut,* 普吉斯有Bajau, 等等。

86 如前所述，利奇称掸邦的文化和国家建设在各地都是一致且稳定的。但是如果每个掸邦小国多是由吸收附近的山地人建立的，那么因为所吸收的山地人不同，每个掸邦小国也应该不同，就像每个马来国家都带有它所吸收的无国家上游人群的特质。

87 当然，不同之处在于汉族的序列是被吸收进已经存在的国家的方法，而掸邦的序列则是，或者可能是建立一个国家。

88 引文见 Leach, *Political Systems of Highland Burma,* 197, 和他的参考书目, 313–318. 这节前面的引文的第一和第三段选自 Thomas Barfield, "Tribe and State Relations: The Inner Asian Perspective," in Khoury and Kostiner, *Tribes and State Formation,* 153–182, 引文分别来自163和164页；第二段节前引文来自 Karl Gustav Izikowitz, *Lamet: Hill Peasants in French Indochina* (Gothenburg: Ethnografiska Museet, 1951), 113。

89 有关克伦人，见 Lehman [Chit Hlaing], "Burma," 1: 35–36, and Smith, *Burma,* 31, 432*n*7; 有关佤族，见Scott, *Gazetteer of Upper Burma,* vol. 1, part 1, 493–519; 有关拉祜族，见 Anthony R. Walker, *Merit and the Millennium: Routine and Crisis in the Ritual Lives of the Lahu People* (Delhi: Hindustan Publishing, 2003), 72; 有关克伦尼，见Lehman [Chit Hlaing], "Burma," 1: 37–41。

90 Scott, *Gazetteer of Upper Burma,* vol. 1, part 1, 363.

91 Leach, *Political Systems of Highland Burma,* 199, 摘自1929年的手册, "Advice to Junior Officers"。

92 Scott, *Gazetteer of Upper Burma,* vol. 1, part 1, 370. Scott的看法是正确的。在这些社区被认可并让人感觉到，任命首领会带来新的抵抗时，他们就可能会被允许存在。另外，还存在居于英国统治的缅甸地盘内但不受其统治的贡老社区，它们不受干扰，可以自行其是。见Vanina Bouté, "Political Hierarchical Processes among Some Highlanders of Laos," in Robinne and Sadan, *Social Dynamics in the Highlands,* 187–208, 他指出，老挝宫廷和后来的法国殖民者都更偏爱有更严格等级制度的社会，而非平等社会，因为前者在形式上和他们自己的国家结构更接近，并且提供了一个已有的结构用于控制当地人。

93 Lehman [Chit Hlaing], "Burma," 1: 38. 这一段完全来自雷曼的敏锐分析。

94 Jonsson, "Shifting Social Landscape," 116–120; Durrenberger, "Lisu Ritual, Economics, and Ideology"; and E. Paul Durrenberger, "Lisu: Political Form, Ideology, and Economic Action," in McKinnon and Bhruksasri, *Highlanders of Thailand,* 215–226.

95 这个经典的分析见 Eric R. Wolf's *Europe and the People without History* (Berkeley: University of California Press, 1982).

96 Durrenberger, "Lisu," 218. 与此相关的传统是残酷、野蛮的,特别是猎头,这些看来是无国家人们为了阻止国家入侵他们的领地而采取的手法。有关这之间的联系,见Magnus Fiskesjö, "On the 'Raw' and the 'Cooked' Barbarians of Imperial China," *Inner Asia* 1 (1999): 139–168, esp. 146, and Renato Rosaldo, *Ilongot Headhunting, 1883–1974: A Study in Society and History* (Stanford: Stanford University Press, 1980), 155.

97 有关马来国家的文献非常多,但是既包括意识形态层面,也包括社会实践层面的有关等级制的国家形式和无首领的平等形式之间差别和相互转换的出色分析是Jane Drakard'的*Malay Frontier.*

98 Robert Montagne, *Les Berbères et le Makhazen au Sud du Maroc* (Paris: F. Alcan, 1930), cited in Ernest Gellner, *Saints of the Atlas* (London: Weidenfeld and Nicolson, 1969), 26.

99 Michael Khodarkovsky, *Where Two Worlds Met: The Russian State and the Kalmyk Nomads, 1600–1771* (Ithaca: Cornell University Press, 1992), 47.

100 David Faure, "The Yao Wars in the MidMing and Their Impact on Yao Ethnicity," in *Empire at the Margins: Culture and Frontier in Early Modern China,* ed. Pamela Kyle Crossley, Helen Siu, and Donald Sutton (Charlottesville: University of Virginia Press, 2006), 171–189.

101 Von Geusau, "Akha Internal History," 153.

102 精心维持的覆盖面很广的亲属和朋友网络支持了许多游耕人群的地理流动。例如,泰国北部的果雄族(Njua)有着距离甚远的婚姻联盟,这为他们迁移到土地肥沃和政治安全的新地区提供了方便。由于长期游耕的历史,在他们周围形成了一个由前游耕邻居组成的影子社会,每当需要的时候,这个社会就会恢复。William Robert Geddes把这些社会网络比作"看不见的电话线把一个家庭和远近的区域相连接,每条线上都可能传来振奋人心的消息让人迁移"。*Migrants of the Mountains: The Cultural Ecology of the Blue Miao [Hmong Njua] of Thailand* (Oxford: Clarendon, 1976), 233.

103 在研究阿萨姆邦的Korbi人时,Philippe Ramírez发现,不同的政治抉择带来不同的族群认同。"团体的认同,至少是被赋予的认同,不是由文化特征所决定的,而是由对政治权威和政治秩序的忠诚所决定的……这样,文化异质性并不妨碍一个团体在认同或者社会关系方面的内在统一。""Politico-Ritual Variations on the Assamese Fringes: Do Social Systems Exist?" in Robinne and Sadan, *Social Dynamics in the Highlands,* 91–107, 引自103–104。

104 Walker, *Merit and the Millennium,* 529.

105 Jonsson, "Shifting Social Landscape," 132.

106 语言学家Robert Blust认为所有太平洋中南部马来世界的狩猎和采集者们都曾从事定居农业,懂得水稻种植技术,后来主动选择了游动生产。引自 Carl L. Hoffman, "Punan Foragers in the Trading Networks of Southeast Asia," in *Past and Present in Hunter-Gatherer Studies,* ed. Carmel Shrire (Orlando: Academic Press, 1984), 123–149, 引文见 133, 还可见 Sopher, *Sea Nomads,* 363–366。

107 Jonsson, "Shifting Social Landscape," 124, 185–186.

8 复兴的先知们

章前引文分别来自Guillaume Rozenberg, *Renoncement et puissance: La quête de la sainteté dans la Birmanie contemporaine* (Geneva: Editions Olizane, 2005), 274 (斯科特译); 和John Dunn, *Setting the People Free* (London: Atlantic, 2006), 188.

1 特别见Christian Culas, *Le messianisme Hmong aux XIXème et XXème siècles* (Paris: Editions MSH, 2005). 严格地说,果雄是苗族四大语言支系中最大的一支,而且是目前为止在东南亚大陆国家中人口最多的一支。

2 Herold J. Wiens, *China's March toward the Tropics: A Discussion of the Southward Penetration of China's Culture, Peoples, and Political Control in*

519

Relation to the Non-Han-Chinese Peoples of South China in the Perspective of Historical and Cultural Geography* (Hamden, Conn.: Shoe String, 1954), 66–91, and Nicholas Tapp, *Sovereignty and Rebellion: The White Hmong of Northern Thailand* (Singapore: Oxford University Press, 1990), 151.

3　瑶/绵族的历史也同样不幸。1465年他们在广西大藤峡被明朝军队和地方武装击败。打败他们的军队有16万人，有7300瑶族人被杀，1200人被俘。Mark Elvin, *The Retreat of the Elephants: An Environmental History of China* (New Haven: Yale University Press, 2004), 226.

4　Wiens, *China's March toward the Tropics*, 90.

5　Robert D. Jenks, *Insurgency and Social Disorder in Guizhou: The "Miao" Rebellion, 1854–1873* (Honolulu: University of Hawai'i Press, 1994), 90; Wiens, *China's March toward the Tropics,* 90.

6　果雄在很早的时候就进入到了暹罗北部，并在1796年和1817年分别发生了反抗泰国猎奴和被称为"红铁政策"（red-iron policy）的反对行政控制的叛乱。见Victor B. Lieberman, *Strange Parallels: Southeast Asia in Global Context, c. 800–1830,* vol. 1, *Integration on the Mainland* (Cambridge: Cambridge University Press, 2003), 300 et seq. 迟至1967年，关于果雄已经诞生了新国王的传言引起了大规模的迁移，大量难民从老挝步行到国王的宫廷所在地。Nicholas Tapp, "Ritual Relations and Identity: Hmong and Others," in *Civility and Savagery: Social Identity in Tai States,* ed. Andrew Turton (Richmond, England: Curzon, 2000), 84–103.

7　引自Mikael Gravers, "Cosmology, Prophets, and Rebellion among the Buddhist Karen in Burma and Thailand," *Moussons* 4 (2001): 3–31, 引自13页。

8　Jonathan Falla, *True Love and Bartholomew: Rebels on the Burmese Border* (Cambridge: Cambridge University Press, 2006), 375.

9　我在这里的分析受惠于Mikael Gravers的富有启发性的著作颇多，比如，"Cosmology, Prophets, and Rebellion"; "Conversion and Identity: Religion and the Formation of Karen Ethnic Identity in Burma," in *Exploring Ethnic Diversity in Burma,* ed. Mikael Gravers (Copenhagen: NIAS Press, 2007), 227–258; and

"When Will the Karen King Arrive? Karen Royal Imaginary in Thailand and Burma," manuscript, 28 pp. 2008.

10 引自Gravers, "When Will the Karen King Arrive?" 7.

11 这个解释来自Gravers's "Cosmology, Prophets, and Rebellion"; "When Will the Karen King Arrive?"; Theodore Stern, "Ariya and the Golden Book: A Millenarian Buddhist Sect among the Karen," *Journal of Asian Studies* 27 (1968): 297–328; and the "Glass Palace Chronicle: Excerpts Translated on Burmese Invasions of Siam," compiled and annotated by Nai Thein, *Journal of the Siam Society* 5 (1908): 1–82 and 8 (1911): 1–119.

12 按照Gravers的解释,Gwe 的意思已经引起许多讨论。从经常出现的"Gwe Mon"和"Gwe Shan"来看,这并非是一个少数族群的词汇。Gravers认为这可能来自Gwae Gabaung山的名字,在勃古灭亡以后这里聚集了大量难民。其他自称未来王的人也同样经常使用Gwe作为前缀。

13 孟族、掸族和缅甸人,还有Kayah和PaO (Taungthu)都追随在他的旗帜下。后面的这两个群体也是讲克伦语的。现代的研究表明,Tha Hla可能是缅甸国王Pagan Mín庶出的儿子,或者是Pagan Mín叔叔的儿子。他在反叛后逃亡了。如果是这样,这是一个典型的皇位觊觎者或反叛的王子试图在边疆地区获得支持以掌握政权的故事。Nai Thein, "Glass Palace Chronicle," 8: 98.

14 这段和下面的两段都是基于Gravers的"Cosmology, Prophets, and Rebellion," 10–12.

15 Stern, "Ariya and the Golden Book."

16 Martin Smith在其详尽和综合的"二战"后缅甸叛乱历史中,专门做了一个有关"千禧年信仰"的附录,完全是在讲克伦人,这可以表明在克伦人中,千禧年是多么重要。*Burma: Insurgency and the Politics of Ethnicity* (London: Zed, 1991), 426–428.

17 这部分关于拉祜的论述基本上是基于Anthony R. Walker的杰出、深入和博学的著作*Merit and the Millennium: Routine and Crisis in the Ritual Lives of Lahu People* (Delhi: Hindustan Publishing, 2003). 这一里程碑式的著作,以及Walker所翻译的拉祜族创世记的史诗*Mvuh Hpa Mi Hpa: Creating Heaven,*

Creating Earth (Chiang Mai: Silkworm, 1995), 应该得到远比现在已有的更多的重视。

18 引自Walker, *Merit and the Millennium,* 80, plate 17.

19 同上，78。

20 双性Gui-sha的男性部分负责天空，女性部分负责大地。因为男性部分比女性部分懒惰，所以大地比天空多很多。Gui-sha通过挤压大地来修正这种不平衡，从而使一部分大地突出伸入到天空中。结果就造成了大地上由山脉和谷地形成的褶皱。

21 Walker, *Merit and the Millennium,* 505.

22 这些冲突肯定与美国中央情报局的冷战阴谋，以及中央情报局的传教士伙伴William Young有关。William Young是令人尊敬的拉祜人的第一位浸会派传教士的孙子，见Alfred McCoy, *The Politics of Heroin: C.I.A. Complicity in the Global Drug Trade,* rev. ed. (Chicago: Lawrence Hill, 2003), 342–345, 372–374.

23 两次起义都被记载在Walker, *Merit and the Millennium,* 524–533, 引自524。Walker在1970年代有关当代拉祜先知的田野调查和泰国学者Sorot Sisisai有关同一先知的研究具有重要意义。

24 S. C. Peoples and Howard Campbell, "The Lahu: Paper Prepared for the Joint Commission of Baptists and Presbyterians to Consider the Mission Problems in the Kengtung Field" (Chiang Mai: American Presbyterian Mission, typescript, Chiang Mai Payab Archives, 1907), 引自Walker, *Merit and the Millennium,* 587.

25 Karl Marx, Introduction to *Contribution to Critique of Hegel's Philosophy of Right* (1843).

26 Marc Bloch, *French Rural History: An Essay in Its Basic Characteristics,* trans. Janet Sondheimer (Berkeley: University of California Press, 1970), 169.

27 有关分析泰国佛教实践的主要线索，见A. Thomas Kirsch, "Complexity in the Thai Religious System: An Interpretation," *Journal of Asian Studies* 36 (1972): 241–266.

28 Rozenberg, *Renoncement et puissance,* 276.

29 明显存在着"千禧年情景"，在其中，一系列空前的状况使已有的对行为、地位和安全的一般理解都变得无法继续,他们关于应该什么是有价值生活的理解被颠覆。Richard White描述了北美土著的这一情景。Algonquin的著名先知Tenswatawa写道,"在穷乡僻壤的Algonquin和白人的村庄中充满了各种空想,似乎上帝在这块土地上任意地散播启示。" *The Middle Ground: Indians, Empires, and Republics in the Great Lakes Region, 1650–1815* (Cambridge: Cambridge University Press, 1991), 503. 有个地方甚至称自己为"先知城"(513)。

30 可以用这种方式对1932年罗斯福的第一次总统竞选进行研究。尽管最初他是保守的民主党人,但是他看到了失业的工人阶级对他所抱有的巨大期望,相应地在他的巡回演讲的每一个小镇,他都调整了演讲,他的演讲(包括罗斯福个人)包含了他的听众所赋予他的越来越多世俗救赎的承诺。同样地,马丁·路德·金的布道也重复了相似的过程,甚至在同一个演讲中,他都会作出相应的调整。见Taylor Branch, *Parting the Waters: America in the King Years, 1954–1963* (New York: Simon and Schuster, 1988).

31 在前殖民地的缅甸和暹罗有一些关于特定地位的人可以有什么服饰、房屋和多少随从的限定法律,通过这样的法律,这些区别进一步强化了。

32 Max Weber, *The Sociology of Religion,* trans. Ephraim Fischoff (Boston: Beacon, 1963), 101. 在我没有引用的部分中,Weber表明,其他的阶级,比如工匠、中下等阶级、低级僧侣,可能更需要即刻的救赎,他在以后的著作中还要讨论这个问题。

33 我已经在下列研究中详细地讨论了这个主题:"Protest and Profanation: Agrarian Revolt and the Little Tradition," *Theory and Society* 4 (1977): 1–38 and 211–246, and in *Domination and the Arts of Resistance: Hidden Transcripts* (New Haven: Yale University Press, 1990). 有关狂欢节演变成反叛的详细历史解释,见Emmanuel Le Roy Ladurie, *Carnival in Romans,* trans. Mary Feney (Harmondsworth: Penguin, 1981).

34 Weber, *Sociology of Religion,* 139, 80, 81. 韦伯实际上用的是"agrarian communism"一词,但是与他启用的sects一样,在这里都不合适,尽管它们都强调当地人要掌握对土地的分配,保护农民的小农土地所有制传统。

35 这有助于解释,比如说,为什么那些想有组织地统治法国各省,并在全国建立一致的民间秩序的法国国王的专制统治会导致广泛的反叛,而且许多反叛都有着与千禧年信仰相似的寓意。

36 有关创造奇迹的和尚和其所吸引的追随者的详细民族志,见 E. Michael Mendelson, "Observations on a Tour in the Region of Mount Popa," *France-Asie* 179 (1963): 786–807, and his "A Messianic Buddhist Association in Upper Burma," *Bulletin, School of Oriental and African Studies (SOAS)* 24 (1961): 560–580. 对于糅合了各种交易的流行宗教的一般描述,见 Melford Spiro, *Burmese Supernaturalism: A Study in the Explanation and Reduction of Suffering* (Englewood Cliffs, N.J.: PrenticeHall, 1967).

37 我在这里主要依靠有关8个著名林居和尚的研究。见 Guillaume Rozenberg, *Renoncement et puissance*.

38 当问及它属于哪个等级的僧侣,据说当代著名的PaO族林居和尚Hsayadaw Thamanya的回答是,"我不属于任何一个分支(*gaing*),我只属于'走向森林派'"同上,35。

39 I. M. Lewis, *Ecstatic Religions: A Study of Shamanism and Spirit Possession*, 2nd ed. (London: Routledge, 1989), 91.

40 引自 J. G. Scott [Shway Yoe], *The Burman: His Life and Notions* (1882; New York: Norton, 1963), 118。

41 Barbara Wilson Andaya, "Religious Development in Southeast Asia, 1500–1800," chapter 9 in *The Cambridge History of Southeast Asia*, ed. Nicholas Tarling, vol. 1, *From Early Times to 1800* (Cambridge: Cambridge University Press, 1992), 565.

42 Mendelson, "Messianic Buddhist Association."

43 Spiro, *Burmese Supernaturalism*, 139.

44 Mendelson相信,许多精灵实际是被谋杀的皇族亲属。因为有如此多的国王都是篡位者,他们将死去的亲属(他们因为是夭折或超自然死亡,因而有强大力量)变成被崇拜的精灵,这是国王通过象征性的柔术,平息精灵的不满,并说服他们来保佑国王本人。Saya San在1930年的叛乱中同样利用了一个被其部队杀死的英国人来保佑自己的队伍。"Observations," 786.

45 同上, 785。

46 E. Michael Mendelson, *Sangha and the State in Burma: A Study of Monastic Sectarianism and Leadership,* ed. John P. Ferguson (Ithaca: Cornell University Press, 1975), 207.

47 有关重要的世俗深思运动(lay meditation movement), 见Ingrid Jordt, *Burma's Mass Lay Meditation Movement: Buddhism and the Cultural Construction of Power* (Athens: Ohio University Press, 2007).

48 有关在既有的社会秩序中进行的革命行动(也就是没有关于其他可能的外来知识), 见*Domination and the Arts of Resistance,* 77–82。

49 Lieberman, *Strange Parallels,* 1: 328.

50 Gravers, "When Will the Karen King Arrive?" 2.

51 Tapp, "Ritual Relations and Identity," 91.

52 George M. Foster, "What Is Folk Culture?" *American Anthropologist* 55 (1953): 159–173, quotation from 104.

53 Oscar Salemink, *The Ethnography of Vietnam's Central Highlanders: A Historical Contextualization, 1850–1990* (London: RoutledgeCurzon, 2003), 73–74.

54 Tapp, "Ritual Relations and Identity."

55 在欧洲,自由的城市国家是个例外,而这在东南亚根本不存在,除非是将马来的贸易港口看作部分类似的国家。

56 有关这方面令人感兴趣的争论,见Paul Stange, "Religious Change in Contemporary Southeast Asia," in Tarling, *Cambridge History of Southeast Asia,* vol. 2, *The Nineteenth and Twentieth Centuries* (Cambridge: Cambridge University Press, 1992), 529–584. 让人感兴趣的类似例子还包括柏柏尔人接受了与阿拉伯逊尼派完全不同的苏菲派教义。他们承认参加了总的伊斯兰文化,但是更关注兄弟情义和平等,同时也不赞成阿拉伯国家和它的等级制度。见 Philip Khoury and Joseph Kostiner, eds., *Tribes and State Formation in the Middle East* (Berkeley: University of California Press, 1990).

57 Edmund Leach, *The Political Systems of Highland Burma: A Study of Kachin Social Structure* (Cambridge: Harvard University Press, 1954), 112–113.

58 Clifford Geertz, *Negara: The Theatre State in Nineteenth-Century Bali* (Princeton: Princeton University Press, 1980), 132. 对于东南亚沿海, J. D. Legge 注意到 M. C. Ricklefs and C. C. Berg 把爪哇当权者的集权宇宙观解释为是为了在实践层面抵消权力扩散。"The Writing of Southeast Asian History," chapter 1 in Tarling, *Cambridge History of Southeast Asia*, 1–50, esp. 33.

59 Charles Tilly已经注意到, 瑞士的地理条件造成了新教改革的颇多争论且四分五裂的状况, 处于巴塞尔的茨温利派和日内瓦的加尔文派之间, 同时还要对付天主教支持者。*Contention and Democracy in Europe, 1650–2000* (Cambridge: Cambridge University Press, 2004), 169.

60 F. K. Lehman [Chit Hlaing], "Burma: Kayah Society as a Function of the Shan-Burma-Karen Context," in *Contemporary Change in Traditional Society*, 3 vols., ed. Julian Steward (Urbana: University of Illinois Press, 1967), 1: 1–104, 引自 34。

61 Hermann Kulke, "The Early and Imperial Kingdom in Southeast Asian History," in *Southeast Asia in the 9th to 14th Centuries*, ed. David G. Marr and A. C. Milner (Singapore: Institute for Southeast Asian Studies, 1986), 1–22. 对于欧洲人来说, 这并不奇怪。在长期战争使永恒的罗马之城成为废墟以后很久, 罗马帝国和神圣罗马帝国还作为观念在政治诉求和法理学中存在了很久。Alexander Woodside, "The Centre and the Borderlands in Chinese Political Thinking," in *The Chinese State and Its Borders*, ed. Diana Lary (Vancouver: University of British Columbia Press, 2007), 11–28, esp. 13. 同样的事情也发生在奥斯曼帝国, 见 Karen Barkey, *Empire of Difference: The Ottomans in Comparative Perspective* (Cambridge: Cambridge University Press, 2008), 13, 82。

62 Stuart Schwartz and Frank Salomon, "New Peoples and New Kinds of People: Adaptation, Adjustment, and Ethnogenesis in South American Indigenous Societies (Colonial Era)," in *The Cambridge History of Native Peoples of the Americas*, ed. Stuart Schwartz and Frank Salomon (Cambridge: Cambridge

University Press, 1999), 443-502,引自486。Gonzalo Aguirre Beltrán同样将这种破碎带的特点概括为本土和救世主宗教的地区。*Regions of Refuge,* Society of Applied Anthropology Mono graph Series, 12 (Washington, D.C., 1979), 49. 有关这个方面的研究,还见 Barkey, *Empire of Difference,* 42, 有关奥斯曼的情况,见Richard White, *Middle Ground;* Peter Worsley,*The Trumpet Shall Sound: A Study of Cargo Cults in Melanesia* (New York: Schocken, 1968); Kenelm Burridge, *New Heaven, New Earth: A Study of Millenarian Activities* (New York: Schocken, 1969); and Jonathan Spence, *God's Chinese Son: The Taiping Heavenly Kingdom of Hong Xiuquan* (New York: Norton, 1996).

63 Tapp, *Sovereignty and Rebellion,* 57.

64 Bloch, *French Rural History,* 169.

65 Weber, *Sociology of Religion,* 126.

66 Erik Mueggler, "A Valley House: Remembering a Yi Headmanship," in *Perspectives in the Yi of Southwest China,* ed. Steven Harrell (Berkeley: University of California Press, 2001), 144-169, esp. 158-161.

67 Peter Worsley's *The Trumpet Shall Sound* 和 Kenelm Burridge's *New Heaven, New Earth*都落入了这一陷阱,虽然他们对货仓小团体的参与者心怀同情和对导致这类叛乱的物质条件表示理解。Mikael Gravers, Anthony R. Walker, and Nicholas Tapp等东南亚研究者基本上避免了这一点。

68 Tapp, "Ritual Relations and Identity," 94.

69 一个新的、魅力型的山地"大人物"往往就是这样开始的。

70 就像研究异端崇拜和信仰转变的学者所强调的,信仰越强烈和激进,那么公开割断与旧秩序的联系就越重要,也就是说,彻底切断退路标志着完全建立新的秩序。

71 F. K. Lehman [Chit Hlaing], "Who Are the Karen, and If So, Why? Karen Ethnohistory and a Formal Theory of Ethnicity," in *Ethnic Adaptation and Identity: The Karen on the Thai Frontier with Burma,* ed. Charles F. Keyes (Philadelphia: ISHII, 1979), 215-253, 引自 240, 248。

72 Gravers, "Cosmology, Prophets and Rebellion," 24.

73 Lehman [Chit Hlaing], "Who Are the Karen?" 224.

74 Anthony R. Walker, "The Lahu People: An Introduction," in *Highlanders of Thailand*, ed. John McKinnon and Wanat Bhruksasri (Kuala Lumpur: Oxford University Press, 1983), 227–237, quotation from 231.

75 Fredrik Barth在其 *Ethnic Groups and Boundaries: The Social Organization of Culture Difference* (1969; Long Grove, Ill.: Waveland, 1998)的导言中强调了在边界清晰的社会组织中人的能动性。他指出，在非工业化民族中，精英的策略之一就是"选择强调族群认同，通过这种认同产生新的位置和模式，并为实现新的目的而开展那些在他们原来社会完全没有或几乎没有的活动……第三个策略导致许多让人感兴趣的运动产生，直到今天我们还能看到这些运动，从本土主义一直到新兴国家"(33)。仔细研究了足够长时间，我发现Barth的看法与我们这里的看法差不多。Hugh Brody指出，在萨满教广泛流行的社会，因为梦与直觉、好与坏，以及玩笑和严肃之间的界限很模糊，这个社会具有特别的弹性。*The Other Side of Eden: Hunters, Farmers, and the Shaping of the World* (Vancouver: Douglas and McIntyre, 2000),245.

76 Jenks, *Insurgency and Social Disorder in Guizhou*, 6.

77 这段描述来自Salemink, *Ethnography of Vietnam's Central Highlanders*, chapter 4, 100–129, and Geoffrey Gunn, *Rebellion in Laos: Peasant and Politics in a Colonial Backwater* (Boulder: Westview, 1990)。

78 有关 Ong Kommodam起义，见 Gunn, *Rebellion in Laos*。

79 见Christian C. Lentz, "What Revolution? Calling for a King in Dien Bien Phu," paper prepared for the Annual Meeting of the Association of Asian Studies, April 3–6, 2008, Atlanta. Lentz's 值得期待的论文将更详细讨论这个问题。

80 像William Robert Geddes在他所研究的果雄群体中所注意到的，"这也是使萨满巫师成为许多大社区中的最重要人物的原因之一。他们的权威基于宗教，但是并没有局限在特定的社会群体中。" *Migrants of the Mountains: The Cultural Ecology of the Blue Miao [Hmong Njua] of Thailand* (Oxford: Clarendon, 1976), 256. 那些无可非议的完美人物的重要性可能与东南亚普遍存在的外来王的现象有关系,有关的研究见David Henley's "Conflict, Justice, and the Stranger-King: Indigenous Roots of Colonial Rule in Indonesia and Elsewhere," *Modern Asian Studies* 38 (2004): 85–144。

81　Ira Lapidus, "Tribes and State Formation in Islamic History," in Khoury and Kostiner, *Tribes and State Formation in the Middle East,* 25–47, 引自29。

82　Thomas Barfield, "Political Legitimacy in Afghanistan," manuscript, 53.

83　这也是Peter Worley所指出的,见*The Trumpet Shall Sound,* 227. 我反对这个结论,因为其明显的功能主义的推理模式,但是它却有许多证据很难反对。

84　Richard A. O'Connor, "Sukhothai: Rule, Religion, and Elite Rivalry," paper presented at the Forty-first Annual Conference of the Association of Asian Studies, Washington, D.C., 1989, cited in Anthony Reid, *Southeast Asia in the Age of Commerce, 1450–1680,* vol. 2, *Expansion and Crisis* (New Haven: Yale University Press, 1993), 151.

85　这里我使用了James Hagen在其有关 Maneo community of Maluku的出色研究中所用的表达方式。*Community in the Balance: Morality and Social Change in an Indonesian Society* (Boulder: Paradigm, 2006), 165.

86　Tapp, *Sovereignty and Rebellion,* 95–97. Tapp报告说在20世纪50年代还发生过同样的叛乱。有时耶稣会与历史上著名的萨满巫师Sui Yi混淆,他也是某天要回到地球的先知。

87　除了这个地区,新世界的土著人口比他们的历史更悲惨。有关印度支那战争期间的情况,见Alfred McCoy在第7章中的叙述,"The Golden Triangle," in *The Politics of Heroin: CIA Complicity in the Global Drug Trade,* rev. ed. (Chicago: Lawrence Hill, 2003), 283–386.

88　有关非洲美国人中口头传承的基督教《圣经》的研究,见 Allen Dwight Callahan, *The Talking Book: African Americans and the Bible* (New Haven: Yale University Press, 2007)。

89　这部分描述来自Walker, *Merit and the Millennium,* 580–586。

90　同上, 791。

91　E. J. Hobsbawm, *Primitive Rebels: Studies in Archaic Forms of Social*

Movement in the 19th and 20th Centuries (New York: Norton, 1965).

92 见 Courtney Jung, *The Moral Force of Indigenous Politics: Critical Liberalism and the Zapatistas* (Cambridge: Cambridge University Press, 2008)。

9 结语

第二段引文来自于Richard A. O'Connor, "Founders' Cults in Regional and Historical Perspective," in *Founders' Cults in Southeast Asia: Ancestors, Polity, and Identity,* ed. Nicola Tannenbaum and Cornelia Ann Kammerer, Yale Southeast Asian Monograph Series no. 52 (New Haven: Yale University Press, 2003), 269–313, 引自297页。

1. John Dunn, *Setting the People Free: The Story of Democracy* (London: Atlantic, 2005),182.

2. 例如,见Magnus Fiskesjö, "Rescuing the Empire: Chinese NationBuilding in the 20th Century," *European Journal of East Asian Studies* 5 (2006): 15–44。

3. Joyce C. White, "Incorporating Heterarchy into Theory on Socio-political Development: The Case from Southeast Asia," in *Heterarchy and the Analysis of Complex Societies,* ed. Robert M. Ehrenreich, Carole L. Crumley, and Janet E. Levy, Archeological Papers of the American Archeological Association, no. 6 (1995): 103–123.

4. François Robinne and Mandy Sadan, Postscript, "Reconsidering the Dynamics of Ethnicity through Foucault's Concept of 'Spaces of Dispersion,'" in *Social Dynamics in the Highlands of Southeast Asia: Reconsidering Political Structures of Highland Burma by E. R. Leach,* ed. François Robinne and Mandy Sadan, Handbook of Oriental Studies, section 3, Southeast Asia (Leiden: Brill, 2007), 299–308.

5. 在东亚和东南亚,这还包括一些使用太平洋南部岛语言(Austronesian)的人,以及以前曾经有国家并使用马来语(Malayic)的人群,如占人(Cham)。

6. O'Connor, "Founders' Cults," 298–299.

7. Fernand Braudel, *The Mediterranean and the Mediterranean World in the Age of*

Philip II, vol. 1, trans. Sian Reynolds (New York: Harper and Row, 1966), 33.

8 东南亚的海上大国,如Pegu/Bago, Srivijaya, and Melaka,受益于水路上的地理阻力很小,尽管其军事力量很小,但是它们比那些农业国家,如Pagan, Ava, Ayutthaya, or Tongkin,有更大和更有活力的阴影区域。

9 北美的奴隶也同样利用了基督教和《圣经》,特别是《旧约》,将其加工成解放和废奴的预言。

10 并非所有的群体都是自足的系统。来自外部的冲击已经多次激起了其自身结构的整体重组。"二战"时期日本人的殖民征服和占领,以及过去多由低地多数族群进行,而现在经常是高地少数民族进行的民族解放战争都是这方面突出的例子。这些冲击已经彻底改变了权力关系的分布和每一个族群在新的秩序中可以选择的有利于自己的位置。

11 G. William Skinner, "Chinese Peasants and the Closed Community: An Open and shut Case," *Comparative Studies in Society and History* 13 (1971): 270–281.

12 18世纪英国食品短缺的时候,在市场习俗中还保留着地方社会保护食物模式的痕迹。见E. P. Thompson的著名论文 "The Moral Economy of the English Crowd in the Eighteenth Century," *Past and Present* 50 (1950): 76–136.

13 Hjorleifur Jonsson, "Shifting Social Landscape: Mien (Yao) Upland Communities and Histories in State-Client Settings," Ph.D. diss., Cornell University, 249, 380–384.

14 在现代社会,土地短缺,在此基础上建立的永久产权的现代土地所有制形式允许一些家庭有越来越多的土地,而其他家庭则成为无地的租农民或雇工,这导致了持久不平等的产生。在土地充足且开放的产权形式流行的地方,如果产生不平等,那原因往往都是因家庭周期,以及家庭可以配置多少强壮的劳动力。

15 Georges Condominas 表达了同样的观点,见*From Lawa to Mon, from Saa' to Thai: Historical and Anthropological Aspects of Southeast Asian Social Spaces,* trans. Stephanie Anderson et al., an Occasional Paper of Anthropology in Association with the ThaiYunnan Project, Research School of Pacific Studies (Canberra: Australian National University, 1990), 60.

16 需要再一次表明,这种再适应也有"水上"版本。David E. Sopher指出,许多orang laut/海上吉卜赛族群在定居以后重新回到海上的生活,但最后又重新定居下来。有关曾经的游牧民的广泛流行的一旦定居即为永久性的看法是没有任何基础的。*The Sea Nomads: A Study Based on the Literature of the Maritime Boat People of Southeast Asia,* Memoirs of the National Museum, no. 5 (1965), Government of Singapore, 363–366.

17 在任何一个帝国计划中都很容易看到这种情况,比如在法国,法国革命的理想、人权、公民的观念和维克多·雨果的公民演说与殖民地西贡和阿尔及尔的现实情况完全相反。作为一个小的思想实验,比如在万象,试着将"发展"(当今对文明的委婉表达)的话语与NGO对势力范围和资金的混乱争夺相对比。

18 George Orwell的第一部小说*Burmese Days*中有一段难忘的描述,作为小说中的悲剧英雄,Flory因为这种冲突而最终自杀。

译者后记

终于到为这部译作写译者后记的时候了。看着准备寄给出版社的厚厚一叠书稿，颇有一点不舍的感觉。不久之前看到某学者的一篇文章，文章中说学者要写大部头著作，因为大部头著作让你总有事情在做，这样每一天都很充实。在翻译这本书的时候，虽然不是写作大部头著作，也有这么一种大工程的感觉。两三年来，每每被问起在做什么，回答总是在翻译。每每被一些刊物索要稿子，也说现在不行，因为翻译占了太多时间。因为有这样一件事情，所有的时间便被填充满了；也因为这件持续在做的事情，所以其他的事情反而像是业余的事情，而翻译似乎成为专职的了。持续了三年的事情，现在要结束了。

一些中国的学者可能早已经知道这部著作的内容。

早在2007年我邀请斯科特访问中国的时候，作者就在中央民族大学做了题为"文明缘何不能上山"的演讲，这个演讲被收录在我和渠敬东主编的《斯科特与中国乡村》一书中。那篇演讲就是本书的一个概要。正是在那次演讲上，斯科特受到了明星一般的追捧。

我可能是有幸比较早阅读到这本书的读者之一。早在这本书正式出版之前，作者就将尚未出版的最后定稿寄给了我，并约我组织翻译。对于作者的信任，我感到十分荣幸，所以没有犹豫地答应下来。但是当我翻看这本书的时候，却感到自己有些欠考虑了，因为这本书涉及了太多我所不知道的东西，那片被称为赞米亚的山地对于我是很神秘的，在这本书中随处可见我完全不懂的名词、术语、人名和地名。我不敢肯定我可以把这本书很好地翻译出来。

考虑到翻译的难度和失败的可能，我不得不改变了原来的翻译计划。最初我曾经希望像近年来通行的模式一样，约上几位朋友一起把这本书翻译出来，这无疑会大大加快翻译的进度。但是集体翻译首先需要一个比较详细的计划，商量好书中的一些概念、术语等如何翻译，而要制定这样的计划需要熟悉这本书的内容，特别是一些词汇和术语。但是我却无法做出这样一个计划，因为翻译的过程完全是一个学习的过程，甚至一些专业术语也是在翻译过程中不断修改，所以在翻译这本书之前做出一个详细的翻译方案是完全不可能的。此外一个好的集体翻译作品需要一个好的统稿人，如果不去翻译而直接做统稿人，我想我是无法胜任的。最后决定，不管有多少困难，不管有多少失败的可能，还是由我自己来承担吧。

这本书在美国出版以后，迅速成为一部名著，不断获得各种荣誉，仅耶鲁大学出版社的网页上就提到了7个奖项，其中比较重要的如美国历史学会授予的费正清图书奖（2010 John K. Fairbank Book Prize, given by the American Historical Association）、福冈亚洲文化奖委员会授予的福冈亚洲学术奖（2010 Fukuoka Asian Academic Prize, given by the Fukuoka Asian Culture Prize Committee）等等，并出版了法文、日文等版本，在历史学、政治学和人类学中产生了广泛的影响。这本书的知名度也给翻译增加了压力，经常有人在询问，这本书什么时候可以翻译完成？什么时候可以看到中文版？

现在回想起来，从开始翻译到现在，这本书已经伴随我有三年多了，尽管翻译的工作不时被其他的工作打断，但是被打断以后，又会迅速地回到这本书上来，书中的观点和故事已经深深地影响了我自己的思考。斯科特的著作似乎总能激起人们的思考，即使你不同意他的看法，他对现象的解释也会让你发现一个新的视角。

对于被称为赞米亚的那片神奇土地，我几乎没有任何知识，而且我也并非一个人类学家或民族学家，当有人对书中的历史事实持怀疑态度的时候，我无从捍卫本书的真实性。比如有人认为为了阐述其无政府主义思想，斯科特对东南亚高地的历史进行了特别的剪裁；有人怀疑少数民族为了逃避统治而故意遗弃文字的解释；……我对这些质疑都无从回应。但是如同他的其他著作一样，他观察问题的角度经常会给我们很大的启示。

这部著作被杜赞奇称为"迄今为止可能是詹姆士·斯科特最重要的著作。它具有深入的洞察力、创造性和同情心。很少有学者具有更敏锐的能力可以洞察那些没有历史、居于完全出乎意料的地点，并采用完全不同的实践和形式的人群的能动性"。有时我甚至感觉，斯科特在中国的影响可能比在美国本土更大，因为无论是人类学、社会学或政治学的学者，只要涉及农村问题，似乎就无法绕过斯科特的命题。我相信，这部著作的出版，会同他的前几部著作的出版一样，使我们的学术界受益。

在这部译作出版之际，我首先要感谢作者本人，我很荣幸地得到作者的授权来翻译这部著作。感谢作者写作了这样一部给人以启示的著作，使我在翻译的过程中，已经学习到了许多。

我还要感谢福特基金会和时任福特基金会项目官员的白

爱莲博士对翻译工作的支持。在过去的几年中,福特基金会不仅支持了翻译这部著作,而且早在2007年就支持我们邀请斯科特访问中国。

从开始翻译这本书的时候,我就希望这部书能在三联书店出版。经素未谋面的张志军博士介绍,三联书店接受了译作的出版。编辑这样一部学术译作,其难度是可想而知的。译稿只是一个粗坯,能够以精美的图书形式展现给读者,这要感谢三联在编辑与出版方面的努力。

人们经常将一部著作的写作看作是"十月怀胎,一朝分娩"。这句话对于翻译这本书来说,可能有着特殊的意义。在我将这部译作的定稿打印出来的时候,也是我妻子胡搏即将休完产假的时候。在她产假的后一段,许多时间被用来校订这部书稿。将来我儿子也许会知道,在过去的四个月中,还有一部译稿伴随他一起长大。

翻译这部书,也得到了我周边许多同事的帮助,特别是荀丽丽博士和张倩博士,在一些词汇的处理、一些相关的背景知识方面给了我许多帮助,并且也承担了其他许多研究和写作任务,从而使我有更多的时间投入到这部著作的翻译中,尽管我的进展仍然很慢。

最后还想对读者说,在你们阅读这本书的时候,请将你们的意见毫无保留地告诉我,我相信现在你们看到的只是中文的第一版,将来还会有修订的机会,那时候你们的意见将帮助我不断完善这部译作。

译者
2012年5月20日